H. C. OPFERMANN

DIE NEUE SCHACHSCHULE

Das große Lehrbuch des königlichen Spiels
Vom Autor völlig neu bearbeitete Taschenbuchausgabe

WILHELM HEYNE VERLAG
MÜNCHEN

HEYNE-BUCH Nr. 4419
im Wilhelm Heyne Verlag, München

6. Auflage

Copyright © by Econ Verlag GmbH, Düsseldorf
Printed in Germany 1979
Umschlaggestaltung: Atelier Heinrichs, München
Umschlagfoto: Manfred Schmatz, München
Satz: Maschinensatzbetrieb K. H. Kreit KG, Lauterbach-Maar
Druck: Ebner Ulm

ISBN 3-453-41086-6

Inhalt

Vorwort

Versuchen Sie bitte nicht, dieses Buch zu lesen, ohne ein figurenbe-
setztes Schachbrett vor sich zu haben.

Am besten ist es, wenn Ihnen, während Sie lesen, *zwei* Schach-
bretter zur Verfügung stehen. Sie werden oft zu bestimmten Schachstellungen zurückkehren müssen, nachdem Sie die Figuren zur Er-
forschung von Nebenwegen umgestellt haben.

Für die Ausgangsstellung kann dieses Buch leider nicht jedesmal
ein Stellungsdiagramm abbilden; dazu sind die Nebenwege, die
durchforscht werden müssen, zu zahlreich.

So aber können Sie die jeweiligen Ausgangsstellungen festhalten.
Wenn Sie zwei Bretter benützen, werden Sie Ihre Spielstärke viel
schneller verbessern, als wenn Sie alles im Kopf zu bewältigen versuchen. Dieses Schachbuch ist ein *Lehr*buch und kein Lesebuch. Es
will Ihnen beim Trainieren des Schachspielens während der Schachpartie helfen. Wenn Sie das Schachspiel lange und hart genug trainieren, dann lernen Sie alles, was Sie als guter Schachspieler wissen
müssen, unmerklich und wie von selbst. Das ist die neue Schachlehr-
methode, die hier verwirklicht worden ist. Sie entspricht dem Erlernen fremder Sprachen durch systematische Sprech-Übungen, statt
durch das Auswendiglernen grammatikalischer Regeln. Auf diesem
Wege kann ein sicheres Schachgefühl analog dem Sprachgefühl entwickelt werden, das für die Entwicklung einer hohen, ständig aus-
baubaren Spielstärke viel wichtiger ist als alles Variantenwissen und
alle Zwangszugfolgen.

Das gleiche gilt für die *systematische* Anwendung der *Bilanz der
freien Felder* in jeder wichtigen Spielstellung, die bisher noch in keinem Schachlehrbuch zu finden war. Die modernen Spielweisen und
der Schachstil vieler Großmeister zeigen aber, daß die hier dargestellte zusätzliche Beurteilung von Schachstellungen unter Berücksichtigung der *beherrschten freien Felder* nicht nur das Schachgefühl
entwickelt und das Auswendiglernen von Eröffnungsvarianten
überflüssig macht, sondern auch den strategisch-taktischen Wert
von Eröffnungen und des sich darum rankenden Variantenge-
strüpps rasch und sicher zu erkennen erlaubt.

Wenn Sie zunächst darauf verzichten, irgend etwas auswendig zu
lernen außer der Zugart und der Schlagweise der Steine, dann können Sie das Schach *spielend* erlernen.

Versuchen Sie nicht, Zugfolgen auswendig zu behalten, quälen Sie
sich nicht mit Endspielstudien oder typischen Mittelspielstellungen
und schon gar nicht mit Eröffnungsvarianten ab. Üben Sie statt-
dessen sinnvoll Schach zu spielen!

H. C. Opfermann

Einführung

Die neue Methode veranlaßt Sie, viele Abschnitte des Buches mehrfach durchzustudieren. Deshalb wurde es auch, unabhängig von dem Inhalt der jeweiligen Überschriften, in Trainingsabschnitte unterteilt.

Die abgebildeten *Schachdiagramme* sind wie folgt aufgebaut:

Schwarz König   ; Schwarz Dame   ; Schwarz Türme

Schwarz Läufer   ; Schwarz Springer   ; Schwarz Bauern

Weiß König   ; Weiß Dame   ; Weiß Türme   ;

Weiß Läufer   ; Weiß Springer   ; Weiß Bauern

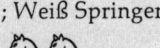      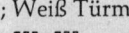

Folgende *Zeichengebung* wird in der Notation angewandt:

o-o bedeutet die kurze Rochade
o-o-o bedeutet die lange Rochade
× bedeutet »schlägt«
+ bedeutet »bietet Schach«
‡ bedeutet »setzt Matt«
! bedeutet einen besonders guten,
? einen fragwürdigen Zug

Die Anfangsstellung:

Aus den Spielregeln des Weltschachbundes

Beide Spieler müssen abwechselnd spielen, indem sie jedesmal einen Zug ausführen.

Mit Ausnahme der Rochade ist ein Zug die Bewegung eines Steines von einem Feld auf ein anderes, das entweder frei oder von einem Stein des Gegners besetzt ist.

Kein Stein — mit Ausnahme des Turmes bei der Rochade und des Springers — kann ein Feld überschreiten, das von einem anderen Stein besetzt ist.

Wird ein Stein auf ein von einem gegnerischen Stein besetztes Feld gezogen, so nimmt er (›schlägt‹) mit dem gleichen Zug den dort befindlichen Stein. Dieser muß sofort vom Brett entfernt werden, und zwar von demjenigen Spieler, der die Wegnahme bewirkt hat. Bezüglich des Nehmens ›en passant‹ siehe unter »Die Bauern«, nächste Seite.

Die Bauern

Der Bauer bewegt sich nur vorwärts und schlägt schräg voraus. Mit Ausnahme des Falles einer Wegnahme geht er von seinem ursprünglichen Feld aus um ein oder zwei freie Felder auf seiner Linie vor und in der Folge um ein freies Feld. Im Fall einer Wegnahme be-

9

wegt er sich auf ein solches Feld vorwärts, das in der Diagonale an sein eigenes angrenzt. (Siehe Seite 26 und 29 ff., v. u., Stellungsbilder 11, 13, 14.)

Ein Bauer, der ein Feld bedroht, das von einem feindlichen Bauern bei dessen Doppelschritt vom Ursprungsfeld aus überschritten worden ist, kann diesen feindlichen Bauern — aber nur in unmittelbar darauffolgendem Zug — so nehmen, als ob dieser sich nur um ein Feld vorwärts bewegt hätte. Dieses Nehmen heißt ›Nehmen en passant‹. (Falls Weiß Be4 — e5 gezogen hat und Schwarz darauf mit Bf7 — f5 oder d7 — d5 antwortet, darf Weiß anschließend mit Be5 x f5e.p. oder nach d7 — d5 mit Be5 x f5e.p. antworten, indem er den Be5 nach f6 oder d6 stellt und den Bf5 oder d5 vom Brett nimmt. Diese Schlagweise e. p. (en passant) gilt auch für alle anderen Bauernzüge, nachdem ein weißer Bauer die 5., ein schwarzer Bauer die 4. Reihe erreicht hat.)

Jeder Bauer, der die letzte Reihe erreicht hat, muß sofort als Bestandteil des gleichen Zuges in eine Dame, einen Turm, einen Läufer oder einen Springer von gleicher Farbe verwandelt werden, nach Wahl des Spielers und ohne Rücksicht auf andere noch auf dem Brett befindliche Steine. Dieses Verwandeln heißt ›Umwandlung‹. Die Wirkung eines umgewandelten Steines tritt sofort in Kraft. (Siehe Seite 18/19 zu Stellungsbild 3 und 4.)

Die Läufer

Der Läufer bewegt sich auf den Diagonalen, auf denen er sich befindet. (Siehe Stellungsbilder 18/19/20 und die Erklärungen dazu.)

Die Springer

Die Bewegung des Springers setzt sich aus zwei verschiedenen Schritten zusammen. Er macht einen Schritt auf ein unmittelbar angrenzendes Feld der Linie oder Reihe, sodann unter gleichzeitiger weiterer Entfernung vom Ausgangsfeld einen Schritt auf ein unmittelbar angrenzendes Feld der Diagonale. (Siehe Stellungsbilder 7/8/9/10/11 und die Erklärungen dazu.)

Die Dame

Die Dame bewegt sich auf den Linien, Reihen oder Diagonalen, auf denen sie sich befindet. (siehe die Stellungsbilder 21/24 und die Erklärungen dazu)

Die *Türme* ♖ ♜

Der Turm bewegt sich auf den Linien oder Reihen, auf denen er sich befindet. (siehe die Stellungsbilder 22/24 und die Erklärungen dazu.)

Der *König* ♔ ♚

Mit Ausnahme der Rochade bewegt sich der König von seinem Felde auf ein angrenzendes Feld, das nicht von einem feindlichen Stein bedroht ist. (siehe Erklärungen zu den Stellungsbildern 112/114/115/118/120/120 a. Ferner die Stellungsbilder 23/25/44/84/85 und die Erklärungen dazu).

Die Rochade ist eine Bewegung des Königs *und* des Turmes. Sie gilt als ein einziger Zug (und zwar als ein Königszug) und muß genau folgendermaßen ausgeführt werden:

Der König verläßt sein ursprüngliches Feld, um auf derselben Reihe eines der beiden nächsten Felder gleicher Farbe zu besetzen; sodann geht derjenige Turm, zu dem sich der König hinbewegt hat, über den König hinweg auf dasjenige Feld, das dieser überschritten hat. Die Rochade ist nach beiden Seiten unmöglich, wenn der König oder der Turm bereits gezogen haben. Die Rochade ist vorübergehend verhindert:

a) wenn das Feld des Königs oder das Feld, das er überschreiten oder besetzen soll, von einem feindlichen Stein bedroht ist,

b) wenn sich Steine zwischen dem König und demjenigen Turm befinden, auf den sich der König hinwegbewegen soll.

Das *Schachbieten*

Der König steht im Schach, wenn sein Feld von einem feindlichen Stein bedroht wird; man sagt dann, dieser bietet dem König Schach.

2. Dem Schach muß in unmittelbar daraauffolgendem Zuge begegnet werden. Wenn dem Schach nicht begegnet werden kann, so nennt man dies ›Matt‹.

3. Ein Stein, der ein dem eigenen König gebotenes Schach unterbricht, kann dabei seinerseits dem feindlichen König Schach bieten.

Die gewonnene Partie

1. Die Partie ist für denjenigen Spieler gewonnen, der den König des Gegners matt gesetzt hat.
2. Die Partie wird für denjenigen Spieler, dessen Gegner erklärt, daß er aufgibt, als gewonnen gerechnet.

Die unentschiedene Partie

Die Partie ist unentschieden:
1. Wenn der König des am Zuge befindlichen Spielers nicht im Schach steht, dieser aber nicht ziehen kann. Man sagt dann: der König ist patt,
2. durch Übereinkunft der beiden Spieler,
3. auf Verlangen eines der Spieler, wenn die gleiche Stellung dreimal vorkommt, jeweils mit demselben Spieler am Zuge. Die Stellung wird als die gleiche angesehen, wenn Steine gleicher Art und gleicher Farbe auf den gleichen Feldern stehen.

1. Trainingsabschnitt

Die erste Grundregel: Nichts auswendig lernen!

Ein wirklich guter Schachspieler wird man nicht durch Lernen, sondern durch *Üben.*

Wenn Sie nur durch Lernen ein guter Schachspieler werden wollen, dann stellen Sie bald fest, daß Sie lediglich auf dem Wege sind, ein Gedächtnisakrobat zu werden. Was in Schachbüchern, Partiensammlungen und Schach-Archiven aufgehäuft worden ist, kann im übrigen gar nicht auswendig gelernt werden.

Auf solchen Wegen ist noch kein Anfänger ein guter, sondern eher auf lange Zeit hinaus ein schlechter Schachspieler geworden. Solche Schachspieler wissen zwar eine Menge über Schachpartien, spielen aber selbst stets schlechter, als sie das ohne diesen mühsam erlernten, unverdauten Wissensballast tun würden.

Es läßt sich überhaupt — cum grano salis — feststellen, daß für den Anfänger alle nur auswendig gelernten Schach-Züge, vor allem die Schacheröffnungszüge, Gift sind. Solche mechanisch auswendig gewußten Züge hindern den Anfänger an wirklich gutem Schachspiel; keinesfalls fördern sie seine Spielstärke.

Deshalb sollte der Schachanfänger nur die Gangart und Schlagweise der Bauern und Figuren auswendig lernen und die internationalen Schachregeln. Dabei sollte er allerdings das selten vorkommende En-passant-Schlagen des Bauern, die lange und kurze Rochade, die Umwandlung des weißen Bauern, der die achte, oder des schwarzen Bauern, der die erste Reihe erreicht, in jede beliebige Figur (nicht nur die Dame), die Fesselung von Figuren und die Bedeutung der beherrschten Felder sowie die Notation nicht vergessen. (Siehe Seite 8.)

Mehr sollten Sie vorläufig nicht lernen

Viele Schachlehrer und Schachlehrbücher versuchen, Ihnen zunächst einmal die Führung von Endspielen beizubringen. Manche beginnen sogar damit, Ihnen die wichtigsten Schacheröffnungen vorzudemonstrieren. Das alles ist für den Anfänger viel zu kompliziert und zu mühsam. Es ist viel wichtiger, zunächst einmal mit dem Schachbrett und seinen Steinen *spielend* vertraut zu werden. Auf diesem Wege bekommen Sie ein Gefühl für die Möglichkeiten und Vorgänge des Schachkampfes.

Dieses Gefühl, das *Schachgefühl*, ist viel wichtiger als alles *Schachwissen*. Es bildet das Fundament der Spielstärke jedes Schachspielers, einschließlich der Meister, Großmeister, ja Weltmeister. Schachgefühl aber kann nur durch Übung im Spiel zweier sich am Schachbrett gegenübersitzender Gegner erworben werden.

Bloßes Wissen, vor allem durch Auswendiglernen erworbenes Wissen — der erfahrene Schachspieler spricht von »Varianten-Wissen« — fördert das Schachgefühl nicht, sondern dämpft es und verhindert, daß sich das Schachgefühl des Anfängers zur notwendigen Stärke entwickelt.

Haben wir die Gangart der Steine und die Regeln auswendig gelernt, dann setzen wir uns gemeinsam an das Schachbrett und fangen an, eine Schachpartie gegeneinander zu spielen.

Wenn wir eine bestimmte Spielstellung untersuchen müssen, um unser Schachgefühl zu fördern, werden wir das stets gegeneinander spielend so tun, daß Sie fast nie etwas auswendig behalten müssen, schon gar nicht bestimmte Zugfolgen. Auf diese Weise werden Sie einen unbestechlichen Blick für bestimmte Spielstellungen bekommen, vor allem solche, in denen gewinnträchtige Kombinationen stecken.

Die Eröffnung der Schachpartie

Jede Schachpartie kann grundsätzlich durch zwanzig mögliche erste Züge eröffnet werden. Von diesen zwanzig möglichen ersten Zügen sind aber nur etwa neun Züge sinnvoll. Das hat die Geschichte des Schachspiels seit rund vierhundert Jahren gelehrt.

Es ist nun Ihre erste schachliche Aufgabe, als Führer der weißen Steine, unter diesen neun sinnvollen ersten Zügen denjenigen auszuwählen, der für Ihre erste Schachpartie der sinnvollste ist. Wenn Ihnen dieser Gedankengang einleuchtet, dann haben Sie damit zugleich eine erste fundamentale Schach-Erkenntnis gewonnen. Diese Erkenntnis lautet:

Es kann für den Schachanfänger nicht darauf ankommen, den absolut besten Schachzug, sei er ein Eröffnungszug oder ein Zug in der Schachpartie, zu finden. Der große Schachlehrer der Jahrhundertwende, Dr. Siegbert Tarrasch, glaubte noch, es gäbe einen solchen besten Zug.

Der Anfänger muß sich dagegen bemühen, stets den Zug zu finden, der den von seiner jeweiligen Spielstärke abhängigen schachlichen Zielen am besten dient.

Bei starken Spielern ist dieser Zug zwar nicht unbedingt in der Eröffnung, aber doch während des Spiels oftmals mit dem absolut besten Zug identisch. Insoweit hatte Dr. Tarrasch durchaus recht. Doch galt sein Lehrsatz vor allem für die Spieler seiner Zeit. Heute trifft er erst zu, wenn man bereits eine später näher zu erläuternde hohe Spielstärke erreicht hat. Er galt bereits nicht mehr für die Schachmeister der 20er Jahre und gilt auch nicht für die Meister und Großmeister der Gegenwart. Warum sich das so entwickelt hat, werden Sie später selbst herausfinden.

Für Sie als Anfänger gibt es also keinen absolut besten Eröffnungszug. Deshalb brauchen Sie auch nicht ängstlich danach zu suchen. Sie dürfen mit gutem Gewissen ganz einfach fragen:

Welchen Sinn sollte mein erster Schachzug haben?
Was sollte durch ihn erreicht werden?

Wenn Sie auf diese beiden Fragen eine klare Antwort gefunden haben, dann dürfen Sie den entsprechenden Zug auch getrost machen, ohne sich um irgendwelche anderen theoretischen Erörterungen zu kümmern.

Es ist nicht schwer, diese beiden Fragen zu beantworten. Auch dann nicht, wenn Sie bisher noch keine einzige Schachpartie gespielt haben. Sie haben ja gelernt, wie die Figuren und Bauern auf dem Schachbrett ziehen können und nach welchen Regeln gespielt wird. Sie haben gelernt, daß Steine geschlagen, d. h. vom Brett entfernt werden können, und daß jede Schachpartie beendet ist, wenn einer der beiden Könige matt gesetzt wurde. Das letzte Ziel jeder Schachpartie besteht darin, den König des Gegners matt zu setzen.

Wenn Sie die weißen Steine führen, dann sollten Sie also versuchen, den schwarzen König matt zu setzen, *und zwar mit so wenigen Zügen wie möglich*. Der Führer der schwarzen Steine wird das genauso mit Ihrem, dem weißen König, versuchen, nur hat er es ein wenig schwerer dabei.

Es ist klar, daß derjenige der beiden Spieler, der dieses Ziel mit den wenigsten Schachzügen erreicht, der Gewinner sein wird. Sie sollten Ihren ersten Zug deshalb so wählen, daß er diesem Ziel, mit möglichst wenig Zügen den Gegner matt zu setzen, dient. Die Frage ist nur, ob es einen solchen Eröffnungszug überhaupt gibt. Wenn ja, dann gibt es ihn jedenfalls nur für Weiß und nicht auch für Schwarz. Warum? Das Schachspiel folgt logischen Regeln. Nur der Führer der weißen Steine darf den ersten Zug machen. Weiß wird also auf jeden Fall einen Zug früher zum Matt kommen als der Führer der schwarzen Steine. Die Aufstellung der weißen und der schwarzen Steine auf dem Schachbrett ist ja genau gleich; gezogen wird abwechselnd, Weiß fängt an, und dann erst zieht Schwarz. Wenn

Schwarz die gleichen Züge macht wie Weiß und wenn Weiß z. B. in vier Zügen Schwarz matt setzen kann, dann kann das auch Schwarz, weil er ja genau die gleichen Züge wie Weiß gemacht hat. Nur wird Schwarz stets um einen Zug früher matt gesetzt als Weiß. Denn Weiß darf den Mattzug, das heißt den vierten Zug, schon machen, nachdem Schwarz erst seinen dritten Zug gemacht hat. Mit dem Mattzug aber ist die Partie, wie Sie wissen, beendet, und Schwarz hat demnach die Partie schon verloren, bevor er Weiß durch seinen vierten Zug matt setzen kann. Dieser logische Gedankengang führt Sie zu einer zweiten fundamentalen Schacherkenntnis:

Wenn Schwarz genau die gleichen Züge zu machen versucht wie Weiß, dann muß — falls Weiß stets die stärksten Züge macht — Schwarz zwangsläufig verlieren!

Der erfahrene Schachspieler nennt solche Überlegungen *Analysen*. Analysen stehen im Gegensatz zu »Varianten« und »Kombinationen«. Bei diesen handelt es sich um das Durchrechnen und Durchdenken von Zugfolgen auf dem Schachbrett. Solche Zugfolgen kann man auswendig lernen, nicht aber Analysen. Diese Erkenntnis macht uns klar, daß wir mit den schwarzen Steinen grundsätzlich anders spielen müssen als mit den weißen. Das führt zu einer neuen Frage, die wir im nächsten Abschnitt beantworten werden.

Mit jedem Zug auf Matt oder auf Vorteil spielen?

Der erste Zug, den wir als Führer der weißen Steine machen dürfen, kann ganz und gar dem Zweck dienen, Schwarz so rasch wie möglich matt zu setzen. Wenn es einen oder auch mehrere Eröffnungszüge geben sollte, die diesem Zweck in idealer Weise dienen, dann sollten wir als Führer der weißen Steine einen dieser Züge wählen.

Ganz anders müssen wir uns dagegen verhalten, wenn wir die schwarzen Steine führen. Wir dürfen dann keinesfalls unseren ersten Zug ausschließlich in der Absicht machen, Weiß in so wenig Zügen wie möglich matt zu setzen, denn wir werden, da die Steine ganz gleich aufgestellt sind, unseren Mattzug stets einen Zug später machen können als Weiß.

Deshalb besteht unser Eröffnungsproblem als Führer der schwarzen Steine nicht etwa darin — wie manche Schachlehrbücher fälschlicherweise behaupten —, das Gleichgewicht zwischen den weißen und den schwarzen Zügen möglichst lange aufrechtzuerhalten, sondern zunächst ausschließlich darin, den schachlichen Sinn und das Ziel der weißen Eröffnungszüge und deren Auswirkungen zu enträtseln.

Erkennt Schwarz, was Weiß mit seinem ersten Eröffnungszug beabsichtigt, dann kann Schwarz einen Antwortzug machen, der die
Absichten von Weiß erschwert oder gar zunichte macht. Mit anderen Worten, die schachliche Aufgabe von Weiß ist es, Schwarz anzugreifen oder wirksame Angriffe vorzubereiten. Die schachliche
Aufgabe von Schwarz ist es, den Angriff von Weiß abzuschlagen
oder sich gegen die Vorbereitung der Angriffe von Weiß wirksam
zu verteidigen.

*Selbst angreifen darf Schwarz erst dann, wenn klar erkennbar ist,
daß Weiß nachlässig gespielt hat und an irgendeiner Stelle schwach
geworden ist.* Das kommt oft vor, und zwar bei Anfängern so gut
wie bei Meistern. Der sachliche Unterschied besteht nur darin, daß
bei Anfängern solche Schwächen leicht erkannt und durch ge-
schicktes Spiel zur Erzielung großer Vorteile ausgenutzt werden
können. Dagegen ist nachlässiges Spiel bei Schachmeistern immer
nur schwer erkennbar und kann nur von mindestens gleichstark spielenden Meistern zur Erzielung geringerer Vorteile ausgenutzt werden. Das hat der Weltmeisterschaftskampf zwischen Boris Spasski
und Bobby Fisher exemplarisch gezeigt.

So, nun wissen Sie alles, was Sie wissen sollten, um den für Sie — als
Schachanfänger — besten ersten Zug herauszufinden.

Der wirkungsvollste erste Zug

Stellungsbild 2
Die Zahlen von 1–8 kenn-
zeichnen die *Reihen;* die
Buchstaben von a bis h die
Linien des Schachbretts.
Jedes Feld ist durch eine
Zahl und einen Buchstaben
eindeutig festgelegt, z. B.
a1, b2, c3, d4, e5, f6, g7, h8
usw.

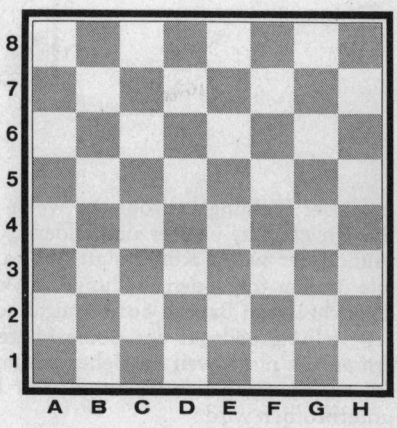

17

Wenn Sie die weißen Steine führen, dann muß der für Sie beste erste Zug derjenige sein, der die stärkste schachliche Wirkung hervorruft.

Was aber ist auf dem Schachbrett eine *Wirkung*?

Eine *Wirkung* ist z. B. das Schlagen einer Figur oder eines Bauern. Wenn eine weiße Figur einen schwarzen Bauern schlägt und sich selbst auf das Feld stellt, auf dem der geschlagene Bauer vorher gestanden hat, dann ist das die Folge einer Wirkung, die von der schlagenden Figur vorher auf das Feld, auf dem der Bauer stand, ausgeübt wurde.

Das Schlagen des Bauern setzt also voraus, daß die schlagende Figur vorher auf das Feld, das der Bauer einnahm, wirkte. Der Schachspieler nennt eine solche Wirkung »den Stein bedrohen« oder »das Feld beherrschen«.

Stellungsbild 3
Weiß zieht

In dieser Stellung bedroht der weiße Läufer auf b8 den schwarzen Bauern auf h2, weil er die Felder c7, d6, f4 und g3 »beherrscht«. Stünde der weiße König statt auf e1, wie hier, auf dem Felde f4, wie in dem folgenden Stellungsbild, dann könnte der weiße Läufer den schwarzen Bauern auf h2 nicht schlagen. Warum nicht? In dieser Stellung bedroht der weiße Läufer auf b8 den schwarzen Bauern auf h2 nicht, weil die Beherrschung der Felder-Diagonale b8, c7, d6, e5, f4, g3, h2 durch den Läufer b8 vom weißen König auf f4 unterbrochen wird.

Der weiße Läufer auf b8 beherrscht in dieser Stellung nur die Felder c7, d6 und e5, aber nicht mehr die Felder f4 und g3. Sie erken-

nen also, daß der Läufer den Bauern auf h2 in dieser Stellung nicht mehr schlagen kann.

Der weiße König auf f4, der hier der Wirkung des weißen Läufers im Wege steht, verhindert, daß der Läufer auch die Felder f4 und g3 *beherrscht* und damit den auf h2 stehenden Stein *bedroht*. Zieht nun der weiße König von f4 weg, um seinem Läufer auf b8 die Bedrohung des Bh2 zu ermöglichen, dann bleibt die Drohung wirkungslos. Denn jetzt ist Schwarz am Zuge und kann Bh2–h1 ziehen. Durch diesen Zug erreicht der schwarze Bauer die erste Reihe und kann sich nun in jede beliebige Figur, außer einem König, verwandeln. Er darf kein Bauer bleiben! In diesem Fall wird Schwarz ihn in die stärkste Figur, nämlich eine Dame, verwandeln und mit ihr die Partie bald gewinnen. Es ist manchmal vorteilhafter, einen Bauern nicht in eine Dame, sondern z. B. in einen Springer zu verwandeln, wenn der Springer wegen der Stellung des gegnerischen Königs direkt Matt geben kann.

Sie ersehen aus diesem Beispiel, daß es nicht nur darauf ankommt, daß Sie als Führer der weißen oder der schwarzen Steine möglichst viele Schachfiguren besitzen, sondern ebensosehr, daß Ihre Figuren auch richtig, d. h. möglichst *wirksam* auf dem Schachbrett *postiert sind*. Dafür ein Beispiel:

Obwohl Weiß am Zuge ist, wird er im Stellungsbild 4 die Partie mit Sicherheit verlieren, weil er den schwarzen Bauern auf h2 nicht schlagen kann. Im Stellungsbild 3 dagegen kann der weiße Läufer von b8 aus den Bauern auf h2 schlagen. Obgleich der auf g2 stehende schwarze König anschließend seinerseits den weißen Läufer auf h2 schlagen kann, hat Weiß die Partie nicht verloren. Sie ist unentschieden — die Schachspieler sagen *remis* —, weil von zwei Königen, die ganz allein auf dem Schachbrett übriggeblieben sind, keiner den anderen matt setzen kann.

Damit haben wir herausgefunden, was unter einer Wirkung auf dem Schachbrett zu verstehen ist, und es wird uns nun leichtfallen, den wirkungsvollsten ersten Zug für Weiß zu finden. Da Weiß und Schwarz über die gleiche Anzahl von Steinen in der gleichen Aufstellung verfügen, muß der stärkste erste Zug von Weiß derjenige sein, der möglichst viele Felder zu *beherrschen* bzw. schwarze Steine zu *bedrohen* erlaubt. Wenn wir uns nun die in der Grundstellung aufgestellten Steine auf dem Schachbrett ansehen, dann erkennen wir rasch, daß es keinen ersten Zug für Weiß gibt, der es ermöglichen würde, einen schwarzen Stein zu bedrohen.

Stellungsbild 5
Weiß zieht

Die Bauern dürfen im ersten Zug entweder einen oder aber zwei Felder vorrücken. Es ist leicht zu erkennen, daß kein Bauer durch seinen ersten Zug einen schwarzen Stein bedrohen kann. Jeder zwei Felder vorrückende Bauer von Weiß beherrscht, d. h. wirkt auf die beiden schräg nach rechts und links vor ihm liegenden Felder der fünften Reihe. Zieht man z. B. den Bauern e2—e4, dann *wirkt* er von e4 aus auf die Felder d5 und f5.

Wenn dort ein schwarzer Stein stünde, würde er vom Bauern e4 bedroht. Da in der fünften Reihe in der Grundstellung aber kein Stein aufgestellt ist, kann also durch keinen Eröffnungszug mit einem Bauern ein schwarzer Stein durch einen weißen Stein bedroht werden. Der gradlinig vorrückende Bauer steht stets zwischen den Wirkungsfeldern der schweren weißen Figuren (Dame und Türme) und schneidet dadurch die Wirkung der weißen Figuren in

Richtung auf die schwarze Stellung ebenso ab, wie im Stellungsbild 4 der weiße König f4 die Wirkung des weißen Läufers b8 auf die Felder f4, g3 und h2 unterbrach.

Ab jetzt werden die Figuren durch ihren Buchstaben König K; Dame D; Turm T; Läufer L; Springer S; Bauern B bezeichnet.

Auch das Herausstellen des Springers g1 nach f3 oder h3 bewirkt ebensowenig die Bedrohung eines schwarzen Steines wie Sb1 nach c3 oder a3. Das erkennen Sie sofort, wenn Sie Sg1—f3 oder Sb1—c3 ziehen. Der auf dem Königsflügel stehende Springer f3 wirkt von f3 aus lediglich beherrschend auf die leeren Felder d4, e5, g5 und h4 und von h3 aus auf f4 und g5. Der Springer des Dameflügels beherrscht von c3 aus die leeren Felder e4, d5, b5, a4 und von a3 aus die Felder b5, c4.

Stellungsbild 6

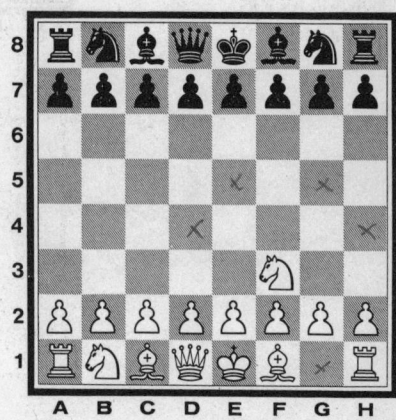

Stellungsbild 7

2. Trainingsabschnitt

Möglichst viele Felder beherrschen

Die Suche nach dem stärksten Eröffnungszug für Weiß führt also wiederum zu einer fundamentalen Schacherkenntnis:
Da es nicht möglich ist, mit dem ersten Eröffnungszug von Weiß einen Stein der schwarzen Stellung zu bedrohen, kann das Ziel von Weiß nur sein, durch den ersten Eröffnungszug möglichst viele Felder des Schachbretts zu beherrschen.
Daß es bei diesem Bestreben starke und schwache Züge gibt, das können Sie deutlich erkennen, wenn Sie die Wirkung der ersten Züge der Stellungsbilder 6 und 7 miteinander vergleichen.
Der im Stellungsbild 6 auf f3 stehende Springer beherrscht fünf freie Felder des Schachbretts, nämlich g1, d4, e5, g5 und h4, während der im Stellungsbild 8 auf a3 stehende Springer nur drei freie Felder, nämlich b1, b5 und c4 beherrscht. Entsprechend verhält es sich, wenn ein Springer auf c3 oder h3 steht.
Es ist deutlich, daß eine Beherrschung von fünf freien Feldern des Schachbretts für den weiteren Spielverlauf mehr wert ist als die Beherrschung von nur drei Feldern. Deshalb kann der Zug Sg1—f3 oder Sb1—c3 mit vollem Recht als weit stärkerer Eröffnungszug bezeichnet werden als der Zug Sb1—a3 oder Sg1—h3.

Warum ist der »Springer am Rand eine Schand«?

Die Analyse liefert Ihnen übrigens auch die Begründung für ein unter Schachspielern geläufiges Sprichwort, das Sie während Ihrer Schachlaufbahn noch oft hören werden: *»Springer am Rand — eine Schand«*.
Die Behauptung, daß es eine schachliche Schande sei, einen Springer an den Rand des Schachbretts zu stellen, bezieht sich also nicht auf die Drohkraft des Springers, die er auf einen einzelnen Stein oder auf ein ganz bestimmtes Feld des Schachbretts ausüben kann, sondern auf seine ganz allgemeine Wirkungsmöglichkeit. Ein Springer wirkt nicht in die Ferne wie die Dame, die Türme und die Läufer. Die Springerwirkung ist eine Nahwirkung, die sich kreisförmig um den Springer herum ausbreitet.

Stellungsbild 8

Der Springer auf e4 beherrscht acht Felder, nämlich d2, f2, g3, g5, f6, d6, c5 und c3.

Stellungsbild 9

Wird der Springer auf ein Feld an den Rand des Schachbretts, z. B. nach c1, d1, e1, f1 oder h3, h4, h5, h6 gestellt, dann beherrscht er jeweils nur noch vier Felder, z. B. von c1 aus a2, b3, d3 und e2; von h6 aus beherrscht er g8, f7, f5 und g4. Wenn er also auf einem dieser Felder steht, hat er die Hälfte seiner Wirkungskraft *einge-büßt*.

Stellungsbild 10

Steht der Springer gar auf b1, a2, g8, h7 oder einem analogen Feld, dann schrumpfen seine Wirkungskräfte auf nur drei Felder, von b1 aus auf a3, c3 und d2, von g8 aus auf e7, f6 und h6.

Von einem Eckfeld wie a1, a8, h8 oder h1 aus wirkt der Springer nur noch auf je zwei Felder, z.B. von a1 aus auf b3 und c2, von h8 aus auf f7 und g6, von h1 auf g3 und f2, von a8 auf b6 und c7. Er ist dann nur noch sehr wenig, das heißt ein Viertel seiner Wirkungskraft für den Schachspieler wert. Trotzdem muß in der Partie manchmal ein Springer auf ein solches Feld gestellt werden, um schwere Gefahren abzuwenden.

Welcher erste Zug beherrscht die meisten freien Felder?

Ein Springerzug als Eröffnungszug für Weiß führt auch nicht zur Beherrschung der *meisten freien* Felder des Schachbretts. Es gibt, wie wir gleich erfahren werden, andere erste Züge, die eine Beherrschung von mehr als nur fünf freien Feldern zur Folge haben. Das bedeutet aber nicht, daß die Züge Sf3 oder Sc3 niemals als Eröffnungszüge von Weiß gespielt worden wären. Besonders Sf3 ist als erster Zug in Partien, die zwischen Meistern gespielt werden, durchaus gebräuchlich, während Sc3 als erster Zug sich zwar schon in

Schachpartien findet, die vor 150 Jahren aufgeschrieben wurden, inzwischen aber aus Gründen, die wir später selbst erkennen werden, aus der Spielpraxis endgültig verschwunden ist.

Auf jeden Fall sollten wir, die wir noch Anfänger sind, statt an Eröffnungszügen für Meister herumzurätseln, deren tieferen Sinn wir vorläufig noch nicht durchschauen können, lieber nach dem ersten Zug, oder, falls es mehrere geben sollte, den ersten Eröffnungszügen Ausschau halten, *die eine Beherrschung der meisten freien Felder des Schachbretts bewirken.*

Unter allen möglichen ersten Zügen gibt es nun tatsächlich zwei, die eine so große Anzahl von freien Feldern zu beherrschen ermöglichen wie kein anderer der sonst noch möglichen Eröffnungszüge.

Stellungsbild 11

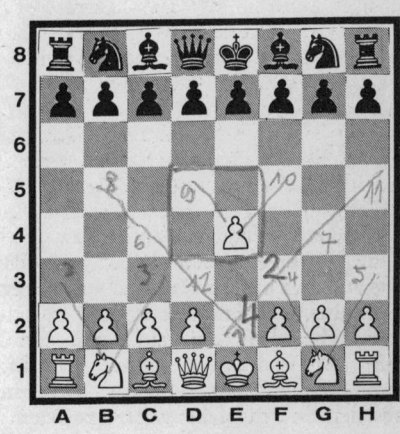

Diese beiden Züge sind

1. Be2—e4 und 1. Be2—e3

Beide Züge bewirken die zur Grundstellung zusätzliche Beherrschung von insgesamt 12 freien Feldern. In der Grundstellung werden durch die Bauern und die beiden Springer insgesamt acht freie Felder in der dritten Reihe beherrscht. Nämlich die Felder a3, b3, c3, d3, e3, f3, g3 und h3, das sind acht freie Felder. Aber nicht alle diese Felder werden von Weiß gleich stark beherrscht. Das Feld b3 z. B. wird sowohl von Ba2 als auch von Bc2, die beide dorthin *wirken*, beherrscht, während das Feld c3 sowohl von Bb2 und Bd2, die beide dorthin *wirken*, aber auch noch von Sb1, der ebenfalls dorthin *wirkt*, beherrscht wird. In der Grundstellung werden also die Felder c3 und f3 für Weiß und die Felder c6 und f6 für Schwarz wegen der Springerwirkung jeweils dreifach beherrscht.

Die durch den Eröffnungszug Be2—e4 beherrschten neu hinzukommenden *freien* Felder des Schachbretts sind:

Das frei gewordene Feld e2 wird von vier Figuren gleichzeitig beherrscht, von König e1, Dame d1, Läufer f1 und Springer g1.

Die Dame d1 beherrscht durch den Vorstoß des Bauern e2 nach e4 außerdem noch die freien Felder f3, g4 und h5.

Der Läufer f1 beherrscht außer dem Feld e2 nun noch die Felder d3, c4, und b5. Das Feld a6 beherrscht er nicht, weil dieses Feld gleichzeitig von Schwarz durch b7 und Sb8, also zweimal beherrscht wird, was die beherrschende Wirkung des Lf1 in doppelter Weise aufhebt. Schwarz hat auf diesem Felde wegen der zweifachen Beherrschung weiterhin das Wirkungs-Übergewicht.

Der Springer g1 beherrscht außer den von der Grundstellung aus beherrschten freien Feldern f3 und h3 auch das durch den Vorstoß nach e4 frei gewordene Feld e2.

Und schließlich beherrscht der nach e4 vorgestoßene Bauer die beiden rechts und links von ihm vorausliegenden Felder d5 und f5.

Das ergibt alles zusammen eine zur Grundstellung *zusätzliche Beherrschung von 12 freien Feldern.* Die Bauern in Grundstellung bleiben ab jetzt unberücksichtigt.

Es ist leicht zu erkennen, daß die gleiche Anzahl freier Felder des Schachbretts auch dann von Weiß zusätzlich beherrscht wird, wenn der Bauer e2 statt nach e4 nur bis e3 vorgezogen wird. Der Unterschied in der Felderbeherrschung zwischen den beiden Stellungsbildern besteht lediglich darin, daß der vorgezogene Bauer e3 die schräg vorausliegenden freien Felder d4 und f4 beherrscht, während der nach e4 vorgezogene Bauer die Felder d5 und e5 beherrscht.

So gering dieser Unterschied erscheinen mag, so bedeutsam kann er für den möglichen weiteren Verlauf der Partie sein. Das wird uns sofort klar, wenn wir uns überlegen, welche Möglichkeiten Schwarz hat, auf den ersten Zug von Weiß zu antworten.*

Die rasche und sichere Erkennung der von Weiß und Schwarz beherrschten freien Felder I:

Wenn Sie versuchen, die von Weiß und Schwarz in einer beliebigen Stellung beherrschten freien Felder ohne Niederschrift oder Markierung festzustellen, dann werden Ihnen dabei immer wieder schwere Fehler unterlaufen.

* Siehe auch »Schacheröffnungen erfolgreich spielen« von H. C. Opfermann, Econ Verlag 1975.

Die sicherste Methode, bei der Feststellung der freien Felder Irrtümer zu vermeiden, besteht darin, diese Felder jeweils mit verschieden farbigen oder verschieden geformten Blättchen zu markieren. Zum Beispiel so:

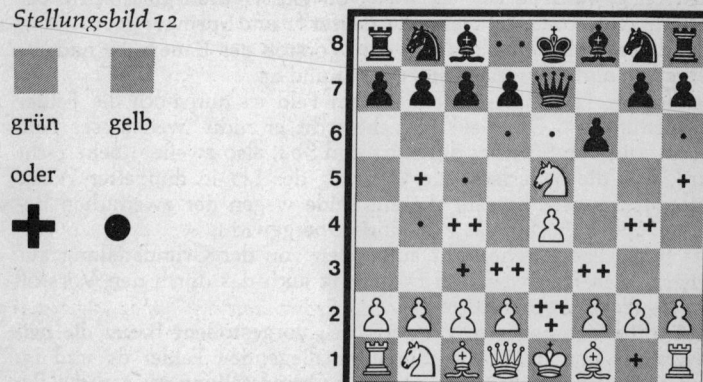

Stellungsbild 12

grün   gelb

oder

Am geeignetsten haben sich Pappe- oder Holzblättchen erwiesen. Papierschnitzel verschieben sich zu leicht. Die Größe des einzelnen Markierungszeichens soll $1/4$ des Feldes nicht überschreiten, weil dann auch die mehrfache Beherrschung eines freien Feldes, also das Wirkungsgewicht, das auf ihm liegt, durch mehrere Markierungszeichen auf diesem Feld deutlich gemacht werden kann.

Wenn Sie von jedem einzelnen Stein ausgehend die von ihm beherrschten freien Felder mit einem Markierungszeichen belegen, dann bilden sich die *Wirkungsgewichte* ganz von selbst. Natürlich können Sie nur zur Analyse von Stellungen so verfahren und nicht etwa auch in der praktischen Kampfpartie. Wenn Sie aber die Übungspartien und Stellungen dieses Buches mit Markierungszeichen nachstudieren, dann gewöhnen Sie sich »spielend« daran, die freien Felder zu erkennen, und werden nach einigen Übungswochen auch in der praktischen Kampfpartie keine Beurteilungsfehler mehr begehen. Es wird sich für Sie lohnen, wenn Sie nun gleich vom nächsten Kapitel ab die jeweiligen beherrschten freien Felder von Weiß und Schwarz mit Markierungszeichen auslegen und von Zug zu Zug fortschreitend umlegen. Sie erkennen dann mit höchster optischer Deutlichkeit, wie sich die Kräfteverhältnisse auf dem Schachbrett Zug um Zug umschichten können, wie der Umschlag aus der positionellen Phase in die kombinatorische sich vorbereitet und wann er erfolgt. In vielen Stellungen, bei denen die Anhäufung beherrschter freier Felder auf Teilen des Schachbretts zugunsten von Weiß z. B. auf dem Königsflügel, für Schwarz auf dem Damenflügel erfolgt, geschieht der Umschlag in die kombinatorische Phase oft nahezu gleichzeitig (sizilianische Verteidigung), so daß es dann zu einem spannenden Wettlauf mit der Zeit kommt, d. h. wer zuerst den entscheidenden Gewinnzug macht.

Der erste Zug von Schwarz

Wenn Weiß den Zug Be2 — e4 als Eröffnungszug wählt, dann hat Schwarz für seinen ersten Antwortzug mehr Möglichkeiten als nach dem Eröffnungszug Be2 — e3 von Weiß.

Schwarz kann nach Be2 — e4 nämlich nicht nur genau wie Weiß mit seinem ersten Zug möglichst viele freie Felder des Schachbretts zu beherrschen versuchen, sondern er kann darüber hinaus mit *seinem ersten* Zug einen Stein von Weiß, nämlich den vorgezogenen Bauern auf e4, bedrohen. Die Bedrohung des auf e4 stehenden Bauern kann Schwarz durch drei verschiedene Züge bewirken: durch Bd7 — d5 oder Bf7 — f5 oder Sg8 — f6.

Stellungsbild 13

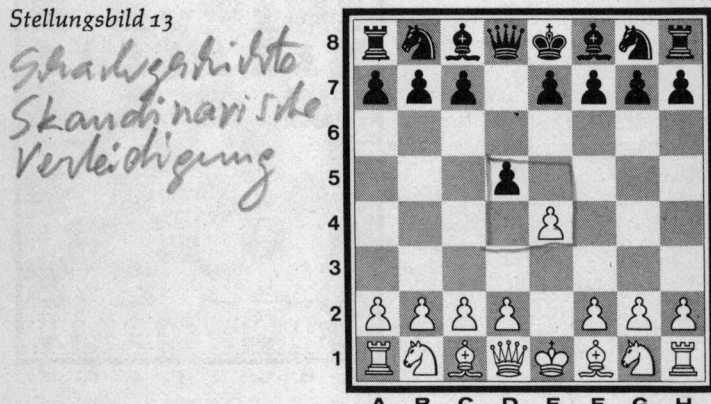

Mit allen drei Zügen (Stellungsbilder 13, 14, 15) bedroht Schwarz den weißen Bauern e4. Er könnte ihn im nächsten Zug schlagen. Er hätte dann, wenn Weiß den bedrohten Bauern nicht verteidigt, einen Stein mehr als Weiß. Ob aber der Mehrbesitz eines solchen Bauern in dieser Anfangsstellung vorteilhaft für Schwarz wäre und ihm ein Übergewicht gäbe, das bei stärkstem Spiel von Schwarz womöglich zum Gewinn der ganzen Partie ausreichen könnte, das ist eine andere Frage. Jedenfalls sollten Sie das sorgfältig erwägen, bevor Sie als Führer der schwarzen Steine einen solchen Angriffszug wagen.

Stellungsbild 14
Weiß am Zuge

katastrophale Folgen f. Schwarz

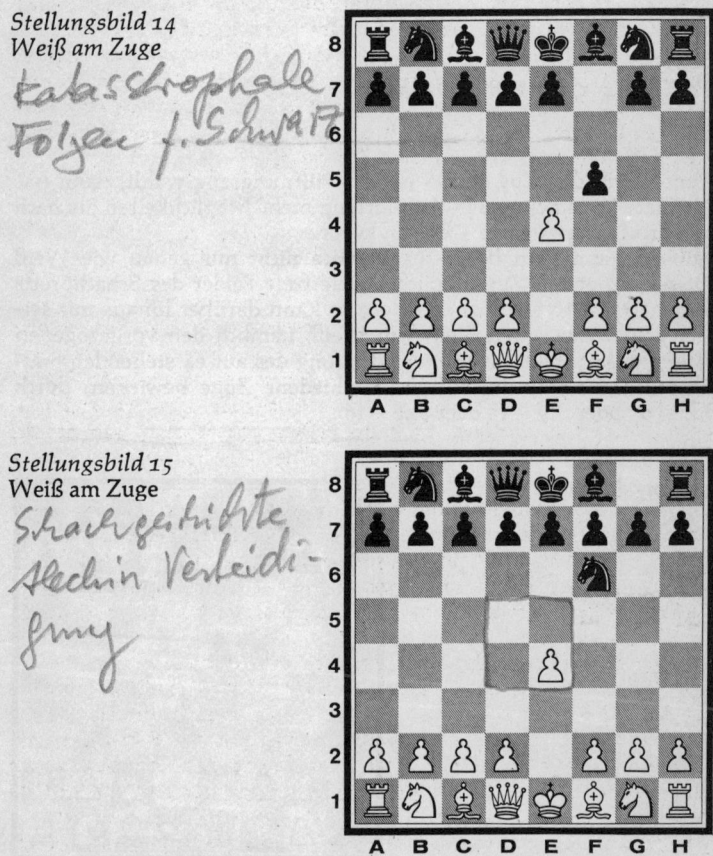

Stellungsbild 15
Weiß am Zuge

Schachgeschichte Aljechin Verteidigung

Zieht Schwarz dagegen z. B. e7 — e6 (französische Verteidigung), dann beherrscht er zusätzlich sieben freie Felder, während er zugleich die Beherrschung der Felder d5 und f5, die von Be4 bewirkt wurde, aufhebt.

In der Geschichte des Schachspiels gibt es zahllose Spielstellungen, in denen der Gewinn eines einzigen Bauern den endgültigen Sieg der Partie verbürgt. Solche Stellungen kommen auch heute noch in vielen gespielten Partien vor.

Es geschieht aber auch ebenso häufig — und zwar gerade während der Eröffnungszüge —, daß der Verlust eines Bauern erhebliche Vorteile für das Spiel der Partei bringt, die den Bauern verliert! Das werden Sie, und zwar sehr bald, selbst herausfinden. In unserem Falle, das heißt in den Fällen der Stellungsbilder 13, 14 und 15, kommt es uns zunächst nur darauf an festzustellen, daß der Führer der schwarzen Steine für seine Antwort auf den Eröffnungszug von Weiß eine erhebliche größere Auswahl an Wirkungsmöglichkeiten hat, als sie Weiß für seinen ersten Zug besaß.

Schwarz kann freier entscheiden als Weiß

Zwar hat Schwarz nicht *mehr* Zugmöglichkeiten für den ersten Antwortzug als Weiß — die *Zugmöglichkeiten* sind auf beiden Seiten für die Eröffnung stets gleich —, aber das Ziel, das der Führer der schwarzen Steine mit seinem ersten Antwortzug ansteuern kann, ist bedeutend vielfältiger. Er kann Felder beherrschen *und* Steine angreifen, während Weiß nur auf Felderbeherrschung ausgehen kann.

Es ist dabei besonders wichtig, daß Sie sich diese Vielfalt in allen ihren Konsequenzen klarmachen, denn sie zeigt Ihnen, daß sich der Führer der schwarzen Steine grundsätzlich anders einstellen kann, ja muß, als der Führer der weißen Steine. Diese unterschiedliche Spieleinstellung gilt übrigens nicht nur für die Eröffnung, sondern für die gesamte Spielführung in jeder Schachpartie.

So wie Sie als Führer der weißen Steine stets einen Zug eher ziehen dürfen — der Schachspieler nennt das »ein Tempo mehr haben«* — als der Führer der schwarzen Steine, so steht es Ihnen als Führer der schwarzen Steine frei, entweder genau wie Weiß mit dem ersten Antwortzug möglichst viele freie Felder des Schachbretts zu beherrschen, oder aber, falls Weiß 1. e2—e4 gezogen hat, diesen vorgerückten Bauern zu bedrohen.

Von den in den Stellungsbildern 13, 14 und 15 dargestellten Zugmöglichkeiten für Schwarz sind die in 13 und 15 abgebildeten in

---

* Ganz korrekt muß es heißen: »ein halbes Tempo mehr haben«.

der Schachgeschichte bekannt. Stellungsbild 13 wird ›Skandinavische
Verteidigung‹ genannt, Stellungsbild 15 ›Alechin-Verteidigung‹;
beide werden heute noch gespielt, während Stellungsbild 14 in der
Schachgeschichte wegen seiner katastrophalen Folgen für das weitere
schwarze Spiel, soweit das festgestellt werden konnte, nur in der
Frühgeschichte des Schachspiels empfohlen wurde. Warum der im
Stellungsbild 14 dargestellte schwarze Zug f7—f5 so katastrophale
Folgen für die Fortsetzung des schwarzen Spiels hat, das werden
Sie bald selbst entdecken.

Zunächst aber wollen wir uns der Hauptfrage zuwenden, was
Schwarz tun sollte, wenn Weiß anstatt 1. e2—e4 lediglich 1. e2—e3
spielt.

Weiß beherrscht dadurch, wie wir bei der Besprechung des Stellungsbildes 13 erkannt haben, die größtmögliche Anzahl freier
Felder des Schachbretts. Der auf e3 stehende Bauer kann dabei
durch keinen Antwortzug von Schwarz bedroht werden. Damit verhindert Weiß, daß Schwarz zwischen den grundsätzlich verschiedenen Möglichkeiten der Feldbeherrschung und der Bedrohung eines
weißen Steines wählen kann.

Weiß behält also durch Be2—e3, wie es scheint, den Vorteil des ersten Zuges, ohne daß Schwarz dem die Bedrohung eines weißen
Steines entgegensetzen kann.

Schwarz bleibt nun anscheinend nichts anderes übrig, als den ersten
Zug von Weiß dadurch zu kompensieren, daß er mit seinem Antwortzug die Beherrschung von ebenso vielen freien Feldern des
Schachbretts anstrebt wie Weiß. Schwarz könnte das zum Beispiel
dadurch tun, daß er seinerseits e7—e6 zieht.

Stellungsbild 16

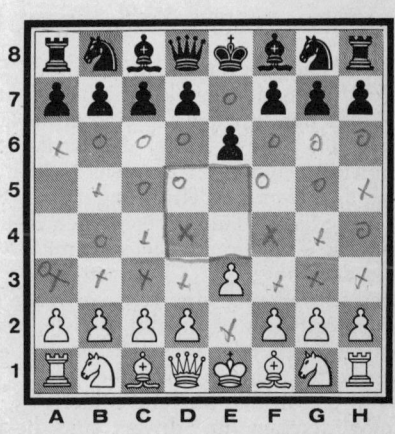

Betrachten wir das Stellungsbild 16, dann wird uns sofort klar, daß Weiß und Schwarz genau gleich stehen, daß jeder von beiden die gleiche Anzahl freier Felder beherrscht, daß somit der Vorteil des ersten Zuges für Weiß voll erhalten geblieben ist, weil ihm Schwarz nicht mehr entgegengesetzt hat als die Beherrschung der gleichen Anzahl freier Felder des Schachbretts. Zieht aber Schwarz statt dessen mit seinem ersten Antwortzug Be7–e5, was ihm ja freisteht, dann beherrscht er zwar auch nur die gleiche Anzahl freier Felder wie Weiß, aber zwei dieser Felder liegen an anderer Stelle.

Stellungsbild 17
Weiß zieht

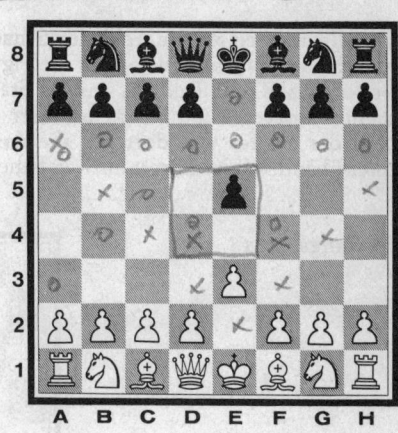

Der weiße Bauer e3 beherrschte die schräg vor ihm liegenden Felder d4 und f4, während der schwarze Bauer e5 die schräg vor ihm liegenden Felder d4 und f4 nun ebenfalls beherrscht.
Sie müssen nun herausfinden, ob diesem Stellungsunterschied auch ein Wertunterschied entspricht. Entdecken Sie einen Wertunterschied, dann fragen Sie sich, wer im Vorteil ist, Weiß oder Schwarz? In den Stellungsbildern 9 und 10 wurde deutlich, daß für einen Springer die Felder am Rande und in den Ecken des Schachbretts viel weniger wertvoll sind als die in der Mitte des Schachbretts, Sie haben auch den Grund erkannt, warum die Ecken und Randfelder für Springer weniger wertvoll sind: Sie beschränken den Wirkungsbereich des Springers. Wenn er auf einem der mittleren Felder des Schachbretts steht, dann beherrscht er 8 um ihn herum liegende Felder; steht er am Rande, dann beherrscht er nur noch 4, steht er auf einem Eckfeld, nur noch zwei Felder! Die mittleren Felder des Schachbretts sind für die Wirkungskraft eines Springers also *wertvoller* als die Rand- und Eckfelder. *Dieser Wertunterschied gilt entsprechend für alle anderen Steine.*

3. Trainingsabschnitt

Die wertvollsten Felder des Schachbretts

Im allgemeinen ist ein Feld des Schachbretts um so wertvoller für
eine Figur, je mehr freie Felder die Figur von dort beherrschen kann.
So kann z. B. das Feld a1, das als Stand-Feld für einen Springer so
wenig wertvoll ist, für einen Läufer ein sehr wertvolles Feld sein,
weil der Läufer von dort aus die ganze Diagonale von b2 bis h8
quer über das Schachbrett hinweg beherrschen kann.

Stellungsbild 18

Dieser Läufer kann von a1 aus jeden beliebigen Bauern, der allein
auf der d- oder h-Linie steht und diese Diagonale noch nicht überschritten bzw. erreicht hat, schlagen, wenn der diese Diagonale betritt.
Wie wichtig das unter Umständen für den Verlust der ganzen Partie sein kann, das haben Sie schon beim Vergleich der Stellungsbilder
3 und 4 erkannt. Ein so postierter Läufer übt vor allem in Endspielen eine gewaltige Macht aus.
Steht der Läufer anstatt auf a1 auf b2, dann beherrscht er
außer den Feldern der Diagonale a1—h8 auch noch die Felder der

b2 kreuzenden Diagonale a3—c1. Steht er auf d4, dann beherrscht er außer den 7 Feldern der Diagonale a1—h8 auch noch alle 6 Felder der Diagonale g1—a7. Das Feld d4 ist also als Standfeld für einen

Stellungsbild 19

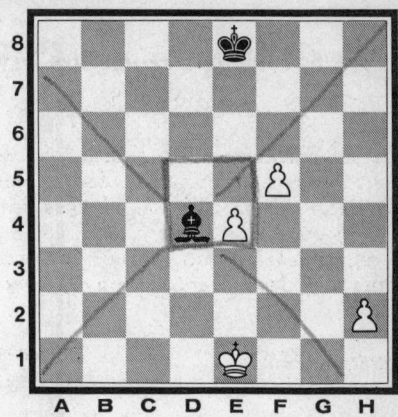

Läufer ganz allgemein ein wertvolleres Feld als das Feld a1 oder b2. Von d4 aus kann der Läufer 13 freie Felder beherrschen, während er von b2 aus nur 9, von a1 aus nur 7 Felder beherrscht. Ebenso wertvoll wie das Standfeld d4 ist das Feld e5 für den Läufer, und das gleiche gilt für den auf den weißen Feldern ziehenden Läufer f1 oder c8 wenn er die Standfelder e4 oder d5 einnehmen kann.

Stellungsbild 20

Was für die Läufer gilt, die von einem Zentralfeld aus die größere Anzahl freier Felder beherrschen, das gilt auch für die Dame. Sie beherrscht von den Feldern d4, d5, e4 und e5 aus jeweils 27 freie Felder.

Stellungsbild 21

Das kann die Dame von keinem anderen Felde aus. Deshalb sind die vier Zentrumsfelder für Dame und Läufer grundsätzlich die weitaus wertvollsten Felder des Schachbretts.

Nur die Türme haben es nicht nötig, auf bestimmten Feldern zu stehen, um die größtmögliche Anzahl freier Felder des Schachbretts beherrschen zu können.

Auf welchem Feld sie auch stehen, sie beherrschen immer, wenn sie freie Felder vor und neben sich haben, 14 Felder.

Trotzdem gibt es auch für die Felder-Beherrschung der Türme wertvolle Felder.

Es ist ganz klar, daß z. B. ein weißer Turm, der einen schwarzen Läufer daran hindern kann, auf ein Zentrumsfeld, also nach e4 oder d5 zu ziehen, auf einem besonders guten Platz steht. Er kann damit stärkeren Einfluß auf den Spielverlauf ausüben als ein Turm, der auf einem der Eckfelder a8, a1, h8 oder h1 steht. Von dort aus beherrscht der Turm genauso viele freie Felder wie der auf einem Zentrumsfeld stehende Turm, nämlich 14. Aber diese Felder sind als reine Randfelder, wie wir schon herausgefunden haben, weniger wertvoll als die Zentrumsfelder. Deshalb versucht auch jeder gute Schachspieler seine Türme, die in der Grundstellung ja auf einem der Eckfelder (Weiß Ta1 und Th1, Schwarz Ta8 und Th8) stehen, so rasch wie möglich schon in der Eröffnung wirksamer zu postie-

ren. Am stärksten wirken Türme, wenn sie eine freie Linie beherrschen, auf der sie keinen eigenen Bauern mehr vor sich haben. Ja, selbst dann, wenn die eigenen Bauern dieser Reihen noch nicht durch Wegschlagen oder Abtausch entfernt worden sind, ist es fast immer für den weiteren Spielverlauf vorteilhaft, wenn die Türme schnell auf einem der Felder c1, d1, e1 oder f1, postiert werden können.

Warum möglichst bald rochiert werden soll

Das ist einer der Gründe, weshalb dem Schachspieler in allen Lehrbüchern die baldmögliche Durchführung der Rochade o—o, die ja den Turm von h1 auf f1 bringt, empfohlen wird. Außerdem wird so der eigene König nach g1 gebracht, wo er sicherer und geschützter hinter den noch nicht gezogenen Bauern f2, g2 und h3 steht, wenn die Partie von Weiß mit dem Bauern e2 oder d2 eröffnet wurde. Nach dem Zug Be2—e4 oder auch Bd2—d4 steht der König Ke1, wie Sie später selbst herausfinden werden, auf gefährdetem Platz, auf dem er viel leichter von schwarzen Figuren bedroht werden kann, als wenn er auf g1 steht. Nach der Rochade o—o sollte bald ein Turm auf die offene e-Linie gestellt werden, damit die Zentralfelder von ihm beherrscht oder eigene dort stehende Steine durch ihn geschützt werden. Selbstverständlich muß der Turm nach der Rochade dazu von f1 nach e1 ziehen.
Merken Sie sich deshalb bitte den unter Schachspielern ganz allgemein anerkannten Grundsatz:

Offene Linien sollten möglichst von Türmen beherrscht werden

Natürlich gibt es Ausnahmen von dieser Regel. Aber diese Ausnahmen kommen ziemlich selten vor. Sie sind dann so sehr von der gerade gegebenen, meist schwer zu durchschauenden Stellung abhängig, daß der Anfänger die Regel, offene Linien mit Türmen zu beherrschen, als ein für ihn gültiges Schachgesetz ansehen darf.

Stellungsbild 23
Weiß zieht

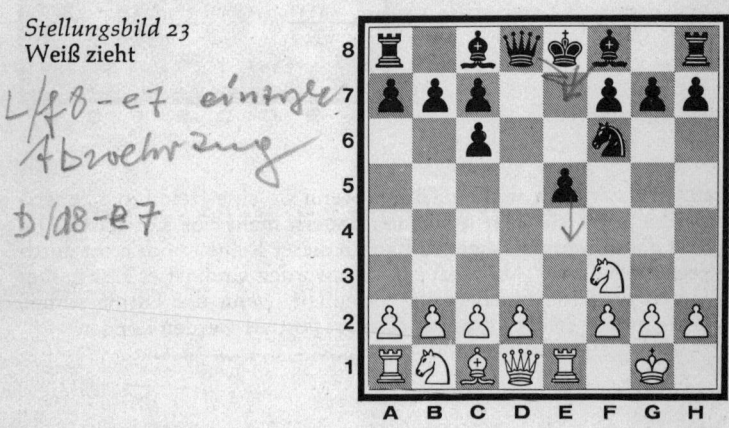

[handschriftliche Notizen: L/f8-e7 einzige Abwehrung, D/a8-e7]

In dieser Stellung, die aus einer üblichen Eröffnung hervorgegangen ist, kann die beherrschende Kraft, die der Turm auf die halboffene e-Linie ausübt, deutlich erkannt werden. Der schwarze Bauer, der auf dem Zentrumsfeld e5 steht, ist von keinem schwarzen Stein verteidigt, aber zweimal angegriffen. Sowohl der Springer f3 als auch der Turm e1 greifen den Bauern e5 an, so daß der Führer der schwarzen Steine den Bauern e5 nicht einmal dann mehr retten könnte, wenn er am Zuge wäre. Natürlich könnte er dann . . . 2. e5 — e4 ziehen, doch würde er ihn dann nach drei weiteren Zügen rettungslos verlieren. Aber Schwarz ist ja nicht am Zuge.
Mit dem Zug Te1xe5 + gibt Weiß zugleich dem König e8 ein Schach, was Schwarz nur durch den Zug Lf8—e7 ohne schweren Nachteil unschädlich machen kann. Der Schachspieler sagt dazu »Decken«. Ein Wegziehen des Königs nach d7, was grundsätzlich möglich wäre, würde zunächst einmal die spätere kurze Rochade des schwarzen Königs unmöglich machen, durch die der König auf g8 hinter die schützende Bauernkette f7, g7 und der Turm von h8 auf den wirksameren Platz f8 käme. Das Ausweichen des Königs nach d7 hätte

außerdem noch den Nachteil für Schwarz, daß er die Beherrschung der freien Felder d7, e6, f5, g4 durch den Läufer auf c8 unterbräche. Das gleiche gilt für die Unterbrechung der Beherrschung der freien Felder d7, d6, d5, d4 durch die schwarze Dame. Das brächte so schwere Nachteile für Schwarz mit sich, daß er seine Partie nach einem solchen Zug bald verlieren würde. Zieht man die Dame auf e7, um den König auf e8 vor dem Schach des Turms auf e5 zu decken, so wäre das in mehrfacher Beziehung für Schwarz von ebenso großem Nachteil wie der ruinöse Abzug des Königs nach d7.

Zunächst würde der Führer der weißen Steine keinen Augenblick zögern, mit seinem Turm e5 die Dame auf e7 einfach wegzunehmen, denn die Dame ist eine viel wertvollere Schachfigur als ein Turm. Die Dame vereinigt ja in sich die Wirkungskräfte eines Turms und eines Läufers. Das heißt, sie darf nicht nur so ziehen, als ob sie ein Turm oder ein Läufer wäre, sondern übt diese beiden Wirkungen gleichzeitig aus.

Warum die Dame viel mehr wert ist als ein Turm

Machen wir uns das durch eine besonders charakteristische Stellung klar:

Stellungsbild 24
Weiß zieht

Im Stellungsbild 24, in dem sowohl der weiße Turm als auch die schwarze Dame auf einem Zentrumsfeld des Schachbretts postiert sind, beherrscht der Te4 zehn freie Felder, während die Dame d5 nicht nur neunzehn freie Felder beherrscht, sondern auch noch den Turm auf e4 schlagen kann, wenn Schwarz am Zug ist. Der weiße Turm auf e4 bedroht dagegen die Dame auf d5 nicht, sondern muß, wenn Weiß am Zug ist, aus dem Wirkungsbereich der Dame weggezogen werden, um nicht selbst geschlagen zu werden. Wenn wir nun zum Stellungsbild 23 zurückkehren, dann bedarf es keiner weiteren Begründung mehr, warum für uns als Führer der schwarzen Steine ausschließlich der Zug Lf8—e7 als Abwehr gegen das vom Te1xBe4 dem König gebotene Schach in Frage kommt. Wir sollten uns dennoch mit einem weiteren Nachteil, den der Zug Dd8—e7 für Schwarz haben würde, vertraut machen. Nehmen wir einmal an, der Führer der schwarzen Steine zieht aus irgendeinem Grund in der folgenden Stellung seine Dame von d8 nach e7:

Stellungsbild 25
Weiß zieht

Wann Figuren falsch placiert sind

Warum ist dieser Zug sehr schwach, auch wenn die Dame von Weiß nicht geschlagen werden kann? Die Dame auf e7 beherrscht von dort aus zunächst einmal mehr freie Felder als von d8 aus, und zwar die Felder d6, c5, b4. Das Feld e6 beherrscht sie nicht, da der auf c4 stehende weiße Läufer dorthin wirkt und so die Beherrschung aufhebt. Da die Felder der Diagonale e7 bis b4 bereits vom Läufer f8 beherrscht werden, bedeutet die Stellung der Dame auf e7, daß diese Diagonale von Schwarz doppelt beherrscht wird.

Trotz dieser Verdoppelung ist dieser Zug De7 von großem Nachteil für Schwarz, und Weiß könnte das zu seinem Vorteil ausnützen. Die Dame auf e7 versperrt gleichzeitig dem Läufer auf f8 den Weg.

Dieser Läufer aber, das haben wir schon erkannt, sollte sobald wie möglich von dem Feld f8 weggezogen werden, damit Schwarz rochieren kann, wodurch sein König durch einen einzigen Zug, nämlich o—o, auf das geschützte Feld g8 und sein Turm h8 auf das für ihn günstigere Feld f8 gelangt. Wir haben bereits im Stellungsbild 23 erkannt, wie wichtig es wäre, daß der schwarze Turm von h8 so rasch wie möglich nach e8 käme, um dort die Beherrschung der freien e-Linie durch den weißen Turm zunichte zu machen.

Um den schwarzen Läufer f8 im Stellungsbild 25 von der achten Reihe wegzuziehen, muß der Führer der schwarzen Steine jetzt mindestens zwei Vorbereitungszüge machen; erst dann kann im dritten Zug die Rochade o—o durchgeführt werden. Entweder muß also die Dame auf e7 dieses Feld wieder verlassen, was einen Zug beansprucht, oder aber es muß zunächst der Bauer von g7 nach g6 weggezogen werden, damit im darauffolgenden Zug Schwarz seinen schwarzen Läufer von f8 nach g7 oder h6 ziehen kann. Erst wenn das geschehen ist, kann Schwarz im dritten Zug rochieren.

In der gleichen Zeit aber, in der Schwarz dieses umständliche Manöver der Entfernung des Läufers f8 durchführen muß, weil er De7 gezogen hat, darf Weiß seinerseits drei Züge machen, die er dazu verwenden kann, vor allem im Zentrum noch mehr freie Felder zu beherrschen oder schwarze Steine zu bedrohen. Durch diese Züge würde er uneinholbar stärker werden als Schwarz, und er könnte die Partie bald gewinnen.

Die erste Zusammenfassung der wichtigsten Erkenntnisse

Was haben wir bis jetzt alles herausgebracht? Fassen wir einmal zusammen:
Auf unserer Suche nach dem stärksten Eröffnungszuge für Weiß haben wir als Anfänger eine ganze Anzahl von Regeln und Gesetzen entdeckt:

1. Es ist vorteilhaft, mit dem ersten Zug und allen folgenden Zügen möglichst viele freie Felder des Schachbretts zu beherrschen.
2. Nicht alle Felder des Schachbretts sind gleich wertvoll.
3. Manche Felder können für bestimmte Figuren vorteilhaft sein, die für andere Figuren von Nachteil sind.
4. Die Zentrumsfelder e4, e5, d4 und d5 sind die wertvollsten; danach kommen die darum herumgruppierten Felder c3, d3, e3, f3, f4, f5, f6, e6, d6 und c6. Es ist deshalb wichtiger, die Zentrumsfelder zu beherrschen als die Randfelder.

5. Der Vorteil des ersten Zuges ist nur solange von Nutzen, als der erste und jeder folgende Zug die größtmögliche Wirkung auf dem Schachbrett hervorrufen.

6. Figuren der gleichen Farbe können einander im Wege stehen und dadurch ihre größtmögliche Wirkung verlieren.

7. Türme sind zur Beherrschung freier Linien besonders geeignet. Sie sollen sobald wie möglich auf Felder gestellt werden, die zu freien Linien gehören oder von wo aus wahrscheinlich bald freie Linien entstehen.

Wir können jetzt schon ein vorläufiges Urteil darüber abgeben, welcher von den beiden ersten Eröffnungszügen von Weiß, Be2—e3 oder Be2—e4, als der stärkere angesehen werden darf. (Siehe Stellungsbilder 13, 16 und 17.)

4. Trainingsabschnitt

Warum Be2—e4 ein stärkerer Zug ist als Be2—e3

Zieht Weiß als ersten Eröffnungszug Be2—e3, dann beherrscht er lediglich die beiden Zentrumsfelder d4 und f4, während der Zug Be2—e4 zur Beherrschung der beiden Zentrumsfelder d5 und f5 führt. Der Zug Be2—e4 hat also zur Folge, daß Schwarz weder seinen d-Bauern von d7—d5, noch seinen f-Bauern von f7—f5 als Antwort ziehen kann, ohne daß jeder dieser Bauern von Be4 bedroht ist und im folgenden Zuge geschlagen werden kann. Da der f-Bauer auf f5 nicht gedeckt ist, würde er durch e4xf5 verlorengehen und müßte von Schwarz erst wieder mühsam zurückerobert werden.

Der d-Bauer wäre nach d7—d5 zwar durch die Dame auf d8 gedeckt, doch wäre es für Schwarz nicht vorteilhaft, den weißen Bauern nach e4xd5 mit der Dd8xd5 wieder zu nehmen. Warum nicht?

1. e2—e4	d7—d5
2. e4xd5	Dd8xd5

Stellungsbild 26
Weiß zieht

Die schwarze Dame beherrscht zwar von d5 aus acht freie Zentrumsfelder und dazu noch vier weitere, steht aber auf d5 so nahe

an der weißen Grundstellung, daß sie sofort ohne Nachteil für Weiß bedroht werden kann. Dies geschieht durch den Zug Sb1—c3.
Dieser Zug hebt auch zugleich die Beherrschung des freien Feldes e4 durch Dd5 auf.

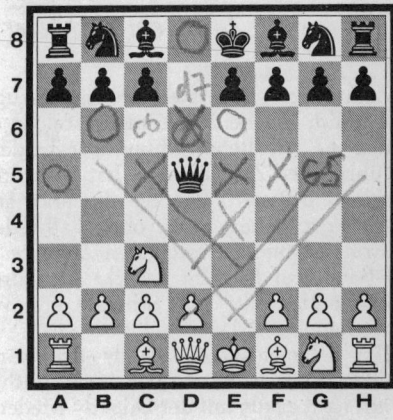

Stellungsbild 27
Schwarz zieht

Die Dame muß, wenn sie nicht im nächsten Zug von Sc3 geschlagen werden soll, den Platz d5 verlassen. Wohin zieht sie? Da durch den ersten Eröffnungszug Be2—e4 der Läufer f1 alle Felder der Diagonale f1—b5 beherrscht und die Dame d1 alle Felder der Diagonale d1—h5, kann die schwarze Dame d5 auf keines dieser freien Felder ziehen, ohne bedroht zu sein und im nächsten Zug von Weiß wiederum geschlagen zu werden. Die Zugmöglichkeiten der schwarzen Dame sind also um diese Felder eingeschränkt, ein weiterer Beweis, wie stark der Eröffnungszug e2—e4 ist.
Auch auf das Feld c6 darf die schwarze Dame nicht ziehen, denn der darauffolgende Zug von Weiß Lf1—b5 würde sie tödlich bedrohen, ohne daß sie sich dieser Drohung durch einen Zug von Schwarz entziehen kann. Warum tödlich? Sehen wir uns das Stellungsbild 28 an. Der Läufer auf b5 bedroht die Dame c6. Die Dame c6 kann den Läufer b5 zwar schlagen, sie wird aber ihrerseits, weil der Lb5 vom Springer c3 gedeckt wird, im darauffolgenden Zug von Springer c3 geschlagen und geht so verloren. Die Dame c6 kann auch nicht aus dem Drohbereich des Lb5 wegziehen, weil der Lb5 dann über die beiden freien Diagonalfelder c6, d7 hinweg den schwarzen König auf e8 mit Schach bedroht. Da der Wegzug eines Steines nach den internationalen Schachregeln dann nicht erlaubt ist, wenn durch diesen Wegzug der König der gleichen Farbe einem Schach ausge-

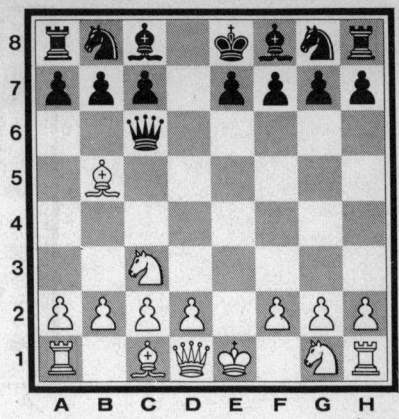

setzt wird, darf die Dame c6 nicht von der Diagonale c6, d7 wegziehen. Sie darf sich nur auf das Feld d7 zurückziehen, wo sie dann
der Läufer b5 schlägt. Oder sie darf noch den Läufer b5, wie be-
sprochen, selbst schlagen, worauf sie von Sc3xDb5 geschlagen wird.
Schließlich könnte sie noch auf dem Felde c6 stehen bleiben. Der
Führer der schwarzen Steine könnte statt dessen einen anderen Zug
mit einem anderen Stein ausführen. Daß eine Dame weit wertvoller
ist als Läufer plus Springer werden Sie selbst herausfinden können.
Wir gewinnen aus dieser Stellung die wesentliche Erkenntnis, daß
wir uns sehr hüten müssen, unsere Dame so aufzustellen, daß sich
zwischen ihr und unserem König freie Felder befinden, oder auch
unsere Dame direkt vor unseren König zu ziehen, wenn die Möglichkeit besteht, daß die Gegenpartei unsere Dame so bedrohen
kann, daß durch den Wegzug der Dame ein Schach bewirkt würde.
Der Schachspieler nennt eine solche Stellung eine »Fesselung«. Die
Dame ist auf einer Diagonalen oder einer Linie »gefesselt«, wenn
ihr Abzug ein Schach für den König zur Folge hätte. Zieht die
Dame von d5 auf das Feld d6, von wo aus sie immer noch die wichtigsten freien Felder des Schachbretts beherrschen würde, dann
könnte sie durch Sc3—b5 erneut angegriffen werden. Sie müßte dann
unbedingt auf ein Feld ausweichen, von dem aus sie gleichzeitig den
Bauern c7 deckt. Sie dürfte sich z. B. keineswegs auf ihr nun vom
Springer c3 nicht mehr beherrschtes altes Feld d5 zurückziehen,
weil Weiß dann Sb5xc7 + ziehen kann. Sehen wir uns die Stellung
genau an:

Weiß kann nun Sb5xc7 + ziehen, d. h. den Bauern auf c7, der ganz ungedeckt ist, schlagen, damit dem schwarzen König auf e8 Schach sagen und, weil der schwarze König nach den Schachregeln gezwungen ist, aus der Bedrohung durch den Sc7 + wegzuziehen, im darauffolgenden Zug die Dame auf d5 schlagen. Denn durch das Schachgebot des Springers wird von c7 aus gleichzeitig die Dame d5 mitbedroht. Der Führer der schwarzen Steine darf deshalb nicht zulassen, daß der weiße Springer den ungedeckten Bauern auf c7 schlagen und dabei den schwarzen König e8 mit Schach bedrohen kann. Denn selbst wenn die schwarze Dame von d6 nicht nach d5, sondern auf ein anderes Feld zieht, würde durch Sb5xc7 + gleichzeitig auch der Turm auf a8 bedroht. Der Sc7 kann, nachdem der Ke8 aus dem Schach z. B. nach d7 oder d8 gezogen ist, den Ta8 schlagen.

Damit hätte Weiß zunächst einen Turm gewonnen. Sollte es Weiß nicht gelingen, den Sa8 ungefährdet wieder ins Spiel zu bringen — was in dieser Stellung unmöglich sein würde —, dann hätte er, wenn Schwarz den Springer erobert, mindestens die »Qualität« gewonnen. Unter »Qualität« versteht der Schachspieler den materiellen Mehrwert, den ein Turm einer leichten Figur gegenüber hat. Die Qualität wird mit dem materiellen Wert von eineinhalb Bauern bewertet. Da der Gegenwert einer leichten Figur allgemein mit drei Bauern bewertet wird, entspricht der Gegenwert eines Turms viereinhalb Bauern. Bei diesen Bewertungen handelt es sich natürlich um Relativwerte, die stark mit der Stellung der Figuren variieren. Sie haben sich aber für die meisten Entscheidungen in der praktischen Partie bewährt.

Was eine Schachkombination wirklich ist

Wenn der Führer der weißen Steine erkennt, daß der Zug Lf1—b5 im Stellungsbild 28 nicht nur ein erlaubter Angriffszug auf die schwarze Dame ist, weil der angreifende Läufer durch den Sc3 gedeckt wird, sondern auch noch herausfindet, daß die Dame durch Lf1—b5 auf der Diagonale a4—d7 wegen des Königs e8 gefesselt wird und deshalb im nächsten Zug von Weiß auf jeden Fall geschlagen werden kann, dann hat er eine »Schachkombination« zustande gebracht; zwar nur eine einfache einzügige Kombination, aber doch eine ganz echte.

Unter »Schachkombination« versteht der Schachspieler eine Zugfolge von einem bis beliebig vielen Zügen, die, wenn sie stimmt, zwangsläufig mit einem Vorteil meist materieller Art für den Erfinder der Kombination endet.

Zu einer »Kombination« gehört, daß man sich die gesamte Zugfolge bis zum Kombinationsergebnis *bewußt* macht. Wenn ein Zug lediglich getan wird, um zu drohen oder einen Stein zu schlagen, und dieser Zug *löst* dadurch eine zwangsläufige Zugfolge *aus*, die mit einem materiellen Vorteil endet, dann wird er dadurch noch nicht zum Bestandteil einer Kombination. Erst wenn die gesamte Zugfolge, die zu dem erwarteten Ergebnis führt, in allen Einzelheiten *vorhergesehen* — der Schachspieler sagt »durchgerechnet« — und gespielt wurde, kann der Spieler für sich in Anspruch nehmen, eine Kombination entdeckt zu haben. Es gibt nicht nur, wie das manche Schachlehrbücher glauben machen wollen, Kombinationen, die mit materiellen Vorteilen (Bauern- oder Figurengewinn) oder aber mit Matt-Stellungen (Matt-Kombinationen) enden. Es gibt ebenso viele — wenn nicht noch mehr — Kombinationen, die lediglich eine zwangsläufige Verbesserung der Bauern- oder Figurenstellungen zur Folge haben. Zu diesen Kombinationen gehören z. B. solche, die dazu führen, daß man mehr freie oder wertvollere Felder beherrscht als der Gegner, oder die es ermöglichen, sperrende oder drohende Steine wegzuräumen, auch wenn man dabei materielle Nachteile in Kauf nehmen muß. Der Schachspieler bezeichnet die Ergebnisse solcher Kombinationen als »Positionsvorteile«. Ein Beispiel:

In der komplizierten Stellung 30 auf Seite 48 deren genauere Analyse wir uns als Anfänger ersparen dürfen, kann Schwarz den weißen König h2 durch eine Kombination, in der dieser König in eine Fesselung hineingezwungen wird, in vier Zügen matt setzen. Der weiße König wird gefesselt, indem er gezwungen wird, eine bestimmte »Position« auf einem bestimmten Feld einzunehmen:

Erster Zug von Schwarz: Der Turm e6 zieht nach h6 und gibt Schach.

Antwort von Weiß: König h2 muß nach g1 ziehen. Er hat kein anderes Feld, da g2 und g3 durch weiße Bauern verstellt sind.

Zweiter Zug von Schwarz: Der Turm auf h6 zieht nach h1 und gibt dem König g1 ein weiteres Schach. Der Turm opfert sich mit diesem Zuge, weil er auf h1 nicht gedeckt ist und von dem auf g1 stehenden König geschlagen werden kann.

Antwortzug von Weiß: Der König auf g1 muß den Turm, der ihm auf h1 Schach gibt, schlagen, weil er auf kein anderes Feld ziehen kann. Die Felder g2 und f2, auf denen er der Schachwirkung des Turmes nicht mehr ausgesetzt wäre, sind durch die weißen Bauern g2 und f2 verstellt. Das Opfer des schwarzen Turmes auf h1 hat den Sinn, den weißen König zu zwingen, später das Feld g1 zu betreten — der Schachspieler sagt, »in eine bestimmte Stellung zu bringen« oder »eine bestimmte Position einzunehmen«. Das Opfer des schwarzen Turmes auf h1 ist also ein »positionelles« Opfer und hat nicht, wie bei anderen Mattkombinationen, die Aufgabe, Steine, die den König decken, aus dem Wege zu räumen. Auf h1 hat der weiße König nun auf g2 einen weißen Bauern schräg vor sich, der von einem schwarzen Läufer, der auf dem Felde b7 steht, bedroht wird. Diese Bedrohung des Bauern g2 durch den Läufer b7 ist deshalb möglich, weil zwischen dem Lb7 und dem Bauern g2 auf der Diagonale c6—d5—e4—f3 lauter freie, von Steinen unbesetzte Felder liegen. Da von dieser Bedrohung des Bauern g2 durch den Läufer b7, wie Sie gleich durchschauen werden, der Erfolg der gesamten Kombination abhängig ist, erkennen Sie auch an diesem Beispiel wieder einmal, wie wichtig die Beherrschung freier Felder des Schachbretts für den Spielverlauf sein kann.

Dritter Zug von Schwarz: Die schwarze Dame auf c8 zieht nach h3 und gibt dem auf h1 stehenden weißen König ein Schach. Sie kann das tun, weil sie die freien Felder der Diagonale d7, e6, f5 und g4 und durch die Fesselung des Bauern g2 nun auch das Feld h3 beherrscht. Bitte machen Sie sich klar, daß die Dame auf c8 diesen Zug nach h3 nur deshalb durchführen kann, weil der Turm, der zwei Züge vorher auf e6 stand, dieses Feld verlassen hat. Stünde der Turm noch dort, dann könnte die Dame von c8 auf der Diagonale nur bis auf das Feld d7 ziehen, weil der Turm auf e6 der Dame c8 die Beherrschung der Diagonalfelder f5 und g4 versperrt. Auch hier wird wieder die große Bedeutung der Beherrschung möglichst vieler freier Felder deutlich. Die auf h3 stehende schwarze Dame ist zwar durch den Bauern g2 direkt bedroht. Der Bauer g2 darf aber die Dame h3 nicht schlagen, weil er gefesselt ist. Sein Wegzug würde den König auf h1 einem Schach des Läufers b7 aussetzen. Der Bauer g2 ist also genauso an die Diagonale c6—g2 gefesselt wie die schwarze Dame in Stellungsbild 28 an die Diagonale c6—d7—e8.

Jetzt erkennen Sie, warum es so wichtig für den Führer der schwarzen Steine war, den weißen König zu zwingen, auf das Feld h1 zu ziehen. Denn nun bleibt dem weißen König nichts anderes mehr übrig, als auf das Feld g1 zu ziehen, um dem Schachgebot der schwarzen Dame auf h3 auszuweichen.

Antwortzug von Weiß: Kh1—g1

Vierter Zug von Schwarz: Dh3xg2≠. Die schwarze Dame darf den von dem Läufer b7 bedrohten Bauern auf g2 schlagen und so dem weißen König auf g1 Schach und Matt zugleich bieten. Denn da der schwarze Läufer b7 die schwarze Dame auf g2 deckt, darf der weiße König g1 die schwarze Dame g2 nicht schlagen. Da der weiße König aber auch auf kein Feld mehr ausweichen kann, auf dem er nicht im darauffolgenden Zug von der schwarzen Dame g2 geschlagen würde (der weiße König g1 kann nur noch auf die Felder der f1 oder h1 ziehen), ist die Mattstellung erreicht, und Schwarz hat die Partie gewonnen.

An diesem ersten komplizierten Kombinationsbeispiel können Sie deutlich erkennen, wie wichtig, ja spielentscheidend die Sorgfalt im Denken, Analysieren und Durchrechnen für den Spielerfolg sein kann. Es gibt viele naturbegabte Schachspieler, die sich bei der Beurteilung von Stellungen mehr auf ihren Instinkt und ihr Schachgefühl verlassen und darüber die Sorgfalt des Durchrechnens von Zugfolgen und Analysierens vernachlässigen. Das rächt sich oft, besonders dann, wenn solche Schachspieler mit Partnern spielen, die schwächer spielen als sie selbst. Solche, die Sorgfalt mißachtenden Einstellungen kommen sogar bei Großmeistern im Weltmeisterrang gelegentlich vor. Ein charakteristisches Beispiel wird anhand des Stellungsbildes 125 von Großmeister Bogoljubow in einem Endspiel um die Weltmeisterschaft gegen Weltmeister Alechin analysiert. Bogoljubow verlor dieses Endspiel, das er leicht hätte gewinnen können, wegen mangelnder analytischer und rechnerischer Sorgfalt. Das bedeutet für Sie, daß Sie sich auch in *sachlicher Sorgfalt* trainieren müssen. Die meisten Schachspieler tun das auch, doch begehen viele von ihnen dabei den Fehler, die Sorgfalt weit zu übertreiben. Davor sollten Sie sich ebenfalls bewahren. Es ist nicht nötig, vor *jedem* Zuge lang auf das Brett zu starren. Das ermüdet nur.

Wenn Sie zweimal sehr sorgfältig eine Zugfolge *ganz* durchgerechnet haben, wenn Sie zweimal jeden Nebenweg auf seine Endstellung im Geiste abgetastet und wenn Sie zweimal die angestrebte Stellungsveränderung oder -verbesserung auf die Möglichkeit, sie zu ereichen, und die vom Gegner auf diesem Wege ihrer Stellung drohenden Gefahren sorgfältig geprüft haben, dann ziehen Sie. Fangen Sie nicht noch ein drittes Mal an, das Gleiche zu tun, denn sonst werden Sie, wenn Sie später einmal in Turnieren spielen, immer wieder in Zeitnot geraten und ihre Partien nicht durch schlechtes, sondern durch zu langsames Spiel verlieren.

Im übrigen sollte es für Sie niemals *schlecht* spielende, sondern immer nur *schwach* spielende Partner geben. Erlauben Sie sich *niemals*, nur weil Sie mit einem schwächeren Partner spielen, schlampige oder unaufmerksame Züge zu machen. Wenn Sie ein erfolgreicher Schachspieler werden wollen, sollten Sie stets und ohne Ausnahme gegen jeden Partner so spielen, als ob Sie gegen einen Meister angetreten wären. Das soll nicht heißen, daß sie besonders vorsichtig oder grundsätzlich auf Verteidigung statt auf Angriff spielen sollten, sondern nur so vorsichtig, wie es die jeweilige Stellung erfordert. Die Fehler, die Sie dann durch positionsgemäße Behandlung ausnützen und durch eine *stimmende* Kombination krönen können, sollte Ihr Gegner machen, nicht Sie!

5. Trainingsabschnitt

*Im Herbeiführen vorteilhafter Stellungen
und deren Ausnutzung durch Kombinationen
besteht das Wesen des Schachspiels*

Bereits die ersten Eröffnungszüge von Weiß und Schwarz sollten diesem Ziel dienen, wenn die Partie von Weiß gewonnen und von Schwarz wenigstens nicht verloren werden soll.

Der erste Zug von Weiß Be2—e4, der darauf abzielt, möglichst viele freie Felder des Schachbretts zu beherrschen, ist zwar noch keine Kombination, doch *könnte* er das Ergebnis einer Stellungs- oder positionellen Kombination sein. Er wäre z. B. das Ergebnis einer »positionellen« Kombination, wenn ihm einer oder mehrere Züge vorangegangen wären, die eine Beherrschung bestimmter freier Felder des Schachbretts zum Ziel gehabt hätten.

Die Grundstellung der Steine auf dem Schachbrett vor der Eröffnung des Spiels ist die Folge des Zwangs der Spielregeln. Die Bauern und die Figuren müssen so aufgestellt werden. Deshalb dürfen wir den Eröffnungszug von Weiß, wenn wir wollen, auch als die Fortsetzung einer durch Zwangszüge zustande gekommenen »Stellung« oder »Position« — nämlich der »Grundstellung« — betrachten.

Unser Eröffnungszug ist dann eigentlich kein erster Zug mehr, sondern ein Anschlußzug, der die Aufgabe hat, eine bereits erreichte Stellung oder Position nach Möglichkeit zu verbessern.

Der erste Zug, den Weiß macht, ist — so betrachtet — ein wichtiger positioneller Zug, der sich für den Anfänger dadurch rechtfertigt, daß er den größtmöglichen Stellungsvorteil anstrebt. Daß solche Betrachtungen keine müßige Spielerei sind, sondern den Schachspieler dazu erziehen, zuerst in Stellungsmerkmalen zu denken, bevor er auf Kombinationssuche ausgehen darf, das haben unter anderem die beiden internationalen Meister Richard Réti und Julius Breyer, die als Spieler und Theoretiker Unvergängliches schufen, durch wiederholte analytische Untersuchungen der Grundstellung und des ersten Eröffnungszuges nachgewiesen.

51

Warum es nachteilig ist, zu früh mit der Dame zu ziehen

Bevor wir ein abschließendes Urteil über den Wertunterschied der Eröffnungszüge von Weiß e2—e3 oder e2—e4 fällen, wollen wir einmal das Stellungsbild 31 analysieren:

Stellungsbild 31
Schwarz zieht

Wir haben im Stellungsbild 28 bereits erkannt, warum es der schwarzen Dame d5 verboten ist, sich auf das Feld c6 zurückzuziehen. Wir bemerken sofort, daß die schwarze Dame auch auf Feld c5 unglücklich stehen würde, wenn wir den weißen Antwortzug d2—d4 ins Auge fassen. Auf d4 greift der Bauer die Dame c5, ohne daß er geschlagen werden darf, an und zwingt sie, auf ein anderes Feld zu flüchten.

Dadurch beherrscht der Führer der weißen Steine zusätzlich die freien Felder d2, e3, f4, und außerdem nimmt der Bd4 der schwarzen Dame die weitere Beherrschung zweier wichtiger freier Felder weg, nämlich c5 und e5, ohne daß Schwarz dafür einen Ausgleich bekommt. Wohin auch immer die Dame von c5 aus ziehen würde, sie könnte von keinem Feld aus die durch d2—d4 von Weiß dazugewonnene Felderbeherrschung wettmachen.

Ebenso nachteilig für Schwarz würde sich ein Zug der schwarzen Dame nach e5 oder e6 auswirken, obwohl die Dame von dort aus dem weißen König e1 zunächst ein Schach bieten könnte.

Das Schach, das die schwarze Dame e5 dem weißen König auf e1 gibt, ist durch den Zug Lf1—e2 leicht zu decken. Dieser Zug bringt Weiß außerdem den Vorteil ein, daß der Läufer von der ersten

Reihe entfernt wird, so daß im nächsten Zug von Weiß nur noch der Springer g1 herausgestellt zu werden braucht, um Weiß die kurze Rochade 0—0 zu ermöglichen. Das würde den weißen König von der offenen e-Linie weg hinter die schützenden Bauern f2, g2, h2 befördern und den Turm h1 nach f1 bringen. Von dort aus könnte der Turm bald die offene e-Linie von e1 aus beherrschen.

Diese Aussichten, durch Sg1—f3 zur baldigen Rochade und zu einer schnellen Beherrschung weiterer freier Felder des Schachbretts zu kommen, muß sich der Führer der weißen Steine vergegenwärtigen, bevor er den Zug von Schwarz Dd5—e5 + beantwortet. Die gleiche Überlegung wird Weiß ganz selbstverständlich davor bewahren, das dem weißen König e1 gegebene Schach etwa durch den Zug Sg1—e2 abzudecken. Der Zug Se2 ist nach den Schachregeln durchaus möglich. Der Führer der weißen Steine würde aber beim Durchrechnen in Gedanken sofort erkennen, daß dieser Zug viel schwächer ist als der Zug Le2, weil der Springer auf e2 dem Läufer f1 den Weg so gründlich versperren würde, daß nach dem nächsten Zug von Weiß die Rochade 0—0 nicht ermöglicht werden könnte. Ferner würde der Zug Se2 auch dem weißen Läufer die Wirkung auf sämtliche freien Felder der Diagonale f1 bis a6 nehmen, die Weiß ja durch seinen Eröffnungszug e2—e4 gewonnen hatte. Die weiße Dame d1 würde durch Se2 die Beherrschung der Felder e2, f3 und g4 verlieren, und der Springer g1 könnte beim nächsten Zug von Weiß nicht mehr auf das Feld f3 ziehen, von wo aus er die schwarze Dame e5 erneut angreifen und zu einem weiteren Zug zwingen würde. Sie sehen also, wie durch einen einzigen schwachen, weil unüberlegten Zug mit einem Schlag alle bis dahin erzielten Vorteile zunichte gemacht werden können.

Das ist einer der Gründe, weshalb jeder gute Schachspieler so gründlich und lange nachdenken muß, bevor er einen Zug macht. *Die Hauptsache beim Schachspielen ist nicht die Ausführung eines Zuges, ist nicht das Bewegen von Schachsteinen, sondern das Nachdenken über die Auswirkung möglicher und beabsichtigter Züge.*
Erst wenn diese Auswirkungen nach allen Richtungen hin unter Berücksichtigung aller Vorteile *und Nachteile* ganz klar vor Ihrem geistigen Auge stehen, erst dann sollten Sie den Zug durch die Bewegung des entsprechenden Schachsteines vollziehen.

Die möglichen Züge des Gegners müssen ebenfalls durchdacht werden

Dazu gehört zum Beispiel, daß Sie sich als Führer der weißen Steine nicht nur genau überlegen, welche Vor- und Nachteile ein von Ihnen beabsichtigter Zug haben könnte. Sie sollten sich genauso sorgfältig überlegen, welche Zugmöglichkeiten der Führer der schwarzen Steine ins Auge zu fassen hat, um in der jeweiligen Stellung den stärksten Zug zu finden, der ihm die meisten Vorteile gegenüber Weiß verschaffen kann. Schlagen Sie noch einmal das Stellungsbild 27 auf und versetzen Sie sich in die Lage des Führers der schwarzen Steine. Sie würden sinngemäß folgende Überlegungen anstellen:

»Die schwarze Dame auf d5 ist durch den weißen Springer auf c3 angegriffen. Da sie eine wertvollere Figur ist als ein Springer, kann sie dort nicht stehen bleiben, selbst dann nicht, wenn sie durch Sf6 oder e6 gedeckt würde. Sie muß also auf ein anderes Feld, möglichst ein solches, von wo aus sie ebensoviel freie Felder beherrscht wie von d5 aus. Das Feld c6 darf die Dame nicht betreten, weil sie sofort durch den Zug Lf1–b5, der durch den Springer c3 gedeckt wäre, gefesselt und im nächsten Zug von Weiß gegen den weniger wertvollen weißen Läufer abgetauscht würde. Ebensowenig sollte sich die Dame auf das Feld e6 zurückziehen, obwohl sie von dort aus dem weißen König Schach bieten kann. Auf e6 würde die Dame das Vorziehen des Bauern e7 unterbinden und dadurch die Beherrschung der dann für den Läufer f8 frei werdenden Diagonale e7, d6, c5, b4, a3. Auch würde sie dadurch das Herausziehen des Läufers f8 auf dieser Diagonale ungebührlich lange verhindern — und damit die baldige kurze Rochade o–o des schwarzen Königs. Wie wäre es mit dem Felde e5? Von dort aus würde die Dame ebenfalls dem weißen König e1 Schach bieten. Weiß müßte, da der König nicht wegziehen kann, einen Deckungszug machen. Das könnte entweder Lf–e2, Dd1–e2 oder Sg1–e2 sein. Von diesen zwei

Zügen wäre Lf1—e2 der vorteilhafteste, weil Dd1—e2 zwar die schwarze Dame angreifen würde, zugleich aber dem Lf1 den Weg verstellen 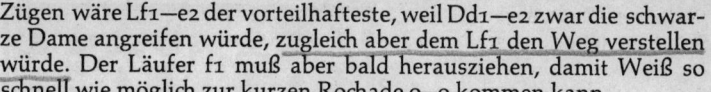 würde. Der Läufer f1 muß aber bald herausziehen, damit Weiß so schnell wie möglich zur kurzen Rochade o—o kommen kann.

Weiß wird also nicht mit dem Zug Dd1—e2 die schwarze Dame auf e5 angreifen, die daraufhin einfach wegziehen könnte, sondern Lf1—e2 ziehen, um einen Zug später die schwarze Dame auf e5 mit Sg1—f3 anzugreifen und damit gleichzeitig alle Vorbedingungen für die baldige Rochade o—o zu erfüllen. Deshalb wird Weiß auch auf De5 + nicht mit Sg1—e2 decken.«

So also müßte Schwarz überlegen.

Wohin kann die Dame ohne Nachteil ziehen?
(Stellungsbild 27)

Jedenfalls nicht nach g5, denn dort *würde sie durch d2—d4 von Lc1 angegriffen und müßte erneut flüchten.* Wir überlegen immer noch als Führer der schwarzen Steine. Am besten drehen Sie bei diesen Überlegungen das Schachbrett so herum, daß Sie die Steine aus der Sicht von Schwarz vor sich haben. Das wird Ihr Gefühl für die Stellungsbeurteilung aus der Sicht *beider* Spieler stärken.

Der Zug d2—d4 von Weiß würde dem Läufer c1 die freien Felder der Diagonale d2, e3, f4 bis g5 öffnen. Aus dem gleichen Grunde darf die schwarze Dame nicht nach c5 ziehen, weil sie auf diesem Feld ebenfalls durch den weißen Zug d2—d4 bedroht würde, mit dem gleichen Ergebnis der Beherrschung von 4 freien Feldern durch den Lc1.

Zieht die Dame auf das Feld d6, von wo aus sie noch die wichtigsten freien Felder beherrschen würde, dann könnte sie durch Sc3—b5 erneut angegriffen werden. Sie müßte dann auf ein Feld ausweichen, von dem aus sie gleichzeitig den Bauern auf c7 deckt. Sie dürfte beispielsweise nicht auf ihr nun vom Springer c3 nicht mehr beherrschtes altes Feld d5 zurückziehen. Warum nicht? Das wissen wir schon. Denken Sie nach bevor Sie umblättern!

Stellungsbild 33
Schwarz zieht

Weil Weiß dann Sb5xc7 + ziehen, d. h. den Bauern auf c7 schlagen kann, der ganz ungedeckt ist und damit dem schwarzen König auf e8 Schach sagt und, weil der schwarze König gezwungen ist, aus der Bedrohung durch den Sc7+ wegzuziehen, der im darauffolgenden Zuge die Dame auf d5 wegschlägt. Durch das Schachgebot wird von c7 aus die Dame d5 und der Turm a8 mitbedroht. Überlegen Sie: »Ich darf nicht zulassen, daß der weiße Springer den ungedeckten Bauern auf c7 schlägt und dabei den schwarzen König e8 mit Schach bedroht. Auch dann, wenn die schwarze Dame von d6 nicht nach d5, sondern auf ein anderes Feld zieht, auf dem sie durch Sb5xc7 + nicht mitbedroht wird, aber auch den Bauern c7 nicht deckt. Denn dann kann der weiße Springer im nächsten Zug, nachdem der schwarze König aus der Schachbedrohung weggezogen ist, auf jeden Fall den Turm auf a8 schlagen. Der Turm aber ist eine wertvollere Figur als ein Springer. Die schwarze Dame muß also so ziehen, daß sie den Bauern c7 weiterhin deckt.

Daß es unratsam ist (etwa vom Feld f4 aus) zu decken, zeigt die weiße Antwort d2—d4 mit Angriff des Lc1 auf die Dame. Sie müßte also entweder nach d7 oder c6 oder b6 ziehen oder gar nach d8 zurückgehen. Auf c6 könnte sie erneut durch Sc6—d4 angegriffen werden. Auf d7 würde sie dem Läufer auf c8 den Weg versperren. Von b6 aus würde sie nur noch einen kleinen Teil der früher von ihr beherrschten freien Felder beherrschen. Auf d8 wäre sie auf ihren Platz in der Grundstellung zurückgekehrt. Sie hätte nur noch 3 freie Felder zur Beherrschung übrig. Das alles wäre angesichts der durch die von Weiß erzwungenen Zugfolgen und der daraus resultierenden Beherrschung von nicht weniger als elf freien Feldern, darunter allein fünf Zentralfelder, für Schwarz katastrophal.«

Wir drehen das Schachbrett wieder zurück und kehren zum Stellungsbild 27 zurück. Nach all dem, was wir durch unsere Gedankenzüge herausgebracht haben, bleibt Schwarz nichts anderes übrig, als seine Dame von d5 entweder auf d8 oder auf das Feld a5 zu ziehen, wo sie wenigstens nicht sofort wieder durch einen Zug von Weiß bedroht werden kann. Dafür muß sie den größten Teil der von ihr bisher beherrschten freien Felder aufgeben.

Tatsächlich wird auch in allen Schachbüchern, in denen diese Eröffnung behandelt wird, der Zug Dd5—a5 als die in dieser Stellung beste Fortsetzung für Schwarz angegeben. Nach dem rein kombinatorisch ausgerichteten Spiel-Stil früherer Zeiten, d. h. bis vor dem ersten Weltkrieg, wurden die Stellungen nach Da5 für Schwarz wie Weiß als gleichwertig angesehen. Heute wissen wir aber, daß Weiß überlegen steht, und können das auch positionell begründen.

Nun ist Weiß am Zug und zieht, wenn er durch seinen nächsten Zug möglichst viele weitere freie Felder des Schachbretts beherrschen will, d2—d4, wodurch er der schwarzen Dame Da5 nicht nur die Beherrschung der Felder c5 und e5 (ein wichtiges Zentrumsfeld) wegnimmt, sondern auch durch den frei gewordenen Lc1 die Felder der Diagonale d2, e3 und f4 beherrscht, während gleichzeitig die Beherrschung des Feldes g5 der schwarzen Dame weggenommen wird. Vergleichen wir die Anzahl der von Weiß bzw. Schwarz beherrschten Felder miteinander, wobei wir die noch in der Grund-

Stellungsbild 34
Schwarz zieht

stellung stehenden Bauern unberücksichtigt lassen, dann stellen wir fest, daß Weiß 9 freie Felder mit einem Wirkungsgewicht von 18 beherrscht (Markierungen auflegen!).

Schwarz beherrscht dagegen nur acht freie Felder mit einem Wirkungsgewicht von 8, darunter keines der wichtigsten Zentralfelder, weil deren Beherrschung durch die Wirkungsfelder der weißen Figuren und Bauern aufgehoben ist. Selbst wenn der Führer der schwarzen Steine jetzt versucht, diesen Mangel an beherrschender Kraft dadurch auszugleichen daß er durch e7—e5 oder Sg8—f6 weitere vier bzw. zwei freie Felder zu beherrschen anstrebt oder durch Sf6 auf zwei wichtigen Zentralfeldern die Übermacht zu gewinnen, macht dies den Vorsprung an beherrschender Kraft von Weiß keineswegs wett. Weiß ist anschließend am Zug und kann z. B. durch:

5. d4xe5   Da5xe5 +
6. Lf1—e2

das schon anläßlich der Analyse von Stellungsbild 27 durchgerechnete Spiel mit Sf3 etc. von neuem beginnen und so in weiteren Vorteil kommen.

Nach 4. Sg8—f6 (statt Be7—e5) kann Weiß durch 5. Sg1—f3 zwei weitere freie Felder beherrschen und durch die Verdoppelung der weißen Wirkung auf e5 (d4 und Sf3 wirken nun beide gemeinsam auf dieses Feld) den Zug Be7—e5 verhindern. Wenn Schwarz aber unbedingt seinem Lf8 Wirkung verschaffen will, dann muß er, um den e-Bauern nicht zu verlieren, 5. e7—e6 ziehen. Dadurch kann er zwar den Lf8 herausziehen, nimmt aber dadurch dem Lc8 die Beherrschung der vorher freien Felder e6, f5 und g4. Außerdem verhindert er, daß der Lc8 nach g4 zieht, wo er wegen der Fesselung von Sf3 an die Diagonale zur Dd1 sehr wirksam stehen würde. An dieser Stelle können wir die Analyse der Eröffnungszüge abbrechen. Es ist ganz deutlich geworden, daß der Führer der schwarzen Steine, wenn er die *skandinavische Verteidigung* spielt:

Weiß	Schwarz
1. e2—e4	d7—d5
2. e4xd5	Dd8xd5

in eine für Schwarz nachteilige Stellung geraten muß, wie immer er weiterspielt.

Durch das Auszählen der von Schwarz und Weiß beherrschten Felder und das Durchrechnen aller Schwarz zur Verfügung stehenden stellungsgemäßen Züge und deren Folgen wird der Nachteil für Schwarz klar.

Wenn Weiß mit Be2—e4 eröffnet, werden Sie als Führer der schwarzen Steine nicht die in allen Lehrbüchern so benannte »Skandinavische Verteidigung« wählen, weil sie für uns als Anfänger nachteilig ist. (Für Meister übrigens auch. Deshalb ist sie aus den Turnieren verschwunden.)

6. Trainingsabschnitt

Der erste Zug in der Geschichte des Schachspiels

Es ist kein Zufall, daß von allen möglichen Eröffnungszügen der Zug Be2—e4 in der Geschichte des Schachspiels der am häufigsten gespielte Eröffnungszug für Weiß geworden ist. Es gab Zeiten, in denen so gut wie ausschließlich mit dem Zuge Be2—e4 eröffnet wurde. Das war vor allem in der Zeit vor rund 500 Jahren der Fall, wie die Schachbücher des Lucena (1497), des portugiesischen Schachspielers Damiano (1512), des spanischen Geistlichen Ruiz Lopez des Segura (1561), und des Horatio Gianutio della Mantia (1597), erkennen lassen.

Das Schachspiel scheint rund eineinhalb Jahrtausende vor Christi Geburt in Indien mit einer anderen Spielweise als heute entstanden zu sein. Erst im Mittelalter wird es ungefähr gleichzeitig in Europa, Persien, Arabien und der Türkei bekannt, wo es »Schatranj« oder »Tschatrang« genannt wird.

Beide Bezeichnungen sind, wie die Sprachforscher herausgebracht haben, aus dem Sanskritwort »Schaturangan« oder »Tschaturanga« abgeleitet worden, was das »Vierteilige« heißt.

Da die Schlachtordnung des indischen Heeres aus den vier Abteilungen der Elefanten, der Reiter, der Wagen und des Fußvolks bestand, haben die ersten Erforscher der Geschichte des Schachspiels sich für berechtigt gehalten, im Schachspiel die Darstellung einer Schlacht zu sehen. Doch sind schon vor rund hundert Jahren berechtigte Zweifel an dieser Deutung laut geworden. Die Untersuchungen von Armin von Oefele über das Schachspiel der Bataker haben wahrscheinlich gemacht, daß der Ausdruck »Chaturangan« in seiner Bedeutung das »Vier-geteilte« lediglich das Schachbrett und seine Einteilung in Felder, nicht aber die Steine und ihre Funktion betrifft.

Was ist die beste Antwort auf Be2—e4?

Weil wir es uns selbst erarbeitet haben, kennen wir jetzt den Grund für die Vorliebe des Zuges Be2—e4 als Eröffnungszug. Die große Frage, die wir uns jetzt zu stellen haben, lautet: Wie antwortet Schwarz auf 1. e2—e4 am besten?

Wir könnten es uns leichtmachen und sagen: Wenn der Zug Be2—e4 der vorteilhafteste Eröffnungszug für Weiß ist, dann wird wohl auch der auf diesen Zug meistgespielte Antwortzug der beste Eröffnungszug für Schwarz sein.

Nun ist zwar der weitaus meistgespielte Antwortzug auf Be2—e4 der Antwortzug Be7—e5. Ob dieser Zug aber zugleich der beste Antwortzug für Schwarz ist, darüber haben sich bis zum heutigen Tag weder die Schachtheoretiker noch die Meisterspieler endgültig einigen können.

Die Frage des besten Antwortzuges auf Be2—e4 wird uns zwar später im einzelnen noch ausführlich beschäftigen, doch kommt es für uns im Augenblick vor allem darauf an, daß aus krassen Anfängern gute Schachspieler werden. Und dazu ist der Antwortzug Be7—e5 tatsächlich am besten geeignet. Jeder Anfänger muß, wie Richard Réti in seinem wunderbaren Buch »Die Meister des Schachbretts« überzeugend nachgewiesen hat, die ganze Schachgeschichte an sich selbst durchleben, wenn er Schachgefühl entwickeln will. Es ist das Fundament jeder Meisterschaft. Der Anfänger muß zunächst so spielen, wie der am Ende des 15. Jahrhunderts lebende, bereits genannte spanische Schachspieler Lucena; unvollkommen und nach dürftigen Plänen, aber doch das zum ersten Mal in der Schachgeschichte ungefähr nach den heutigen Regeln gespielte Schach. Er wird auf diese Weise ebenso kombinatorisch-positionelle Einzelsituationen zum Sieg über seine Partner auszunützen lernen, wie dies der bedeutendste italienische Schachspieler des 17. Jahrhunderts, Gioachino Grecó, tat. Er wird dann — und das ist für seine rasche Entwicklung zum guten Schachspieler von fundamentaler Bedeutung — im Geiste des genialen Philidor mit der am schwersten zu widerlegenden Beherrschung freier Felder des Schachbretts vertraut werden. Dadurch wird er Angriffe kennenlernen, die mit Hilfe der Bauern besonders nachhaltig zu führen sind. Philidor hat diese Bauernangriffe zwar trotz aller genialen schachlichen Urteilskraft letztlich mißverstanden: »de bien jouer les pions: ils sont l'âme des Echecs; ce sont eux qui forment uniquement l'attaque et la défense: et de leur bon ou mauvais arrangement dépend entièrement le gain ou la perte de la partie*.«

Der erste Teil bis zum Doppelpunkt ist richtig und wird gültig bleiben. Der zweite Teil ist durch die Entwicklung der modernen Spieltechnik inzwischen überholt.

Schließlich wird der Anfänger merken, daß er nie ein wirklich guter Schachspieler und schon gar nicht ein Meister werden kann, ohne die Technik der Schachkombinationen gewissermaßen im Schlafe zu beherrschen. Also wird er — was auch Philidors größter Mangel war

---

* »Die Bauern richtig zu ziehen: Sie sind die Seele des Schachspiels; sie sind es, die allein für den Angriff und die Verteidigung verantwortlich sind und von deren guter oder schlechter Aufstellung der Gewinn und Verlust der Partie ganz und gar abhängen.«

— seine ganze Konzentrationsfähigkeit und Übungszeit auf die Stärkung und Weiterentwicklung seiner Kombinationskraft richten. Dabei wird er im Stile des Österreichers Johann Allgaier, des Franzosen Louis Charles de la Bourdonnais und des Engländers Alexander Mac Donnel spielen und schließlich bei den Partien des deutschen Kombinationsgenies Adolf Anderssen anlangen.

An den Partien Adolf Anderssens läßt sich tiefer und besser als an allen anderen zeitgenössischen Schachpartien der Teil der Kombinationskraft schulen, der auf »Doppelangriffe«, »Fesselungen«, »Verstellungen«, »Figurenopfer mit Mattfolge« u. ä. ausgeht. Während schließlich die Partien des Amerikaners Paul Morphy, dem es gelang, Adolf Anderssen zu bezwingen, wieder das Stellungsspiel und das Erringen von Positionsvorteilen als Hauptaufgabe des Schachspiels kennzeichnen.

Von der Beherrschung freier Felder des Schachbretts haben Sie durch die bisherigen Übungen vorläufig genug erfahren. Nun kommt alles darauf an, die Kombinationskraft zu schulen. Das ist ebenfalls nur durch Üben, rastloses, konzentriertes, nur auf dieses eine Ziel abgestelltes Üben zu erreichen. Um aber zu kombinationsträchtigen Stellungen zu kommen, sollten Sie — genauso wie die alten Schachmeister — als Führer von Schwarz den Eröffnungszug von Weiß Be2—e4 stets mit Be7—e5 beantworten.

Wir wollen jetzt nicht untersuchen, wie Weiß ziehen sollte, wenn Schwarz auf den Zug 1. e2—e4 nicht mit 1. e7—e5 antwortet. Darüber werden wir uns später, wenn Sie mit dem Erkennen und Durchführen der verschiedenen Kombinationsarten genügend vertraut sind, unterhalten. Da es für Sie vorläufig nur Sinn hat, mit ungefähr gleichstarken Gegnern zu spielen, die genauso wie Sie zunächst das Kombinieren erlernen müssen, können Sie jeweils vereinbaren, daß auf 1. e2—e4 mit e7—e5 geantwortet werden soll (solche Vereinbarung treffen sogar Meister gelegentlich). Gelingt Ihnen das bei Ihrem Gegner nicht, will er als Führer der schwarzen Steine unbedingt einen anderen Antwortzug wählen, dann brauchen Sie deswegen nicht auf das Spiel zu verzichten; in diesen Fällen verhalten Sie sich einfach so, wie Sie das bei den früheren Übungen zur Beherrschung möglichst vieler und vornehmlich zentraler freier Felder als richtig erkannt haben.

Sie werden dann trotzdem zu den erhofften Kombinationen kommen oder auf Kombinationen Ihres Gegners hereinfallen; beides ist nützlich für Sie und die Förderung Ihrer Spielstärke. Man entwickelt und stärkt seine Kombinationskraft nicht nur, indem man eine Kombinationsmöglichkeit erfaßt und erfolgreich durchführt, sondern auch indem man erkennt, welche Kombinationsmöglichkeiten der Gegner in der jeweiligen Stellung hat, und versucht, einen Weg zu finden, die nachteiligen Folgen der vorauszusehenden Kombination des Gegners zu vermeiden.

Die Schulung der Kombinationskraft

1. Partie
Gambit des Damiano St. Petersburg 1897
Weiß: Em. Schiffers   Schwarz: Michael Tschigorin
1. e2—e4   e7—e5

Durch den Antwortzug Be7—e5 macht Schwarz keinen Versuch, den
Vorteil des ersten Zuges von Weiß zu widerlegen. Er sorgt durch
die Antwort Be7—e5 dafür, daß er die gleiche Anzahl freier Felder
des Schachbretts beherrscht wie Weiß durch seinen ersten Zug; der
Vorteil des ersten Zugs bleibt also bei dieser Antwort für Weiß aufrechterhalten. Dadurch bekommt Weiß Gelegenheit, mit dem zweiten Zug eine Kombination einzuleiten:

Stellungsbild 35
Weiß zieht

Wenn wir die nach dem Antwortzug von Schwarz erreichte Stellung genau prüfen, sehen wir, daß der Bauer e5 auf seinem Feld ungedeckt steht. Wenn Weiß ihn also angreift, wird er von Schwarz gedeckt werden müssen. Andernfalls kann Weiß ihn mit dem nächsten Zug schlagen und einen Bauern gewinnen.
Wie kann Weiß nun den Bauern e5 angreifen? Er hat dafür offensichtlich vier Züge zur Verfügung: d4, f4 Dh5 und Sf3.
Die Züge Bd2—d4 oder auch Bf2—f4 sind offensichtlich nicht dazu
geeignet, den Bauern e5 zu gewinnen, denn der Bauer e5 könnte
seinerseits sowohl den Bauern d4 als auch den Bauern f4 schlagen.
Da die Dame d1 den Bauern d4 deckt, könnte nach Be5xd4 der Zug

Dd1xd4 folgen, was aber für Weiß, wie wir schon wissen, höchst ungünstig wäre, weil die so früh in die Mitte des Schachbretts geratene Dame sogleich durch Sb8—c6 angegriffen würde und fliehen müßte. Der Angriff Bd2—d4 auf Be7—e5 würde einen für Weiß nachteiligen Abtausch zur Folge haben, so daß Schwarz schließlich mehr freie Felder des Schachbretts beherrscht als Weiß. Aber auch der Angriff Bf2—f4 würde nicht zum Gewinn des Bauern e5 führen, sondern, ganz im Gegenteil, zum Verlust des Bauern f4, weil Schwarz Be5x f4 spielen könnte, ohne daß Weiß imstande wäre, den nun auf f4 stehenden schwarzen Bauern sogleich wieder zu nehmen. Der weiße Bauer wäre also, wenn er nach f4 zöge, nicht gedeckt. Obwohl es eine Eröffnung gibt, die, eben mit diesem Zuge von Weiß 2. f2—f4 fortgesetzt, eine der ältesten Schacheröffnungen überhaupt ist, wollen wir sie doch erst später untersuchen, weil sie offentsichtlich mit einem *gewollten Nachteil* für Weiß beginnt.

Solange es noch Züge gibt, die Weiß in Vorteil zu bringen versprechen, ohne daß ein Nachteil in Kauf genommen werden muß, sollten wir zuerst einmal diese Züge untersuchen.

Das Schäfermatt sollten wir niemals versuchen

Daß der Zug 2. Dd1—h5 kein geeigneter Angriffszug gegen den Bauern e5 sein wird, das sagt uns bereits unser Schachgefühl.

Stellungsbild 36
Schwarz zieht

Wir wissen schon, daß und warum ein Herausziehen der Dame so nahe an die Stellung des Gegners in der Eröffnung sich wahrscheinlich als nachteilig erweisen wird. Trotzdem wird gerade der Zug Dd1—h5 in dieser Stellung vom Anfänger immer wieder versucht, weil er entweder den Bauern e5 gewinnen oder aber als Einleitung eines Mattangriffes auf den schwarzen König e8 dienen kann.

Die Dame h5 bedroht nämlich nicht nur den Bauern e5, sondern auch den nur vom schwarzen König gedeckten Bauern f7. Gelingt es Weiß, diesen Bauern f7 durch einen weiteren Zug anzugreifen, und wird er dann von Schwarz nicht gedeckt oder durch eine Unterbrechung der Drohlinien der weißen Dame oder der anderen — den Bauern f7 angreifenden — Figur geschützt, dann kann die Dame h5 im nächsten Zug von Weiß den schwarzen König e8 matt setzen. Der zweite Angriff auf den nur noch vom schwarzen König gedeckten Bf7 ist Weiß fast immer möglich, weil der Be5 und der Bf7 *gleichzeitig* nur durch den Zug Dd8—e7 gedeckt werden können. Dieser Zug ist aber, wie wir schon bei der zweiten Untersuchung des Stellungsbildes 25 (siehe Seite 40) selbst herausgefunden haben, für Schwarz von Nachteil, weil er den Lf8 daran hindert, baldmöglichst die 8. Reihe zu verlassen. Das aber wäre wiederum für die rasche Durchführung der Rochade o—o des schwarzen Königs unerläßlich. Deshalb deckt Schwarz den Bauern e5 lieber durch d7—d6 oder durch Sb8—c6. Der Zug Sb8—c6 wird im allgemeinen vorgezogen, weil der Zug d7—d6 die Beherrschung der freien Felder d6, c5, b4 durch den Lf8 auf das Feld e7 einschränkt, während Sb8—c6 nicht nur den Be5 deckt, sondern zusätzlich zu einer Beherrschung weiterer fünf freier Felder, darunter eines wichtigen Zentralfeldes, führt.

2. . . . . .   Sb8—c6

Nun kann Weiß mit dem Zug 3. Lf1—c4 den Bf7 zum zweitenmal angreifen und wird, wenn Schwarz ihn nicht verteidigt, den schwarzen König mit dem nächsten Zug durch Dh5xf7 matt setzen.

Der Führer der schwarzen Steine kann sich aber gegen das drohende Matt auf f7 mit vielen Zügen wirksam verteidigen. Er würde ebenso schachblind wie unbegabt sein, wenn er weder die Mattgefahr sähe, noch imstande wäre, sich mit einem vorteilhaften Zug gegen diese Drohung zu verteidigen. Jedenfalls wäre er kein geeigneter Gegner, an dem Sie Ihre Kombinationskraft oder Spielstärke schulen könnten, sondern ein Schaden, weil er Sie verleiten würde, derart nachteilige Züge für Weiß zu versuchen. Züge, die nur Erfolg haben können, wenn der Führer der schwarzen Steine schläft.

Das Stellungsbild 37 ist übrigens ein überzeugendes Beispiel dafür, wie die Überlegenheit von Weiß in der Beherrschung freier Felder durch plötzlich akut werdende Kombinationsmöglichkeiten, die ja in *Zwangszugfolgen* bestehen, *vernichtet werden kann*. Deshalb

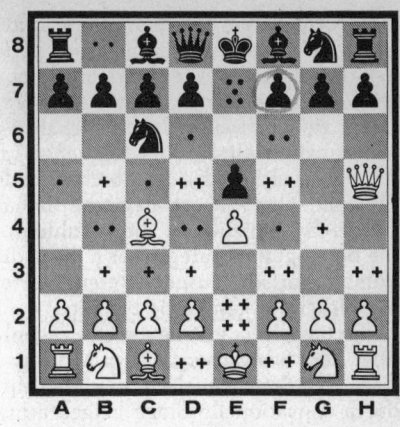

muß der erfolgreiche Schachspieler Kombinationen blitzschnell entdecken und ihre typischen Merkmale im Schlaf beherrschen, obwohl die Herbeiführung, Weiterentwicklung und Ausnützung einer strategisch überlegenen Stellung für alle Eröffnungen die Grundbedingung für später möglich werdende Kombinationen darstellt. Aus diesen Gründen ist die Bilanz der freien Felder und deren Wirkungsgewichte auch die grundlegende Lehrmethode für den Schach-Anfänger und den Fortgeschrittenen.

Wer aber, ohne Rücksicht auf sich ergebende Zwangszufolgen nur die überlegene Beherrschung freier Felder anstrebt und dabei seine stärkste Figur, die Dame, in Gefahr bringt, der wird bald durch Kombinationen, die er seinem Partner ermöglicht, seine angreifenden Figuren und die Dame verjagt sehen, seine Felderüberlegenheit verlieren und schließlich in partieentscheidenden Nachteil kommen. Im Stellungsbild 37 beherrscht Weiß 12 freie Felder mit 21 Wirkungsgewichten, gegen Schwarz, der nur 9 freie Felder mit 17 Wirkungsgewichten beherrscht. Die Überlegenheit von Weiß beruht aber vor allem auf der vor der schwarzen Grundstellung postierten Dame auf h5, die dort durch mehrere Züge von Schwarz angegriffen und verjagt werden kann wenn die Deckung des Bf7 gelungen ist. Die Aufgabe von Schwarz besteht in dieser Stellung nicht mehr zuerst in der weiteren Beherrschung freier Felder, sondern in *kombinatorischen* Überlegungen, die auf die Verteidigung des Bf7 und die Verjagung der Dh5 gerichtet sind. Dennoch aber muß bei der kombinatorischen Auswahl der wirksamen Züge stets sorgfältig darauf geachtet werden, daß die bisher gewonnen Stellungsvorteile, also vor allem die Beherrschung freier Felder und Zentrums-

felder, durch die Verteidigungs- und Angriffszüge *nicht* verlorengehen. Das schließt für Schwarz zunächst den Zug 3 . . . Dd8—e7
der dem Lf8 den Weg verstellt, aus. Auch den Zug 3 . . . Sg8—h6
wird Schwarz nur im Notfall als Verteidigungszug für f7 in Betracht ziehen, weil er bereits erkannt hat, daß der Springer von h6
aus nur die Hälfte seiner feldbeherrschenden Wirksamkeit ausüben
kann, was sich nach dem Abschlagen des Angriffs rächen könnte.
Obwohl also die strategische Behandlung der Eröffnung nach
2.Dd1—h5 plötzlich in die kombinatorische Phase umschlägt, muß
die Beteiligung strategischer d. h. feldüberlegener Züge stets bei den
kombinatorisch ausgerichteten Verteidigungs- und Angriffszügen
mitwirkend gegenwärtig bleiben.
Darin besteht ja gerade die Überlegenheit des Meisterspielers gegenüber dem Schwächeren. Paul Morphy hat das einer ganzen Generation von Schachspielern um die Mitte des vorigen Jahrhunderts
durch sensationelle Siege beigebracht, die als fast reine Kombinationsspieler unbedenklich schwere und schwerste Stellungs- und Fel-
dernachteile in Kauf nahmen. Dafür noch ein Beispiel. Die folgende
Eröffnung spielte der erfahrene Wormser Schachspieler Dipl. Ing.
Karl K. Wolter gegen den rheinischen Meister Karl Hussong. Der
Überraschungssieg des Kombinationsspielers Wolter ist wahrscheinlich einer Vernachlässigung *kombinatorischer* Überlegungen in der
Eröffnung infolge auswendig gewußter Eröffnungsvarianten, die
eine positionelle Überlegenheit wollen, zuzuschreiben.

Wolter	Hussong
1. e2—e4	e7—e5
2. Sg1—f3	Sg8—f6
3. Sf3xe5	Sf6xe4
4. Se5xf7	Ke8xf7
5. Dd1—h5 +	Kf7—g8??
6. Df5—d5 ‡	

Der Zug von Schwarz 5 . . . Kf7—g8 kann als typische psychologische Schachblindheit gedeutet werden, da der König auf g8 scheinbar
in der üblichen Weise hinter Bauern geschützt steht. So zieht ein
Spieler, der gewissermaßen gewaltsam (durch Se5xf7) aus seinen
Eröffnungsabsichten, mit denen er sich an das Brett gesetzt hat, ge-
rissen wird. (Über psychologisches Schachspiel siehe Seite 143 ff).
Schwarz könnnte sich z. B. auch durch den Zug (3) . . Sg8—h6, der
den Bf7 deckt, gut gegen den Mattzug durch die Dame h5 wehren.*
Da Sie mit der großen Bedeutung der Beherrschung freier Felder

---

* 2. . . g7—g6? 3. Dh5×e5+ und Th8 ist verloren.

durch die früheren Übungen schon vertraut geworden sind, erkennen Sie sofort, daß nach (4.) d2—d4 auf (4) ... Be5xd4 Weiß (5) Lc1xSh6 ziehen kann. Da durch diesen Zug dem Bf7 erneut Deckung weggenommen wird, darf Schwarz den Lh6 nun nicht durch Bg7xLh6 schlagen, weil dann wiederum durch Dh5xf7 der schwarze König matt gesetzt wird.

Schwarz hat aber jetzt einen viel besseren Verteidigungszug gegen den Mattangriff als den Springerzug, nämlich gleich 3. g7—g6.

  3. Lf1—c4   g7—g6

Auf g6 bedroht der Bauer die Dame und unterbricht zugleich die Wirkung der Dame nach f7. Jetzt ist der Zug g7—g6 plötzlich sinnvoll. Warum? Finden Sie es selbst heraus?

  4. Dh5—f3   Sg8—f6

Die weiße Dame darf den Be5 nicht schlagen, weil er gedeckt ist.

Die weiße Dame muß also flüchten und zieht verständlicherweise auf das Feld f3, von wo aus sie erneut f7 bedroht.

Nun kann sich Schwarz sowohl durch Sg8—f6 als auch durch Dd8—e7 vorteilhaft verteidigen. Sg8—f6 ist der wirkungsträchtigere Zug, denn er hebt die Beherrschung des freien Feldes d5 durch Lc4 auf und bedroht den Be4. Ferner hebt die Beherrschung des freien Feldes g4 auf und verstärkt die Wirkung des Bg6 auf das Feld h5, was zwar jetzt nicht nötig ist, aber wichtig werden könnte.

  5. Df3—b3   d7—d5

Stellungsbild 38
Weiß zieht

Wenn Weiß den Angriff auf den Bf7 nicht aufgeben will, dann kann er ihn noch einmal, wenn auch nicht mehr mit Mattfolge, fortsetzen, indem er Df3—b3 zieht. Jetzt bedrohen Dame b3 und Lc4 gemeinsam den Bf7. Allerdings steht der Lc4 nun vor der Dame auf der Diagonale a2—g8, so daß nur der Lc4 den Bf7 ungestraft schlagen könnte, wenn dieser ungedeckt bliebe. Will Schwarz den Bf7 nicht verlieren, dann ist er gezwungen, jetzt 5. Dd8—e7 zu ziehen, weil der Bf7 durch den Zug 5. d7—d5, der die Bedrohung des Bf7 unterbrechen würde, anschließend verlorenginge. Wenn Sie die Stellung nach 5. d7—d5 prüfen, werden Sie erkennen, daß Weiß dreimal auf das Feld d5 wirkt, während nach Bd7—d5 der Bd5 nur zweimal, und zwar vom Sf6 und der Dd8 gedeckt wird. Der Be4 könnte also, ohne sofort wiedergeschlagen zu werden, den Bd5 nehmen und gleichzeitig den Sc6 bedrohen, was ihn allerdings wegen (6. . . Sc6—d4) in große Schwierigkeiten bringen würde.

(6.) e4xd5   Sc6—d4!

Er zieht deshalb besser (6.) Lc4xd5.
Damit können wir die Analyse des Schäfermatts abbrechen. Nach (6) e4xd5 ist es offensichtlich, daß die Partie in ein ganz neues Stadium getreten ist, weil Weiß den Angriff auf den Bf7 und das Matt aufzugeben gezwungen war.
Warum Sd4 nach e4xd5 so gefährlich für Weiß ist, das können Sie leicht selbst erkennen, wenn Sie den Bc2 ins Auge fassen und sich klar machen, daß nach (7.) Da4+ durch den Deckungszug (7.) . . . Ld7 die weiße Dame, weil sie angegriffen ist, die Diagonale d1—a4 verlassen und damit die Deckung des Bc2 aufgeben muß.

7. Trainingsabschnitt

Die indirekte Deckung

Anstatt 5 ... d7—d5 zu ziehen, könnte Schwarz gleich 5. ... Sc6—a5 ziehen und so versuchen, den Bauern f7 indirekt zu decken. Eine indirekte Deckung erfolgt so, daß ein angegriffener Stein aufgegeben oder ein Schach in Kauf genommen wird, weil durch die darauffolgende Verteidigung zwangsläufig ein größerer Nachteil für den Angreifer die Folge ist:

Stellungsbild 39
Weiß zieht

In Stellungsbild 39 wird durch Sc6—a5 der Bauer f7 indirekt verteidigt. Er bleibt ungedeckt und kann durch Lc4xf7 mit Schach geschlagen werden. Dann aber muß der Ke8 zunächst aus dem Schach nach e7 gezogen werden, und Weiß verliert spätestens in zwei weiteren Zügen eine Figur, wenn er nicht sehr sorgfältig zieht.

6. Lc4xf7 +   Ke8—e7

Da die Dame auf b3 vom Sa5 angegriffen wird, muß sie nun fliehen. Sie muß damit die Deckung des auf f7 von Ke7 bedrohten Läufers aufgeben, weil es auf der Diagonale a2—g8 kein Feld mehr gibt, auf das nicht eine schwarze Figur wirkt. Die Dame b3 muß daher die Diagonale verlassen, wodurch Ke7 den Lf7 schlagen kann.

Den Lf7 muß die Dame auf b3 also aufgeben und kann nur noch versuchen, den Sa5 dafür zu bekommen.

7. Db3—b4 + ...

Wenn der schwarze Ke7 jetzt schlägt, kann Db4 den Sa5 schlagen. Was geschieht aber, wenn sich Schwarz mit dem Schlagen des Lf7 Zeit läßt und zunächst mit c7—c5 das Schach abdeckt, damit die weiße Dame b4 angreift und so zugleich den Sa5 durch die Dd8 deckt.

Nun kann zwar die Db3 den Bc5 erneut mit Schach schlagen, dann aber schlägt Ke7 den Lf7, und Weiß hat nur einen Bauern bekommen.

Weiß kann sich anschließend zwar durch Dc5—e5 einen weiteren Bauern holen, steht aber infolge der exponierten Stellung seiner Dame und der überlegenen Figurenentwicklung von Schwarz sehr schlecht, denn die Dame kann gleich wieder von Schwarz angegriffen werden (vor allem durch d7—d6). Zieht Weiß 7. Db3—a3 +, so ist ... c7—c5 falsch, weil jetzt der Lf7 weggezogen werden kann. Besser ist dann für Schwarz 7 ... KxL, 8. DxS.

Zurück zum 6. Zug.

6. Db3—a4   Sa5xLc4
7. Da4xSc4   d7—d5

Geschieht als 6. ... Sa5xLc4, so setzt Weiß mit 7. Da4xSc4 fort, wodurch die Deckung des Be4 gesichert ist. Schwarz steht überlegen. Warum?

Stellungsbild 40
Schwarz zieht

Wenn wir nun die Bilanz aus dieser wilden Kombinationsfahrt, die mit 2. Dd1–h5 (Stellung 36) begonnen hatte, ziehen und ausrechnen, was für beide Parteien an Beherrschung freier Felder des Schachbretts in der Endstellung 40 übriggeblieben ist, dann stellen wir fest, daß Weiß zwar 10 freie Felder mit 14 Wirkungsgewichten gegen nur 9 mit 13 Wirkungsgewichten von Schwarz beherrscht, daß sich dieses Bild aber durch eine Kombination von Schwarz, nämlich 7. d7–d5, schlagartig zugunsten von Schwarz ändern kann. Nach 7. d7–d5 beherrscht Schwarz nunmehr 18 freie Felder des Schachbretts mit 17 Wirkungsgewichten. Außerdem bedroht der nach d5 gezogene schwarze Bauer gleichzeitig die Dc4 und den Be4. Die weiße Dame Dc4 muß also entweder flüchten oder Weiß muß den Bd5 durch e4xd5 abtauschen, woraufhin Schwarz entweder mit Dd8xd5 oder Sf6xd5 das materielle Gleichgewicht wieder herstellen und noch mehr freie Felder beherrschen kann. Die Analyse dieses Endzugverlaufes genügt wohl, um uns ein für allemal davor zu bewahren, in Zukunft gegen einen Schachspieler das sogenannte »Schäfermatt« zu versuchen. Sie haben durch diese Analyse eine neue fundamentale Erkenntnis gewonnen, die für alle Stellungen und für Anfänger wie Meister gleichermaßen gilt:

Kombinationen dürfen erst dann gesucht und durchgeführt werden, wenn eine überlegene Stellung sie rechtfertigt.

Dazu gehört für den Anfänger grundsätzlich die Beherrschung von mehr freien Feldern des Schachbretts, als sie der Gegner beherrscht. Solange diese Überlegenheit nicht erreicht ist, sollten Sie sich — vor allem in der Eröffnung — die Suche nach Kombinationen verbieten. Ist sie aber erreicht, dann haben Sie, auch in der Eröffnung, die Pflicht, nach Kombinationen Ausschau zu halten.

8. Trainingsabschnitt

Zurück zum Wettkampf Tschigorin-Schiffers, also zum Stellungsbild 35.

2. Sg1—f3   f7—f6?

Von allen Angriffszügen, die der Führer der weißen Steine auf 2. e7—e5 machen kann, ist Sf3 der erfolgversprechendste. Sg1—f3 schränkt zwar die Beherrschung der Diagonale e2—h5 durch Dd1 radikal ein. Diese Einschränkung ist aber dadurch gerechtfertigt, daß Schwarz zu einem Verteidigungszug gezwungen wird. Schwarz kann, wie wir schon wissen, zwischen einer Anzahl von Verteidigungszügen wählen, die mit Ausnahme von Sb8—c6 alle mehr oder weniger große Nachteile haben, weil sie entweder mit der Aufgabe bereits beherrschter freier Felder verbunden sind oder die baldige Rochade des schwarzen Königs 0—0 unverantwortlich verzögern.
Der Verteidigungszug 2 . . .f7—f6, den der damals 45 Jahre alte bedeutendste russische Schachmeister J. M. Tschigorin gegen seinen zwei Jahre älteren Rivalen, Em. Schiffers, wählt, kann Folgen haben, die als katastrophal bezeichnet werden dürfen. Der Zug 2. . . . f7—f6 war auch zur damaligen Zeit seit über dreihundert Jahren als höchst nachteilig für Schwarz bekannt. Da es ausgeschlossen ist, daß J. M. Tschigorin das nicht gewußt hat, kann sein Zug nur einer übermütigen Laune entsprungen sein, die aus seinem großen Wettkampfvorsprung gegen Em. Schiffers gespeist sein mag.
Für uns als Anfänger ist der sehr schwache Verteidigungszug 2. . . . f7—f6 deshalb interessant, weil er Gelegenheit zu aussichtsreichen Kombinationen gibt, zu denen auch Em. Schiffers sofort greift, anstatt den stärksten Erwiderungszug (3.) Lf1—c4 zu wählen. Dieser Zug Lc4 gestattet nicht nur zwei weitere freie Felder, darunter das besonders wichtige Zentralfeld d5, erneut zu beherrschen, sondern nimmt Schwarz auch jede Möglichkeit, in absehbarer Zeit zur Rochade 0—0 zu kommen. Dadurch bleibt der schwarze König ziemlich lange auf der e-Linie gefesselt, so daß er in wenigen Zügen nach der Rochade des weißen Königs 0—0 und der Zertrümmerung des schwarzen Zentrums in ein Mattnetz verstrickt werden kann.
Em. Schiffers opfert nun, ohne lange zu überlegen, ganz im Geiste des damaligen Kombinationsspiels, seinen Springer und bringt damit Großmeister Tschigorin in eine außerordentlich schwierige Lage, die an den Rand mehrfacher Mattmöglichkeiten führt.

3. Sf3xe5!   f6xSe5?

Damit stellt er Tschigorin vor die Aufgabe, einen Verteidigungszug für Schwarz zu finden, der dieses Opferangebot widerlegt.
Denn durch f6xSe5 angenommen werden darf das Springeropfer
nicht, weil Schwarz nach den Eröffnungskenntnissen der damaligen
Zeit entweder matt gesetzt wird, oder — bei bester Verteidigung —
schließlich mit einer Figur weniger als Weiß in eine totale Verluststellung gerät.

Stellungsbild 41
Schwarz zieht

Da die verschiedenen Mattkombinationen für uns als Anfänger
ebenso kompliziert wie lehrreich sind, wollen wir sie zusammen mit
den durch beste Verteidigung erzielbaren Stellungen sorgfältig analysieren, um unsere Kombinationskraft an ihnen zu üben, bevor wir
mit dem von Tschigorin gewählten Verteidigungszug fortfahren.
Daß Weiß nach dem mit 3. . . . Bf6xSe5 angenommenen Springeropfer mit 4. Dd1–h5 + fortfährt, ist selbstverständlich.

4. Dd1–h5 +

Aber was kann Schwarz jetzt antworten? Wieviel Züge hat Schwarz,
um das Schach abzuwehren? Überlegen Sie, bevor Sie weiterlesen!
Schwarz hat, wie Sie richtig herausgefunden haben, zur Abwehr
des Schachs durch Dh5 zwei Züge.
Erstens kann Schwarz g7–g6 ziehen und mit diesem Vorstoß des
g-Bauern zugleich Dh5 bedrohen.

Zweitens kann statt dessen der König von e8 nach e7 ziehen und so der Schachdrohung entkommen.

Welcher von diesen Zügen ist nun der stärkere? Lesen Sie jetzt nicht weiter. Überlegen Sie erst genau. Das wird Ihrer Spielstärke zugute kommen:

| 4. ... | Ke8—e7 |
| 5. Dh5xe5 + | Ke7—f7 |

Zieht Schwarz (4.) g7—g6, dann verliert er durch (5.) Dh5xe5 + im darauffolgenden Zuge den Turm h8. Denn Schwarz ist nicht imstande, den König so aus der Schachdrohung zu ziehen, oder das Schach so zu decken, daß gleichzeitig der Turm mitgedeckt wird. Durch (4.) g7—g6 ist aber die Diagonale e5, f6, g7, h8 geöffnet worden. Nach (5.) Dh5xe5 + wird diese Diagonale von der weißen Dame beherrscht. Da der Turm h8 nunmehr ungedeckt steht, kann er von der weißen Dame mit dem nächsten Zuge genommen werden. Schwarz hat, auch davon sollten Sie sich durch durchrechnen überzeugen, keine indirekte Deckung für den Turm h8.

Denn selbst wenn Schwarz auf (5.) Dh5xe5 + mit dem Deckungszug (6.) Dd8—e7 antwortet und nach (6.) De5xTh8 die De7 den Bauern e4 mit Schach schlagen würde, könnte Weiß dieses Schach vorteilhaft durch (7.) Lf1—e2 decken. Schwarz hätte dann für den verlorenen Turm nur einen einzigen weißen Bauern bekommen, was bei weitem nicht ausreicht, um den endgültigen Verlust der Partie zu verhindern.

Es ist also deutlich, daß Schwarz den Zug 4. Dd1—h5 + keinesfalls mit 4. ... g7—g6 beantworten darf. Bleibt also als kleineres Übel nur noch der Zug 4. ... Ke8—e7. Dieser Zug nimmt Schwarz mit einem Schlage die Beherrschung von sechs freien Feldern, darunter drei Zentralfelder.

Weiß setzt seine Kombination also mit 5. Dh5xe5+ fort, was den Ke7 zwingt, das einzige ihm jetzt noch zur Verfügung stehende Fluchtfeld f7 zu betreten.

Bevor Sie den Zug 5. Dh5xe5 + im Geiste oder auf dem Schachbrett ausführen, haben Sie sich davon überzeugt, daß Schwarz das Schach der De5 nicht dadurch abdecken kann, daß er zwischen dem Ke7 und der De5 auf dem Feld e6 eine schwarze Figur placiert. Das wäre z. B. möglich, wenn der Bd7 nicht mehr vorhanden wäre.

Dann könnte nämlich (5.) Lc8—e6 erfolgen, womit 5. Dh5xe5 + abgedeckt wäre, und der Ke7 müßte nun nicht nach f7 ausweichen, wo er einem weiteren Schach durch 6. Lf1—c4 im nächsten Zuge von Weiß ausgesetzt ist.

Was kann Schwarz tun, um diesem neuen Schach zu begegnen? Sie werden nicht darum herumkommen, auch diese und noch weitere Zugmöglichkeiten von Schwarz und Weiß im Geiste durchzurechnen. Solche klar überschaubaren Zwangszugfolgen gehören zum selbstverständlichen Kombinationsgut, das jeder Schachmeister »im Schlaf« beherrscht. Wir wollen uns aber, weil wir noch Anfänger sind und uns das Kombinationsgefühl erst mühsam erringen müssen, zunächst mit Hilfe eines neuen Stellungsbildes eine Verschnaufpause verschaffen.

6. Lf1–c4 + ...

Ein Blick auf das Stellungsbild 42 macht deutlich, daß Schwarz nach Lf1–c4 + nur zwei Züge zur Verfügung hat, das von Lc4 dem Kf7 gegebene Schach abzuwehren.

Stellungsbild 42
Schwarz zieht

Er kann entweder mit dem König nach g6 ausweichen oder d7–d5 ziehen, wodurch die Wirkung des Lc4 auf der Diagonale c4, d5, e6, nach f7 unterbrochen wird. Welcher Zug ist nun der stärkere? Hier stehen wir vor einem Kombinationsproblem, dessen Lösung selbst für einen sehr guten Spieler nicht einfach ist. Wer in dieser Stellung von nur zwei möglichen Abwehrzügen den wirklich stärkeren herausfinden will, der muß eine Menge Züge (mindestens acht Hauptzüge und drei Variantenzüge!) durchrechnen, bevor er zu einem endgültigen und abschließenden Urteil darüber kommen kann, ob ein Matt oder ein partieentscheidender Vorteil erreichbar ist.

Die Entwicklung des Schachgefühls

Die jetzt erreichte Stellung ist ein gutes Beispiel dafür, wie hilfreich das durch große Übung erreichte Schachgefühl, oder noch besser ausgedrückt, das »Stellungsgefühl« sein kann, wenn es gilt, die Aussichten des weiteren Spielverlaufs zunächst einmal auf dessen Wahrscheinlichkeit hin abzuschätzen, bevor man Zug für Zug exakt durchrechnet.

Sie sehen also, daß es ganz gerechtfertigt ist, wenn die guten Schachspieler oft lange nachdenken, bevor sie einen Zug machen. Wenn der Führer der schwarzen Steine sich nun einen allgemeinen Überblick verschaffen und die Chancen abwägen will, die er zur Abwehr des überlegenen und vehementen Angriffs von Weiß durch De5 und Lc4 noch haben könnte, dann wird er vor allem die Tatsache als nachteilig empfinden, daß in seiner Stellung nicht eine einzige Figur außer dem verletzlichen König ihre Grundstellung verlassen hat — der Schachspieler sagt »entwickelt wurde«.

Der Sinn der Entwicklung von Figuren besteht nicht allein darin, daß entwickelte Figuren rascher zum Angriff auf die gegnerische Stellung angesetzt werden können. Das hat Weiß in der Stellung 42 überzeugend demonstriert. Vor allem in der Eröffnung besteht der Sinn auch darin, daß richtig entwickelte Figuren stets mehr freie Felder beherrschen als unentwickelte Figuren.

Prüft der Führer der schwarzen Steine die Verteidigungsmöglichkeiten seiner Stellung nach 6. Lc4 + unter diesem Gesichtspunkt, dann wird er sofort erkennen, daß der Wegzug Kg6 aus dem Schach an der allgemeinen Situation der Feldbeherrschung für Schwarz gar nichts ändert, während Weiß durch seinen nächsten (7.) Zug mit der Dame auf f5 ein neues Schach geben kann, was den Kg6 zwingt, auf das Feld h5 zu ziehen. Das Feld h5 liegt aber im zukünftigen Wirkungsbereich des weißen Lc1. Weiß braucht also nach dem erzwungenen (7 ...) Kh6 nur den d-Bauern aufzuziehen, um durch die so bewirkte Beherrschung der Diagonale d2, e3, f4, g5, h6 dem schwarzen König erneut Schach zu bieten.

Dieses d2—d4 oder d3 wird Weiß aber erschwert, wenn Schwarz auf der Diagonale c8, d7, e6, f5, g4, h3 durch Lc8 zur Wirkung kommt. Und eben das ist möglich, wenn Schwarz statt des Wegzugs (6. ...) Kf7—g6 zunächst das Läuferschach durch (6. ...) d7—d5 abwehrt. Eine derartige Deckung des Schachs auf Kf7 mit dem Bd5 würde zwar von Weiß ohne nachteilige Folgen blitzschnell beseitigt werden, doch könnte jetzt nach 7. ... Kf7—g6 Weiß nicht mehr durch (8.) De5—f5 + ohne weiteres Schach sagen, weil der nunmehr wirksam gewordene Lc8 die Df5 schlagen würde.

6. . . .	d7—d5	
7. Lc4xd5 +	Kf7—g6	

Es ist leicht ersichtlich, daß Weiß seine Angriffe auf den schwarzen König nun nicht mehr mit De5—f5 oder durch den Ld5 sinnvoll fortsetzen kann. Der Ld5 kann den Kg6 nur dann auf f7 angreifen, wenn er sich gleichzeitig opfert. Die Wirkung von Ld5 auf f7 wird durch Kg6 also aufgehoben. Ein Opfer des Ld5 auf f7 verspricht keinerlei Stellungsverbesserung für Weiß. Im Gegenteil, die weiße Dame wäre dann auf e5 wieder ganz allein. Weiß müßte zur Fortsetzung des Angriffs gegen den schwarzen König erst weitere Steine heranholen oder aber deren Mitwirkung nachhaltig vorbereiten.

9. Trainingsabschnitt

Die Dame kann allein nicht matt setzen

Bei dieser Gelegenheit können wir wieder einen Schachgrundsatz kennenlernen, der sogar den Charakter eines Schach-Gesetzes hat. Das heißt, daß der Grundsatz für alle Spieler einschließlich der Meister und Großmeister gilt.
Dieses Schachgesetz heißt:

Eine Dame kann einen König niemals ohne die Hilfe eines weiteren Schachsteines matt setzen.

Wir haben schon so viel Schacherfahrung, daß wir die Gültigkeit dieses Schach-Gesetzes allein herausfinden können!

Stellungsbild 43
Weiß zieht

Wie immer die Dame auch zieht, wohin auch immer sie den Ke8 durch Schachgebote treibt, er kann auf keinem Felde von ihr matt gesetzt werden, solange nicht der weiße König dabei mitwirkt. Dem schwarzen König muß vom weißen König entweder mindestens ein Fluchtfeld versperrt werden, oder er muß die Dame beim Mattgeben decken. Versuchen Sie es!

Immer wieder Zwischenbilanz ziehen

Zurück zu unserer Stellung. Wie kann Weiß seine Angriffe gegen den schwarzen König wirksam fortsetzen, und was kann Schwarz dagegen tun?

Stellungsbild 44
Weiß zieht
Felderbilanz 10:6
Wirkungsgewichte 12:9
Markierungen auflegen

Bevor wir weiterrechnen, sollten wir eine allgemeine Zwischenbilanz machen, und zwar sowohl eine materielle als auch eine positionelle, wie das die guten Schachspieler auch tun. Schwarz hat in Stellung 44 eine Figur mehr als Weiß, weil ein Springer durch 3. ... Bf6xSe5 geschlagen wurde. Weiß hat für diesen inzwischen drei Bauern zurückerobert, was ziemlich genau den materiellen Ausgleich herstellt, weil der Wert von drei Bauern ganz allgemein dem Wert einer leichten Figur (Springer oder Läufer) entspricht. Insoweit ist also ein Gleichgewicht zwischen Schwarz und Weiß vorhanden. Wie aber sieht nun die positionelle Bilanz aus? Zunächst die beherrschten freien Felder:
Weiß beherrscht — ohne die noch in Grundstellung verharrenden Bauern — 10 freie Felder mit 12 Wirkungsgewichten, darunter die vier Zentralfelder mit 9 Wirkungsgewichten. Schwarz beherrscht sechs freie Felder, darunter nur ein einziges im Zentrum.
Außerdem ist der schwarze König gezwungen worden, das Recht der Rochade o—o oder o—o—o frühzeitig aufzugeben, während Weiß noch rochieren darf, was ebenfalls als wesentlicher positioneller Vorteil zu werten ist.
Da die materiellen Verhältnisse im Gleichgewicht sind, in positioneller Hinsicht Weiß aber einen erheblichen Vorsprung hat, ergibt die

Bilanz einen großen Vorteil für Weiß. Trotzdem ist dieser positionelle Vorteil für Weiß nach 6. . . . d7—d5 nicht mehr so gewaltig, daß er seine direkten Angriffe auf den schwarzen König allein mit den bis dahin dazu benutzten Figuren sinnvoll fortsetzen könnte.

Stets Verluste einkalkulieren

Ebensowenig wie die Opferung des Ld5 auf f7 wäre nun das Schachgebot (8.). De5—g3 + sinnvoll. Der schwarze König bräuchte dann nicht einmal nach f6 zu ziehen, womit er immerhin die Rückkehr der Dg3 auf das Feld e5 zunächst verhindern würde, er könnte das Schachgebot sogar noch wirksamer durch (8.) . . . . Dd8—g5 abdecken und damit Weiß den Damentausch anbieten. Tauscht Weiß, was anzunehmen ist, die Dame nicht ab, sondern zieht (9.) Dg3 × c7, dann kann Schwarz durch (9.) . . . Sb8—d7 seinen Dameflügel aus allen Schwierigkeiten herausretten, weil Ta8 durch den Wegzug Sb8 den Lc8 deckt und dieser wiederum den Sd7. Der Angriff auf den Kg6 wäre überdies abgewehrt, weil Weiß ihn nun nicht mehr direkt fortsetzen könnte. Bevor Weiß z. B. d2—d4 spielt, müßte er zuerst rochieren (0—0), damit der dadurch auf f1 kommende Turm den Lc1 und der auf g1 stehende König den Bauern g2 deckt. Wenn Weiß so nachlässig zieht, würde Schwarz für einen geopferten Bauern c7 eine Stellung erreichen, in der er so bald nicht matt gesetzt werden könnte.

Eine Bilanz der beherrschten freien Felder bestätigt die Stärkung, mit der Schwarz aus der Stellungsänderung durch De5—g3 + hervorgeht.

(8.) De5—g3 +   Dd8—g5
(9.) Dg3 × c7   Sb8—d7

Zwischenbilanz machen und dann zum Stellungsbild 44 zurückgehen!

Auch Meister können irren

In einem Schachlehrbuch »Meister gegen Amateur« (1. Ausgabe 1962), dessen Verfasser der ehemalige Schachweltmeister Max Euwe und Walter Meiden sind, wird für das Stellungsbild 44 eine Fortsetzung angeben, die entweder zum Matt von Schwarz oder aber zu einem entscheidenden materiellen Vorteil für Weiß führen soll*:

(8.) Ld5xb7

Zu diesem Zug wird gesagt: »Schwarz kann auf b7 wegen 10. Df5 matt nicht nehmen, so daß er einen großen materiellen Rückstand in Kauf nehmen muß.« Nun, zunächst ist Schwarz nach Zug (8.) ... Lc8xLb7 (9.) De5—f5 + noch nicht matt, weil (9.) ... Kg6—h6 erfolgen kann. Und auch (10). d2—d4+, g7—g5 und (11.) h2—h4 erlauben auch nicht, (11.) ... Lf8—e7, weil Weiß, worauf Meister Teschner ebenfalls aufmerksam gemacht hat, dann mit (12). Df5—f7 ... ein undeckbares Matt im nächsten Zuge vorbereiten würde. Schwarz muß vielmehr (11.) .... Kh6—g7 ziehen.

Stellungsbild 45
Weiß zieht

Jetzt hat Weiß zwei mögliche Fortsetzungen seines Mattangriffs, von denen der Zug (12.) Lc1xg5 praktisch ausfällt, weil der schwarze König bereits nach g7 ausgewichen ist und Schwarz (12.)

---

* Dem deutschen Meister Rudolf Teschner verdankt der Autor die Aufklärung, daß Dr. Euwe »den Zug 8. h4, den schon Damiano im Jahre 1512 (!) als Widerlegung angibt, gekannt hat. Obendrein ist der Irrtum in ›Meister gegen Amateur‹, in der bereits 1968 erschienenen 2. Auflage, ausgemerzt worden. Die Überschrift ... ist jedenfalls in diesem Zusammenhang unberechtigt, wenngleich die Tatsache selbst nicht bestritten werden kann, das beweisen die Wettkampfpartien um die Weltmeisterschaft«. Bei dem in diesem Buch behandelten Beispiel handelt es sich um einen Korrektur-Irrtum der Verfasser.

... Dd8xd4 ziehen kann und mit 13. . . . Dd4xe4 + den Dameabtausch zu erzwingen droht. Weiß müßte dann etwa durch (13.)
Sb1—c3 den Be4 decken, woraufhin mit (13.) . . . Sg8—e7 Schwarz
von allen Mattsorgen befreit wäre.
Aber selbst wenn Weiß, dies alles voraussehend (10.) d2—d3 statt
d2—d4 zieht (Stellung 45), rettet sich Schwarz nach (11.) Lc1 x g5,
Lf8—e7, und Weiß hat keine durchschlagende Fortsetzung mehr.
Zieht Weiß aber (11.) h4 x g5, dann löst (11.) . . . Sg8—e7 alle Matt-
probleme, weil der schwarze König nach g8 ausweichen kann. Auf
(12.) Df5—e6 folgt (12.) . . . Lb7—c8. Versucht Weiß schließlich (11.)
b2—b3 und mit seinem Lc1 auf der langen Diagonale anzugreifen,
dann zieht Schwarz vernichtend (11.) . . . Dd8—f6. ((11.)h4—h5,
Sg8—h6). Weiß gerät mit zwei Figuren gegen fünf Bauern in Rückstand, ohne einen durchschlagenden Mattangriff weiterführen zu
können. So darf er also keinesfalls spielen.
Aus diesem möglichen Abspiel lernen wir, wieviel richtiger es sein
kann, weitere Steine zur Vervollständigung eines Angriffs aus der
Grundstellung herbeizuholen, statt mit den bereits herausgezoge-
nen Figuren weiterzuziehen. Sind die bereits gezogenen Figuren so
postiert, daß sie nicht nachhaltig angegriffen werden können, und
beherrscht der Angreifer mehr freie Felder, vor allem Zentrumsfelder, als der Verteidiger, dann sollten zur Verstärkung des Angriffs stets weitere, bisher nicht beteiligte Steine herbeigeholt werden. Dieser sogar *für die Vorbereitung künftig möglicher Angriffe
hinter eigenen Bauernketten* wichtige Grundsatz gilt für Stellung
44 ganz besonders. Die allein auf entscheidenden materiellen Gewinn ausgehenden Züge werden wir aber nebenbei berücksichtigen.
Weiß hat in dieser Stellung mehrere wirksame Fortsetzungen, um
die Schachpartie zum Siege zu führen. Doch interessieren uns nunmehr fast ausschließlich diejenigen Züge, die darauf abzielen,
Schwarz so rasch wie möglich in ein Mattnetz zu verstricken.
Daß Schwarz die Partie durch den Zug 3. . . . f6xSe5 auf jeden
Fall verloren hat, wenn Weiß nur sorgfältig genug zieht, das braucht
hier nicht mehr nachgewiesen zu werden, zumal es seit über 100
Jahren schachtheoretisch ausreichend feststeht.
Zunächst greift Weiß deshalb den schwarzen König in der Absicht,
ihn ganz rasch matt zu setzen, durch einen vormarschierenden
Bauern an:

      8. h2—h4   . . . . .

Damit droht Weiß im nächsten Zug (9.) h4—h5 + Schach zu geben
und den Kg6 auf das Feld h6 zu zwingen, wo er anschließend durch
(10.) d2—d4 vom Lc1 weiter mit Schach angegriffen werden kann.
Was kann Schwarz gegen diese Absichten noch tun?
Sie werden sofort erkennen, daß Schwarz den Zug (9.) h4—h5 nur

Stellungsbild 46
Schwarz zieht

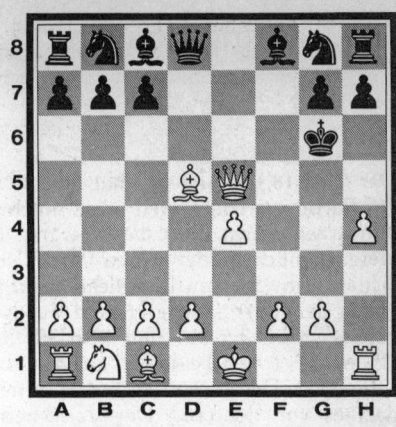

durch h7–h5 verhindern kann, weil der Bauer h4, wenn er einmal auf h5 steht, zweimal gedeckt ist, und zwar von De5 und Th1.
Das Feld h6 liegt nur im Wirkungsbereich des Kg6, und selbst
wenn Schwarz noch eine weitere Figur auf das Feld h5 wirken läßt,
z. B. durch (8.) . . . Sg8–f6, so wäre das nutzlos, denn Weiß könnte
trotzdem (9.) h4–h5 + ziehen. Außerdem unterbricht Sg8–f6 die
Wirkung der Dd8 auf der Diagonale d8 nach h4(9.) . . . Sf6? (10.)
Dg5 ∓.

Das Feld g5 könnte dann von der weißen Dame De5 betreten werden, ohne daß sie von Dd8 geschlagen werden kann. Der Bauer h4
deckt die weiße Dame gegen den Kg6, und Schwarz wäre also durch
(9.) De5–g5 + matt gesetzt, weil der Kg6 nicht nach f7 fliehen kann.
Warum nicht? Weil das Feld f7 von Ld5 beherrscht wird.

10. Trainingsabschnitt

Der Zug (8.) . . . . h7—h5 hat für Schwarz den sofortigen Verlust der Partie zur Folge, weil Weiß durch eine neue Kombination einen schwarzen Turm oder die schwarze Dame gewinnen kann. Weiß bietet nämlich wieder seinen Ld5 auf b7 als Opfer an (9.) Ld5×b7. Schlägt Schwarz den Lb7 nicht, dann fällt der Ta8. Schlägt Lc8 dagegen den Lb7, dann gibt er dadurch seine Wirkung auf der Diagonale c8 bis h3 auf und überläßt der weißen Dame die Beherrschung des freien Feldes f5, auf das nunmehr nur noch der schwarze Kg6 wirkt. Da dieses Feld bereits unter der Wirkung des Be4 steht, darf es von der (10.) De5—f5 + betreten werden, ohne daß Kg6 die Dame schlagen kann.

Kg6 ist also gezwungen, nach h6 (10.) zu fliehen, wo er durch (11.) d2—d4 vom Läufer c1 sogleich mit Schach bedroht wird. Dieses Schach kann Schwarz nur noch durch (11.) . . . g7—g5 abwenden, woraufhin (12.) Lc1xg5 + erfolgt. Da der schachgebende Läufer auf

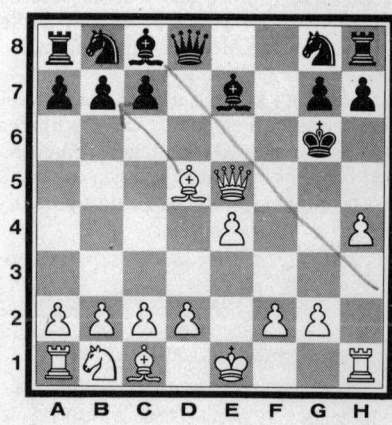

Stellungsbild 47
Weiß zieht

g5 durch den Bauern h4 gedeckt ist, geht die Dd8 anschließend unwiederbringlich verloren. Die Übermacht von Weiß ist nun so gewaltig, daß Schwarz endgültig verloren hat.

Schwarz kann den Figurenverlust auch nicht durch einen Zwischenangriff auf De5 vermeiden. Nach (9.) . . . Lf8—d6 und danach: De5—

a5, verliert Schwarz eine Figur, weil der Lc8 den Lb7 nicht schlagen darf.

Sie sehen also, daß Schwarz wohl oder übel den Zug 9. h4–h5 von Weiß zulassen muß. Schwarz kann nur noch versuchen, das Matt seines Königs hinauszuzögern. Das gelingt ihm nur, wenn er auf den Feldern, auf denen der Angriff gegen seinen herausgetriebenen König geführt wird, so stark wie möglich ist. Die gefährdeten Felder aber liegen auf den beiden Diagonalen c8 bis h3 und d8 bis h4. Die Wirkung auf der Diagonale c8–h3 kann Schwarz nicht mehr verstärken, wohl aber die Wirkung auf der Diagonale d8–h4.

8. . . .   Lf8–e7

Je stärker Schwarz also auf der Diagonale d8 nach h4 wirkt, um so größer ist seine Hoffnung, die Mattangriffe von Weiß unschädlich zu machen. Nun könnte nach h4–h5 + und Kg6–h6 auf d2–d4 +, Le7– g5 als Deckungszug erfolgen. Daß Weiß auch jetzt noch durch 9. Ld5 × b7 eine Figur gewinnen kann, haben wir schon erkannt.

Die positionelle Verteitigung ist stärker als die kombinatorische

Der Verteidigungszug 8. . . . Lf8–e7 in dieser Stellung ist auch in keinem Lehrbuch des Schachspiels angegeben. Das kommt daher, weil der Zug Lf8–e7 auf Grund rein positioneller Erwägungen empfehlenswert ist, während der große Bilguer noch ausschließlich nach kombinatorischen Gesichtspunkten abgefaßt wurde. Das gilt nicht nur für diesen Fall, sondern für viele andere, heute nicht mehr gespielte Eröffnungen.

Im übrigen erweist sich die Stärke des Verteidigungszuges Lf8–e7 u. a. darin, daß nun auch der Opferzug Ld5 × b7 für den Führer der weißen Steine viel kompliziertere Kombinationsüberlegungen erfordert, wenn er den Mattangriff dabei nicht aufgeben will.

Schlägt Schwarz den weißen Läufer auf b7, dann muß Weiß vier Züge vorausrechnen: (9.) Ld5 × b7, Lc8 × Lb7; (10.) De5–f5 +, Kg6–h6; (11.) d2–d4 +, g7–g5; (12.) Df5–f7: mit Matt im nächsten Zuge. So kann Schwarz den Mattangriff also nicht verhindern.

Zieht Schwarz aber nach (9.) Ld5 × b7, Le7–d6, dann lenkt er die Dame nach a5 ab und ist dem Matt wieder einmal ausgewichen. Zieht Weiß dagegen zur Verstärkung seines Mattangriffs zunächst

(9.) d2–d4   . . . .

dann antwortet Schwarz mit

(9.) . . . . .   h7—h6,

wodurch er, falls Weiß nun doch noch auf b7 schlägt, sogar den Figurenverlust vermeiden kann. Da diesem Abspiel eine überraschende Kombination zugrunde liegt, soll es noch aufgeführt werden. (10.) Ld5×b7, Le7—d6, (11.) De5—a5, Dd8—f8. Nun droht Damenverlust für Weiß. Warum? Entdecken Sie es selbst. Zugleich wirkt Df8 auf das Feld f5.
Der nach

8. h2—h4   Lf8—e7

herausgezogene schwarze Läufer (Stellungsbild 47) bereichert also die schwarzen Verteidigungsmöglichkeiten gegen das drohende Matt erheblich.
Obwohl Weiß mit (9.) Ld5×b7 bei sorgfältigem Spiel schließlich zu einer so überlegenen Stellung kommen kann, daß der Endsieg verbürgt ist, nehmen wir hier im Interesse unserer Schach-Schulung einmal an, daß Weiß nach 8. . . . Lf8—e7 die Fortsetzung seines Mattangriffs auf den Kg6 allem anderen vorzieht. Wenden wir uns also wieder dem Stellungsbild 47 zu:
Folgt nach 8. . . . Lf8—e7 von Weiß der Zug 9. h4—h5 +, dann zieht Schwarz 9. . . . Kg6—h6, um nach 10. d2—d4 + mit 10. . . . Le7—g5 das Schach des Lc1 abzudecken. Nun würde (11.) Lc1×Lg5 zu Dd8 ×Lg5 und zum Austauschangebot der beiden Damen führen, das Weiß natürlich nicht annehmen darf. Weiß würde damit alle bisher errungenen Stellungsvorteile verlieren.
Greift Weiß aber statt dessen mit 11. f2—f4 den Lg5 sofort an, dann zieht Schwarz 11. . . . Lg5—f6 und greift seinerseits so die weiße De5 an, die nun kein Fluchtfeld mehr hat. Um seine Dame zu retten, ist der Führer der weißen Steine gezwungen, 12. f4—f5 + zu ziehen.

Also:

     8. h2—h4   Lf8—e7
     9. h4—h5 +   Kg6—h6
    10. d2—d4 +   Le7—g5
    11. f2—f4   Lg5—f6
    12. f4—f5 +   Lf6—g5

Durch 12. Lf6—g5 wird das Schach des Lc1 erneut abgedeckt.
Nun sieht es mit dem Angriff von Weiß auf den schwarzen König noch schlechter aus als vorher, weil die Wirkung der De5 auf den das Schach deckenden Lg5 durch den Bf5 blockiert wird. Sie sehen

also, daß der Deckungszug Lf8—e7 sehr stark ist, so stark, daß er entgegen den Angaben des berühmten »Handbuch des Schachspiels« von P. R. v. Bilguer (Ausgabe 1864) durch 11. f2—f4 nicht widerlegt wird, weil Schwarz nach diesem Zug mit 11.... Lg5—f6 einfach die weiße Dame angreifen kann. Siehe auch »Die Meister des Schachbretts« von Richard Réti, Seite 14: »Aber auch ein Schachjünger, der sich die unfruchtbare Mühe gegeben hat, das berühmte Lehrbuch von Bilguer zu studieren, wird, dessen Anweisungen folgend, den gleichen Zug machen und beim richtigen Gegenspiel in Nachteil kommen. Man darf nicht darüber staunen, daß dieses große Werk ... Mängel enthält. Einmal wird fast jede variantenmäßige Analyse im Laufe der Zeit als falsch erwiesen. Variantenwissen ist Scheinwissen.«

Daß diese Auffassung Richard Rétis vom schachlichen Scheinwissen der Variantenkenntnisse auch im Jahre 1972 ihre schachliche Aktualität noch nicht verloren hat, das beweist der Inhalt eines Briefes an den Autor, der von einem erfolgreichen, fortgeschrittenen Schachspieler geschrieben wurde. In diesem Brief heißt es:

»Ich habe als Anfänger den Fehler begangen, den Sie immer wieder anprangern: ich habe zu viele Eröffnungszüge auswendig gelernt und zu wenig eigene Wege zu gehen versucht.

Heute kann ich teilweise Varianten und Analysen über 20 Züge hinaus. Bei Turnierspielen versuche ich, in eine mir bekannte Variante zu kommen, spule die ab, schlidere dann in ein Endspiel mit minimalen Vorteilen, das ich dann meist gewinne, da ich die Endspielregeln besser kenne als meine Gegner.

Befriedigen können solche Gewinne allerdings nicht gerade. Versuche ich eigene Wege zu gehen, verliere ich gegen gleichstarke Spieler recht glatt und habe gegen schwächere Gegner die allergrößte Mühe.

Deshalb begrüße ich, daß endlich ein Schachbuch dieser Art hervorgekommen ist. Ich hoffe, es hilft mir auch, meine Schwächen, die ich wohl kenne, wenigstens teilweise zu beheben.«

Sie werden es in Ihrer Schachlaufbahn noch öfter erleben, daß Ihr Spielpartner in bestimmten, überlegenen Stellungen den ironisch gemeinten Ausspruch tut: »Jetzt sollte man schachspielen können!« Dieser Ausspruch, dem eine Art Resignation zugrunde liegt, bedeutet in Wahrheit, daß Ihrem Partner für die Weiterbehandlung dieser Stellung entweder das Variantenwissen oder die in seinem Schachgedächtnis verankerten, genauen Regeln und Grundsätze, nach denen solche Stellungen weiterbehandelt werden müssen, fehlen. Weniger ironisch veranlagte Schachspieler pflegen in der gleichen Lage vor sich hin zu sagen: »Ich weiß nicht mehr, wie ich jetzt weiterziehen soll.«

Dieses Buch wurde hauptsächlich in der Absicht geschrieben, Sie davor zu bewahren, vor dem Schachbrett in eine solche schachpsychologische Situation zu geraten. Wenn Sie aber durch das Auswendiglernen von Eröffnungsvarianten dieser Gefahr schon ausgesetzt sind, sollten Sie sich so rasch und gründlich wie möglich daraus wieder befreien können. Sie sollten sich dazu durchringen, lieber viele Schachpartien zu verlieren, als sie durch Gedächtnisakrobatik gewinnen zu wollen. Nur wenn Sie solange eigene Wege gehen, bis diese eigenen Wege eines Tages, zu Ihrer großen Überraschung, denjenigen ganz ähnlich geworden sind, die sich im Verlauf der Schachgeschichte als die theoretisch sichersten herausentwickelt haben, werden Sie nicht nur in die Nähe der echten Schachmeisterschaft geraten sein, sondern auch ein begründbares Urteil über den aktuellen Wert der Eröffnungsvarianten und über die Spielweise von Meisterspielern besitzen. Dann erst werden Sie Großmeisterpartien schachlich verstehen und mit Gewinn für die Weiterentwicklung Ihrer eigenen Spielweise durcharbeiten können. Sie werden dann nicht nur begreifen und nachvollziehen können, was die großen Schachtheoretiker Philodor, Morphy, Steinitz und andere zur Entwicklung der modernen Schachspielweisen beigetragen haben, sondern auch warum zum Beispiel ein Bobby Fisher heute an der Spitze der Schachelite der Erde steht. Erst dann, wenn Sie durch systematische Übung und spielerische Erfahrung sich diese Erkenntnisse als Ihren persönlichen Besitz erarbeitet haben, werden Ihnen auch die Würden des Internationalen Meisters oder Großmeisters erreichbar geworden sein.

Die Beherrschung freier Felder II:

Anzahl und Wirkungsgewicht

Von vielen Lesern wird die Methode der systematischen Bilanz der freien Felder als schwierig und vor allem umständlich zu handhaben empfunden. Auch meinen manche, die Berechnungsweise der freien Felder sei mißverständlich und oft ungenau. Dieser Eindruck ist, wie der Autor eingesehen hat, richtig. Der Autor selbst ist bei der Berechnung der freien Felder in vielen Stellungen dieses Buches

Irrtümern zum Opfer gefallen, weil er nicht stets ganz genau zwischen der reinen Anzahl der vorhandenen freien Felder und der Anzahl der Wirkungsgewichte auf diesen Feldern unterschieden hat.

Es ist selbstverständlich ein großer schachstrategischer Unterschied, ob auf ein freies Feld nur ein Schachstein beherrschend wirkt, oder ob mehrere Schachsteine gleichzeitig dorthin wirken. Das freie Feld bleibt in beiden Fällen nur *ein* freies Feld, obwohl sich die Wirkungen mehrerer Schachsteine, die dieses eine Feld beherrschen, vervielfachen können. Diese Vervielfachung der Wirkungen aber kennzeichnet die schachstrategische oder schachpositionelle Bedeutung dieses Feldes im Spiel viel mehr als die reine Anzahl. Es ist deshalb nötig, um Verwechslungen und Mißverständnisse bei der Bilanz der freien Felder auszuschließen, außer der Feststellung der reinen Anzahl der Felder gleichzeitig auch die Wirkungsgewichte der auf jedem freien Feld liegenden Beherrschungen in Betracht zu ziehen.

Diese Methode der erweiterten Bewußtmachung hat nichts mit der üblichen Berechnung zu tun, die feststellen will, ob Weiß oder Schwarz auf irgendein Feld des Schachbretts stärker wirkt als der Gegner. Diese Berechnung stellt jeder Schachspieler oft und vor allem immer dann an, wenn er einen Stein schlagen will. Soll dieser zu schlagende Stein dem Spieler einen Materialvorteil einbringen, dann muß er mit seinen Steinen oder Figuren mindestens einmal mehr auf dieses Feld wirken, als der Gegner durch die deckenden Figuren dorthin wirkt. Diese Berechnungsweise ist, wie Sie längst wissen, hier nicht gemeint. Hier handelt es sich ausschließlich um die Beherrschung *unbesetzter freier Felder, auf die der Gegner keinerlei Wirkung durch Schachsteine ausübt.* Wer von den beiden Parteien eine größere Anzahl solcher freier Felder, bei gleichwertiger Lage dieser Felder, beherrscht, der befindet sich im Vorteil.

Wird nun die Anzahl der beherrschten freien Felder in einer Stellung errechnet, dann passiert es leicht, daß ein freies Feld, das von mehreren Figuren gleichzeitig beherrscht wird, statt nur einmal, mehrmals mitgezählt wird. Diese Zählweise ist zwar schachstrategisch gerechtfertigt, weil die Mehrfachbeherrschung eines freien Feldes die Spielüberlegenheit ähnlich erhöht wie die Beherrschung eines Zentrumfeldes gegenüber einem Rand- oder Eckfeld, doch ändert sie an der rein numerischen Anzahl des oder der beherrschten freien Felder dadurch nichts. Um hier Unklarheiten zu beseitigen und die echte Spielstärke zu verdeutlichen, wurde der Begriff des *Wirkungsgewichts* für die beherrschten freien Felder und die Markierung der freien Felder durch verschiedenartige Blättchen eingeführt.

So beherrscht im Stellungsbild 11 Weiß nach 1. e2—e4 (unter der üblichen Vernachlässigung der in der Grundstellung verharrenden Bauern) die freien Felder e2, f3, g4, h5, h3, d3, c4, b5, c3, a3, d5, f5; das sind zwölf freie Felder. Das Wirkungsgewicht aber beträgt für das Feld e2 die Zahl 4, weil Dd1, Ke1, Lf1 und Sg1 auf dieses Feld wirken. Ähnliches gilt für das Feld f3, auf das Dd1 und Sg1 wirken, so daß ein Wirkungsgewicht von 2 herauskommt. Zieht Schwarz nun, weil er die französische Verteidigung spielen will, e7—e6, dann vermindert sich die Anzahl der von Weiß beherrschten freien Felder um zwei auf zehn freie Felder, weil der Be6 die Wirkung des Be4 und damit die Beherrschung auf die freien Felder d5 und f5 aufhebt.

Untersuchen Sie das Stellungsbild 58 durch Umlegen der Markierungsblättchen im gleichen Sinne, dann stellen Sie fest, daß Schwarz 12, Weiß 9 freie Felder beherrscht, während die Wirkungsgewichte für Schwarz 17 und für Weiß 14 sind. Freie Felder für Schwarz sind b8, e8 e7, f8, f7, h7, e6, c6, f5, h4, b4 und a4.

Wirkungsgewichte von Schwarz liegen dagegen auf den freien Feldern f5 = 2, c6 = 2, e7 = 2, e8 = 2, f8 = 2, b8 = 1, f7 = 1, h7 = 1, e6 = 1, a4 = 1, b4 = 1, h4 = 1. Weiß dagegen beherrscht die freien Felder b1, d1, e1, h1, d2, c3, e3, g3, f4. Wirkungsgewichte von Weiß liegen auf den freien Feldern d1 = 2, e1 = 2, d2 = 3, e3 = 2, b1 = 1, c3 = 1, g3 = 1, f4 = 1, h1 = 1. Die Verteilung der Wirkungsgewichte in Ihrer eigenen und in der gegnerischen Stellung macht Ihnen klar, daß der weiße König in Stellung 58 nur schwach verteidigt ist, was angesichts der für Schwarz geöffneten h-Linie gefährliche Angriffe heraufbeschwört.

Weiß kann daran erkennen, daß Angriffe von Schwarz auf die Königs-Bauern, vor allem h2, zu erwarten sind und daß er, bevor er dank seiner Wirkungsgewichte auf den offenen Mittellinien Angriffspläne durchzusetzen versucht, zuerst ganz sicher sein sollte, daß er die Bauern, vor allem h2, ausreichend verteidigen kann.

Der Autor bedauert, daß er der Methode der *Bilanz der freien Felder* die Verfeinerung der *Wirkungsgewichte* hinzufügen muß, doch ist der schachpädagogische Vorteil unverkennbar. Wenden Sie diese Methode als Lernender konsequent an, dann wird sich auf diesem Wege auch Ihr Schachgefühl rasch stärken.

Sobald aber Ihr Schachgefühl einen bestimmten Grad erreicht hat, sobald Sie in normalen Stellungen instinktsicherer geworden sind, brauchen Sie auch in der Kampfpartie nicht mehr so viel zu zählen. Im fortgeschrittenen Stadium überschauen und beurteilen Sie kleinere wie größere Felderkomplexe bereits simultan, also auf einen Blick, und haben durch die Analysen mit Markierungen gelernt, diese Komplexe sicher auf freie Felder und deren Wirkungsgewichte abzuschätzen, ohne alles auszählen zu müssen.

Auch entdecken Sie eines Tages die sich entfaltende Gesamtgestalt jeder Schachpartie, die sich nicht aus einander folgenden Einzelstellungen zusammensetzt, sondern die aus Stellungsgliedern zusammenwächst.

Wenn Sie sich dieser Gestaltentfaltung für Ihre eigenen Partien erst einmal bewußt geworden sind, dann wird Ihnen auch die Erstellung einer Zwischenbilanz immer leichter fallen, weil Sie das, was sich Zug um Zug jeweils verändert, nicht mehr in Einzelsituationen aufgelöst untersuchen, sondern in fortschreitenden Zusammenhängen zu erkennen gelernt haben. Sie werden dann bald selbst feststellen, daß Sie zum Beispiel während der ersten Eröffnungszüge die beherrschten freien Felder und deren Wirkungsgewichte gar nicht mehr einzeln abzuzählen oder zu markieren brauchen, solange Sie und Ihr Gegner sich in bereits vertrauten Bahnen bewegen. Erst wenn Ihr Gegner einen unerwarteten neuen Zug macht, oder Sie, sollten Sie sich durch eine sorgfältige Zwischenbilanz zunächst einmal davon überzeugen, ob Sie mit diesem Zug zur Vermehrung oder Verminderung der von Ihnen beherrschten freien Felder und der Wirkungsgewichte beitragen und welche positionellen Vorteile das für die Weiterentwicklung Ihrer Stellung haben würde. Das ist besonders dann sehr nötig, wenn Sie eine Kombination entdecken, die Ihnen einen kleinen bis mittleren materiellen Vorteil einbringt. Solche materiellen Vorteile, zum Beispiel der Gewinn eines Bauern, werden oft mit einer positionellen Verschlechterung, das heißt einer Verringerung der beherrschten freien Felder, erkauft. Starke Schachspieler bieten deshalb häufig solches Material als Opfer an, um über den materiellen Verlust zu einer überlegenen Stellung zu kommen. Das beweist zum Beispiel die Partie zwischen Richter Meek und Paul Morphy, die auf Seite 127 ff untersucht wird. Auch in vielen Partien von Bobby Fisher und Michael Tal kann das festgestellt werden.

Kehren wir zum Stellungsbild 47 zurück: Auf 8. ... .Lf8—e7 kann Weiß, wenn er den Angriff auf den schwarzen König wirksam fortsetzen will, nur mit 9. f2—f4 fortfahren. Es droht nun f4—f5 +, und der schwarze König müßte nach h6 oder h5 ziehen. Zur Abwehr dieser Angriffsfortsetzung:

| 8. h2—h4 | Lf8—e7 |
| 9. f2—f4 | . . . . . |

darf Schwarz keinesfalls (9.) Le7xh4+ ziehen, was zwar verlockend aussieht, aber von Weiß durch (10.) Ke1—e2 beantwortet würde. Nun hat Schwarz keine Fortsetzung seines Angriffs auf den weißen König mehr; er hat aber Weiß den Gefallen getan, den Bh4 aus dem Wege des Th1 zu räumen. Das wirkt sich nach dem Abzug des Lh4, den Weiß z. B. nach f4—f5 + durch g2—g3 erzwingen kann, für Schwarz verheerend aus und muß zum Matt führen. Schwarz darf nicht auf Bauerngewinn ausgehen, wenn er dem sich immer drohender zusammenziehenden Mattnetz entrinnen will, sondern muß nach weiteren Verteidigungszügen für seinen angegriffenen König suchen. Schwarz sieht zunächst, daß, wenn er einen neutralen Zug macht, nach f4—f5 ein Ausweichen seines Königs auf das Feld h5 zum sofortigen Matt führt.

Überlegung I:

(10.) f4—f5 +	Kg6—h5
(11). f5—f6 +	Kh5—h6
(12.) De5—g5∓	oder

Überlegung II:

(10.) f4—f5 +	Kg6—h6
(11.) d2—d4 +	g7—g5
(12.) h4xg5∓	

Nachdem der Führer der schwarzen Steine diese Zwangszugfolge im Geiste durchgerechnet hat, ist ihm klar, daß die einzige Chance, seinen König zu retten, in dem Rückzug auf h7 besteht. Dieses Feld kann Schwarz entweder durch (9.) . . .h7—h6 oder (9.) . . .h7—h5 für den schwarzen König frei machen. Von diesen beiden Möglichkeiten entspricht der Zug (9. . . .) h7—h6 mehr den Grundsätzen der Verteidigung als h7—h5, weil er der Wirkung der De5 und des Bf4 und Bh4 auf das Feld g5 entgegenwirkt.

Wenn Schwarz im Geiste durchrechnet, was nach

(10.) f4—f5 +	Kg6—h7

von Weiß gezogen werden kann, um den Angriff auf den schwarzen König fortzusetzen, dann wird er bald auch den Zug

(11.) Ld5—f7	. . . .

entdecken. Dieser Zug droht Lf7—g6∓, wogegen Schwarz nur die Möglichkeit hat, das Feld g8 durch den Wegzug des Springers als Fluchtfeld für den schwarzen König frei zu machen. Er muß also

(11.) . . .	Sg8—f6

ziehen. Weiß antwortet mit

(12.) De5—g3	. . . .

und droht mit Dg3—g6∓. Schwarz bleibt nur noch

(12.) . . .	g7—g5.

Nun kann Weiß den Bg5 en passant schlagen, besser ist aber h4x g5, weil dieser Zug den Mattangriff fortsetzt. Schwarz kann die Fortsetzung des Mattangriffs nur durch Figurenverlust aufhalten.

Die verschiedenen Möglichkeiten der weiteren schwarzen Verteidigung, die alle zu partienentscheidenden Figurenverlusten oder aber zum Matt führen, sollten Sie zur Stärkung Ihrer Kombinationskraft ohne Anleitung herausfinden. Damit Sie das in aller Bequemlichkeit können, bekommen Sie ein weiteres Stellungsbild. Versuchen Sie aber nicht, in diesem Bild herumzudenken, sondern stellen Sie die Figuren auf.

Stellungsbild 48
Schwarz zieht

93

Der Zug Bh7—h5

Der Verteidigungszug (9.)...h7—h6 hat sich diesmal als unzulänglich herausgestellt. Wie ist es nun mit (9.)...h7—h5?

Stellungsbild 49
Schwarz zieht

Um das herauszufinden, kehren wir zum 9. Zuge zurück.

9....	h7—h5
10. f4—f5 +	Kg6—h7
11. Ld5—f7	....

Es droht Matt (Lg6 +, Kh6, d4 +, Lg5, hxL +, Dxg, Txh5 ‡), was nur durch Sg8—f6 oder Sh6 zu verhindern ist. Nach

(11.)....	Sg8—f6
(12.) De5—g3	....

droht Dg3—g6 Matt, was nur durch g7—g5 (worauf vernichtend h4x g5 folgen würde) oder durch Sf6—g4 verhindert werden kann.

(12.)....	Sf6—g4

Jetzt bewährt sich für Weiß wieder die Beherrschung freier Felder des Schachbretts. Weiß kann zwar den Bh5 durch Lf7—h5 gewinnen, bekommt dadurch aber weder den Sg4, der nach h6 zieht, noch kann er matt setzen, weil der Sh6 auf das Feld f7 wirkt. Der Kh7 kann sich nach Lg6 oder Dg6 nach g8 zurückziehen, ohne daß die Dame auf f7 matt setzen könnte. Deshalb verzichtet Weiß auf den problematischen Bauerngewinn und erzwingt lieber das Matt durch die Züge

(13.) Lf7—g6 + Kh7—g8

Die Vorbereitungszüge für den entscheidenden Zug der weißen Dame Dg3—b3 +! (Daß übrigens Kh7—h6 rasch zum Matt führt [d4 +, Lg5, h×L +, D×g, T×h‡], werden Sie selbst erkennen.)

(14.) Dg3—b3 + ...

Nun kann Schwarz nur noch wirkungslos Dd8 und Lc8 opfern, dann muß der König nach f8 und wird von der weißen Dame auf f7 matt gesetzt.

11. Trainingsabschnitt

Stellungsbild 50
Weiß zieht

Zurück zum (11.) Zug. Der Sg8 kann auch nach h6 ziehen, von wo aus er auf das Feld f7 wirkt. Das könnte die Rettung für Schwarz sein.

(11.) ...   Sg8—h6

Jetzt greift der Sh6 den Lf7 an und wird ihn, wenn Weiß De5—g3 zieht, einfach schlagen. Der Lf7 muß also zunächst ziehen, da er nicht vernünftig gedeckt werden kann (De5—d5 würde zum Dameabtausch führen, womit Schwarz wieder einmal alle Sorgen los wäre). Da bietet sich der ungedeckte Bauer h5 als willkommene Beute an. Schlägt Weiß aber diesen Bauern sofort, dann könnte Schwarz mit Le7xh4 + und nachfolgendem Rückzug des Läufers auf f6 nicht nur materiell ausgleichen, sondern auch eine starke Position einnehmen. Deshalb zieht Weiß stärker zunächst

(12.) Lf7—g6 +   Kh7—g8

Weiß

und muß sich nun entscheiden, ob er den Bh4 decken oder den Angriff auf den schwarzen König fortsetzen will.

(13.) g2—g3?   .....

96

Dieser Zug ist sehr schwach, ja, eigentlich sogar falsch. Warum
werden wir ganz ausführlich zu untersuchen haben.

Wir sind nun an einem Punkt unserer Untersuchung ange
der auch von einem Meisterspieler sehr viel Umsicht, Kombinationskraft, Positionsgefühl, Bereitschaft zum Durchrechnen komplizierter Variationsmöglichkeiten, kurz alles das *gleichzeitig* verlangt,
was er sich nacheinander und einzeln in jahrelanger Spielpraxis
mühsam angeeignet hat. Wir sind uns wohl bewußt, welche Zumu-
tung es für einen Anfänger des Schachspiels ist, das alles auch nur zu
verstehen. Wenn Sie das Gefühl haben, daß Sie so komplizierte
Denkaufgaben niemals bewältigen und ein so feines Stellungsgefühl
niemals bekommen werden, dann ist jetzt der Augenblick der Entscheidung gekommen. Entweder geben Sie es auf, ein Meisterspieler
zu werden, oder Sie tasten sich Schritt für Schritt weiter und schrei-
ten nicht eher vorwärts, bis Sie den letzten Schritt ganz und gar
verstanden, seinen schachlogischen Sinn erfühlt und in sich aufge-
nommen haben. Anhand unserer Anleitungen wird Ihnen das leichter fallen, als wenn Sie sich das gleiche in jahrelanger Spielpraxis
ohne einfühlsame Führung aus eigener Kraft erwerben müßten. So
werden Sie in Monaten erreichen, wozu der ungeführte Schachspieler viele Jahre und Jahrzehnte benötigt.

Wer opfert,
muß den Tempovorteil zu behalten verstehen

Ein vorsichtiger Spieler wird nun geneigt sein, zunächst seine
Stellung durch g2—g3 zu festigen, um sich dann erst um die Angriffsfortsetzung zu kümmern. Eine Analyse dieses Zuges läßt uns
aber deutlich erkennen, daß die durch das Springeropfer von
Weiß in der Eröffnung erzielte positionelle Überlegenheit allein
durch Aufrechterhalten des ersten Zuges fundiert wird. Wenn Weiß
den Vorteil aufgibt, stets *vor* Schwarz den entscheidenden nächsten
Zug machen zu dürfen, dann schmilzt sogleich seine ganze positionelle Überlegenheit dahin. Das aber geschieht nach 13. g2—g3. Denn
nun darf Schwarz gewissermaßen den jeweils entscheidenden
Fortsetzungszug als erster, also vor Weiß, machen. Nach 13. g2—g3
hat Schwarz von Weiß ein Tempo geschenkt bekommen, das
Schwarz zur Verbesserung seiner Verteidigungsstellung ausnutzen
kann. Es zeigt sich, daß dieses Tempo entscheidend ist. Was droht
von Weiß?

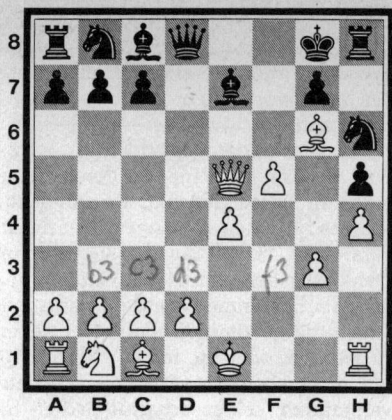

Überlegung I:
Der Verlust des Bh5, der durch einen Wegzug des Sh6 verhindert werden könnte.

Überlegung II:
d2—d3, wodurch der Lc1 den Sh6 bedrohen würde. Auch diese Drohung kann durch einen Wegzug des Sh6 entkräftet werden.

Überlegung III:
De5—c3, um nach d2—d3 und dem Abtausch des Sh6 den Mattangriff mit Dc3—b3 + fortzusetzen.

Überlegung IV:
Falls Schwarz den Sh6 sofort wegzieht, etwa um den Bh5 zu retten (der dann von Th8 gedeckt wäre), könnte Weiß sogleich De5—c3 ziehen, um im nächsten Zug von b3 aus auf Matt zu spielen.

Überlegung V:
Schwarz muß vor allem nach Wegen suchen, wie er der Fortsetzung des Mattangriffs auf den schwarzen König g8 entgegentreten kann. Dahinter hat alles andere zurückzustehen, auch der Verlust des Bh5. Ihn darf Schwarz nur retten, wenn _gleichzeitig_ damit eine weitere starke Verteidigung seiner Königsstellung verbunden werden kann. Geht das nicht, dann muß der Bauer auf jeden Fall geopfert werden.
Die nächstliegende Überlegung ist, ob der Sb8 mit seiner Wirkungskraft zur Verteidigung des bedrängten schwarzen Königs hinzugezogen werden kann. Durch Sb8—d7 würde er die De5 angreifen und könnte nach dem notwendigen Rückzug der weißen Dame (etwa nach c3) mit Sd7—f6 fortfahren. Dieser Zug deckt den Bh5 und greift zugleich den weißen Be4 an. Nun aber kann Weiß durch Dc3—

b3 Schach sagen und nach Kg8—f8 durch d2—d3 sowohl den Be4 schützen als auch den Sh6 angreifen, der nun nicht nach f7 zurückkehren dürfte, sondern mühsam durch Sf6—g4 oder Sf6—g8 geschützt werden müßte. Jetzt aber folgt Lg6xh5, wodurch der Bh5 verlorengeht, ohne daß Schwarz einen Ausgleich dafür bekommt. Außerdem droht Weiß jetzt mit Lc1xSh6 fortzufahren, um nach Sg4xLh6 den Angriff mit Sb1—d2 in der Absicht fortzusetzen, diesen Springer nach f3 zu bringen und damit den Angriffsvorstoß des Bg3—g4 zu ermöglichen.

(13.) g2—g3		Sb8—d7
(14.) De5—c3 (nicht Dd5 +		Sd7—f6
wegen Sf6 nach Kf8)		
(15.) Dc3—b3 +		Kg8—f8
(16.) d2—d3		Sf6—g8
(17.) Lg6 × h5		. . . .

Zwischenbilanz machen, dann zurück zu Zug 13.

Soweit muß der Führer der schwarzen Steine mindestens rechnen und die dann erreichte Stellung auf ihre positionellen Fortsetzungsmöglichkeiten für Weiß prüfen, bevor er es wagen darf, den Zug Sb8—d7 auszuführen.

Der verlorene Bh5 könnte der Partie von Weiß, trotz bester Verteidigung von Schwarz, das ihr noch fehlende Übergewicht verleihen, wodurch Weiß gewinnen kann. Bevor Schwarz zugunsten der Verstärkung seiner Verteidigungskraft einen weiteren Bauern aufzugeben bereit ist, wird er noch die Frage prüfen müssen, ob der Bauernverlust nicht doch vermeidbar ist.

Wie steht es mit der Überlegung IV zu Stellungsbild 51? Was geschieht, wenn Schwarz mit

(13.) . . . .   Sh6—f7

fortsetzt und so den Bh5 durch Th8 deckt? Weiß zieht selbstverständlich.

(14.) De5—c3   . . . .

um anschließend auf b3 den Mattangriff fortzusetzen.

Dieser Absicht kann Schwarz mit (14. . . . .) Sb8—c6 entgegnen. Wenn Weiß (15.) Dc3—b3 spielt, kann (15. . . . .) Sc6—e5 erfolgen, und der Sf7 ist zum zweiten Mal gedeckt.

Ein Angriff auf diesen Se5 durch d2—d4 ist nicht möglich, weil dieser Bauer nicht gedeckt ist und von Dd8 × d4 geschlagen werden könnte.

(15.) Dc3—b3	Sc6—e5
(16.) d2—d4?	Dd8xd4

Selbst wenn die weiße Dame auf dem Feld c3 stehenbleibt, um den
Vorstoß des d-Bauern nach d4 zu decken, ist dieser Zug nach Sb8—
c6 nicht mehr möglich, weil sowohl Dd8 als auch Sc6 auf das Feld
d4 wirken, während Weiß nur einmal durch Dc3 auf dieses Feld
wirkt.

Stellungsbild 52
Weiß zieht

So ist es also dem Führer der schwarzen Steine durch sorgfältiges
Überlegen und genaues Spiel gelungen, das ihm durch g2—g3 ge-
schenkte Tempo aufrechtzuerhalten und zur entscheidenden Verbesserung seiner gesamten Stellung auszunutzen. Es ist klar, daß solche
rein positionell zu bewertenden Endstellungen aus dem Gedächtnis viel schwerer zu beurteilen sind als Kombinations-Endstellun-
gen. Sie sollten sie eben deshalb und weil sie für Ihren Weg zur
Meisterschaft ausschlaggebende Bedeutung haben, immer wieder
neu trainieren.
Wenn wir an dieser Stelle erneut Bilanz ziehen und die von beiden Parteien beherrschten freien Felder des Schachbretts gegeneinander abwägen, dann entdecken wir zu unserer Überraschung, daß
Weiß noch 12 mit 13 Wirkungsgewichten, Schwarz dagegen 6 freie
Felder mit 14 Wirkungsgewichten beherrscht. Das ist die Folge
der gelungenen Entwicklung von drei leichten Figuren, die nunmehr den schwarzen König verteidigen, während Weiß immer noch
nicht mehr als eine leichte Figur zur Unterstützung der Dame zur
Verfügung hat. Da die Wirkungsgewichte von Schwarz alle zur
Königsstellung hin gehäuft sind, können Sie erkennen, wie deutlich
sich inzwischen die Verteidigungskraft zur Abwehr des Mattangriffs verstärkt hat.

12. Trainingsabschnitt

Niemals die Initiative abgeben

Stellungsbild 53 13.
Schwarz zieht

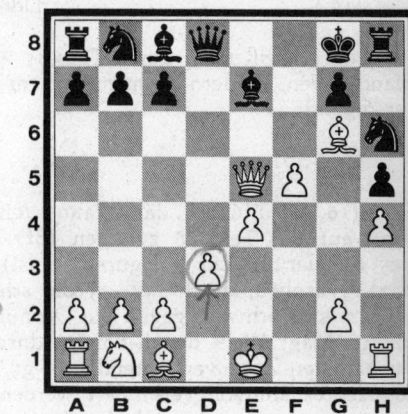

13. →
d2–d3

Wenn der Führer der weißen Steine mutig genug ist, den drohenden Bauernverlust auf h4 durch Le7xh4 + hinzunehmen und dafür mit 13. d2–d3 dem schwarzen Lh4 das Rückzugsfeld g5 zu nehmen (weil dann der Lc1 dorthin wirkt), dann wird er Schwarz auch die Initiative nicht schenken.

Dabei sollte Weiß sich erinnern, daß er nicht etwa (13.) d2–d4 spielen darf, weil das durch den zu erwartenden Angriff von Schwarz auf die De5 durch Sb8–c6 zum Bauernverlust führt. Vor welchem Problem steht Schwarz nach

13. d2–d3   ....

Überlegung I:

(13.) . . . . .   Le7xh4 +
(14.) g2–g3   Lh4–g5
(15.) Lc1xLg5!   Dd8xLg5??
(16.) De5–e8⧺

Überlegung II:

(13.)	Le7xh4+
(14.) Ke1—e2	Lh4—f6
(15.) De5—b5	. . . . .

Nun droht Db3+, Kf8, Lc1xSh6 mit Figurenverlust oder Matt. Die Mattdrohung ist nur durch einen Damenzug sinnvoll zu verhindern.

(15.) . . . .   Dd8—e7

Nun darf Weiß nicht durch Th1xh5 wieder die Initiative aus der Hand geben, sondern droht mit einem Angriff auf Dame und Läufer zugleich.

(16.) Sb1—c3   . . . .

Falls (16. . . .) Lf6xSc3, dann kann Weiß durch (17.) Db5—c4+ den Kg8 auf das Feld f8 zwingen (Sf7, cxL, Sd7, Lg5, Df8, Lxh, Se5, d4 oder Sf6, Lxf = Figurenverlust) und anschließend nach (18.) b2xLc3 drohen, durch Lc1—a3 die schwarze Dame zu gewinnen. Schützt sich Schwarz gegen die Drohung durch (18. . . .) Sb8—d7, dann schlägt Weiß den h-Bauern durch (19.) Th1xh5, weil dann im nächsten Zuge vernichtend Lc1—g5 droht, was nur durch Sd7—f6 oder e5 sinnvoll verhindert werden könnte. Nun hat Schwarz gegen den nach einiger Vorbereitung erfolgenden Vorstoß des e-Bauern keine ausreichende Verteidigung mehr, weil einer der beiden Springer bewegungslos gefesselt und die übrigen schwarzen Figuren völlig eingeengt wären. Schwarz darf also keinesfalls (19. . . .) Lf6xSc3 ziehen, sondern muß vor allem den Zug Sc3—d5 verhindern.

(16.) . . . .   c7—c6

Durch diesen notwendigen Verteidigungszug nimmt Schwarz seinem Sb8 die Möglichkeit, nach c6 zu ziehen, was wir besonders beachten sollten, weil der Sb8 von d7 aus viel eingeschränkter zur Wirkung kommt und überdies dem Lc8 das einzige noch übriggebliebene Wirkungsfeld wegnimmt. Auch die Hoffnung, den Springer über d7 nach f8 zu führen, von wo aus er den Lg6 angreifen könnte, kann Weiß durch Db5—b3+ oder Dc4+ leicht vereiteln:

(17.) Db5—b3+   Kg8—f8

Durch sorgfältiges Durchrechnen finden wir heraus, daß ein Dameschach auf b3 für die weitere Stellungsentwicklung für Weiß gün-

stiger ist als Dc4+. Die Drohung, nach Lc1—e3 durch Le3—c5 die
schwarze Dame zu fesseln, kann von Schwarz leicht durch Sb8—a6
abgewehrt werden. Um weitere gefährliche Manöver zu verhindern,
schlägt Weiß nun endlich den Bh5.

(18.) Th1xh5	Sb8—d7
(19.) Lc1—e3	Sd7—c5

Nun droht Schwarz zwar mit (19. . . .) Sd7—e5 den starken weißen Lg6 anzugreifen und abzutauschen, doch ist es fraglich, ob dabei für Schwarz ein Vorteil herausspringt. Wir werden das später
untersuchen und wollen uns zunächst die Folgen eines Springeran-
griffs auf Db3 durch Sd7—c5 klarmachen.

Stellungsbild 54
Weiß zieht

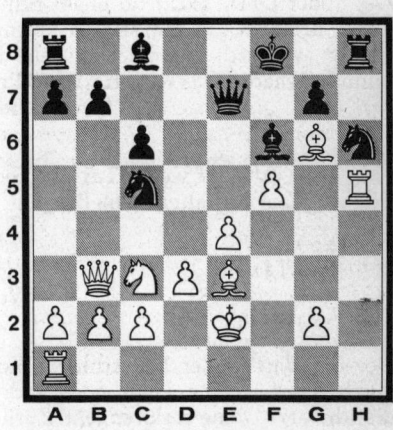

Den Zug Sd7—c5 könnte Weiß deshalb durch Lc1—e3 vereiteln, weil
nach dem Abtausch des schwarzen Springers gegen den weißen Läufer die Entwicklung der weißen Figuren und anschließend der Angriff auf die schwarze Königsstellung so verstärkt werden könnte,
daß Schwarz bald matt gesetzt wäre.

(20.) Le3xSc5	De7xLc5
(21.) Th5xSh6!	. . . .

Nun droht Db3—f7+, was nur durch Kf8—e7 sinnvoll verhindert
werden kann, weil auf Dc5—e7 vernichtend Th6xTh8+ folgt.

(21.)	Kf8—e7

Nun gewinnt Weiß durch Th6xTh8 einen Turm, ohne daß Schwarz dafür einen Ausgleich hat. Das genügt zum Gewinn. Schwarz würde aber nach Lc1—e3 ohnehin nicht mehr daran denken, die weiße Dame auf b3 anzugreifen, sondern den Angriff auf den gefährlichen Lg6 durch Sd7—e6 bei weitem vorziehen. Deshalb zieht Weiß im (19.) Zuge nicht Lc1—e3, sondern

(19.) Lc1—f4   . . . . .

um den schwarzen Springer, falls er nun doch nach e5 zieht, abzu-tauschen und seinen Angriff auf die schwarze Königsstellung ver-stärkt durch den weißen Dameturm fortzusetzen.
(Schlägt Schwarz den weißen Läufer nach dem Springerabtausch auf e5 durch Lf6xLe5, dann folgt g4, Lf6, Tg1, Lg5, e5!, Dxe+, Se4, De7 (oder Df4), TxL!) So bleibt Schwarz nun nichts anderes mehr übrig, als nach Lf4 mit seinem Springer d7 die weiße Dame anzu-greifen, wodurch er immerhin Feld d7 für den Lc8 mit Tempoge-winn frei macht. Das wirft für Weiß Probleme auf.
(19.) . . . .   Sd7—c5
(20.) Db3—a3   . . . . .

Nun kann Schwarz weder Ta1—d1 noch den Vormasch der Bg2 oder Bd3 wirksam aufhalten. Zum Beispiel:

(20.) . . . .   Lc8—d7
(21.) Ta1—d1   Ld7—e8? (um dem Ta8 den
                          Weg frei zu machen)
(22.) d3—d4   . . . .

Der Sc5 darf weder Be4 schlagen noch wegziehen, weil entweder durch Sc3xSe4 eine Figur oder nach dem Wegzug durch Lf4—d6 die schwarze Dame verlorengeht. Zurück zum Stellungsbild 53:

Überlegung III:
Die weiße Dame muß zunächst aus ihrer beherrschenden Stellung im Zentrum des Schachbretts vertrieben werden, bevor der Bh4 durch Le7 geschlagen werden darf. Also zuerst

(13.) . . . .   Sb8—c6.

Jetzt muß die Dame e5 entweder nach c3, b5, f4, g3 oder h2 zie-hen. Gefährlich ist sie nur noch auf c3 oder b5, weil Lc1xSh6 und nachfolgend Dc3—b3+ mit anschließendem Matt droht. Also wird Weiß sicher De5—b5 ziehen und keinesfalls Dc3, weil sie dort ge-fesselt werden kann und verlorengeht. Das muß von Ihnen recht-zeitig erkannt werden. Warum geht die weiße Dame nach De5—c3 verloren? Das sollten Sie schon selbst herausfinden können.

(14.) De5—b5   . . . . .

Jetzt darf anscheinend Schwarz (14. . . .) Le7xh4+ ziehen, weil nach Ke1—f1 der Rückzug Lh4—g5 und der Abtausch Lc1xLg5 gefahrlos mit Dd8xLg5 beantwortet werden kann. Denn nun steht ja die weiße Dame auf b5 und kann nicht mehr auf e8 Schach und Matt geben. Auch beherrscht sie das freie Feld g3 nicht mehr, so daß nach Le7xh4+ nicht mehr g2—g3 als Deckungszug erfolgen kann, sondern Ke1—f1 oder e2 gezogen werden muß.

Dadurch geht für Weiß die Rochademöglichkeit o—o verloren. Sie sehen, wie wichtig die zentrale Stellung einer Figur sein kann.

    (14.) . . . .   Le7xh4+
    (15.) Kg1—f1   Lh4—g5

Überlegung IV:

Für Weiß wäre es jetzt offensichtlich nachteilig, die beiden Läufer abzutauschen, weil das Angriffsziel, den schwarzen Sh6 zum Mattangriff durch Db5—b3+ zu beseitigen, nicht mehr erreicht werden kann. Also wird Weiß sich überlegen, ob er nicht eine weitere Figur zum Angriff herausbringen und damit gleichzeitig seinen Lc1 decken sollte, der von Lg5 angegriffen wird. Das könnte er durch Sb1—a3 oder Sb1—d2 erreichen. Der Zug Sb1—a3 scheidet aus, weil der Springer von diesem Feld aus keine unmittelbare Wirkung auf das Zentrum ausübt, während Weiß bei Sb1—d2 die Wahl hat, mit diesem Springer später nach c4, d5 oder f3 zu gehen. Also scheint (16.) Sb1—d2 der stärkste Zug für Weiß zu sein.

Diese Überlegung ist ganz stellungsgerecht, und es ist wichtig, daß sie von Ihnen genauso angestellt wird, um Ihr Positionsgefühl zu stärken. Die erreichte Stellung ist zugleich ein überzeugendes Beispiel dafür, *daß alles Positionsgefühl nichts nützt, wenn es nicht mit der Fähigkeit, in jeder Stellung mögliche Kombinationen zu entdecken, Hand in Hand geht.*

Gewiß ist das positionelle und nicht das kombinatorische Schachdenken die unabdingbare Voraussetzung für die erfolgreiche Eröffnung, die Führung des Mittelspiels und des Endspiels. *Ebenso entscheidend ist es aber für Sieg und Gewinn der Partie, daß jeder positionelle Erfolg schließlich durch die im rechten Augenblick entdeckte Kombination gekrönt wird.* Der gute Positionsspieler, der Kombinationsmöglichkeiten nicht entdeckt oder aus Überängstlichkeit versäumt, wird seine Partien verlieren oder bestenfalls Remis machen. Und in dieser Lage ist Weiß gerade in diesem Stellungsaugenblick.

In der vorliegenden Stellung sollte Ihnen bei allen Überlegungen stets bewußt bleiben, daß Sie den schwarzen König durch ein Schachgebot auf b3 oder c4 zwingen können, auf das Feld f8 ziehen und anschließend ein Matt auf f7 geben können, wenn der Sh6 auf dieses Feld nicht mehr wirkt. Wenn diese Zwangsfolge in Ihrem Gedächtnis verankert bleibt, dann werden Sie keine besondere Mühe haben, die Kombination zu entdecken, die zur Beseitigung des Sh6 führt. Sie brauchen sich nur zu überlegen, was Schwarz ziehen kann, wenn Sie ohne Rücksicht auf den ungedeckt stehenden Lc1 mit 16. Th1xh5 den schwarzen Bauern wegnehmen und damit drohen, im nächsten Zug den Sh6 zu schlagen. Gelingt Ihnen das, dann läuft die Zwangszugfolge Db3+, Kf8, Df7‡ ganz von selbst ab, weil sie nur noch durch so hilflose und wirkungslose Deckungszüge wie Lc8–e6 und Dd8–d5, die beide von der Db3 gefahrlos mit erneutem Schach geschlagen werden können, um zwei Züge hinausgeschoben wird. Also werden Sie ohne Rücksicht auf Ihren ungedeckten Lc1 statt Sb1–d2 ziehen:

(16.) Th1xh5   . . . . .

Schlägt nun Lg5 den Lc1, dann folgt Db5–b3+, Kg8–f8, Tx Sh6, und Schwarz verliert entweder einen Turm oder wird anschließend rettungslos matt gesetzt. Schwarz kann also der zum völligen Ruin führenden Zwangszugfolge nur durch einen sofortigen Damezug entgehen.

(16.) Dd8–e7

Und nun verliert Schwarz seinen Läufer

(17.) Lc1xLg5

Damit erhält Weiß seine geopferte Figur zurück und hat nun bei ganz überlegener Stellung drei Bauern mehr als Schwarz, was den Endsieg sichert.
Wir erkennen an diesem Stellungsbeispiel, wie gefährlich es sein kann, einem Turm eine freie Linie zu öffnen und daß selbst ein mit Tempogewinn verbundener Bauerngewinn eine überlegene gegnerische Stellung in ein partie-entscheidendes Stadium weiterentwickeln kann.
Schwarz muß sich daher hüten, Weiß durch den Bauernverlust zu diesem entscheidenden positionellen Vorteil zu verhelfen. Der Bh4 ist, wie die erfahrenen Schachspieler zu sagen pflegen, »vergiftet«.

Da andererseits aber (15.) Lc1xSh6 mit der zum Matt führenden Zwangszugfolge droht, bleibt Schwarz nichts anderes übrig, als das Feld f7 ein zweites Mal zu decken.

(14.) Dd8–f8

Gibt Weiß nun das Dameschach, dann wird es durch Sh6—f7 gedeckt, wodurch zugleich Bh5 eine Deckung durch Th8 erhält. Tauscht aber Weiß vorher den Springer durch Lc1xSh6 ab, dann folgt g7xLh6, und Kg8 kann vor Dameschachs nach g7 ausweichen.

(15.) Lg6xh5   g7xLh6

Nun steht zwar dem Vormarsch des weißen Bauern nichts mehr im Wege, und Weiß kann sich daran machen, Schwarz, nachdem er früher oder später weitere Figuren entwickelt und abgetauscht hat, durch den Bauernsturm langsam aber sicher zu erdrücken. Die unmittelbare Mattgefahr konnte aber abgewendet werden, doch ist Schwarz angesichts des Bauernübergewichts natürlich verloren.

Zurück zum Stellungsbild 51 mit Bg2 statt g3. Wenn Weiß seinen Angriff auf die schwarze Königsstellung wirksam fortsetzen will, muß er zuerst weitere Angriffsfiguren heranholen. Bei der Auswahl unter den verfügbaren Figuren bieten sich der Lc1 und Sb1 in gleicher Weise an. Wenn Sie die Wahl zwischen der Entwicklung einer kurzschrittigen und einer langschrittigen Figur haben, dann sollten Sie, wenn die langschrittige Figur nicht sofort eingreifen kann, lieber die kurzschrittige Figur zuerst entwickeln.

Die langschrittige Figur wirkt von ihrer Grundstellung aus bereits bis in die gegnerische Stellung hinein, wie der den Sh6 bedrohende Lc1 beweist, während der Sb1 in der Grundstellung praktisch wirkungslos ist, auf c3 aber bereits wirkungsvoll nach d5 schaut, von wo aus er in die gegnerische Königsstellung hineinwirken würde. Wir kommen damit zu einer ähnlichen Stellung, wie wir sie von Seite 108 ab (Überlegung II) schon einmal untersucht haben.

(13.) Sb1—c3   . . . . .

Auch in diesem Fall wird Schwarz nichts anderes übrigbleiben, als durch c7—c6 dem Sc3 das Feld d5 und zugleich der Dame das Feld b5 zu nehmen. Jede Figurenentwicklung von Schwarz führt früher oder später zu Sc3—d5 und damit zum Abtausch· des Le7, der von dem nach d5 gezogenen Sc3 mit Schach geschlagen wird. Den Le7 aber kann Schwarz zur Verteidigung seiner bedrängten Königsstellung keinesfalls entbehren.

(13.) . . . . .   c7—c6

Weiß kann nun nicht stärker ziehen als

(14.) d2—d3   . . . . .

Damit ist die akute Mattgefahr für Schwarz vorläufig gebannt. Wenn Weiß auch weiterhin eine so überlegene Stellung hat, daß er auf die Dauer die Partie siegreich beenden kann, so benötigt er dazu aber doch noch den bisher unentwickelten Ta1. Schwarz konnte die unmittelbare Mattgefahr beseitigen. Damit können wir abbrechen.

13. Trainingsabschnitt

Nach diesem langen Ausflug in die vielfältigen Möglichkeiten der Eröffnung, die unter dem Namen »Gambit des Damiano« in die Schachgeschichte eingegangen ist, kehren wir wieder zur Wettkampfpartie Schiffers-Tschigorin zurück. Wenn wir auch annehmen dürfen, daß dem Großmeister Tschigorin diese Möglichkeiten keineswegs in allen Einzelheiten vor Augen standen, als ihm Schiffers durch Sf3xe5 im 3. Zuge das Springeropfer anbot (Stellung 55), so wußte er doch, daß die Annahme des Springeropfers den sicheren Verlust der Partie bedeuten würde. Er wußte das deshalb, weil die gleichen Zugfolgen vor ihm schon von Hunderten von Schach-Turnierspielern mit dem immer gleichen negativen Erfolg für Schwarz gespielt worden waren, so daß sie, schon zu Tschigorins Zeit, praktisch von keinem Schachspieler von Format mehr gespielt wurden. Es darf naher nicht wundernehmen, daß Tschigorin auf den angebotenen Springer verzichtete und statt dessen mit einem Zuge antwortet, der dem Damiano ebenfalls bekannt war. Auch in dem berühmten ersten Schachlehrbuch in deutscher Sprache von Gustavus Selenus, das im Jahre 1616 in Leipzig erschien, war er bereits abgedruckt.

Tschigorins gewählter Verteidigungszug enthält eine leicht durchschaubare Falle, auf die der erfahrene Em. Schiffers natürlich nicht hereinfällt.

Stellungsbild 55:
Weiß zieht

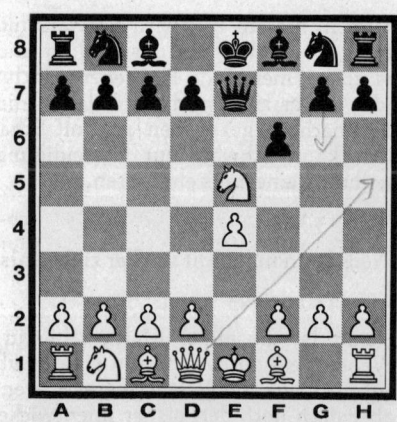

Zieht Weiß (4.) Dd1–h5+, um nach (4. . .) g7–g6 mit (5.) Se5xg6
durch (5. . .) h7xSg6 den Turm mit (6.) Dh5xTh8 und damit die Qualität zu gewinnen, dann wird er nach (5.) Se5xg6 unangenehm von
Schwarz überrascht.

    (4.) Dd1–h5+   g7–g6
    (5.) Se5xg6   h7xSg6?
    (6.) Dh5xTh8

Schwarz muß nämlich keineswegs h7xSg6 antworten, sondern

Stellungsbild 56:
Weiß zieht

kann (5. . .) De7xe4+ antworten, um nach Ke1–d1 oder Lf1–e2
mit (6. . .) De4xSg6 fortzufahren. Damit hat Weiß eine Figur verloren und nur einen Bauern für die verlorene Figur bekommen.
Sie werden leicht erkennen, daß dieses Abspiel nicht zu einer überlegenen Stellung von Weiß führt, die das Opfer einer leichten Figur
gegen einen Bauern im gleichen Sinn rechtfertigen würde, wie das
im 3. Zuge angebotene Springeropfer Sf3xe5, das wir ja ausführlich
untersucht haben. Denn Weiß muß nun zunächst seine Dame aus
dem Abtausch retten. Er verliert dadurch ein Tempo, weil die Dame
kein Zwischenschach geben kann. Auch braucht er, um den Angriff
gegen den schwarzen König fortsetzen zu können, mindestens zwei
Züge, z. B. o–o und Th1–e1.

Zurück zu Stellung 55:

4. Se5—f3   . . . . .

Nun könnte Schwarz durch De7xe4+ das materielle Gleichgewicht wiederherstellen, würde aber durch die Antwort Lf1—e2 und die dadurch ermöglichte baldige kurze Rochade o—o von Weiß nur die Entwicklung weißer Figuren fördern, während seine Dame auf e4 baldigen Angriffen (z. B. Sb1—c3) ausgesetzt wäre. Der erfahrene Meister Tschigorin wählt deshalb einen Angriffszug gegen Be4, der zugleich die Entwicklungsmöglichkeit seiner eigenen Figuren fördert, und zieht.

4 . . . . .   d7—d5

Schiffers tut es Tschigorin nach. Da er den Be4 ohnehin nicht retten kann, eröffnet auch er einem Läufer einen Weg in der Erwartung, daß Schwarz den Be4 doch abtauschen muß, wenn er das materielle Gleichgewicht wiederherstellen will, wodurch dann auch die Behinderung für seinen Lf1 wieder verschwindet. Er zieht

5. d2—d3   d5xe4
6. d3xe4   De7xe4+
7. Lf1—e2

Immer wieder Zwischenbilanz machen!

Nun sollten Sie zur Stärkung Ihres Schachgefühls aber auch eine Zwischenbilanz machen.
Wenn Sie die Beherrschung freier Felder des Schachbretts (ohne die in Grundstellung stehenden Bauern) bei Schwarz und Weiß abzählen, stellen Sie fest, daß Weiß 5 mit 12, Schwarz 10 Felder mit 17 Wirkungsgewichten beherrscht.
Die schwarze Dame steht jedoch in gefährlicher Nähe der weißen Stellung. Sie wird also bald angegriffen werden und dann die wichtigsten der beherrschten freien Felder wieder aufgeben müssen. Schwarz hat also allen Grund, nach Zügen zu suchen, die ihm eine dauerhafte Beherrschung der Zentrumsfelder oder eine sicherere Wirkung ermöglichen als durch seine Dame. Tschigorin zieht deshalb:

7 . . . .   Sb8—c6

Zugleich leitet Tschigorin bei diesem Zug der Gedanke, seinen König so schnell wie möglich aus der gefährdeten Mitte wegzuschaffen. Da die beiden Mittellinien, die e- und d-Linie, geöffnet, d. h.

von allen Bauern frei gemacht sind, wird sich die Hauptauseinandersetzung dort abspielen. Da der schwarze Königsflügel andererseits durch den Verteidigungszug f7—f6 unheilbar geschwächt wurde, kann Schwarz nur versuchen, die große Rochade o—o—o zu erreichen. Auch dazu ist der Zug Sb8—c6 die geeignete Vorbereitung. Schiffers erkennt seinerseits die Möglichkeiten der freien e- und d-Linie und weiß, daß er auf ihnen nur dann nachhaltigen Erfolg erringen kann, wenn er seine schweren Figuren, vor allem die Türme, dort zur Wirkung bringt. Er verzichtet deshalb zunächst auf den Angriff auf die schwarze Dame durch Sb1—c3 und spielt lieber

8. o—o   . . . . .

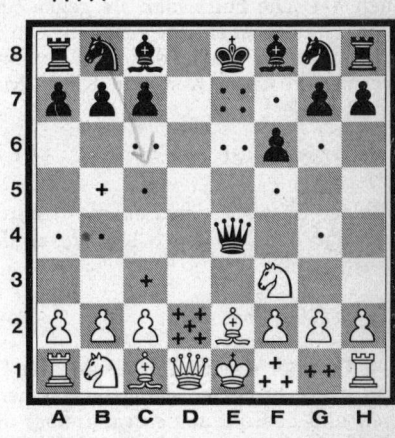

Stellungsbild 57
Schwarz zieht
Markierungen auflegen!
Weiß beherrscht:
f1, g1, d2, c3, b5
5 Felder, 12 Wirkungsgewichte
Schwarz beherrscht:
e7, f7, c6, e6, g6,
c5, f5, a4, b4, g4
10 Felder, 17 Wirkungsgewichte

Für Schwarz wäre es besser gewesen, durch (7. . .) Lf8—b4+ zunächst ein Tempo zu gewinnen, anstatt 7. . . . Sb8—c6 zu spielen. Zieht Weiß daraufhin c2—c3, dann besetzt der Bc3 das für den weißen Sb1 wirkungskräftigste Feld. Wenn Weiß später die De4 mit Sb1 angreifen will, muß er den Springer nach d2 entwickeln. Das ist natürlich erst nach der Entwicklung des Lc1 sinnvoll. Zieht Weiß aber auf (7. . .) Lf8—b4+ den Sb1—c3, dann ist dieser Sc3 zunächst gefesselt und bedeutet erst eine Drohung für die schwarze De4, wenn der weiße Ke1 sein Standfeld verlassen hat. Außerdem kann Schwarz durch (8. . .) Lb4xSc3+ Weiß zwingen, sich durch b2xLc3 einen Doppelbauern zu machen, der aus Gründen, die wir später untersuchen werden, sehr nachteilig sein kann. (Siehe Stellung 111). Spielt aber Weiß auf (7. . .) Lc8—b4+ als Abwehr (8.) Lc1—d2, dann kann Schwarz trotzdem (8. . .) Sb8—c6 fortsetzen, weil der Lb4 sowohl durch De4 als auch Sc6 gedeckt ist. Man hat bei dieser Partie den

Eindruck, daß sie von Meister Tschigorin im Bewußtsein seiner Überlegenheit ebenso voreilig wie leichtfertig gespielt wurde.

| 8. . . . . . | Lc8—d7 |
| 9. Sb1—c3 | De4—g6? |

Diesen Zug kann Tschigorin nur ohne sorgfältiges Nachdenken gemacht haben, denn er verliert nun in einer zweizügigen Kombination seine Dame gegen Springer und Läufer.

Es wird Ihre Kombinationskraft stärken, wenn Sie zunächst selbst versuchen herauszufinden, wie Schiffers die schwarze Dame gewonnen hat. Die Hilfe, daß sie gegen Springer und Läufer gewonnen wird, müßte eigentlich genügen. Um Ihnen aber noch mehr zu helfen, füge ich hinzu, daß Schwarz den Dameverlust deshalb nicht vermeiden kann, weil sein König Matt wird. Lesen Sie also noch nicht weiter!

| 10. Sf3—e5 ! | Sc6xSe5 |

Schlägt Schwarz den Se5 nicht, dann folgt Dd1xLd7‡. Versucht die Dg6 den Ld7 durch Dg6—f7 zu decken, dann wird sie von Se5 geschlagen.

| 11. Le2—h5 | o—o—o |

Da Tschigorin seine Dg6 wegen der Fesselung doch nicht mehr retten kann, bringt er wenigstens seinen Ke8 durch o—o—o in Sicherheit und bedroht zugleich mittelbar die weiße Dd1, weil sein Turm durch die Rochade nach d8 gekommen ist. Es droht jetzt ein Abzug des Ld7 mit direktem Angriff des Td8 auf Dd1.

| 12. Lh5xDg6 | h7xLg6 |

Tschigorin schlägt zunächst den Lg6, weil andernfalls der Qualitätsgewinn durch (13.) Ld7—b5 mit der Doppeldrohung auf Dd1 und Tf1 durch den Rückzug (13. . .) Lg6—d3 vereitelt würde. Schwarz hätte dann nur einen Springer für die Dame bekommen und könnte lediglich durch den Abtausch der leichten Figuren Lb5 und Se5 auf d3 noch einen Bauern gewinnen. Außerdem eröffnet Schwarz durch 12. . . h7xLg6 seinem Th8 die h-Linie und hat damit eine vage Hoffnung, irgendwann einen Angriff auf die weiße Königsstellung inszenieren zu können.

Schiffers muß nun etwas gegen den Abzug des Ld7 tun. Er zieht die Dd1 aus der Gefahrenzone weg, was um so gerechtfertigter ist, als d1 möglichst zum Standplatz für Ta1 werden sollte.

Um aber auch dem Tf1 das Feld e1 freizuhalten, zieht er 13. Dd1—e2. Es wäre besser gewesen, Dd1—e1 zu ziehen. Daß die weiße Dame auf e1 stärker stehen würde, weil sie dann nicht der im 19. Zuge von Schwarz eingeleiteten Gefahr ausgesetzt wäre, hätte ein so starker Meister wie Schiffers eigentlich voraussehen müssen. Wahrscheinlich hatte er seinen 14. Zug bereits ins Auge gefaßt, als er den 13. Dd1—e2 machte. Hätte er aber die Konsequenzen seines 14. Zuges Sc3—e4 sorgfältig durchgerechnet, bevor er den 13. Dd1—e2 machte, dann hätte er erkannt, daß Tschigorin nach Sc3—e4 eine Kombination zur Verfügung hatte, die ihm mindestens das Remis oder aber den Qualitätsgewinn sichern würde.

Hätte Schiffers aber diese mögliche Kombination Tschigorins rechtzeitig entdeckt, dann hätte er vor allen Dingen niemals 14. Sc3—e4 gespielt. Schiffers hätte die Schwäche seines 13. Zuges Dd1—e2 nur voraussehen können, wenn er sich über die schrecklichen Folgen seines beabsichtigten 14. Zuges Sc3—e4 klar gewesen wäre. Das war aber nicht der Fall.

Zur Stärkung des Schachgefühls ein Urteil von Weltmeister Lasker

Der ehemalige Schachweltmeister Dr. Emanuel Lasker, der seinen Weltmeistertitel 27 Jahre lang, von 1894 bis 1921, behauptete, schrieb in seinem 1929 erschienenen »Lehrbuch des Schachspiels« auf Seite 175 über den Weltmeister Wilhelm Steinitz: »Wenn er sich fortwährend abmühte, Kombinationen zu suchen und dabei hin und wieder Erfolg hatte, so konnte das Versagen des Erfolgs, wie der Eintritt des Erfolgs, kein bloßer Zufall sein. Mithin mußte jede Stellung eine Eigenschaft, ein Merkmal haben, woraus die Existenz einer Kombination vorauszusehen war, noch bevor man sie entdeckt hatte. Und dieses Merkmal konnte nur in der Tatsache bestehen, daß die gewinnende Partei gegenüber der anderen einen Vorsprung an Wirkung oder Beweglichkeit, oder in der Freiheit von Schwächen, kurz einen ›Vorteil‹, ein ›Übergewicht‹ hatte.« Auf Seite 176 sagt er über die Gedanken von Weltmeister Steinitz weiter: »Hat etwa mein Läufer vier freie Felder, der meines Gegners nur drei, so habe ich ›ceteris paribus‹ einen Vorteil, der freilich gering ist, und häufen sich viele derartige Vorteile, so entsteht zuletzt ein großes Plus.«
Die Kennzeichnung kombinationsreifer Stellungen, die auf einer

Häufung der Beherrschung von mehr freien Feldern und größerer Beweglichkeit gezielt postierter Figuren beruht, paßt auf die zwischen Schiffers und Tschigorin mit dem 13. Zuge erreichte Stellung. Der schwarze Läufer blickt von d6, verborgen weil blockiert durch den Se5, auf den Bh2, auf den auch der Th8 wirkt. Wenn der Se5 wegzieht, droht der Ld6 oder der Th8 den Bh2 zu schlagen. Tschigorin hat hier eine Angriffsmöglichkeit erkannt und sogleich durch Lf8—d6 vorbereitet. Schiffers erkennt die Gefahr nicht, sonst hätte er statt 14. Sc3—e4 vor allen Dingen zuerst einmal Lc1—f4 gezogen.

14. Sc3—e4? . . . . .

Weltmeister Steinitz war zu seinen schachtheoretischen Untersuchungen, die in der Entdeckung von der vorteilhaften Häufung ›freier Felder‹, wie sie Weltmeister Lasker bezeichnet, durch einen wachsenden Überdruß an der allgemeinen, ausschließlich kombinatorischen Angriffs-Spielweise seiner Zeitgenossen gedrängt worden. Nach dem Pariser Turnier 1867, in dem der frischgebackene Weltmeister den 3. Platz belegte, schrieb er: »Ich habe festgestellt, daß das kombinationsreiche Angriffsspiel dem Schachspieler manchmal Erfolg und Befriedigung bringt, dauernden Erfolg sichert es jedoch nicht . . . Ich bin zu der Überzeugung gelangt, daß ein erfolgreiches Verteidigungsspiel viel weniger Kräfte und Anstrengungen erfordert, als der Angriff und daß man erst dann mit der Aussicht auf sicheren Erfolg einer Aktion angreifen darf, wenn die gegnerische Stellung schon geschwächt und angeschlagen ist.« Diese Formulierungen machen deutlich, daß der Schachspieler Steinitz den Theoretiker Steinitz überwältigt. Er begründet mit seinen theoretischen Überlegungen praktische Erfolge, statt gleich aus ihnen allgemeingültige Schachgesetze zu entwickeln, wie er das später durch den Nachweis, daß in halbgeöffneten Stellungen zwei Läufer gegen Läufer und Springer stark überlegen sind, getan hat.
Statt also die Prinzipien der Beherrschung freier Felder systematisch zu entwickeln, die natürlich für den Angreifer ebensogut gelten wie für den Verteidiger, konzentrierte sich Steinitz auf die Erkenntnis, daß der Verteidiger in der Schachpartie »viel weniger Kräfte und Anstrengungen« aufzuwenden hat als der Angreifer. Steinitz wies diese Erkenntnis in seinen Turnierpartien mit den weißen wie mit den schwarzen Steinen durch ganze Serien von Siegen gegen die stärksten Spieler seiner Zeit immer wieder nach. Er bewirkte dadurch die Ausbreitung eines so stark verteidigungsorientierten Schachstils, daß bis zum Anfang der 30er Jahre, als die russischen Schachspieler unter der Führung des späteren Weltmeisters Michael Botwinnik diesen Spielstil zu zertrümmern begannen, die sogenannten »geschlossenen Partien«, die durch unbewegliche

oft ineinander verzahnte Bauernketten gekennzeichnet sind und die sich bei mehr verteidigungs- als angriffsorientiertem Spiel beider Partner wie von selbst einzustellen pflegen, auf den internationalen Turnieren, wie in den Schachklubs, das Feld beherrschten. Die weitere Folge war, daß die Anzahl der mit Remis endenden Partien geradezu explosionsartig zunahm, so daß in den späteren 20er Jahren dem Schachspiel von vielen Großmeistern der ›Remistod‹ vorausgesagt wurde. »So entstand« sagt Richard Réti, »der Stil dieser Zeit, welcher wenig initiativ war und nur auf die Positionsfehler der in den Steinitzschen Theorien nicht bewanderten schwächeren Gegner lauerte. Dieser Stil der Zeit überdeckte den individuellen Stil der besten Meister fast bis zur völligen Nivellierung.«

Sogar Weltmeister Dr. Emanuel Lasker, der es als Erfinder des psychologischen Schach-Spielstils eigentlich hätte besser wissen müssen, ließ sich vom Schachzeitgeist anstecken und behauptete auf die Frage: »gibt es eine ideale d. h. auf beiden Seiten fehlerlose Schachpartie?« »Nach heutigem Stand der Theorie ist anzunehmen, daß es nicht nur eine, sondern sogar *mehrere* durchaus fehlerlose Partien geben kann. Ich (Dr. Lasker) bin geneigt, die Zahl dieser Partien auf etwa 20 zu veranschlagen. Das Übergewicht des ersten Zuges würde zum Gewinn der Partie *nicht* ausreichen. Die nach der Fragestellung als »ideal« bezeichneten Spiele würden vielmehr in jedem Fall zu einem völlig ausgeglichenen Remis führen.«

Dr. Lasker machte diese Feststellung im Jahre 1916. Es dauerte kaum zwanzig Jahre bis seine Auffassung durch den Spielstil der russischen Großmeister angegriffen wurde und heute vor allem durch die Partien von Michael Tal und Bobby Fisher als widerlegt angesehen werden kann.

14. Trainingsabschnitt

Zuerst eine Zwischenbilanz machen

Und wenn es noch so spannend ist und Sie ganz dringend wissen möchten, wie Tschigorin nun seinen Gegner in ein fast tödliches Mattnetz verstrickt hat, überschlagen Sie die Zwischenbilanz nicht. Andernfalls werden Sie zwar Interessantes erfahren, aber Ihre Kombinationskraft und Ihr Schachgefühl werden nicht gestärkt. Und darauf kommt es Ihnen doch hauptsächlich an.

Stellungsbild 58
Schwarz zieht
Felderbilanz 9:12
Wirkungsgewichte 14:17
Markierungen auflegen!

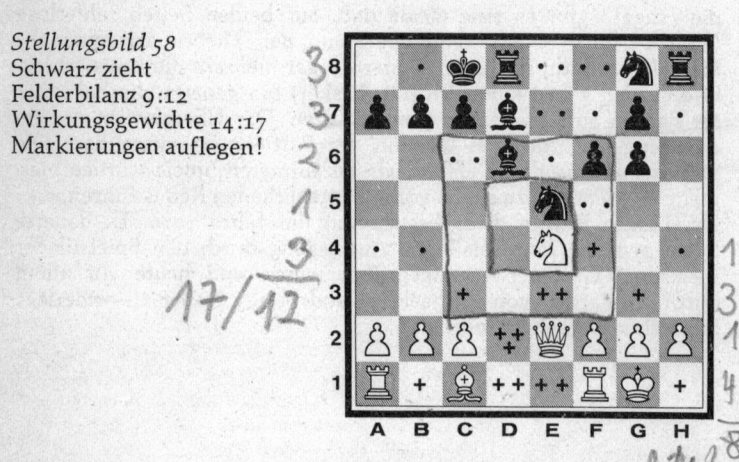

Vergleichen wir die von Schwarz bzw. Weiß beherrschten freien Felder miteinander, dann zeigt sich die Überlegenheit von Schwarz in der Beherrschung von 12 Feldern mit 17 Wirkungsgewichten gegenüber nur 9 von Weiß mit 14 Wirkungsgewichten.
Davon beherrscht Schwarz im Zentrum ganze drei (e6, c6 und f5) gegenüber nur zwei (e3 und f4), die Weiß beherrscht. (Die in der Grundstellung stehenden Bauern bleiben immer unberücksichtigt.)
Die Wirkungsgewichte sind: Weiß 14, Schwarz 17.
Außerdem hat Weiß nur ein Zentrumsfeld mit Figuren (Se4) und keins mit Bauern besetzt, während Schwarz im Zentrum zwei Figuren (Ld6 und Se5) und einen Bauern (f6) postieren konnte.
Die Lage der Wirkungsgewichte zeigt deutlich an, daß die

schwarze Königsstellung weit stärker verteidigt ist als die weiße. (Markierungen auflegen!) Diese Häufung vieler kleiner Vorteile der schwarzen Stellung gegenüber der weißen lassen, wie Lasker sagt, ein »großes Plus« entstehen, das der Stellung von Schwarz »eine Eigenschaft, ein Merkmal verleiht, woraus die Existenz einer Kombination vorauszusehen« ist, bevor sie noch entdeckt wird. Nun ist die Kombinationsreife der schwarzen Stellung durch die Züge Tschigorins nach der Öffnung der h-Linie für seinen Th8 zwar durch den 13. Zug Lf8–d6 vorbereitet worden, ihr Vollzug hängt aber von der Mitarbeit des Führers der weißen Steine ab. Schiffers mußte die Häufung vieler kleiner Vorteile durch Schwarz zulassen, er durfte die Folgen dieser Häufung, die schließlich erreichte Kombinationsreife nicht durchschauen, und er mußte schließlich die systematische Vermehrung und Häufung der Vorteile der weißen Stellung, die er bis zu seinem 13. Zuge bereits erreicht hatte, zugunsten schwacher Züge aufgeben.

So hat sich nun — gewissermaßen blitzschnell — die bisherige Überlegenheit der weißen Stellung in eine so starke Unterlegenheit verwandelt, daß der große materielle Nachteil von Schwarz mehr als ausgeglichen worden ist. Schwarz kann es sich leisten, eine weitere Figur zu opfern, ohne daß er in entscheidenden Nachteil käme!

14. ...   Se5–f3+

Der schachgebende Springer kann auf zweierlei Art geschlagen werden. Daß der Kg1 nicht statt dessen nach h1 ausweichen darf, ist offensichtlich, weil dann Th8xh2 zum Matt führen würde.
Schlägt nun 15. die De2 den Sf3, was für Weiß günstiger aussieht, weil so die Entstehung des ungünstigen Doppelbauern f2 und f3 vermieden wird (warum Doppelbauern ungünstig sind, das erfahren Sie bei Stellung 111), dann kann Schwarz durch (15...) Ld6–h2+, (16.) Kg1–h1, (16...) Lh2–d6+ (vom Th8), (17.) Kh1–g1, (17...) Ld6–h2+ Remis durch Zugwiederholung erzwingen. Angesichts seiner materiellen Unterlegenheit wird er das mit Vergnügen tun. Weiß nimmt deshalb, weil er hofft, daß sich sein materieller Vorteil auf die Dauer zu seinen Gunsten auswirken muß, den Doppelbauern in Kauf und zieht.

15. g2xSf3   Ld6xh2+
16. Kg1–g2   ......

Nun kann Schwarz die Wirkung seines Ld7 auf der freien Diagonale d7–h3 ausnützen.

16. ......   Ld7–h3+!

Weiß darf nun keinesfalls den nicht mehr durch Th8 gedeckten Lh2 schlagen, weil er nicht nur durch den Abzug (17...) Lh3xTf1+ die Qualität, sondern auch noch seine De2, die durch (17...) Lh3x Tf1+ angegriffen würde, verlieren müßte. Weiß ist also gezwungen

17. Kg2—h1 . . . .

zu ziehen, und nun fährt Tschigorin mit

17. . . . Lh2—e5

fort, wodurch die gleiche Gefahr des Turm- und Dameverlustes für Weiß wieder entsteht.

Weiß muß also wohl oder übel wieder seinen König nach g1 ziehen, um dem Abzugsschach auszuweichen.

18. Kh1—g1 Le5—h2+

woraufhin Tschigorin den Remismechanismus durch Zugwiederholung in Gang zu setzen versucht.

19. Kg1—h1 Lh2—e5

Was soll Weiß tun? Er hat für die gewonnene schwarze Dame nur einen Läufer und einen Bauern gegeben, weil er ja den Sf3 nehmen konnte, und damit eine so gewaltige materielle Überlegenheit erreicht, daß er sich die Aufgabe eines ganzen Turmes glaubt leisten zu können, ohne auf den schließlichen Gewinn der Partie verzichten zu müssen. Er zieht deshalb

20. De2—e1 Lh3—g4+

In dieser Stellung ist klar zu erkennen, daß es besser für Weiß gewesen wäre, wenn er statt seines 13. Zuges Dd1—e2, Dd1—e1 gezogen hätte. Dann könnte er nämlich jetzt statt 20. De2—e1 einen Sicherungszug, etwa Se4—g3, machen und dank seines materiellen Übergewichts die Partie leicht gewinnen.

Tschigorin aber merkt ebenso wie Schiffers, daß selbst der Gewinn eines Turmes nicht ausreichen würde, das Gleichgewicht der Kräfte wiederherzustellen. Er sucht daher nach Wegen, seinen Mattangriff auf den weißen König fortzusetzen. Im Gegensatz zu seinem Gegner Schiffers, wie dessen 25. Zug beweisen wird, ist er sich klar darüber, daß er sich den Enderfolg nur durch das fortgesetzte Zusammenwirken seiner Läufer auf h3 und e5 mit dem die offene h-Linie beherrschenden Th8 erhoffen kann. Tschigorin versucht deshalb, anstatt Weiß einen Turm wegzunehmen, seinen Lh3 in eine noch bessere Angriffsposition zu bringen, und zieht 20... Lh3—g4+. Schiffers zieht darauf nicht etwa (21.) Kh1—g2, worauf (22...) Th8—h2+, (23.) Kg2—g1, (23.) Lg4xf3, (24.) Se4—g3 (Matt auf h1), 24... Th2—g2+, (25.) Kg1—h1 folgen würde und (25...) Tg2x Sg3+, (26.) Kh1—h2, (26...) Tg3—g5+, (27.) Kh2—h3 (er hat kein anderes Fluchtfeld mehr), (27....) Tg5—h5‡ Matt erfolgt. An dieser Kombination, deren Durchführung Schiffers durch 21. Kh1—g1 vereitelt, können Sie sehen, daß Tschigorin recht hatte, auf das Zusammenwirken seiner beiden Läufer mit dem Th8 zu vertrauen.

21. Kh1—g1   Lg4xf3

Mit diesem Zuge erstrebt Tschigorin natürlich keinen Bauerngewinn, sondern die Wirkung auf das Feld h1, das der Th8 anschließend mit Matt zu betreten droht. Schiffers kann sich gegen diese Drohung gerade noch einmal verteidigen. Er zieht:

22. Se4—g3   . . . . .

Das geht, weil die Beseitigung des Sg3 durch (22...) Le5xSg3 mit (23.) f2xLg3 beantwortet und dadurch dem Kg1 ein Fluchtfeld auf f2 eröffnen würde, so daß (24.) Th8—h1 nur ein Schach, nicht aber das Matt für den weißen König zur Folge hätte.

22. . . .   Sg8—e7

bereitet die Fortsetzung des Mattangriffs durch Se7—f5 vor.

23. De1—e3   . . . .

Schiffers weiß, daß er vor allem den gefährlichen Lf3 veranlassen muß, möglichst die freie Diagonale h1 nach c6 zu verlassen. Deshalb beginnt er damit, diesen Läufer von f3 zu verdrängen. Tschigorin denkt natürlich nicht daran, die Wirkung seines Läufers auf dieser Diagonale, die er so mühsam und unter Verzicht auf einen Turmgewinn erreicht hat, aufzugeben, und zieht deshalb

23. . . .   Lf3—c6

In schlechter Stellung niemals auf Bauerngewinn spielen

Nun geschieht etwas selbst für einen fortgeschrittenen Schachanfänger unserer Zeit schier Unbegreifliches. Nach oberflächlicher Prüfung der Stellungsverhältnisse wagt Schiffers um des Gewinns eines Randbauern willen, seine Dame vom Brennpunkt der Auseinandersetzungen zu entfernen, obwohl die Dame dort zur Abwendung der immer noch tödlichen Gefahren, denen sein Kg1 in wenigen Zügen erneut ausgesetzt sein wird, lebensnotwendig ist. Er zieht

24. De3xa7?   .....

Mit diesem Zug erweist Schiffers seinem Gegner Tschigorin einen Gefallen, zu dem viele erfahrene Schachspieler in gleichartigen Stellungen ihre weniger erfahrenen Gegner durch Opferangebote von Bauern oder gar Figuren zu verlocken versuchen.

Solche Angebote werden durch eine allgemeingültige Schachregel gerechtfertigt:

Wenn dein Gegner beengt steht, dann gib ihm nur dann Gelegenheit, sich durch Schachgebote oder Abtausch zu entwickeln, wenn die Entwicklung gleichbedeutend mit einer Ablenkung der Wirkungskraft (z. B. Deckung) angegriffener Felder und Steine ist.

Es ist offensichtlich, daß Schiffers beengt ist. Das bedeutet, daß sein König bewegungslos eingekeilt ist oder durch Schachgebote zu Zwangszügen auf nur zwei Feldern gezwungen werden kann. Die nächsten Zuganalysen zeigen, daß die Entfernung der zur Verteidigung dringend benötigten Dame das Mattsetzen beschleunigen kann. Schiffers unverzeihlicher freiwilliger Wegzug der Dame durch 24. De3xa7 bestätigt überzeugend die oben mitgeteilte allgemeine Schachregel.

Schwarz weicht zunächst dem drohenden Schach durch Da7—a8 aus, weil er nicht (25.) Da7—a8+, (25...) Kc8—d7, (26.) Tf1—d1+ mit (26.) Le5—d6 decken will, wodurch der Ld6 so lange gefesselt wäre, bis der Kd7 nach e8 weitergezogen ist. Das würde die Fortsetzung des Matt-Angriffs auf den weißen König verzögern, der früher oder später doch den Zug Ld5xSg3 nötig macht.

Tschigorin hätte übrigens diese Verteidigung seines Ke8 nicht nötig gehabt, weil die mit dem unverzeihlichen Zug De3xa7 erreichte Stellung überwältigend kombinationsreif war. Das hat aber Tschigorin, der in der damaligen Zeit als Kombinationsgenie galt, in dieser Partie nicht entdeckt. Tschigorin zieht also

24. . . .   b7—b6

wodurch er nicht nur (25.) Da7—a8+ verhindert, sondern der weißen Dame auch die Rückkehr auf der Diagonale a7 nach e3 blokkiert. Schiffers setzt mit

25. Lc1—e3   .....

fort, weil ihm die Antwort b7—b6 von Tschigorin schlagartig klargemacht hat, wie leichtfertig es von ihm war, seine Dame durch die Einsperrung zur vorläufigen völligen Unwirksamkeit verdammen zu lassen. Er ist bereit, falls Schwarz durch (25.) Lc6—b7 seiner Da7 auch noch das Feld a6 nimmt, seinen Läufer e3 gegen die beiden Bauern b6 und c7 herzugeben, zumal sein Ta1 eine freie Linie besetzen kann. Er kommt aber vorläufig nicht dazu, diese Befreiung durchzuführen, da er sich gegen den von Schwarz fortgesetzten Matt-Angriff gegen seinen König wehren muß. Tschigorin zog

25.... Se7—f5.

Das ist zwar konsequent, aber schwach. Seinem Schachruhm wäre er es schuldig gewesen, die folgende großartige Kombination zu finden und durchzuführen. Aber zuerst machen Sie Zwischenbilanz.

Stellungsbild 59
Schwarz zieht
Felderbilanz

Schwarz beherrscht insgesamt 11 freie Felder mit 21 Wirkungsgewichten(!), Weiß beherrscht nur 8 freie Felder mit nur 12 Wirkungsgewichten, darunter ein einziges Zentrumsfeld. Die Verteilung der Wirkungsgewichte bei Weiß macht die tödliche Gefahr, in der sein König schwebt, grausam deutlich. (Markierungen auflegen!) Bobby Fisher, der neue Weltmeister, dessen Kombinationsblick dem von Tschigorin durchaus gleichwertig ist und ihn hinsichtlich der kombinatorischen Ausnutzung rein positioneller Vorteile weit übertrifft, ist dennoch nicht immer vor Fehlzügen geschützt. Er machte in der 1. Wettkampfpartie gegen Boris Spasski einen Fehlzug, der demjenigen, den Em. Schiffers mit 24. De3xa7 in seiner Partie gegen Tschigorin beging, durchaus analog ist.

In seiner 1. Wettkampfpartie ergab sich nach dem 29. Zug von Weiß folgende Stellung:

Stellungsbild 60
Schwarz zieht

Nach dem gleichen Mechanismus wie Em. Schiffers schlug Bobby Fisher unverständlicherweise 29... Ld6xh2, um nach 30. g2—g3 diesen Läufer zunächst eingesperrt zu bekommen. Nach 30... h7—h5 31. Kd3—e2, h5—g4 32. K2—f3, Kf8—e7 33. Kf3—g2 h4xg3 34. f2xg3 war er gezwungen, seinen Läufer durch Lh2xg3 zu opfern, womit er eine Figur für zwei Bauern geopfert hatte, was in dieser Stellung mit dem Verlust der Partie für ihn gleichbedeutend war.

Sie sehen an diesem Beispiel, daß nicht einmal Großmeister in einem Weltmeisterschaftskampf vor groben Versehen und Fehlzügen gefeit sind. Auch Weltmeister Boris Spasski sind, für fortgeschrittene Schachspieler ›offensichtliche Fehler‹, in der 3., 5., 8. und 13. Partie unterlaufen.

So, und nun zu der Kombination, die Tschigorin hätte finden können, wenn er sich ein bißchen angestrengt hätte. Jedenfalls hatte er in anderen Partien weitaus schwierigere Kombinationen siegreich durchgeführt. Für uns ist von Bedeutung, daß diese mögliche Kombination ein Schachgesetz bestätigt, das für Anfänger wie für Meister in gleicher Weise gültig ist. Es lautet:

Wer die Überlegenheit im Zentrum besitzt, kann sich Angriffe auf den Flügeln leisten

Dieser Schachgrundsatz, dessen Richtigkeit wir noch anhand von vielen Beispielen bestätigt finden werden, wird uns durch die nun folgende Kombination, die der große Tschigorin leider nicht entdeckte, an dieser Stelle zum ersten Male in überzeugender Weise veranschaulicht. Aus diesem Grunde werden wir sie im Rahmen eines neuen Trainingsabschnitts abhandeln. So können Sie diese typische Kombination, die einen Zugfolge-Mechanismus in Gang setzt und bis zum Matt in Bewegung hält, wiederholt durchspielen und in allen Einzelheiten studieren. Es gibt in anderen Stellungs-Konfigurationen und unter Beteiligung zusätzlicher oder auch weniger Figuren Kombinationsmöglichkeiten ganz gleichen Typs. Es kommt für Sie also nicht darauf an, daß Sie den Ablauf der kombinatorischen Zugfolge Ihrem Gedächtnis einprägen, sondern vielmehr, daß Ihnen die *typischen* Stellungsmerkmale, die Kombinationen dieses Typs ermöglichen (Mehrfachopfer schwerer und leichter Figuren, um die Mattstellung zu erzwingen), klar werden und im Gedächtnis bleiben.

15. Trainingsabschnitt

Hätte Tschigorin statt 25. . . Se7—f5 den folgenden Zug gemacht

    (25.) . . . .   Th8—h1+

dann hätte der Sg3 diesen Turm schlagen müssen.

    (27.) Sg3xTh1   . . . . .

Nun hätte Tschigorin mit dem weiteren Opfer

    (27.) . . . .   Le5—h2+

fortsetzen können. Auch diese Figur hätte der weiße Kg1 schlagen müssen.

    (28.) Kg1xLh2   Td8—h8+

Diesem Schach darf der Kh2 nur nach g3 ausweichen, weil er auf g1 durch Th8xSh1+ matt gesetzt würde.

    (29.) Kh2—g3   Se7—f5+

Diesem Springerschach kann der Kg3 nur entkommen, wenn er nach f4 oder g4 zieht.

    (30.) Kg3—g4 (oder f4)   Th8—h4+

Nun gibt der Th8 auf h4 Matt, weil der Kg4 den durch den Sf5 gedeckten Turm nicht schlagen kann und ihm alle übrigen Fluchtfelder durch die Wirkung schwarzer Figuren genommen sind. Überzeugen Sie sich sorgfältig davon.

Eröffnungskenntnisse sind ohne Kombinationskraft nutzlos

Solche fünfzügigen Kombinationen müssen Sie entdecken und durchführen lernen, wenn Sie ein Meister werden wollen. Es ist nicht nur überflüssig, wenn Sie sich außer in die allgemeinen auch in die *komplizierten* Eröffnungs- und Positionsprobleme zu versenken versuchen, bevor Sie richtig kombinieren gelernt haben; es ist auch schädlich.

Wer nicht durch konzentriertes Üben und praktisches Spiel völlig kombinationssicher geworden ist, dem hilft auch die erfolgreiche Häufung vieler kleiner positioneller Stellungsvorteile nicht. Wenn die überlegene Stellung zur Überwindung des Gegners oder gar zum Matt führen soll, muß sie immer durch eine mehr oder weniger verwickelte Kombination gekrönt werden.

Großmeister Richard Réti sagt in seinem schon erwähnten Schachlehrbuch »Die Meister des Schachbretts« auf Seite 369: »Man hat vielfach die Vorstellung, daß das Kombinieren im Schach sich nicht erlernen lasse, vielmehr einzig und allein Sache des Talents, der beiden Faktoren: Berechnung und Phantasie, sei. Jeder erfahrene Spieler weiß aber, daß diese weit verbreitete Anschauung irrig ist und daß man die große Mehrzahl der Kombinationen, ja beinahe alle, macht, indem man sich an bekannte Elemente erinnert, wie z. B. die berühmten Läuferopfer auf f7 oder h7, mit denen kein fortgeschrittener Spieler viel Bedenkzeit verlieren wird.

Es wäre eine dankbare Aufgabe, eine vollständige Theorie der Kombination zu schreiben, welche die immer wieder vorkommenden Typen zu demonstrieren hätte und zeigen müßte, auf welche Momente man bei Beurteilung der Korrektheit und der Durchführung der Kombination hauptsächlich das Augenmerk zu richten hat.« Und Weltmeister Emanuel Lasker sagt in seinem »Lehrbuch des Schachspiels« auf Seite 102 über die Möglichkeit von Mattkombinationen ganz gezielt: »Erst wenn der feindliche König wenig beweglich und nicht allzu sicher ist, macht der Meister den Versuch, eine Kombination, die ein Matt bezweckt, zu suchen, erst dann, das weiß er, sind Mattideen in der Stellung vorhanden.«

Die von uns so ausführlich bis zum 25. Zuge untersuchte Partie zwischen Em. Schiffers und Meister Tschigorin ist ein gutes Beispiel für die Ausführungen von Réti und Lasker über das Wesen und die Möglichkeiten von Kombinationen.

Weil Tschigorin nicht seine ganze Schachkraft aufbot, wurde diese Partie schließlich — zu Unrecht, wie Großmeister Jaques Mieses schon im Jahre 1900 nachwies — remis gegeben. Das didaktische Ergebnis dieser Partie ist, daß wir als Anfänger vor allem unsere Kombinationskraft systematisch üben und stärken müssen. Was wir für die praktische Partie an schach-theoretischem Wissen über die Führung der Eröffnungszüge und das Erringen positioneller Vorteile benötigen, das ist uns bei der Entdeckung der Bedeutung der freien und der Zentrumsfelder hinreichend klargeworden. Wenn wir die dort erkannten allgemeinen Schachgrundsätze und Regeln im Gedächtnis behalten und kunstgerecht anwenden, dann werden wir bei unseren Bemühungen um die Beherrschung der Schachkom-

bination in der praktischen Schachpartie keine katastrophalen Miß-
erfolge haben. Wenn wir dagegen vorläufig noch mehr Partien verlieren, dann sollte uns das kalt lassen, sofern wir dabei nur immer
besser kombinieren lernen.

Kombinationen, die zu Materialvorteil führen, können gefährlich sein

Wie gefährlich Kombinationen sein können, die zu Materialvorteil
führen, haben Sie an den schrecklichen Folgen gesehen, die in der
Partie Schiffers-Tschigorin durch den Gewinn eines entfernt stehenden Bauern eintraten. Wenn dieser Bauerngewinn auch nicht
durch eine echte Kombination, sondern lediglich durch einen Angriff auf den Bauern ermöglicht wurde, so waren die Folgen des
Bauerngewinns dennoch entsprechend gefährlich.
Die Lehre, die Sie aus diesem Abspiel ziehen sollten, besteht darin,
daß Sie *immer*, bevor Sie eine Kombination auf dem Brett durchführen, die Ihnen einen materiellen Gewinn einbringt, im Geiste die
Stellung prüfen, die sich am Ende der Kombination ergibt. Das ist
selbst dann nötig, wenn Sie durch eine Kombination eine Dame erobern können. Denn es könnte sein, daß Ihr Gegner in der sich ergebenden Stellung seinerseits eine Mattkombination hat, der Sie
dann zum Opfer fallen. Merken Sie sich deshalb:
*Wenn eine Kombination durchgerechnet und der materielle Vorteil
festgestellt ist, muß vor dem Zug die Endstellung im Geiste genau
geprüft werden. Ist die Endstellung positionell nicht einwandfrei,
dann sollte die Kombination unterlassen werden. Vor allem dann,
wenn der materielle Vorteil nur gering ist.*

16. Trainingsabschnitt

Solche Kombinationen, die trotz materieller Gewinne zu verlorenen Positionen führen, sind manchmal sogar in der Eröffnung möglich. Das beweist eine Partie zwischen dem inoffiziellen Weltmeister, dem Rechtsanwalt Paul Morphy aus New Orleans, und dem amerikanischen Richter A. B. Meek, die im Jahre 1855 in Mobile gespielt wurde. In der Partie kam es nach dem 5. Zug zu der Stellung:

Stellungsbild 61
Weiß zieht

Richter Meek sah, daß er einen Bauern gewinnen konnte, und zog:

1. Sg5xf7	Sh6xSf7
2. Lc4xSf7+	Ke8xLf7
3. Dd1–h5+	g7–g6
4. Dh5xLc5	

Weiß hat durch diese Kombination die zunächst auf f7 geopferte Figur durch den Doppelangriff auf Kf7 und Lc5 zurückgewonnen. Der Lc5 stand ungedeckt, und das Schach der Dame konnte weder durch ihn selbst noch durch einen Zug, der gleichzeitig den Lc5 mitdeckt, abgewehrt werden. Damit hat er einen in der Eröffnung geopferten Bauern zurückgewonnen.

Zuerst eine Zwischenbilanz machen

Wenn wir das, was wir als Anfänger bisher durch Üben gelernt haben, auf die Endstellung dieser Kombination anwenden, dann werden wir zunächst ausrechnen, wie das Verhältnis der

Stellungsbild 62
Schwarz zieht

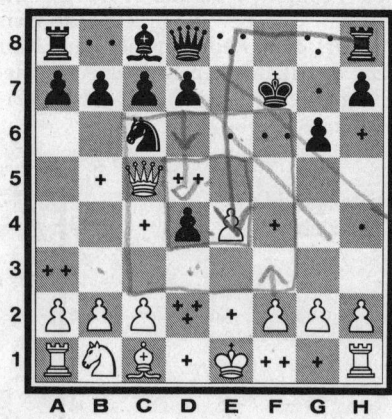

beherrschten freien Felder ist. Weiß beherrscht 11 mit 16 Wirkungsgewichten davon 3 Zentrumsfelder, Schwarz beherrscht nur 7 mit 13 Wirkungsgewichten davon nur 2 Zentrumsfelder. (Die in Grundstellung stehenden Bauern bleiben wie immer unberücksichtigt, obwohl sie in der schwarzen Stellung eine für die Entwicklung des schwarzen Spiels mitbestimmende Rolle spielen würden.) Insoweit ist Weiß also überlegen. Wenn wir aber die allgemeine Position prüfen, dann fallen uns zwei Merkmale von fundamentaler Bedeutung auf.

Erstens engt Schwarz den Wirkungsbereich der auf c5 stehenden weißen Dame auf die Zentrumsfelder durch Sc6, durch den Bd4 und den Bg6 entscheidend ein. Zweitens steht die weiße Dc5 in gefahrvoller Nähe der schwarzen Stellung. Wir wissen schon, daß solche exponierten Damestellungen in der Eröffnung zu Angriffen auf die Dame führen, die zugleich die Beherrschung der freien Felder für den Angreifer zu erhöhen pflegen. So auch hier. Morphy zog:

| 4.... | d7—d6. |

Das eröffnet Schwarz die Beherrschung der Diagonalfelder d7, e6, und g4. Zugleich wird die Dc5 zur Flucht gezwungen.

5. Dc5—b5	Th8—e8

Zwischenbilanz machen: Die Dame beherrscht jetzt vier Zentrumsfelder, d. h. zwei mehr als Schwarz. Schwarz verstärkt nun aber die Beherrschung der Zentrumsfelder durch den Turmzug und greift zugleich den ungedeckten Be4 an. Weiß steht nun vor der Aufgabe, den Be4 zu decken. Er könnte das durch Sb1—d2 tun, was aber, wie wir schon wissen, ein schwacher Zug wäre, weil der Sd2 dem Lc1 das Herausziehen erschweren würde. Außerdem ginge durch diese Sperre zugleich die Beherrschung der freien Felder f4 und h6 durch Weiß verloren. Weiß könnte auch die Db5 nach d5 oder d3 oder e2 ziehen. Alle diese Züge wären schwach. (6.) Db5—d5 + würde sofort durch die Deckung Lc8—e6 und mit erneutem Angriff auf die Dame widerlegt. (6.) Db5—d3 wäre schwach, weil Schwarz den Angriff auf e4 durch (6. ..) d6—d5 fortsetzen und nach (7.) f2—f3 einen Bauern gewinnen würde:

(6.) Db5—d3	d6—d5
(7.) f2—f3	d5xe4
(8.) f3xe4	Dd8—h4 +
(9.) g2—g3	Dh4xe4 +
(10.) Dd3xDe4	. . . .

Der Dametausch ist erzwungen, weil anderenfalls der Th1 verlorengeht

(10.)	Te8xDe4 +

Schwarz hat einen Bauern mehr, und seine Stellung ist überlegen, was durch Auszählen der beherrschten freien Felder bestätigt wird. Das gleiche Abspiel gilt für

(6.) Db5—e2.

Zurück zum 5. Zuge von Schwarz. Um den Angriff auf Be4 aufzuhalten, entschloß sich Richter Meek, seine Dame zur Verteidigung des Be4 zu benutzen.

6. Db5—b3 +	6. d6—d5

Nun ist der Bd5 wenigstens gefesselt. Aber nur vorübergehend, weil Schwarz sogleich mit einem starken Angriff auf Db3 fortsetzen kann, der die Dame von der Diagonale b3 nach f7 vertreibt.

Damit ist der letzte Schutz für den Be4 gefallen, und Schwarz zwang Weiß in weiteren 10 Zügen wegen des Mehrbauern folgerichtig zur Aufgabe der Partie.

Der Grundfehler, der in der Kombination von Richter Meek steckte, obwohl er durch sie einen Bauern gewann, bestand darin, daß durch das Abspiel alle von Weiß bereits entwickelten leichten Figuren vom Brett verschwanden und nur die unentwickelten in der Grundstellung übrigblieben. Außerdem geriet seine Dame in eine gefährliche Position ganz in der Nähe der feindlichen Kräfte. Für den Gewinn eines Bauern hatte Weiß also Schwarz durch drei ganz normale, voraussehbare Züge die Beherrschung der meisten freien Felder überlassen, die Weiß vor dem Beginn des Kombinations-Abtausches beherrscht hatte, und ihm außerdem die Beherrschung einiger weiterer freier Felder verschafft. Ein solcher Machtverlust kann durch den materiellen Vorteil eines Bauerngewinns bei weitem nicht aufgewogen werden, wie der weitere Verlauf der Partie ja auch deutlich zeigte. Für Sie sollte das ein Anlaß sein, sich bei jeder Kombination sorgfältig zu fragen: »Wieviel Macht gebe ich für den materiellen Vorteil auf?« Damit Sie die Frage stets klar und eindeutig beantworten können, ist es notwendig, daß Sie sich so oft wie möglich im Durchführen von Zwischenbilanzen üben! Auch sollten Sie sich Kombinationen suchen, die gleichwertige Ergebnisse aufweisen.

Die eingestellte Figur und das Opfer

Wenn Sie entdecken, daß Ihr Partner eine Figur, oder was seltener ist, einen Bauern »eingestellt« hat, dann sollten Sie diesen Stein nicht gleich wegnehmen.

Die Entdeckung, daß eine Figur eingestellt ist und von Ihnen geschlagen werden kann, ist auch noch keine Kombination. Trotzdem müssen Sie Kombinationsarbeit leisten, um festzustellen, daß die Figur tatsächlich »eingestellt« ist und nicht nur von ihrem Partner als »Opfer« angeboten wird. Sie müssen herausfinden, ob sich Ihr Partner tatsächlich geirrt hat, als er seinen Zug machte, und ob das Schlagen des eingestellten Schachsteins nicht der Anfang einer Opferkombination ist. Sie haben im vorigen Abschnitt gelernt, daß sich ein materieller Vorteil, den Sie zunächst durch die Wegnahme eines Steines erzielen, nach einigen Zügen in einen größeren Nachteil für Sie verwandeln kann. Manche Schachspieler versuchen, sich die geistige Arbeit, die zur Nachprüfung der anschließenden Zugfolgen nötig ist, dadurch zu ersparen, daß sie den Partner anschauen und ohne Einleitung sagen: »Den (oder die) kann ich nehmen!«

Erschrickt der Partner dann, und stößt ein erschrockenes »Oh« oder »Au« hervor, dann ist es wahrscheinlich, daß er tatsächlich einen unachtsamen Zug gemacht hat.

Antwortet der Partner dagegen »bitte« oder »tun Sie, was Sie nicht lassen können«, dann heißt es aufpassen und sorgfältig durchrechnen. Es gibt allerdings auch Schachspieler, die in solchen Fällen nur so tun, als seien sie erschrocken, die aber in Wirklichkeit den Partner über eine Kombination, die Sie mit einem Opfer beginnen wollen, zu täuschen versuchen und umgekehrt. Solche Schachspieler treffen Sie oft in Kaffeehäusern, in denen täglich Schach gespielt wird. Dort sammeln sich viele Spieler, die oft Schach um Geld spielen und mit denen Sie auch spielen sollten, wenn Sie ein fortgeschrittener Anfänger geworden sind. Lassen Sie sich nicht von den Behauptungen mancher Schachsportfanatiker oder Geistesanbeter beeinflussen, die es für eine Schande halten, Schach um Geld zu spielen.

Die Kaffeehausspieler, die gewohnheitsmäßig um Geld spielen, sind meist erfahrene Kombinationsspieler, die viel praktische Eröffnungserfahrung haben und die jeden kleinen Fehler erbarmungslos mit einer meist durchschlagenden Kombination beantworten.

Besser als durch diese »professionellen« Spieler können Sie kaum erfahren, wie schwache Züge sofort festgenagelt und nachgewiesen werden. Das Geld, das Sie auf diese Weise verlieren, sollten Sie als Honorar für Schachunterricht betrachten und ohne Groll ausgeben. Sie sollten bei solchen professionellen Schachspielern lediglich darauf achten, daß sie nicht um hohe Beträge spielen. Setzen Sie nie mehr als 20 bis 50 Pfennige und spielen Sie stets *ohne contra* (d. h. Verdoppelung des Einsatzes, wenn Sie nach einem Zuge Ihres Partners, den er mit dem Ausruf »contra« macht, noch einen Antwortzug machen, anstatt sofort aufzugeben). Manche professionellen Schachspieler versuchen, unerfahrene Schachanfänger zu verleiten, mit hohem Einsatz (eine, zwei oder gar fünf Mark) zu spielen, indem sie behaupten, das sei in dieser Stadt oder in diesem Lokal »so üblich«. Lehnen Sie stets ab, so etwas mitzumachen. Es ist gelogen. Sie werden, wenn Sie regelmäßig an solchen Orten spielen, um sich im Schachspiel zu üben, diese und andere Eigenschaften der Schachspieler bald genau kennenlernen. Dann werden Sie auch unterscheiden können, ob das Erschrecken Ihres Partners über eine eingestellte Figur aufrichtig oder nur gespielt ist. Überzeugen Sie sich auf jeden Fall immer durch eine rasche Prüfung und Durchrechnung der Stellung, ob Sie die eingestellte Figur schlagen dürfen oder nicht, und wenn Ihnen bei der raschen Prüfung der geringste Zweifel auftaucht, dann untersuchen Sie diesen Zweifel genauer.

Hier sind wir wieder bei einer neuen allgemeinen Schachregel — diesmal bei einer Orientierungsregel — angelangt, die sich alle guten Schachspieler zunutze machen. Wenn ein Spieler wissen will, ob er auf ein Feld des Schachbretts ziehen darf oder dort einen Stein schlagen darf, auf das gleichzeitig schwarze und weiße Steine wirken, dann zählt er die Anzahl der dorthin wirkenden weißen und schwarzen Steine einfach ab. In der Spielpraxis lautet das dann sinngemäß so: »Ich bin dreimal drauf, er ist auch dreimal drauf, also kann ich mit einem weiteren dorthingehenden Stein auf das Feld ziehen.« Das soll heißen, daß ein von der gleichen Anzahl — (und Qualität) — der Steine beherrschtes Feld immer ohne Nachteil für denjenigen Spieler mit einem weiteren Stein, etwa einem Bauern, betreten werden darf, der am Zuge ist. Wird der Stein im nächsten Zuge geschlagen, dann bleibt das Feld nach dem letzten Zuge im Besitz des Spielers, der das Feld zuerst betreten hat, und die Steine wurden lediglich abgetauscht.

Wenn Sie die Rechnung vollendet haben und zu einem für Sie günstigen Urteil gekommen sind, dann prüfen Sie noch einmal die allgemeine Stellung, die sich nach der Beendigung der Zugfolge ergibt, durch eine *vorgestellte* Zwischenbilanz. Dann erst schlagen Sie — oder unterlassen es, wenn Sie eine erfolgreiche Kombination Ihres Gegners oder eine Stellungsverschlechterung für Sie entdeckt haben. Es gibt sehr viele Kombinationen, die den Eindruck einer versehentlich eingestellten Figur machen. Sie kommen sogar in manchen Eröffnungen vor, wie ein Stellungsbild beweist, das folgendermaßen zustande kommt:

1. d2—d4   Sg8—f6
2. c2—c4   . . . . .

Damengambit mit indischer Verteidigung, deren Eröffnungswert wir später untersuchen werden.

2. . . .   e7—e5

Dieses Bauernopfer-Angebot wird »Budapester Gambit« genannt. Es wurde oft gespielt, ist aber heute verschwunden.

Das Merkmal des Gambit

Ein Gambit ist ein Eröffnungszug, der ein Bauernopfer anbietet. Es gibt viele Eröffnungs-Gambits; einige davon werden wir noch kennenlernen. Im Budapester Gambit hat das von Schwarz mit e7—e5 angebotene Bauernopfer den Sinn, Weiß zu zwingen, den Zentralbauern d4 entweder durch Schlagen d4xe5 oder Vorrücken d4—d5 oder (da er durch c2—c3 nicht mehr verteidigt werden kann) durch e2—e3 oder schließlich durch eine Figur zu verteidigen, woraufhin er von Schwarz durch e5xd4 abgetauscht werden könnte.

In jedem dieser Fälle wird der Bd4 aus dem Zentrum entfernt oder aber die e-Linie geöffnet, was für Schwarz Vorteile hat. Da der schwarze Be5 nicht gedeckt ist und d4xe5 zugleich einen Angriff auf den schwarzen Sf6 bedeutet, der so gezwungen wird zu ziehen, ist der Zug

> 3. d4xe5

eigentlich selbstverständlich. Es hat sich in der Praxis der Spieleröffnungen bis zum heutigen Tage jedenfalls herausgestellt, daß Weiß nur durch die Annahme des Gambits, das heißt die Wegnahme des angebotenen Be5 in Vorteil kommen kann. Dieses Ergebnis ist deshalb bemerkenswert, weil Schwarz durch diese Spielweise den Führer der weißen Steine zwingen kann, einen bestimmten Spielverlauf (offenes, nicht geschlossenes Spiel, wie es beim Damengambit 1. d2—d4 und d7—d5, 2. c2—c4 die Regel ist) auf sich zu nehmen. Wie bedeutungsvoll ein solcher Zwang z. B. in Turnierspielen sein kann, in denen sich der erfahrene Schachspieler fast immer vorher auf eine bestimmte Spielweise präpariert, das werden Sie später, wenn wir das psychologische Schachspiel untersuchen, noch kennenlernen.

> 3. . . .   Sf6—g4

Der angegriffene Springer greift durch den Zug Sf6—g4 den ungedeckten Bauern e5 seinerseits an und wird ihn schlagen, wenn er nicht gedeckt wird.

> 4. Lc1—f4   . . . .

Der Deckungszug mit dem Lc1 ist nötig, wenn Weiß den Be5 nicht verlieren will. Deckt Weiß an dieser Stelle den Be5 mit (4.) Sg1—f3, dann bedroht Schwarz durch (4. . . .) Lf8—c5 den nur von Ke1 gedeckten Bf2 zum zweiten Mal, so daß Weiß zu dem in dieser Stellung einzig vertretbaren Verteidigungszug (5.) e2—e3 gezwungen wird. Dadurch wird dem Lc1 die Diagonale c1 nach h6 blockiert, und er kann unter anderem auch den Be5 nicht mehr durch Lc1—f4 decken. Das hat zur Folge, daß der Be5 durch (5. . . .) Sb8—c6 und, falls Weiß zur Deckung (6.) Dd1—d5 spielt, durch (6. . . .) Dd8—e7 bequem erobert werden kann. Also spielt Weiß als 4. Zug Lc1—f4

> 4. . . .   Sb8—c6

Woraufhin Schwarz mit Sb8—c6 den Be5 mit einem Entwicklungszug zum zweiten Male angreift.
Nun aber darf Weiß mit

    5. Sg1—f3   . . . . .

decken, weil der Zug Lf8—c5 ohne Deckungsnachteil mit e2—e3 beantwortet werden kann.
Schwarz spielt aber zunächst lieber mit Tempogewinn, der durch
den Zwang für Weiß, das Schach abzudecken, realisiert wird.

    5. . . .   Lf8—b4 +

um dann nach der Beseitigung der Schachdrohung mit Dd8—e7 den
Be5 ein weiteres Mal anzugreifen, ohne durch diesen Zug seinem
Lf8 die Diagonale f8 nach a3 zu blockieren. Denn das würde, wie
wir schon wissen, den ganzen schwarzen Königsflügel lahmlegen
und die schwarze Rochade 0—0 auf unbestimmte Zeit verhindern.
Weiß deckt das Schach mit

    6. Sb1—d2   . . . .

was vorteilhafter ist als Sb1—c3, weil Schwarz dann seinen Lb4
nicht gegen den Sc3 abtauschen und Weiß dadurch einen unbequemen Doppelbauern verschaffen könnte. Dieser Doppelbauer wäre
noch dazu ein isolierter Doppelbauer. Isolierte Doppelbauern haben auf den Linien rechts und links von sich keinen Nachbarbauern
zur Verfügung, der sie decken oder den sie decken könnten. Das hat
besonders im Endspiel meist sehr große Nachteile, mit denen wir
uns noch beschäftigen werden (siehe Seite 299 ff.). Schwarz setzt
seinen Angriff auf Be5 fort:

    6. . . . .   Dd8—e7

Weiß greift nun zunächst den unbequemen Lb4 an, um Schwarz zu
zwingen, ihn gegen den Sd2 abzutauschen, wodurch er gegen die
Rückgabe des gewonnenen Bauern eine überlegene Stellung bekommen könnte.

    7. a2—a3   . . . .

Wenn Schwarz den Läufer nach a5 zieht, verliert er ihn durch b3—
b4 und c4—c5. Schwarz läßt überraschenderweise den angegriffenen
Lb4 einfach ›einstehen‹ und spielt statt dessen:

    7. . . .   Sg4xe5

Stellungsbild 63
Weiß zieht

[handwritten notes:] Schwarz hat mit Sg4 den Be4 geschlagen!

Diese Stellung wurde von den Schachmeistern der 20er Jahre Dr. Milan Vidmar und Akiba Rubinstein oft gespielt. Warum tut Schwarz das? Es sieht wie ein Versehen aus. Sie würden den Zug Sg4xe5, wenn er Ihnen als Führer der weißen Steine vorgespielt würde, wahrscheinlich auch für ein Versehen halten und einfach (8.) a3xLb4 spielen. Weil Sie aber wissen, daß Meister so gespielt haben, werden Sie gründlich über die Folgen eines eventuellen (8.) a3xLb4 nachdenken, bevor Sie als Weiß sich entschließen, den Zug tatsächlich auszuführen.

Zuerst eine Zwischenbilanz machen

Wie immer beginnen wir mit der Bilanz. Schwarz beherrscht 11 freie Felder mit 17 Wirkungsgewichten, während Weiß nur 10 mit 16 Wirkungsgewichten beherrscht. (Die in Grundstellung stehenden Bauern bleiben unberücksichtigt.) Der Hauptgrund für die Überlegenheit von Schwarz ist die Massierung der weißen Figuren um den Ke1 herum. Demgegenüber spielt die bei beiden Parteien fast gleich starke Wirkung der Steine auf die engeren und weiteren Zentrumsfelder keine gleichbedeutende Rolle. Wenn es also in der weißen Stellung eine echte Schwäche gibt, wie sie uns durch die Mehrbeherrschung freier Felder des Schachbretts von Schwarz signalisiert wird, dann liegt diese Schwäche ausnahmsweise nicht im Zentrum. Wenn Schwarz eine Figur opfert, dann muß er dafür einen Ausgleich bekommen können, der eigentlich nur in der Unfreiheit der weißen Figuren, die nicht einmal in ihrem eigenen Lager freie Felder beherrschen, zu suchen sein kann. Jedenfalls sollten Sie Ihr Augenmerk zunächst auf diese Frage richten.

Untersuchen Sie das, dann fällt Ihnen auf, daß der weiße Ke1 überhaupt kein freies Feld beherrscht, also unbeweglich ist. Der neben ihm stehende Lf1 beherrscht ebenfalls kein freies Feld, und die auf der anderen Seite vom Ke1 stehende Dd1 beherrscht nur 5 freie Felder. Sollte Schwarz diese merkwürdige Unbeweglichkeit in der Mitte der weißen Königsstellung nicht ausnützen können?

Kombinationsmöglichkeiten sollten zuerst erspürt und dann errechnet werden

Wir sind hier an einem besonders wichtigen Abschnitt unserer Entwicklung zum guten Schachspieler angelangt. Deshalb sollten Sie diese Aufgabe sorgfältig durchrechnen und so lange durchdenken, bis Sie die Lösung gefunden haben. Das Finden der Lösung wird nicht nur Ihre Kombinationskraft stärken, sondern auch Ihr Schachgefühl.

Wenn Sie ein guter Schachspieler werden wollen, müssen Sie nicht nur fähig sein, eine Kombination durch genaues Durchrechnen als möglich und erfolgreich zu erkennen, Sie müssen die Möglichkeit einer Kombination auch *erspüren* können, und das ist nur durch die Entwicklung des Schachgefühls möglich.

Eine große Hilfe ist Ihnen dabei das Abwägen der beherrschten freien Felder und die Wirkungskraft der Figuren und gezogenen Bauern beider Parteien auf das Zentrum. Doch Ihr Schachgefühl gibt Ihnen die letzte Sicherheit darüber, ob eine erfolgreiche Kombination in einer Stellung stecken könnte. Erst wenn dieses Gefühl Sie drängt, nach einer Kombination Ausschau zu halten, sollten Sie das Durchrechnen von eventuellen Möglichkeiten beginnen.

Andernfalls verschwenden Sie nur Zeit und geistige Kraft und ermüden schneller als Ihr Partner, was auf Turnieren für Sieg und Niederlage ausschlaggebend sein kann.

So sagt Weltmeister Emanuel Lasker in seinem erwähnten Lehrbuch des Schachspiels auf Seite 102: »Einen König, der hinter Bauern gesichert steht, der von einigen sicher postierten Offizieren vernünftig verteidigt wird *und der einige Beweglichkeit hat*, kann man nicht in der Eile matt setzen. Will man in solcher Stellung mit aller Gewalt eine Kombination entdecken, die zum Matt führt, so verliert man nur Zeit und Gehirnkraft.« Alle von Lasker genannten Bedingungen sind im Stellungsbild 63 erfüllt, mit Ausnahme der von mir kursivgesetzten Worte »*und der einige Beweglichkeit hat*«.

In der Stellung 63 hat Ke1 überhaupt keine Beweglichkeit, und eben das könnte eine Kombination ermöglichen, obwohl es sich bei der Stellung um eine Eröffnungsstellung handelt, die nach nur 6 Zügen zustande gekommen ist. Kein Schachspieler würde nach so wenigen Eröffnungszügen, wenn sie von Meistern gespielt wurden, bereits die Möglichkeit einer erfolgreichen Kombination vermuten, die zum Figurengewinn oder gar zum Matt führen könnte.

Wir aber, deren Schachgefühl erst schwach oder noch gar nicht entwickelt ist, haben eine entscheidende Hilfe, die uns gewissermaßen mit der Nase darauf stößt, daß es doch eine Kombinationsmöglichkeit geben muß. Diese Hilfe besteht darin, daß wir wissen, daß ein Meisterspieler in dieser Stellung eine Figur eingestellt hat, nur um den Be5 mit dem Sg4 zu schlagen. Also, wo steckt die Kombination? Wie kann sie durchgeführt werden? Zu welchem Ergebnis führt sie?

Lesen Sie nicht weiter, bis Sie das Ergebnis selbst gefunden haben. Wenden Sie alle Erkenntnisse auf die Stellung an, die Sie bis jetzt gewonnen haben. Wenn es Ihnen nicht gelingt, die entscheidende Zugfolge zu entdecken, dann sollten Sie das Buch von vorne zu lesen anfangen.

»Es gibt etwas Besonderes, wodurch sich die Opferkombination von einer anderen Kombination unterscheidet. Das ist das Gefühl, daß hier der Geist den Sieg über die Materie erringt. Auf materielle Vorteile spielen, ist, was jeder tut. Die siegreiche Opferkombination dagegen stellt den Sieg des Geistes, des Genies über das Banale, über den hausbackenen praktischen Verstand dar.« So Großmeister Richard Réti. Sie sind an dieser Stelle aufgerufen, dem nachzueifern.

Noch eine letzte Hilfe: Die Kombination besteht in einem einzigen Zuge!

8. a3xLb4	Se5–d3‡

Schachmatt. Der König hat kein einziges Fluchtfeld, und d2xSd3 ist nicht möglich, weil die De7 den Be2 fesselt! Auch wenn Sie den entscheidenden Zug für Schwarz selbständig entdeckt haben, sollten Sie den gesamten Ablauf der Partie unter Zuhilfenahme der zu jedem Zug gegebenen Erläuterungen noch einmal langsam durchspielen und sich jede Einzelheit vergegenwärtigen. Das wird Ihr Schachgefühl stärken.

Sie haben soeben das »erstickte Matt« kennengelernt, das zu den im Schachspiel als besonders elegant geltenden Mattstellungen gehört.

Niederlagen nicht entschuldigen oder darüber
in Wut geraten

Der Autor dieses Buches hat einmal in einem Turnier über die Stadtmeisterschaft erlebt, daß ihm sein Partner, den er mit der soeben analysierten Eröffnungskombination als Führer der schwarzen Steine in sechs Zügen Matt gesetzt hatte, das vollbesetzte Schachbrett vor Wut über die unerwartete Niederlage ins Gesicht schleuderte. Machen Sie das bitte niemals nach, auch dann nicht, wenn der Verlust einer Partie für Sie alle Hoffnungen auf den ersten Platz in einem Turnier zerrinnen läßt. Nur noch der Versuch, alle Eröffnungsvarianten auswendig zu lernen, ist schädlicher für Ihre Entwicklung zum Schachmeister als Wut über eine Niederlage und Zorn auf Ihren Partner. Sie sollten nicht einmal Ihr schachliches Selbstbewußtsein sich und anderen gegenüber dadurch zu retten versuchen, daß Sie sich einreden: »Ich hätte ja bloß so ... oder so ... zu ziehen brauchen, dann hätte ich die Partie gewonnen.«

Mit solchen Ausreden oder Trostworten betrügen Sie sich nur selbst und verhindern, daß Sie die Fehler, die Sie in die Verluststellung hineinmanövriert haben, beim nächsten Mal vermeiden. Es ist viel wichtiger, daß Sie sich stets nach einer Niederlage fragen: »*Warum* habe ich den oder die Fehler gemacht? Lag es an einer Nachlässigkeit, oder an der Überzeugung, besser zu stehen und leicht gewinnen zu können (wie das Großmeister Bogoljubow mehr als einmal zu seinem Schaden widerfuhr), oder lag es an einer für mich typischen, revisionsbedürftigen Schach-Denkweise oder an der Unkenntnis der in dieser Partie steckenden Möglichkeiten? Oder lag es nur an der überlegeneren Spielweise meines Partners? Prüfen Sie alle diese Fragen nüchtern und sorgfältig, dann werden Sie auch durch verlorene Partien Ihre Spielstärke verbessern.

Eine solche Einstellung wird sich für Sie, auch wenn Sie einmal an Turnieren teilnehmen, lohnen. Viele Großmeister haben schon Turnierpartien gegen den Tabellenletzten verloren, weil sie gegen ihn nicht so stark und hingebungsvoll spielten wie gegen die Tabellenersten.

Und nun zur Schulung Ihrer Kombinationskraft.

17. Trainingsabschnitt

Die systematische Schulung der Kombinationskraft

Kombinationen müssen entdeckt werden, und zwar in Ihrer eigenen Vorstellung von der Fortsetzung der Schachpartie, die Sie spielen.

Kombinationen stecken — entgegen der Auffassung des Positivisten Emanuel Lasker — niemals in oder zwischen den auf einem Schachbrett aufgestellten Schachsteinen. Dort findet man nur eine Anzahl meist aus gleichartigem Material bestehender Einzeldinge von teilweise verschiedener Struktur, Gestalt und Farbe in unterschiedlicher Entfernung zueinander auf einer ebenen Fläche angeordnet. Diese Einzeldinge haben nur eine physikalisch ausdrückbare Beziehung zueinander.

Daß den Steinen symbolische Bedeutung zukommt und daß diese symbolische Bedeutung geistige Beziehungen von Stein zu Stein als Zustand (Stellung) und in einer beliebigen Folge (Kombination von Zügen) herzustellen gestattet, dazu bedarf es der aktiven Tätigkeit eines oder mehrerer menschlicher Gehirne. Erst durch die aktive Tätigkeit des menschlichen Geistes werden die aus toter, physikalischer Materie bestehenden Schachsteine zu Symbolträgern, und nur als Symbole können diese Steine andere als physikalisch ausdrückbare Beziehungen untereinander bekommen.

Sowohl die Symbolbedeutung als auch die Beziehungen müssen also den Schachsteinen durch die aktive Tätigkeit des menschlichen Geistes gewissermaßen von außen aufgeprägt werden, damit sie als *Zugfolgen* oder *Stellungsbilder* überhaupt existent werden können.

Schachspielen ist eine rein geistige Tätigkeit. Ein Schachbrett und Schachsteine sind prinzipiell dazu nicht nötig, was das Blindspiel beweist. Die Schachsteine und das Schachbrett sind lediglich nützliche Hilfsmittel zum Schachspielen, Gedächtnisstützen, dem Wörterbuch oder der Logarithmentafel vergleichbar, die beide auch nur Gedächtnisstützen und Hilfsmittel zur Bewältigung sprachlicher oder mathematischer Probleme sind, aber nicht mehr.

Da Kombinationen Zugfolgen sind, die sich aus einer Schachfigurenstellung ergeben, und da die Zugfolgen ebenso wie die Stellungen ihre Existenzmöglichkeit allein der aktiven Tätigkeit des menschlichen Geistes verdanken, müssen sie jeweils in der Vorstellung des schachspielenden Menschen entdeckt werden. Und eben das macht ihre Entdeckung so schwierig.

Eine Schachkombination kann nur im Geiste des Schachspielers entdeckt werden

Wenn Sie auf das Schachbrett blicken, auf dem sich eine bestimmte Schachstellung entwickelt hat, dann können Ihnen die toten Schachsteine nicht zurufen: »In uns steckt eine Kombination.« Sie selbst müssen sich ganz allein den — nur symbolisch vorhandenen — Stellungsgehalt, d. h. die jeweiligen Kräftebeziehungen zwischen den Figuren und Bauern vergegenwärtigen. Und erst dann, wenn Sie alle wesentlichen Beziehungen und Kräfteverhältnisse erkannt haben, können Sie die möglichen Veränderungen dieser Kräfteverhältnisse durch Zugfolgen im Geiste aufbauen. Wenn Sie alleine vor dem Schachbrett sitzen oder mit dem Partner eine Analyse verabreden, können Sie sich durch Veränderung der Schachsteine auf dem Brett von Zug zu Zug lediglich eine Gedächtnisstütze für die jeweils erreichte neue Stellung verschaffen, nicht aber neue Erkenntnisse gewinnen.

Daher kommt es, daß es selbst für viele gute Schachspieler so fruchtlos bleibt, wenn sie Großmeisterpartien, die ohne ausführliche und stichhaltige Kommentare abgedruckt werden, nachzuspielen versuchen. Darum verstehen Sie auch Partien, die Sie selbst gespielt haben und aufgezeichnet haben, beim Nachspielen viel besser als eine Partie, die von einem anderen Schachspieler gespielt und aufgezeichnet wurde.

Kombinationen, die zum erstickten Matt führen

Es gibt berühmt gewordene Kombinationen von Schachmeistern, in denen das erstickte Matt künstlich durch Zwangszüge vorbereitet und ermöglicht wurde.

Eine solche Kombination ist in der folgenden Stellung möglich, die von Ludek Pachman in seinem Werk »Moderne Schachtechnik«, Band 2, auf Seite 35 mitgeteilt wird. Dieses Werk wird überhaupt ein sehr wichtiges Lehrbuch für Sie werden, sobald Sie über das Anfängerstadium hinaus sind.

Stellungsbild 64:

Weiß ist in einer schwierigen Lage. Er scheint verloren zu sein. Selbst wenn es ihm gelingt, seine Dd2 noch rechtzeitig nach c1 zu bringen, um den Vormarsch des schwarzen Ba2 nach a1 mit Verwandlung aufzuhalten, macht Tb8—b1+ diese Absicht zunichte. Die Da1 müßte entweder den Tb1 schlagen, der daraufhin mit a2xDc1 zum gleichen Erfolg der Verwandlung in eine Dame käme, oder Weiß müßte den Kg1 aus dem Schach ziehen, woraufhin Tb1xDc1 folgen würde.

Stellungsbild 64
Weiß zieht

Weiß hat demnach nur die Chance, den Ruin seiner Partie durch Schachgebote auf den schwarzen Kg8 aufzuhalten. Dabei trifft es sich gut, daß er einen Springer auf g5 stehen hat, der sowohl auf f7 als auch h7 wirkt! Es folgt daher

    1. Dd2—d5 +   Kg8—h8

Der Kg8 darf natürlich nicht nach f8 ziehen, weil ihn dann die Dame mit Dd5—f7 ⧧ matt setzen könnte. Das sollten Sie blitzschnell gesehen haben, bevor Sie es hier lasen.
Jetzt aber kann der Sg5 mit einem Schachgebot in Aktion treten.

    2. Sg5—f7 +   Kh8—g8

Es bleibt dem Kh8 nichts anderes übrig, als nach g8 zurückzuziehen und damit in den *mittelbaren* Wirkungsbereich der Dd5 zu geraten, weil ihm, wie wir schon im Stellungsbild 63 erkannt haben, die *beliebige Beweglichkeit* fehlt. Und nun müssen Sie etwas wagen, was nur scheinbar ein Wagnis ist. Sie müssen Ihren Springer in die Drohung, geschlagen zu werden, hineinziehen.

    3. Sf7—h6 +   Kg8—h8

Für Schwarz wirken sich nun die gleichen Hindernisse aus wie nach 1. Dd2—d5 +. Der König muß nach h8.

Das Schach wird gleichzeitig von der Dd5 und von Sh6 gegeben. Ein solches Schach wird »Doppelschach« genannt. Es kann grundsätzlich nicht gedeckt werden und zwingt den angegriffenen König stets, auf ein unbedrohtes Feld zu ziehen.

Auch jetzt darf Kg8—f8 nicht erfolgen, weil Sh6 weiterhin auf f7 wirkt.

Und nun kommt der Höhepunkt der Kombination, die zum erstickten Matt führt. Durch das Schach von h6 aus ist es dem Führer der weißen Steine gelungen, seinen Springer so zu plazieren, daß er nicht nur auf f7, *sondern auch auf g8 wirkt.*

Das ist die eigentliche Idee seiner Kombination. Denn nun kann Weiß den Führer der schwarzen Steine zwingen, seinen König in eine Lage zu bringen, in der er *ganz unbeweglich* wird, so daß ein ersticktes Matt möglich wird.

    4. Dd5—g8 +   Tb8xDg8

Schwarz muß, wie Sie selbst schon erkannt haben, die Dg8 mit dem Tb8 schlagen, weil der Sh6 die Dg8 deckt, so daß der Kh8 nicht schlagen darf.

Da der Kh8 völlig unbeweglich geworden ist, kann nun durch den überraschenden Zug

    5. Sh6—f7 ‡

das erstickte Matt gegeben werden!

Sie sehen an diesem Beispiel besonders überzeugend, daß es nötig ist, eine Idee zu haben, um eine Kombination ins Werk zu setzen. In Stellungsbild 63 war es nur notwendig, zu erkennen, daß die De7 den Be2 am Schlagen hindern würde und daß auf das Feld d3 keine weiße Figur wirkt, um die Mattkombination zu vollziehen. Die Vorbereitungen zu dieser Mattkombination ergaben sich durch den sorgfältig überlegten Angriff auf den Be5 (bei gleichzeitiger Entwicklung der schwarzen Figuren) gewissermaßen zufällig.

Solche zufälligen Entwicklungen, aus denen sich Kombinationen durch geistige Arbeit herausdestillieren lassen, sind aber *Modelle*. Sobald wir genügend Schachgefühl erworben haben, kann man sie auch durch bewußtes Spiel anstreben und erreichen, wie das Stellungsbild 64 und seine Weiterentwicklung durch gezielte Züge von Weiß beweist.

Suchen Sie den günstigen Augenblick

Ludek Pachman sagt zu der Kombination des Stellungsbildes 64 auf Seite 35: »Schon an dieser elementaren Kombination ist das Grundprinzip jeder Mattführung zu erkennen: Beschränkung der Bewegungsmöglichkeit des gegnerischen Königs, Abriegelung seiner Nachbarfelder und schließlich *im günstigen Augenblick* der tödliche Einsatz der mattsetzenden Figur!«

Die Kursivsetzung der Worte »im günstigen Augenblick« ist von mir, denn durch sie wird klargemacht, daß der Schachspieler diesen günstigen Augenblick bereits vor Beginn seiner Züge im Geiste vorausgesehen und festgelegt haben muß. Er ist der Angelpunkt der ganzen Kombination, von dem aus man sie auch rückwärts verfolgen können muß.

Wenn Ihnen Ihr Schachgefühl sagt, daß in einer bestimmten Stellung möglicherweise eine Kombination steckt, dann suchen Sie sich zuerst den günstigen Augenblick, das heißt den letzten Zug der Kombination, mit dem der Erfolg (Matt, materieller Gewinn, entscheidender Stellungsvorteil) gesichert ist.

Erst dann durchdenken Sie die zwischen Ihrer bis dahin erreichten Stellung und dem geistig vorausgesehenen »günstigen Augenblick« möglichen Zugfolgen, die unter Berücksichtigung *aller* möglichen Antwortzüge Ihres Partners zu dem angestrebten Ergebnis führen bzw. dessen Erreichung verhindern.

Eine Kombination wird — wenn sie erfolgreich ist — als besonders schön und elegant empfunden, wenn sie mit einem Opfer oder gar mit einem Zuge beginnt, der *wie ein Versehen* wirkt.

Das psychologische Schachspiel

Das scheinbare Versehen hat auch einen nicht zu unterschätzenden psychologischen Vorteil für den Schachspieler, der auch für die Turnierpraxis der Großmeister gilt. Das hat der Weltmeister Emanuel Lasker wiederholt durch seine überraschenden Erfolge in internationalen Turnieren bewiesen.

Ein Zug, der wie ein Versehen aussieht, wird den Partner leichter zur oberflächlichen Nachprüfung der möglichen Stellungsveränderungen veranlassen als ein ernsthafter, gewichtiger Zug. Schachspielen erfordert eine anstrengende geistige Tätigkeit, die in Großmeisterpartien bis zu höchster Konzentration und geistiger Schwerarbeit hinaufgetrieben wird. Irrtümer und Versehen, in der Schachsprache »Schachblindheit« genannt, sind durchaus übliche Begleiterscheinungen jedes Schachturniers. So verleitet ein wie ein Versehen wirkender Zug den Partner dazu, die Nachprüfung der möglichen Folgen nicht bis in die äußerste Konsequenz zu treiben und rascher abzuschließen als bei anderen Fortsetzungszügen.

Deshalb ist das scheinbare Versehen ein psychologisches Spielmittel, mit dem der Schachpartner vor allem im Turnierspiel — wo es mehr auf den Gewinn ankommt als auf die Schönheit — ebenso beeinflußt (oder auch bekämpft) werden kann wie mit den Schachsteinen.

Das alles gehört in den Bereich des »psychologischen Schachspiels«, für das der Weltmeister Emanuel Lasker der anerkannte und typische Vertreter war. Schachmeister Alfred Brinckmann schreibt in seiner wertvollen Untersuchung »Schachmeister, wie sie kämpfen und siegen« auf Seite 19: »Wenn man die ›Lehrbücher‹ des Schachs durchblättert, gewinnt man fast ausnahmslos den Eindruck, als ob der Schachkampf ein abstraktes Abmessen der Kräfte sei und als ob das Geheimnis des Erfolges in nichts weiter liege, als in der ›logischen‹ Anwendung seiner objektiven Elemente. Allein, das ist ein weit verbreiteter Irrtum, wie er sich häufig im Gefolge gewisser Theorien findet, der aber der umfassenden Natur des Schachs nicht entspricht. Unzweifelhaft *ist die Schachpartie eine Tätigkeit, die es sich zum Ziele gesetzt hat, dem Gegner den eigenen Willen aufzuzwingen.*

Sie ist kein friedliches Gedankenspiel, kein Kreuzworträtsel, keine mathematische Aufgabe, sondern — Kampf.«

Der größte Schachmeister, der das Aufzwingen des eigenen Willens auf den Gegner in seinem ganzen Umfange beherrschte und der bei diesem Kampf über die Bewegungen auf dem Schachbrett weit hinausging, war Weltmeister Emanuel Lasker. Er hatte sich auf die Absichten, die Seelenstimmung und die Spielbereitschaft seiner Gegner bereits sorgfältig eingestellt, bevor er sich an das Schachbrett setzte. Über das »psychologische Schachspiel« schreibt Richard Réti in seinem Lehrbuch »Die Meister des Schachbretts« auf Seite 124: »Das wesentlich Neue, das Lasker dem Schach brachte, ist indes nicht rein Schachtechnisches, es ist das ›psychologische Spiel‹. Darauf hat zuerst der Verfasser dieses Buches in einem nach dem New Yorker Turnier 1924 geschriebenen Artikel hingewiesen:

Als ich Laskers Turnierpartien studierte, erkannte ich, daß er ein dauerndes, zunächst unbegreiflich erscheinendes Glück hat. Es gibt Turniere, in denen er erster war, fast alle Partien gewann, aber ungefähr in jeder zweiten Partie auf Verlust stand, so daß manche Meister von einem hypnotischen Einfluß Laskers sprachen . . .

Es ist eine nicht zu leugnende Tatsache: Lasker legt Partien immer wieder schlecht an, kommt hundertmal in Verluststellung und gewinnt doch . . .

Es bleibt nur eine Antwort, die nur bei oberflächlicher Betrachtung pradox klingt: Lasker spielt oft absichtlich schlecht . . . . Das Ge-

heimnis Laskers besteht nun darin: ihm ist der Kampf der Nerven das Wesentliche, er sucht durch das Medium der Schachpartie in erster Linie die Psyche des Gegners zu bekämpfen ...
Wie erreicht er dies? Er studiert die Partien, die Spielweise, die Stärken und Schwächen der Meister, mit denen er zu kämpfen hat. Er sucht nicht die objektiv besten Züge zu spielen, sondern die dem jeweiligen Gegner *unangenehmsten*, er lenkt die Partie in eine Richtung, welche der Spielweise des Gegners nicht liegt ...«
Emanuel Lasker hat sich zu diesen Gedankengängen selbst in einem Interview im Juni 1924 geäußert: »Eine Schachpartie ist doch ein Kampf, bei welchem alle möglichen Faktoren benützt werden müssen. Und die Kenntnis der guten und schlechten Eigenschaften des Gegners ist von höchstem Gewicht. So lehren die Partien von Réti, daß er besser mit Weiß als mit Schwarz spielt; von Maroczy, daß er vorsichtig verteidigt und nur notgedrungen angreift; daß Janowski sechsmal auf Gewinn stehen kann, es aber bedauerlich findet, daß die Partie zu Ende gehen soll, und schließlich mit Sicherheit verliert. In dieser Hinsicht hat er in New York Unglaubliches geleistet. Kurz, aus einigen Partien des Gegners kann man sehr viel herausfinden.«
»Mit diesen Worten hat Lasker unsere Ansicht bestätigt. Denn welchen Vorteil hätte es sonst, zu wissen, daß z. B. Maroczy nicht gern angreift, wenn man nur den objektiv besten Zug aus der Stellung herausfinden wollte, wenn man sich nicht in der Wahl seiner Züge auch von solchen psychologischen Momenten leiten lassen wollte.«
Sie sehen aus diesen Ausführungen, daß die berühmte Lehre des Schachmeisters Siegbert Tarrasch, daß in jeder Stellung der objektiv beste Zug gesucht und gefunden werden müsse, für die praktische Schachpartie nur theoretischen Wert hat. Sie sehen aber auch, daß es demnach gerechtfertigt ist, Eröffnungen zu versuchen, in denen nicht immer der stärkste Eröffnungszug gezogen wird.
Sie erkennen aber vor allem, daß wir es uns als Schachanfänger so lange nicht leisten können, gegen irgendeinen beliebigen Gegner »psychologisch« angelegte Eröffnungen zu spielen, ehe unsere Schachpartner nicht einen erkennbaren persönlichen Schachspielstil entwickeln konnten. Einen eigenen Stil entwickeln aber kann ein Schachspieler erst, wenn er ein starkes Schachgefühl erworben hat und im Kombinationsspiel »im Schlafe« zu Hause ist. Obwohl wir das psychologische Schachspiel als Fernziel unserer eigenen Bemühungen nicht aus dem Auge verlieren wollen, werden wir unsere Versuche, psychologisch zu spielen, vorläufig auf psychologisch angelegte Einzelzüge und Kombinationen beschränken. Dort können wir sie uns gegen jeden beliebigen Gegner auch schon leisten. Wenn wir die Wahl haben, eine entdeckte Kombination mit einem Zug zu beginnen, der wie ein Versehen aussieht, oder mit einem eindeutigen Angriffszug, mit dem wir die Aufmerksamkeit und Abwehr-

bereitschaft des Gegners aufs höchste reizen, werden wir das scheinbare »Versehen« wählen.

Der Zug der wie ein Versehen aussieht.

Betrachten wir unter diesem Gesichtspunkt das folgende Stellungsbild 65, das in einer Partie des amerikanischen Großmeisters und ehemaligen Schachwunderknaben Samuel Reshewsky gegen den amerikanischen Meister G. Shainswit im Maurice-Wertheim-Gedenkturnier, New York, 1951, zustande kam:

Stellungsbild 65
Weiß zieht

Weiß zieht 1. Tf1—f3, was wie ein Versehen aussieht. Denn auch ein Schachanfänger kann entdecken, daß Schwarz darauf durch e5—e4 die Dd3 und den Tf3 gleichzeitig angreifen kann, ohne daß Dd3xe4 möglich ist, weil Be4 von Sg3 gedeckt wird. Eine Zwischenbilanz der freien Felder ergibt, daß Weiß 14, bei 22 Wirkungsgewichten Schwarz nur 10 freie Felder bei 14 Wirkungsgewichten beherrscht. Weiß ist also beweglicher als Schwarz.

Wer gegen einen Großmeister wie S. Reshewsky zu spielen hat, wird gegen ein solches Versehen mißtrauisch sein. Er sieht also, daß Reshewsky möglicherweise mit diesem Zug ein Dameopfer zu provozieren beabsichtigt, weil nach

    (2.) Tf3xSg3   e4xDd3

ein Doppelangriff auf den nur durch den Kg8 geschützten Bg7 von La1 und Tg3 möglich ist. Er rechnet sich also aus, daß

(3.) Tg3×g7	Kg8—h8
(4.) Tg7—g5 +	f7—f6

bestenfalls den Rückgewinn der verlorenen Dame durch (5.) Tg5×
Dc5 möglich macht, wobei anschließend durch Tc8×Tc5 auch noch
der Turm verlorengeht, Schwarz also die Qualität (wegen des früher verlorenen Sg3) gewinnen würde. Er erkennt ferner, daß der
auf d3 stehende schwarze Bauer, nachdem er die weiße Dame geschlagen hat, keine Chance hat, auf der 1. Reihe zur Verwandlung
zu kommen. Er entschließt sich daher, doch an ein Versehen aus
Schachblindheit bei Reshewsky zu glauben, und zieht, ohne viele
weitere Überlegungen anzustellen.

1. . . .	e5—e4

Schwarz sieht den weiteren Zügen von Weiß mit Ruhe entgegen,
denn vor der Durchführung seines Zuges e5—e4 hat er auch noch
entdeckt, daß Weiß die Mattdrohung durch Dd3—c3 wegen Sg3—
e2 + (Doppelangriff Schach-Dame) nicht ausführen kann.

2. Tf3×Sg3	e4×Dd3
3. Tg3×g7	Kg8—h8

Nun bereitet Reshewsky seinem Partner eine unangenehme Überraschung, deren Mechanismus wir uns einprägen sollten, weil er in
vielen Stellungen immer wieder angewandt werden kann. Der erfahrene Schachspieler nennt diesen Mechanismus ›die Zwickmühle‹.
Weiß zieht nämlich statt (4.) Tg7—g5 +

4. Tg7×f7 +	Kh8—g8

und beseitigt damit die Hoffnung von Schwarz, den Bf7 als Dek-
kung gegen das Läuferschach verwenden zu können. Überzeugen Sie
sich durch Nachspielen der Zugfolge davon, daß Schwarz auch nach
4. Tg7×f7 nichts anderes übrigbleibt, als Kh8—g8 zu ziehen, es sei
denn, er zieht sinnlos seine Dc5 auf die Diagonale des schachbieten-
den La1 und verliert sie, wodurch die Partie lediglich um einen Zug
verlängert wird. Jetzt setzt Reshewsky den Mechanismus zum zweiten Mal in Gang:

5. Th7—g7 +	Kg8—h8

Der Tg7 kann jetzt fast auf jedes beliebige Feld der g-Linie ziehen.
Jedesmal erfolgt das Läuferschach, das nur noch zweimal durch
sinnlose Opfer von Tf8—f5 und Dc5—e5 oder d4 gedeckt werden
kann, ohne daß die Mattfolge zu verhindern ist.

Sie sehen also, daß bereits die Wahl eines Zuges, der »wie ein Versehen aussieht«, eine *schachpsychologische Entscheidung darstellt,* wenn ein anderer Einleitungszug in gleicher Weise zum Ziel führt. Dr. Lasker hat diese, schon längst empirisch gefundenen, schachpsychologischen Zugentscheidungen in ein regelrechtes *psychologisches Spielsystem* gebracht und in internationalen Turnieren zum Siege geführt. Nachdem Dr. Lasker seinen Weltmeisterschaftstitel an den Cubaner Josè Raoul Capablanca verloren hatte, bereitete sich sein späterer Überwinder Alexander Alechin ganz im Geiste Laskers auf den Weltmeisterschaftskampf vor. Er studierte lange Jahre hindurch das Spiel Capablancas und erklärte vor dem Kampf, er kenne Capablancas Spiel besser als Capablanca selbst.

Den vorläufigen Höhepunkt der psychologischen Spielweise erklomm allerdings Michael Tal. Kompetente Kommentatoren haben Tals psychologische Spielweise wie folgt gedeutet: »In jeder Partie und gegen jeden Partner stellt Tal einen Plan der einzelnen Phasen des Spiels auf und konzipiert einen genauen Entwurf des rein psychologischen Vorgehens. Er weiß oder ermittelt bald, wie sein Gegner auf die Stellung eines bestimmten Typs reagiert, ob er für die Verteidigung oder den Angriff Vorliebe zeigt, welchen Platz er im Turnier einnimmt, wieviel Minuten ihm zum Nachdenken übrig bleiben und so weiter.«

Sie sehen, daß ein Großmeister, der Weltmeisteraussichten haben will, noch mehr können und tun muß als vollendet kombinatorisch und positionell schachspielen. Auch dafür bietet der Weltmeisterschaftskampf zwischen Boris Spasski und Bobby Fisher viele typische Beispiele.

18. Trainingsabschnitt

Mattkombinationen auf die Königsstellung nach der kurzen Rochade 0—0

Die Opferkombination von S. Reshewsky gegen G. Shainswit ist über ihre schöne kombinatorische Idee hinaus in mehrfacher Hinsicht charakteristisch für die grundsätzlichen Möglichkeiten eines Mattangriffs auf die Königsstellung, wie sie nach der kurzen Rochade o—o von Schwarz wie von Weiß zustande zu kommen pflegen.

Die Voraussetzungen für einen solchen Mattangriff lassen sich allerdings nicht allein durch eine Darstellung der materiellen Verhältnisse erschöpfen, wie das in vielen Schachlehrbüchern, z. B. in »Schach von A—Z« des früheren Weltmeisters Dr. M. Euwe, in vorbildlicher Klarheit geschieht: »Nach der kurzen Rochade sind die drei Punkte f7, g7 und h7 (bzw. f2, g2, h2) vom König gedeckt. Ein Angriff auf einen dieser Bauern (oder Felder) kann daher nur Erfolg bringen, wenn er von wenigstens zwei Steinen unternommen wird.

Im allgemeinen bieten der g-h-Bauer ein besseres Angriffsziel als der f-Bauer, weil letzterer — im Gegensatz zur Lage vor der Rochade — am leichtesten gedeckt werden kann.

Dame und leichte Figuren eignen sich am besten zum Angriff auf den g- und h-Bauern. Es sind nämlich in diesem Falle keine langwierigen Vorbereitungen durch Bauernzüge nötig, wie etwa bei Verwendung der Türme.«

Solche Hinweise beschreiben zwar einen Tatbestand, geben aber dem Anfänger keinerlei brauchbare Hinweise dafür, *wie* er in der praktischen Partie zu solchen Stellungen kommen kann, die ihm erlauben, einen solchen Mattangriff durchzuführen.

Erinnern wir uns der Deutung vom Wesen der Schachpartie, die Alfred Brinckmann uns gegeben hat: »Unzweifelhaft ist die Schachpartie eine Tätigkeit, die es sich zum Ziel gesetzt hat, dem Gegner den eigenen Willen aufzuzwingen.« Unser Schachpartner wird also, das müssen wir als gute Schachspieler voraussetzen, unsere Absicht durchschauen. Er wird auch die Voraussetzungen für die Durchführung solcher Mattkombinationen erkennen. Er wird also, wenn wir ihn dazu nicht durch unsere Züge zwingen können, die Entstehung dieser Voraussetzungen keinesfalls zulassen. Es nützt uns wenig, daß wir den Kombinationsmechanismus solcher Zugfolgen kennenlernen, wenn wir nicht gleichzeitig darüber unterrichtet werden, wie wir die Voraussetzungen für ihr Zustandekommen in der Partie *erzwingen* können.

So zeigt sich, daß für uns als Anfänger das bloße Wissen um den Ablauf solcher Mattkombinationen sogar gefährlich sein kann. Durch dieses Wissen wird unsere Spielstärke eher schwächer als stärker. Wenn wir den Kombinationsmechanismus einmal kennengelernt haben, sind wir nämlich geneigt, ihn gewissermaßen mit Gewalt und ohne Rücksicht auf die Züge des Partners durchzuführen. Diese Einstellung aber wird bewirken, daß wir unsere Partien eher verlieren, anstatt sie zu gewinnen.

Wer am Spieltisch so handelt, der tut im erweiterten Sinne und mit einigen Umwegen grundsätzlich das gleiche wie der Spieler, der das Schäfermatt durchsetzen will. Er versucht, den Partner zu übertölpeln.

Verteidigungszüge möglichst mit Angriffszügen verbinden!

Die großen Erfolge des amerikanischen Schachspielers und inoffiziellen Weltmeisters Paul Morphy beruhen darauf, daß er solche gewaltsam-rücksichtslosen Vorbereitungszüge, die seine Gegner zur Herbeiführung kombinationsreifer Stellungen machten, nicht nur einfach abwehrte. Er verband diese Abwehr vielmehr mit Verteidigungszügen, die ihm seinerseits Angriffe erlaubten, wenn der Partner aus seinem vergeblichen Kombinationstraum unsanft erwacht war. Dadurch konnte er durch sorgfältigere und systematische Vorbereitung seiner Verteidigungszüge den Gegner seinen Willen aufzwingen. Die Gegner mußten dann, ob sie wollten oder nicht, den Ablauf von Kombinationen Morphys über sich ergehen lassen, die zu schweren materiellen Verlusten oder gar zum Matt führten. Diese allgemeinen Überlegungen sind für den Anfänger ebenso lehrreich wie wichtig. Sie führten zu einer weiteren Schachregel:

Vergessen Sie über dem Angriff die Verteidigung nicht. Wenn immer das möglich ist, sollten Sie beides sorgfältig miteinander verknüpfen. Versuchen Sie auf jeden Fall, in jeder Angriffsstellung grundsätzlich zuerst diejenigen Züge zu finden, die gleichzeitig angreifen und verteidigen. Das geht sehr viel häufiger, als Sie vermuten werden. Eine ganze Anzahl oft gespielter Eröffnungen, vor allem solche, die Großmeister Sigbert Tarrasch bevorzugte, dienen genau diesem Ziel.

Wie werden Mattkombinationen auf die Königsstellung vorbereitet?

Sie werden jetzt die möglichen Mattkombinationen auf die Königsstellung nach o–o nicht isoliert und allein nach ihrem Kombinationsmechanismus kennenlernen, wie das in den Schachlehrbüchern üblich ist, sondern zugleich das Wichtigste darüber erfahren, wie durch Eröffnungszüge in der Schachpartie auch die Voraussetzungen für die Mattkombination geschaffen werden können. Dann können Sie, wenn Ihr Gegner nicht aufpaßt, solche Stellungen selbst erreichen.

Zu Beginn dieses Kapitels haben Sie gehört, daß die Opferkombination von S. Reshewsky gegen G. Shainswit ein charakteristisches Beispiel für das Zustandekommen solcher Mattkombinationen ist. Wenn Sie die Endstellung dieser Kombination nicht auf den Wirkungsmechanismus der schachlichen »Zwickmühle« hin, sondern auf die Stellung, das heißt die Wirkung der Figuren auf die Felder des Schachbretts untersuchen, finden Sie nach Tg3: In der »Mattstellung« hat sich das Verhältnis der beherrschten freien Felder (ohne die Bauern in Grundstellung) von 14:10 für Weiß zu 11:15 für Schwarz gewandelt.

Um die Mattstellung durchzusetzen, hat Weiß nicht nur seine Dame und damit den größten materiellen Wert geopfert, sondern auch seine Überlegenheit in der Beherrschung freier Felder aufgegeben.

Stellungsbild 66
›Mattstellung‹

Das alles hatte er nicht mehr nötig, weil er eine Teilschwäche der schwarzen Stellung zielgerecht zum Matt ausnützen konnte. Der schwarze Kg7 hatte nicht, wie Weltmeister Lasker fordert (siehe Seite 136), genügend Beweglichkeit und war auch nicht von einigen sicher postierten Offizieren verteidigt. Er stand lediglich hinter Bauern gesichert. Konnte man diese Bauern durch wenigstens zwei Offiziere von Weiß angreifen, dann mußte es möglich sein, den Kg7 »in Eile matt setzen«. Das war die allgemeine Aufgabe, vor der Reshewsky stand. Sie mußte e lösen, um eine durch die überlegene Beherrschung freier Felder gerechtfertigte Kombination zu entdecken. Reshewsky mußte daher nicht nur nach einer durchschlagenden Kombination Ausschau halten, sondern mußte zunächst nach der *möglichen* Mattstellung suchen. Tat er das aber, dann entdeckte er in Stellung 65, daß lediglich die Dd3 auf den Bh7 zielte und der La1 auf den Bg7, falls der Be5 zum Wegzug gezwungen werden könnte.

Da ein vom König gedeckter Bauer stets von zwei Steinen angegriffen werden muß, wenn er ohne Nachteil geschlagen werden soll, hatte Reshewsky zuerst die Frage zu lösen, ob eine zweite Figur zum Angriff auf den Bh7 bereitgestellt werden könnte. Die Antwort erfolgt bei einem so erfahrenen Großmeister wie Reshewsky ohne Überlegung, allein aus dem Schachgefühl heraus. Er weiß, daß sein weißer, d. h. auf den weißen Feldern des Schachbretts ziehender Läufer längst abgetauscht wurde, die Dame also zum Angriff auf Bh7 nicht unterstützen kann. Auch die zweite Möglichkeit, einen Turm zum Angriff auf Bh7 auf die h-Linie zu bringen, läßt sich nicht rasch durchführen, weil auf h3 ein Bauer steht, der die Plazierung des Tf1 auf diesem Feld in zwei Zügen unmöglich macht. Auch das fühlt Reshewsky ohne nachzudenken.

So reduziert sich das Stellungsproblem für die Mattkombination blitzschnell auf den Angriff auf g7, *den er schon früher als Möglichkeit durch die Postierung seines Läufers auf a1 vorbereitet, vielmehr ins Auge gefaßt* hatte.

Der La1 stand also schon seit wer weiß wieviel Zügen (leider habe ich trotz aller Bemühungen den Partienverlauf bisher noch nicht auffinden können) am richtigen Platz. Wir sind hier ganz nahe an einem der großen Geheimnisse angelangt, durch dessen Aufdeckung wir erkennen, wie die Schachmeister zu ihrer, den Anfängern so überlegenen Spielführung kommen.

Reshewskys Aufgabe bestand also nur noch darin, seine Dame oder einen Turm auf die g-Linie zu bringen und dafür zu sorgen, daß Be5 von der Diagonalen a1 bis g7 wegzog. Dann konnte die Mattkombination ablaufen.

Um Dd3 nach g3 zu bringen, hätte er den Be3 bewegen müssen. Weil Be3 durch die schwarze Dc5 gefesselt war (Kg1), war das erst nach umständlichen Vorbereitungszügen möglich. Das gleiche galt für Tc1, so daß nur übrigblieb, es mit Tf1 zu versuchen, der ja ohne weiteres nach f3 ziehen und dort den Sg3 angreifen konnte.

Wenn keine andere verborgene Verteidigungsmöglichkeit bestand, über die Reshewsky aber vorläufig noch nicht nachzudenken brauchte, mußte dieser Sg3 nach Tf3 entweder durch e5xf4 gedeckt werden oder nach h5 wegziehen, da ihm das Feld f5 durch die weiße Dd3 verwehrt wurde.

Zog Schwarz e5xf4, so konnte Tf3xf4 folgen, woraufhin nicht nur Tf4—g4 mit Angriff auf Bg7, sondern auch Tf4—h4 mit zweitem Angriff auf Bh7 möglich war.

Zog Schwarz aber Sg3—h5, dann war sofort durch La1xe5 oder g2—g4, Sh5—f6, La1xe5 ein unaufhaltsamer Bauernsturm auf die schwarze Königsstellung möglich, der dank des Mehrbauern und der Wirkung des weißen Läufers auf der Diagonale a1—h8 zum Endsieg ausreichen würde.

Soweit die Konsequenzen der offensichtlichen Verteidigungsmöglichkeiten. Reshewsky mußte aber auch die indirekte Verteidigung gegen den Angriff auf Sg3, d. h. den Doppelangriff auf Dd3 und Tf3 durch e5—e4 bedenken. Der Be4 war durch Sg3 gedeckt, und Tf3x Sg3 würde Weiß mit e4xDd3 die Dame kosten.

Es ist kennzeichnend für einen Schachmeister wie Reshewsky, daß er sich die Konsequenzen eines Dameverlustes sofort in allen Einzelheiten zu vergegenwärtigen versucht. Der Anfänger ebenso wie der fortgeschrittene Schachspieler würde den Zug Tf1—f3 nicht mehr in Betracht ziehen, sobald er die Möglichkeit des Doppelangriffs durch e5—e4 auf Dd3 und Tf3 entdeckt, und lieber über Tf1—f2 und seine möglichen Folgen nachdenken. Nein, Großmeister Reshewsky, der seine ganze Partieanlage schon frühzeitig auf den möglichen Angriff auf Bg7 eingestellt hat, macht sich auch klar, daß durch e5—e4 der La1 frei auf Bg7 wirken kann und daß er mit Tf3xSg3 diesen Bg7 zum zweiten Mal angreifen könnte.

Und nun spielt für ihn der schwere materielle Verlust seiner Dame nur noch insofern eine Rolle, als er ganz sicher sein muß, daß er das Matt des schwarzen Königs erzwingen kann, wenn er seine Dame opfert. Das herauszufinden ist in der Stellung 65 nicht leicht. Reshewsky muß die Mattstellung mit allen Konsequenzen absolut sicher durchgerechnet haben, bevor er es wagen darf, Tf1—f3 zu ziehen. Das zeigt uns wieder, warum selbst Schachmeister oft soviel Zeit brauchen, bevor sie einen Zug machen.

Auch Reshewskys Partner Shainswit war ein Schachmeister, und daß dieser nicht entdeckte, daß Reshewsky ihm durch die Zwickmühle des zweimal gleichartigen Schachgebots durch Tg7 den einzig wirksamen Deckungszug gegen das Matt f7—f6 wegnahm, das macht Reshewskys Leistung um so bewundernswerter. Bitte machen Sie sich bewußt, daß sich auch Reshewsky klarmachen mußte, daß zum Erfolg seiner Mattkombination auch der schwarze Bh7 erforderlich ist. Hätte er auf h6 gestanden, wäre alles hinfällig gewesen.

Wir haben bereits erkannt, daß der Erfolg von Reshewskys schöner Opferkombination nur deshalb möglich war, weil der amerikanische Meister den Angriff auf die schwarze Königsstellung schon viele Züge vorher als Möglichkeit ins Auge gefaßt hatte. Dementsprechend hatte er seine Figuren, vor allem den La1 auf ein dafür günstiges Feld postiert.

Daß Reshewsky diese Wirkung seines Läufers auf der Diagonale a1 nach h8 beabsichtigt haben muß, geht daraus hervor, daß er seinen Läufer auf das Feld a1 gestellt hat, von wo aus er nur auf der langen Diagonale a1 nach h8 wirken kann. Stünde dieser Läufer zum Beispiel auf b2 oder c3, würde er auch auf den Diagonalen c1 nach a3 oder e1 nach a5 wirken. Da der Läufer in der Grundstellung auf c1 stand, ist er wahrscheinlich über das Feld b2 oder c3 nach a1 gekommen. Es beweist die vorausschauende Absicht eines möglichen Angriffs auf Bg7, daß Reshewsky, (wahrscheinlich um seinen Türmen auf der b- und c-Linie Bewegungsfreiheit zu verschaffen) den Läufer von b2 oder c3 lieber in die für ihn weniger wirkungsvolle Ecke a1 verbannte, als die Wirkung seines Läufers auf der Diagonale a1 nach h8 aufzugeben, die sich ja auch auf wichtige Zentrumsfelder erstreckt.

Die Risiken des positionellen Schach-Spielstils

Die allgemeine Wendung des kombinatorischen Schachstils zum positionellen, die sich durch die theoretischen Erkenntnisse von Wilhelm Steinitz, vor allem durch das von dessen Schüler Siegbert Tarrasch geschaffene systematische Lehrgebäude, seit dem 1. Weltkrieg allbeherrschend durchgesetzt hatte, wirkte sich in einer anderen Beziehung schachpädagogisch ziemlich nachteilig aus.

Die Schachlehrer und Schachanalytiker gewöhnten sich daran, den Zustand einer Schachstellung gegenüber den dynamischen Entwicklungsmöglichkeiten, die als »kombinatorisch« beiseite geschoben wurden, zu bevorzugen. Sie gingen von Stellungen, Mattbildern, Positionsmerkmalen aus und wollten damit den mangelnden »Positionsblick« schulen, während sie *Zugfolgen,* soweit sie nicht als kombinatorische Zwangsfolgen schachproblemartig bewundert wurden, nur als unkommentierte Übergänge zu einer neu statisch zu betrachtenden Stellung mitteilten.

Der einzige Großmeister, der diese statische Betrachtungsweise weiterzuentwickeln versuchte, war der bereits mehrfach zitierte Richard Réti, der durch Analysen der Partien Weltmeister Capablancas und anderer »ultramoderner« Schachspieler wie Dr. Savielly Tartakower das Tor zum Verständnis eines ganz neuen, heute allgemein üblichen, dynamischen Spielstils aufstieß, der im wesentlichen auf die kombinatorische Verflechtung positioneller Vorteile und deren Krönung durch Zwangszugfolgen ausgerichtet ist.

19. Trainingsabschnitt

Die Vorbereitung von Mattkombinationen durch zielgerichtete Züge in der Eröffnung

2. Partie
Spanisch
Düsseldorf-Benrath 1947
Weiß: Breitbach   Schwarz: Piorkowski
1. e2—e4   e7—e5
2. Sg1—f3   Sb8—c6

Schwarz verteidigt seinen angegriffenen Be5 durch einen Springerzug, der zugleich auf das wichtige Zentrumsfeld d4 wirkt. Der Zug Sb8—c6 ist der wahrscheinlich stärkste Verteidigungszug in dieser nach dem Spanier Ruy Lopez de Segura, der als Pfarrer in Safra wirkte und als Begründer der Schachtheorie gilt, benannten Eröffnung. Den Namen »die spanische Eröffnung« erhielt sie wegen des folgenden Zuges von Weiß, der zum ersten Male von Ruy Lopez um die Mitte des 16. Jahrhunderts vorgeschlagen wurde.

    3. Lf1—b5   . . . .

Dieser Zug greift den Be5 verteidigenden Sc6 an und droht, ihn nach gehörigem Schutz seines eigenen Be4 abzutauschen, um dann mit Sf3xe5 den Be5 dennoch zu erobern. Für die Entwicklungskraft der weißen Eröffnung ist noch wichtiger, daß er den Weg zur kurzen Rochade o—o freimacht, von der Schwarz noch weit entfernt ist.
Die spanische Partie ist nicht nur eine der ältesten, sondern auch stärksten Eröffnungen für Weiß, und wird uns noch ausführlich und systematisch beschäftigen.

    3. . . .   a7—a6

Schwarz kann sich diesen Angriff auf den weißen Lb5, der ein Tempo gewinnt, leisten, denn (4.) Lb5xSc6 führt nicht zum Gewinn eines Mehrbauern für Weiß.
Weiß könnte zwar nach (4. . . . .) d7xLc6 den Be5 mit (5.) Sf3xe5 nehmen, würde aber durch Dd8—d5 mindestens den Be4 oder noch stärker durch Dd8—g5 den Bg2 verlieren. Schwarz schlägt nach Lb5xSc6 mit d7xLc6, wobei der Lc8 auf die Felder der Diagonale c8—h3 wirkt. Dann ist aber nach Dd8—g5 der Rückzug Se5—g4 nicht mehr möglich, weil er verlorengeht.

4. Lb5—a4   **Sg8—f6**

Dieser Zug von Schwarz ist stärker als b7—b5, wodurch der La4 nach b3 gelangt. Dort steht er für einen später möglichen Angriff auf die schwarze Königsstellung am richtigen Platz. Der Zug Sg8—f6 greift nicht nur den ungedeckten Be4 an, er macht auch den Weg für o—o frei, die nach dem Wegzug des Lf8 durchgeführt werden könnte.

5. o—o   **. . . .**

Weiß läßt lieber den Be4 ungedeckt und bringt durch o—o seinen Th1 auf ein Feld, von wo aus er notfalls mit einem Zuge in den Kampf um die Zentrumsfelder eingreifen kann. Er bietet den Bauern an, um stärkere Wirkung auf mehr freie Felder zu bekommen.

5. . . . .   **Sf6xe4**

Weiß könnte durch Tf1—e1 den Be5 nach dem Wegzug des Se4 (es ist offensichtlich, daß wegen d2—d3 Se4 weder durch d7—d5 noch f7—f5 gedeckt werden darf) durch Sf3xe5 gewinnen. Dadurch würde er aber seinen Entwicklungsvorsprung wieder einbüßen (er hat bereits drei Figuren: La4, Sf3, Tf1 gegen nur zwei von Schwarz entwickelt). Er muß also versuchen, den geopferten Be4 durch weitere Entwicklungs- und Angriffszüge zurückzugewinnen, die seinen Entwicklungsvorteil vermehren, zumal er gegenwärtig noch weniger freie Felder einschließlich Zentrumsfelder beherrscht als Schwarz.

6. d2—d4   **b7—b5**

Jetzt ist für Schwarz die Zeit gekommen, mit b7—b5 den La4 endgültig daran zu hindern, den Sc6 abzutauschen.

7. La4—b3   **d7—d5**

Wie gefährlich der Lb3 von diesem Felde aus wirken kann, zeigt sich, wenn Schwarz auf die Idee kommt, seinen Be5 noch einmal durch d7—d6 zu verteidigen. In diesem Falle kostet Lb3—d5 Schwarz eine ganze Figur? Warum? Finden Sie es selbst. Auch Be5xd4 ist an dieser Stelle nicht ohne Nachteil spielbar, weil z. B. nach Sf3xd4 Schwarz den Se4 zurückziehen müßte und dadurch in entscheidenden Entwicklungsnachteil käme. Über Tf1—e1 und die Folgen reden wir später. Deshalb spielt Schwarz d7—d5, was nicht nur den Se4 deckt, sondern auch die Wirkung des Lb3 auf der Diagonale b3 nach f7 unterbricht.

8. d4xe5   **Lc8—e6**

Da nach d4xe5 die weiße Dame d1 und der Lb3 gemeinsam den Bd5 bedrohen, der nur durch Dd8 gedeckt ist, muß Schwarz Bd5 durch Lc8 decken, wodurch zugleich der weiße Be5 blockiert wird.

    9. c2—c3   Lf8—e7

Da es klar ist, daß die Hauptauseinandersetzung in dieser Partie sich zunächst im Zentrum abspielen wird, muß Schwarz so rasch wie möglich seinen König durch 0—0 in Sicherheit bringen und seinem Turm h8 das Eingreifen in der Mitte ermöglichen.

    10. Lc1—e3   0—0

Bevor Weiß den Kampf um das wichtige Zentrumsfeld e4, auf dem immer noch der schwarze Springer steht, fortsetzt, entwickelt er zuerst mit Lc1—e3 seinen Dameflügel und bereitet so das nach Sb1—d2 mögliche Eingreifen des Ta1 in den Kampf um das Zentrum vor.

    11. Sb1—d2   f7—f5

Um nach e5xf5 en passant mit Se4xf6 zurückschlagen und dadurch drei Fliegen mit einer Klappe zu erledigen: 1. Beseitigung des drückenden Be5. 2. nochmalige Deckung des Bd5, der darunter leidet, daß er vorläufig nicht durch c7—c6 gedeckt werden kann. 3 Verstärkung der Verteidigung der schwarzen Königsstellung.

    12. e5xf5 en passant   Se4xf6

Nun hätte Weiß bereits mit Sf3—g5 den Angriff auf die Königsstellung einleiten können, er zog es aber vor, durch einen wichtigen Verteidigungszug

    13. h2—h3   . . . . .

allen Komplikationen auszuweichen, die durch Le6—g4 oder Sf6—g4 heraufbeschworen werden könnten.

    13. . . .   Le7—d6

Schwarz benützt die Atempause, um seinen Läufer in eine die weiße Königsstellung bedrohende Position zu bringen.

    14. Sf3—g5   Le6—c8

Er will seinen Läufer nicht gegen einen Springer abtauschen lassen, weil das, wie wir noch selbst erfahren werden, in solchen Stellungen zu erheblichen Nachteilen führen kann.

15. Sd2—e4	Kg8—h8

Die Rettung seines Läufers vor dem Abtausch bringt für Schwarz den großen Nachteil mit sich, daß Weiß nun seinen Sd2 über e4 in den Kampf werfen kann, weil der Bd5 wegen des stark stehenden Lb3 (Kg8) gefesselt ist.

16. Se4xSf6	Dd8xSf6

Damit gewinnt Weiß den Bd5. Schwarz aber hofft, durch den Bauernverlust Weiß zum Dameabtausch zwingen zu können. Sind aber die Damen erst getauscht, dann darf Schwarz hoffen, seine Stellung wieder konsolidieren zu können und ein Remis zu erreichen.

17. Dd1xd5	Df6—e5

Nun droht Schwarz im nächsten Zug De5—h2‡, so daß er erwarten darf, daß Weiß die Dame tauscht oder er selbst nach g2—g3 (Sg5—f3 wird mit Tf8xSf3 beantwortet) die Damen abtauschen kann.

Zwischenbilanz machen

Ziehen wir doch einmal die Bilanz. Weiß beherrscht 9 freie Felder mit 18 Wirkungsgewichten, Schwarz 10 freie Felder mit 18 Wirkungsgewichten (Bauern in Grundstellung unberücksichtigt). Die Wirkung der weißen Figuren auf die Zentrumsfelder hält sich mit der Wirkung der schwarzen Figuren auf die Zentrumsfelder ungefähr die Waage. Doch hat die schwarze Stellung eine große Schwäche. Das ist die Stellung des Lc8, der den Ta8 blockiert, der nicht zur Wirkung auf die Zentrumsfelder gebracht werden kann.
Im übrigen wird der Umschlag der beiden Figurenanordnungen in die »Kombinationsstellung« durch die Dame—Läufer—Stellung von Schwarz wie Weiß verdeutlicht. Sie haben sich zu fragen, ob sich die Schwäche der schwarzen Stellung durch den hemmenden Lc8 nicht zu einer Kombination entwickeln läßt. Wenn wir die schwarze Königsstellung prüfen, dann wird uns sofort klar, daß der schwarze König ähnlich wie in der Mattstellung 66 Reshewsky-Shainswit nur wenig Beweglichkeit hat und wie dort hinter seinen Bauern nur von einem einzigen Offizier, dem Tf8, geschützt wird.
Könnte Weiß die Beweglichkeit des Kh8 durch einen Zwangszug weiter einschränken, so wäre es möglich, ihn, wie Lasker sagt: »in aller Eile matt zu setzen«, besonders weil auf diese schlecht verteidigte Königsstellung drei weiße Figuren im Angriff zusammenwirken.

An diese Stellung sollten wir uns jetzt erinnern und die Mattführung von damals zu rekonstruieren versuchen. Fällt sie Ihnen ein?

Lesen Sie vorerst nicht weiter! Versuchen Sie, ohne weitere Hilfe die Mattkombination zu finden. Bedenken Sie dabei, daß Schwarz selbst in einem Zuge Weiß mattsetzen kann.

Natürlich führt (18.) Sg5—f7+ auf die Dauer zum Matt, wenn Schwarz nicht selbst den weißen König mit einem Zug matt setzen könnte. Deshalb kann sich Schwarz nach (18.) Sg5—f7+ durch (18. . . .) Tf8xSf7 retten, weil Weiß dann wegen (19.) Dd5xTf7 zwei Züge zum Mattsetzen braucht. Aber gibt es nicht noch einen anderen Angriffszug für Weiß auf den schwarzen König? Der einzige wäre . . . Ja! Ziehen Sie. Probieren Sie ihn aus. Was folgt dann? So, jetzt müssen Sie die Lösung alleine gefunden haben. Wenn nicht, dann sollten Sie noch einmal auf Seite 149 anfangen. Der Lösungszug ist 18. Dd5—g8+. Warum?

20. Trainingsabschnitt

Man kann also seine Eröffnungszüge und die Entwicklung der Figuren sehr wohl so leiten, daß sie alle augenblicklichen Aufgaben der Sammlung kleiner Stellungsvorteile erfüllen. Dazu gehört, daß man als Weiß den Vorteil des ersten Zugs ausnützt, oder als Schwarz auf einen abwartenden oder sichernden Zug von Weiß hin die Initiative übernimmt. Wenn Ihnen der Gegner so entgegenkommt wie in der vorigen Partie, können Sie Ihre Figuren so aufstellen, das sie für einen möglichen späteren Angriff auf die Königsstellung den richtigen Platz einnehmen.

Wir sind uns aber auch klar darüber geworden, daß dies alles für unsere Ausbildung zum Schachmeister nur dann Sinn hat, wenn wir in den kombinationsträchtigen Stellungen die erfolgreichen Kombinationen auch tatsächlich zu finden und richtig durchzurechnen verstehen. Wir haben ferner erkannt, daß die meisten Kombinationen einander so ähnlich sind, daß sie sich auf typische Grundideen und Stellungen zurückführen lassen. Deshalb kann man das Kombinieren erlernen und üben.

Die Genialität der Schachmeister besteht — zumindest heute — nicht mehr im Finden und Durchführen mehr oder weniger komplizierter und langer Kombinationen, sondern im Herbeiführen von Stellungen, in denen die Durchführung derartiger Kombinationen möglich ist.

Bevor wir versuchen dürfen, solche Stellungen durch gutes Spiel vor allem in den Eröffnungen herbeizuführen, müssen wir die wichtigsten Kombinationstypen und die ihnen zugrunde liegenden Ideen kennenlernen und durch unablässiges Üben zum sicheren Bestandteil unseres Schachwissens machen.

Damit Sie das erreichen können, folgt nun eine Art Katalog der wichtigsten Kombinationen an Hand von Stellungsbeispielen, die alle praktisch gespielten Schachpartien entnommen worden sind. Sie sollen sich aber nicht fruchtlos mit diesen Beispielen abplagen und, weil Sie die Kombination nicht gleich aus eigener Kraft finden können, gegen ihren schachtypischen Gehalt eine unbewußte Abneigung entwickeln. Das wirkt sich hemmend auf Ihre Schachlaufbahn aus. Zu jeder Kombinationsaufgabe werden Ihnen deshalb die ihr zugrunde liegende typische Idee und ihre Entstehungsvoraussetzungen erläutert. So können Sie Schritt für Schritt in die Entwicklung der kombinationsträchtigen Stellungen eindringen und sogar manchmal die wesentlichen strategischen Eröffnungszüge mitrekonstruieren, die zu der vorliegenden Kombination geführt haben.

Kombinationen mit handfestem Ergebnis
(Mattkombinationen)

Ein handfestes Kombinationsergebnis ist zum Beispiel das erstickte Matt, mit dem wir den vorigen Abschnitt beendet haben. Das erstickte Matt verdient deshalb die Bezeichnung handfest, weil es einen schachlichen Tatbestand kennzeichnet, der trotz seiner vielfältigen Ausführungsmöglichkeiten eindeutig ist. Wir kennen zum Beispiel das »Matt durch schwere Figuren«, oder das »Matt durch leichte Figuren«, die zwar auch eindeutig, aber weniger handfest sind als das »erstickte Matt«, weil durch diese Bezeichnung nichts über ein charakteristisches Merkmal der Mattstellung selbst ausgesagt wird.

Der Ausdruck »erstickte Matt« gibt dem Anfänger eindeutig Auskunft über die Mattstellung selbst — der König muß in der Mattstellung so von Schachsteinen umgeben sein, daß er kein freies Feld mehr neben sich hat.

Die ersten Stellungen zur Übung unserer Kombinationskraft und zur Stärkung unseres Schachgefühls verlangen ein erstickte Matt als Endergebnis. Dadurch wird die Lösung leichter als bei jeder anderen Kombinationsentdeckung, und wir wissen, wie die Endstellung aufgebaut sein muß. Wir können in Gedanken bereits nach ihr suchen, bevor wir anfangen, Züge durchzurechnen. Deshalb beginnen wir mit Übungen, die das ›erstickte Matt‹ zum Ziel haben, obwohl diese Mattart in der praktischen Partie nur verhältnismäßig selten vorkommt.

Stellungsbild 67
Schwarz zieht
Kombinationsübung Nr. 1

Amateur gegen Meister Pillsbury
Schwarz zog Df7—f1 +

Idee: Der weiße König soll zunächst durch eine eigene Figur nochmals ebenso blockiert werden wie durch Bh2. Die Dame kann dann so geopfert werden, daß ein ersticktes Matt die Folge ist.

Lösung:

1. . . .	Df7—f1 +
2. Le3—g1	Df1—f3 + !
3. Le4xDf3	Lc6xLf3 ‡

Stellungsbild 68
X Weiß zieht
Kombinationsübung Nr. 2

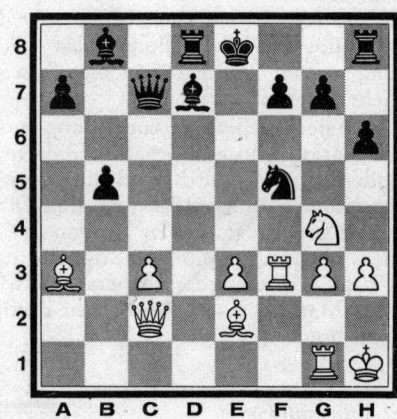

Kaffeehauspartie
Weiß zog Dc2—b2, Schwarz antwortete: a7—a6

Idee: Nicht der Angriff auf b5, sondern die Besetzung der Diagonale a1—h8 und die Beherrschung der f-Linie. Beides ist durch Bauernzüge möglich. Es entsteht ein vehementer Angriff auf die schwarze Königsstellung, bei der sowohl ein ersticktes Matt als auch andere Mattkombinationen möglich sind, wenn Schwarz einen Figurenverlust vermeiden will.

Lösung:

1. Dc2—b2	a7—a6
2. c3—c4	. . . .

droht Db2xg7, und Sg4—f6 ‡ ersticktes Matt

2. . . .	f7—f6
3. Sg4xf6+	g7xSf6
4. Db2xf6	Th8—g8

der Turmzug ist erzwungen, da Dh8‡ drohte

5. e3—e4	. . . .

Der Springer darf nicht wegziehen, weil entweder Df6—e7, f7‡ oder nach Sf5—d6 durch La3xSd6 die Dc7 verlorengeht. (DxL, Df7‡)

5. . . .	Ld7—c6
6. Tf3xSf5	. . . . .

nun droht Le2—h5 + mit baldigem Matt

6. . . .	Lc6—d5

(auch so kann Lh5 + nicht verhindert werden)

7. Le2—h5 +	Ld5—f7
8. Lh5xLf7	Ke8—d7
9. Df6—e6‡	

Stellungsbild 69
Weiß zieht
Kombinationsübung Nr. 3

Suta — Sutey 1953 (nach L. Pachmann)
Idee: Die schwarze Dame muß gezwungen werden, die Deckung von f7 aufzugeben, damit das erstickte Matt gegeben werden kann.

Erst der 2. Zug von Weiß erzwingt die Aufgabe der Deckung von
f7 in überzeugender Weise durch ein Damenopferangebot.

Lösung:
1. Tf5—g5   Dg6xf6

falls DxD oder DxT, so Sf7$\ddagger$. Der weiße Turmzug deckt zugleich
das drohende Matt Dg2$\ddagger$.

2. De4—d4   Tg8—g6
3. Tg5xTg6   aufgegeben, weil Df6 den
                               Tg6 nicht schlagen darf.

Falls Schwarz
3. . . .   h7xTg6
4. Dd4xDf6 +   Kh8—h7
5. Sd6xf7   Ta8—b8
6. Sf7—g5 +   Kh7—h6
7. Sg5—e6   Tb8—g8
8. Dh4$\ddagger$

21. Trainingsabschnitt

Mattkombinationen

Stellungsbild 70
Weiß zieht
Kombinationsübung Nr. 4:

Zollner — Heywood (nach L. Pachmann)
Idee: Die zweifache Deckung von f7 muß entfernt werden, damit das erstickte Matt gegeben werden kann.

Lösung:

1. Dh5xf7	Sd8xDf7
2. Tg4—g8+	Tf8xTg8
3. Sh6xSf7‡	

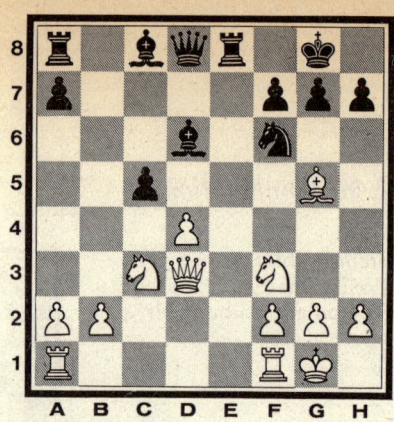

Rumänischer Meister Ghitescu — Amerikanischer Meister Bobby Fisher Schach-Olympiade 1960

　　1. d4xc5?　　　　　　　　　　　. . . .

Idee: Durch das Opfer einer leichten Figur soll die weiße Dame gewonnen werden können. Das geht allerdings nur, wenn Weiß in Zeitnot ist und daher schachblind handelt.

Lösung:

1. d4xc5?	Ld6xh2+
2. Kg1xLh2	Dd8xDd3

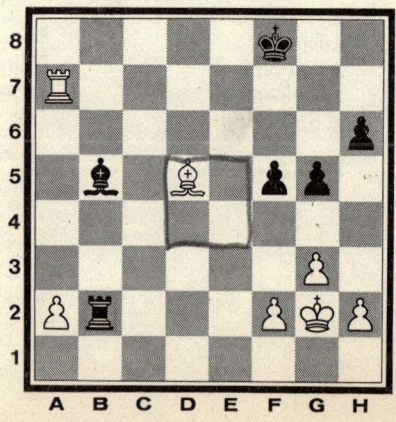

Indones. Meister Tan Hoan Liong — Tunes. Meister Kchouk

Idee: Der Bauernvorstoß auf der a-Linie ist trotz der beherrschenden Stellung von Weiß (Diagonale a2–g8 und 7. Reihe) kompliziert, weil Weiß nach (1.) a2–a4 durch (1.) Tb2–d2 entweder die lange Diagonale h1–a8 oder die Wirkung auf das Feld a2 aufgeben muß. Da die Beherrschung des Feldes a8 für Weiß wegen der a-Bauernwanderung lebenswichtig ist, wird er lieber die Wirkung auf das Feld a2 aufgeben, das daraufhin vom schwarzen Turm besetzt wird.

Nach (1.) a2–a4, Tb2–d2, Ld5–b7, Td2–a2 darf Ba4 den Lb5 nicht schlagen, weil der Ta7 von Ta2 geschlagen werden würde. Das Spiel wird mühsam, die Könige werden zu Hilfe kommen müssen.

Werden die Läufer abgetauscht, z. B. durch (2.) a4xLb5 und (2...) Td2xLd5, dann wird die Fortsetzung des Spiels noch mühsamer. Weiß könnte statt dessen mit (1.) Ta7–b7 und der Drohung (2.) a2–a4 versuchen, eine Figur zu gewinnen. Dieser Versuch könnte aber durch (1.) Tb2–b1 vereitelt werden, weil nach (2.) a2–a4 ohne Nachteil (2.) Lb5–d3 zur Deckung des Tb1 gezogen wird.

Was steckt sonst noch in dieser Stellung? Könnte die Postierung des Turmes auf b7 nicht mit Hilfe eines Tempogewinns durchgeführt werden? Zum Beispiel durch Ta7–f7+, Kf8–g8, Tf7–b7+ (durch den Ld5). Was aber, wenn der König statt Kg8 nach e8 zieht? Dann steht er auf der Diagonale a4–e8. Das ließe sich doch zu einem Turmopfer ausnützen!

Diese Stellung entstand auf der Schach-Olympiade 1960, die zwischen den beteiligten Nationen im Fürstentum Monaco ausgetragen wurde. Da alle Nationen und souveräne Länder das Recht haben, eigene Mannschaften zur Schach-Olympiade zu melden, treffen oft Spieler ganz unterschiedlicher Spielstärke dort aufeinander. Da hat mancher schwache Landesmeister die große Chance, einmal gegen Großmeister antreten zu dürfen.

Lösung:

1. Ta7–f7+	Kf8–e8
2. Tf7–b7	Tb2–b1 (wegen a2–a4 erzwungen)
3. Tb7xLb5	Tb1xTb5

(nicht etwa (3.) Ld5–c6+, weil LxL+!)

4. Ld5–c6+!

Stellungsbild 73
Weiß zieht
Kombinationsübung Nr. 7

Kremser — Giertz

Stellungsmerkmale: Weiß hat einen Angriff auf Bg7 auf der frei gemachten g-Linie aufgebaut, der durch einen Springer auf der e-Linie unterstützt wird. Außerdem beherrscht er die freie c-Linie.

Idee: Der Se6 wirkt sowohl auf das Feld f8 als auch g7. Da auf h8 ein Turm steht, könnte eine auf g7 Schach gebende schwere Figur von Weiß das Matt bewirken. Der Bg7 ist dreimal angegriffen: von Se6, Dg6 und Tg3. Er ist aber auch dreimal verteidigt: von Kg8, Te7 und Db7. Wenn er einmal weniger verteidigt wäre, könnte ein Dameopfer auf g7 zum Matt führen. Die Aufgabe lautet also, ob einer der den Bg7 deckenden Steine durch einen Zug von Weiß von der Deckung Bg7 mit Gewalt abgelenkt werden kann, ohne daß sich dadurch der Th8 von seinem Platz entfernt und ohne daß der dreifache Angriff von Weiß auf den Bg7 geschwächt wird.

Die Lösung dieser Kombinationsaufgabe ist ziemlich einfach, sobald die Idee der Aufgabe erfaßt worden ist. Die Ablenkung kann durch einen einzigen Zug bewirkt werden, der allerdings eine Zwangsreaktion von Schwarz zur Folge haben muß. Trotzdem sollten Sie imstande sein, den Lösungszug ganz rasch zu finden, wenn Sie nur jede weiße Figur auf ihre Zugmöglichkeit, die zu Zwangsantworten von Schwarz führen muß, im Geiste durchspielen. Haben Sie's?

Lösung:
1. Tc1—c8 +   Db7xTc8
2. Dg6xg7 +   Te7xDg7
3. Tg3xTg7 +

Stellungsbild 74
Weiß zieht
Kombinationsübung Nr. 8

Dr. V. M. — Dr. Asztalos, ungarischer Meister

Stellungsmerkmale: Weiß beherrscht die e- und f-Linie durch seine beiden Türme und das Feld f8 durch Dh6. Dadurch ist es ihm gelungen, den f-Bauer bis nach f6 vorstoßen zu lassen und zum Freibauern zu machen, der von der Df7 mühsam gestoppt wird. Mühsam deshalb, weil es keine würdige Aufgabe für eine so starke und bewegliche Figur wie die Dame ist, an einen Bauern gefesselt zu sein. Eine leichte Figur wäre dafür besser geeignet.

Idee: wenn es gelingt, die Df7 von diesem Feld mit Gewalt wegzuschaffen, dann könnte Bf6 nach f7 ziehen und Tg8 angreifen. Tg8 müßte dann nach f8 ziehen, wo er von Dh6 mit Matt geschlagen werden könnte. Wie dieser Zwang bewerkstelligt werden kann, ist leicht zu sehen. Es ergibt sich auf jeden Fall ein materieller Vorteil für Weiß, der im darauffolgenden Zug leicht zu einer so gewaltigen Stellungsüberlegenheit für Weiß ausgenützt werden kann, daß sich die schwarze Dame nicht mehr retten kann, weil Weiß sonst Matt setzt.

Lösung:
1. Te1xLe6   Df7xTe6
2. f6—f7

1. Te1xLe6   Tg8—f8
2. Te6—e7!   Df7—g8
3. Te7—g7!!

W. Geissler — Beck

Stellungsmerkmale: Weiß hat es zur Beherrschung der b-Linie und zum Angriff auf Bb7 durch zwei gestaffelte Türme gebracht. Die weiße Dame wirkt auf der Diagonale h4—d8, was für Schwarz ebenfalls unangenehm ist, weil seine schwere Figur (Td7) an ihr Feld gefesselt bleibt. Schwarz zog daher De8—g6, um so die weiße Dame zum Abtausch zu zwingen, weil andernfalls durch das Opfer Lf5x d3+, c2xLd3, Dg6xd3+ ein sehr gefährlicher Angriff auf den weißen König eingeleitet wird, der zum Rückgewinn der Figur (Dd3x Sd5) und zu zwei verbundenen schwarzen Freibauern führt.

Idee: Weiß erkennt, daß mit dem Wegzug der schwarzen Dame von der 8. Reihe eine indirekte Deckung für den Bb7 entfernt wurde, so daß ein Ablenkungsopfer möglich wird, das zu einem dreifach erreichbaren ersticktem Matt führt. Das Ablenkungsopfer kann eigentlich nur durch eine einzige Figur bewirkt werden. Sie sollten das blitzartig erkennen können. Die Ablenkung des Te7 durch das Schlagen von b7 ist nicht zwangsläufig. Aber dann ist ja auch im nächsten Zuge Matt. Es gibt also zwei Lösungen. Oder?

Lösung:

1. Dg5—d8+	Td7xDd8
2. Tb4xb7+	Kb8—a8 oder c8
3. Sd5—c7‡ oder Tb7—c7‡ oder Sd5—e7‡	

1. Tb4xb7+	1 d7x1 b7
2. Dg5—d8+	Lf5—c8! (Dc7+, Ka8, DxL+ Tb8, DxT‡)

Kochtaria — Prinz Dandian von Mingrelien, 1892

Stellungsmerkmale: Weiß hat seine beiden Springer und die Dame zum Angriff gegen die schwarze Königsstellung postieren können. Schwarz konnte den die e-Linie beherrschenden Te3 auf der Diagonale a7—g1 fesseln, weil der weiße König auf g1 steht, und zusätzlich durch Sc4 angreifen, so daß der Verlust zweier Figuren droht (Sf5 und Te3), zumindest wird die Qualität verloren. Da Weiß bereits im Interesse seines Königsangriffs offenbar einen Turm geopfert hat, scheint er auf die Dauer verloren zu sein. Der schwarze Turm steht auf a8 fast nutzlos herum und verhindert lediglich das Eindringen weißer Figuren auf die 8. Reihe. Das ist zuwenig. Der Turm sollte längst auf d8, e8 oder g8 zum Eingreifen im Zentrum oder auf der für Schwarz geöffneten g-Linie und zur Verteidigung bereitstehen.

Idee: Da die weiße Dame die h-Linie beherrscht, ist der Bh7 an seinen Kh8 gefesselt. Weiß darf also mit Se7—g6+ sagen, ohne daß Bh7 den Springer schlagen kann. Der schwarze König muß dann nach g8 ziehen. Was läßt sich daraus für Weiß machen? Weiß könnte z.B. mit Sf5—e7 ein weiteres Schach geben, doch wäre dann nach Tf7xSe7 und nach Sg6xTe7+ durch Dc5xTe3+ nebst De3xSe7 Weiß endgültig verloren.

Untersuchen Sie die Möglichkeiten des weißen Springers f5 und des schwarzen Königs nach Sg6+, Kg8, dann sehen Sie, daß ihm die Felder g8 und f7 gehören könnten. Das Feld f8 liegt ebenso wie das Feld h8 im Wirkungsbereich des Sg6. Die Felder g8 und f7 könnten dem Kg8 durch einen Zug von Weiß genommen werden, wenn die weiße Dame das Feld h6 räumt. Dann aber müßte sie dafür sorgen, daß Kg8 auch das Feld g7 nicht betreten dürfte. Wie macht sie das?

Lösung:

1. Se7—g6 +	Kh8—g8
2. Dh6—g7 +	Tf7×Dg7 (erzwungen wegen
	des deckenden Sf5)

3. Sf5—h6 ‡

Stellungsbild 77
Weiß zieht
Kombinationsübung Nr. 11

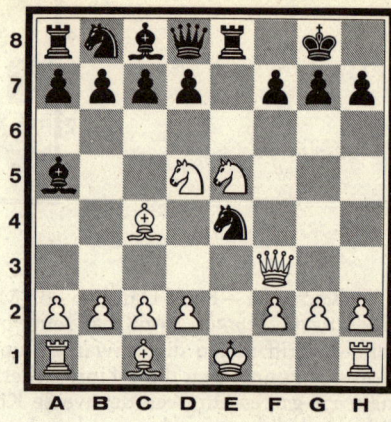

S. Wishniakow — L. E. Owen, 1909

Stellungsmerkmale: Weiß hat die Diagonale a2—g8 mit Lc4 und die f-Linie mit Df3 besetzt; außerdem ist es ihm gelungen, zwei Springer im Zentrum auf d5 und e5 zu postieren, von denen Se5 ebenfalls den Bf7 bedroht. Schwarz wirkt auf der Diagonale a5—e1 durch den La5 und kontert den weißen Angriff auf Bf7 durch Te8. Der Turm wirkt auf der offenen e-Linie. Nach einer Entfernung des Se5 ist ein Abzugsschach durch den Se4 möglich. Es ist offensichtlich, daß Weiß seine Angriffsstellung auf die schwarze Königsstellung durch Verzicht auf die Rochade aufgebaut hat. Daß ihm dies gelungen ist, verdankt er der schwachen Spielweise von Schwarz, der seinerseits ebenfalls einen Angriff auf die weiße Stellung aufzubauen versuchte, ohne seine Angriffszüge sorgfältig mit gleichzeitigen Verteidigungszügen für seine Königsstellung zu koppeln. Überlegen Sie, daß bereits eine Stellung, in der ein Turm auf f8 und die Dame auf e8 stünde, Schwarz die gleichen Angriffsvorteile auf die weiße Stellung gehen würde. Die weiße Matt-Kombination wäre dann unmöglich.

Idee: Der schwarze König ist allein durch seine vor ihm stehenden drei Bauern geschützt. Einer davon, Bf7, kann sofort weggeräumt und dadurch dem Lc4 die Diagonale a2—f8 zur zukünftigen Beherrschung frei gemacht werden. Der Kg8 muß nach h8 ausweichen. Aber wie weiter? Wenn der Kh8 nach g8 zurückgebracht werden könnte, hätte Weiß ein Abzugsschach (Se7 oder f6+), und der Kg8 müßte wegen des Doppelschachs nach h8 oder f8 ziehen. Das Feld g6 wird von Bh7 aber beherrscht. Ließe sich der Bh7 so wegräumen, daß g6 von einem Springer betreten werden kann? Das alles ist möglich, aber wie?

Lösung:

1. Df3xf7+	Kg8—h8
2. Df7—g8	Kh8xDg8
	(TxD, Sf7+ ersticktes Matt)
3. Sd5—e7+	Kg8—f8 (Kh8, Sf7+)
4. Se5—g6+	h7xSg6
5. Se5—g6+	

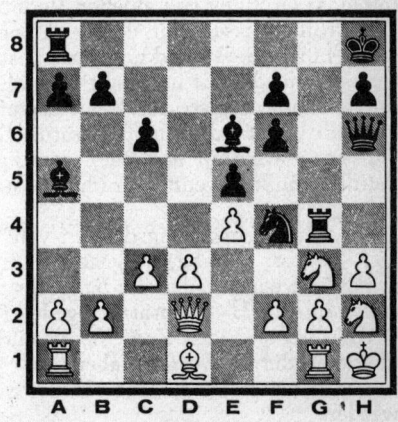

Stellungsbild 78
Schwarz zieht
Kombinationsübung Nr. 12
Felderbilanz:
Weiß 8, Schwarz 11
Wirkungsgewichte 14:23

A. Wait — W. Wittekopf, Libau 1911
Stellungsmerkmale: Der weiße König ist bewegungslos eingekeilt. Er hat keinerlei Bewegungsfreiheit mehr, was, wie Sie wissen, nach Laskers Grundsätzen ermöglichen sollte ihn »in der Eile matt zu setzen«.
Die Enge und die geringe Beweglichkeit der weißen Stellung wird durch die Felderbilanz von 8:11 bei 14:23 Wirkungsgewichten unterstrichen.
Schwarz ist offenbar ein kühner Angriffsspieler mit großer Schachphantasie, denn es ist ihm gelungen, durch das Angebot seines d-Bauern den schwarzfeldrigen Läufer von Weiß zum Abtausch gegen

seinen Königsspringer zu verlocken und sich damit, trotz bereits vollzogener kurzer Rochade, die g-Linie als Angriffsstraße auf die weiße Königsstellung zu öffnen.

Schwarz wagte das, obwohl oder sogar weil er erkannte, daß Weiß ein übervorsichtiges Verteidigungsspiel betrieb.

Weiß glaubte wohl angesichts seiner starken Zentrumsformation und seiner beiden, vor der Königsstellung plazierten Springer (im 19. Zuge stand Sh2 noch auf f3) dem Angriff auf seinen Königsflügel standhalten zu können.

Das wäre ihm wohl auch gelungen, wenn er nicht versucht hätte, einen listenreichen Zug von Schwarz, *der wie ein Versehen aussah*, zu widerlegen.

Idee: Schwarz erkannte, daß er den weißen König mit einem erstickten Matt bedrohen konnte, wenn es ihm gelang Weiß zu veranlassen, das freie Feld h2 mit dem Sf3 zu besetzen. Dies ist durch eine, mit einer Drohung gekoppelten Verlockung möglich.

Die Drohung bestand in der Verdoppelung seiner beiden Türme auf der g-Linie, die Verlockung aber bestand darin, daß Schwarz statt Tg8—g7 auf das für ihn viel risikovoller aussehende Feld g4 zog. Er durfte damit rechnen, daß Weiß daraufhin den Zug Sf3—h2 geradezu für selbstverständlich halten würde. Denn es sieht ja so aus, als ob der Tg4 daraufhin entweder zurückgehen oder nach h4 gezogen werden müßte, wenn er nicht im nächsten Zuge verloren gehen soll.

Auch dem Verteidigungsdenken von Weiß kamen die Züge 19 . . . Tg8—g4, 20. Sf3—h2, entgegen, weil dem Ld1 das Herausziehen ermöglicht wird, so daß der Bg2, falls Schwarz später Ta8—g8 ziehen sollte, durch Ld1—f3 zusätzlich gedeckt werden könnte.

Weiß wird auch den Zug Sf4xh3 flüchtig ins Auge gefaßt und sogleich wieder verworfen haben, weil ja die schwarze Dame auf h6 ungedeckt steht. Sie könnte von der weißen Dame auf d2 geschlagen werden.

Da während diesen Überlegungen der weiße Kh1 noch über das freie Feld h2 verfügt, durfte Schwarz auch vermuten, daß es Weiß nicht einfallen würde, auch die Möglichkeit eines erstickten Matts ins Auge zu fassen.

Und selbst wenn Weiß entdeckt haben sollte, daß nach Sf4xh3 der Zug Sh3xf2+ folgen konnte, würde er sich wohl bei dem Gedanken beruhigen, daß der Bf2 ja immerhin noch von seiner Dd2 gedeckt bleiben konnte.

Weiß entschließt sich also an ein Versehen von Schwarz zu glauben und zieht beruhigt Sf3—h2.

Schwarz aber sah, und darin liegt die Größe und Brillanz seiner zweistufigen Kombinationsidee, daß er seinen Sf4, nachdem dieser ihm den Bh3 weggeräumt hatte, unbesorgt opfern konnte.

Er hatte ja anschließend eine durchschlagende Mattkombination zur Verfügung, bei der das drohende erstickte Matt nur eine Einleitungsrolle spielte.
Sehen Sie diese Kombination?
Versuchen Sie die Zugfolge erst in Gedanken herauszufinden, bevor Sie die Figuren auf dem Brett umstellen.

Lösung:

    1. . . . . .   Sf4xh3

Spätestens jetzt erkennt Weiß, daß seine Dd1 die Dh6 nicht schlagen darf.

    2. Dd2—c2   Sh3xf2+!
    3. Dc2xSf2   Dh6xSh2+

Jetzt wird es Weiß erschreckend klar, daß Tg8—g4 kein Versehen war.

    4. Kh1xDh2   Tg4—h4≠

22. Trainingsabschnitt

Komplizierte Kombinationen

Stellungsbild 79
Weiß zieht
Kombinationsübung Nr. 13

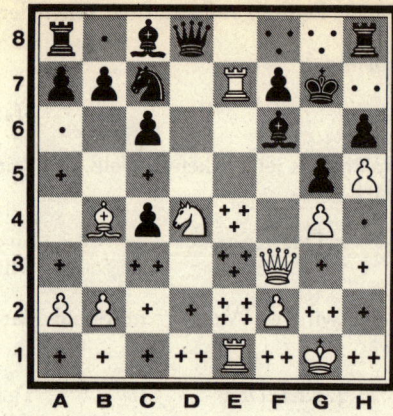

A. Gilbaud — F. Lazard, 1909

Stellungsmerkmale: Weiß beherrscht durch seine Türme die freie e-Linie, durch seinen Lb4 die Diagonale a3—f8 auf die Königsstellung. Außerdem stehen die Df3 und der Sd4 zum Eingreifen auf dem schwarzen Königsflügel bereit. Schwarz, der sichtlich die Entwicklung seines Dameflügels vernachlässigt hat (Ta8, Lc8) wirkt lediglich durch Lf6 auf der langen Diagonale a1—h8. Außerdem hat er nicht rochiert, sonst stünde sein Turm nicht auf h8, sondern längst in der Mitte auf der e-Linie und hätte dem Aufbau der beiden weißen Türme opponiert. Sämtliche Figuren von Weiß greifen an. Auch Bg4 und Bh5 konnten anscheinend unter Aufopferung eines Läufers auf ihre derzeitigen Plätze vorstoßen. Dadurch wird deutlich, daß Schwarz trotz der gewonnenen Figur recht schwach gespielt haben muß, sonst wäre es nicht zu der starken Stellung von Weiß gekommen. Daß eine Kombination in der Stellung steckt, geht aus der Bilanz der beherrschten freien Felder hervor. Weiß beherrscht 19 Felder mit 31 Wirkungsgewichten, Schwarz nur 6 Felder mit nur 10 Wirkungsgewichten.

Idee: Die besonders schwachen Punkte der schwarzen Stellung sind die Felder f7 und f6. Sowohl Bf7 als auch Lf6 werden nur vom Kg7 verteidigt. Allerdings stehen im Hintergrund Dd8 und Th8 zur zusätzlichen Verteidigung von f7 bereit. Sogar der Lc8 kann nach e6 ziehen und von dort den Bf7 decken. Dieser würde seinerseits auch den Läufer decken, so daß der durch einen solchen Zug eingesperrte und seiner Deckung durch den Te1 beraubte Te7 nur durch einen Abtausch mit Qualitätsverlust davonkäme. Außerdem droht Qualitätsverlust durch Lf6×Te7. Ein Kombinationserfolg kann also nur durch ein Opferangebot erreicht werden, das ein sofortiges Matt oder den Verlust einer wertvolleren Figur als ein Turm zum Ergebnis hätte.

Auf ein Matt kann nur gehofft werden, wenn eine schwere Figur, möglichst die Dame, nach f7 käme, ohne daß Te7 von der 7. Reihe weichen müßte. Es ist leicht zu sehen, daß diese Hoffnung vergeblich ist, denn der Lf6 wird den Te7 schlagen. Das Feld d7 ist fest in der Hand von Schwarz (Lc8, Dd8), und Sc7 ist durch Dd8 gut gedeckt. Ein Opfer des Te7 auf f7+ würde nur die Deckung von Lf6 durch Dd8 verstärken, so daß dieser Lf6 zweimal statt wie bisher nur einmal gedeckt wäre. In diese Richtung geht eine Opferkombination gewiß nicht. Aber wie ist es denn mit einem Angriff auf den zweiten schwachen Punkt, den Lf6? Solange der Te7 auf seinem Feld steht, ist der nur von seinem Kg7 gedeckt. Weiß hat einen Läufer auf b4 stehen, der nach c3 gezogen werden und von dort auf der wichtigen Diagonale a1—h8 wirken kann. Auf dieser Diagonale steht der Kg7 ziemlich eingeengt, weil auf die Felder f5 und g6 die weißen Bauern g4 und h5 wirken. Wenn es gelingt, den Kg7 zu zwingen, nach f6 zu ziehen, kann er durch Lc3 so angegriffen werden, daß er kein Fluchtfeld mehr hat, denn alle Felder der e-Linie werden von Te1 bestrichen. Auf f7 steht der eigene Bauer, und die Felder g6 und f5 dürfte der schwarze König wegen der weißen Bauern g4 und h5 nicht betreten. Die Df3 ist nicht mehr nötig, sie kann notfalls geopfert werden!

Jetzt sehen wir auch, wie wir den König Kg7 zwingen können, nach f6 zu ziehen. Df3 braucht nur Lf6 zu schlagen, dann müßte Kg7 ×Df6 oder Kg7—g8/h7 gezogen werden, worauf Dxf7+ folgte.

So weit, so gut. Wie aber können wir nach Df3×Lf6+ und Kg7×Df6 den Lb4 nach c3 mit sofortigem Schachgebot bringen? Dazwischen steht noch der Sd4 und blockiert die Wirkung des Lc3 auf der Diagonale nach h8.

Der Sd4 muß deshalb weg. Schwarz darf keine Möglichkeit finden, sich gegen den Mattangriff zu verteidigen. Der Sd4 muß entweder durch ein Schachgebot von der Diagonale entfernt werden oder durch einen Angriff auf eine schwere Figur, mindestens einen Turm. Diese Figur muß er nehmen können, ohne daß Schwarz den Springer zurückbekommt, sonst wäre nur ein Qualitätsverlust die Folge. Ein Qualitätsgewinn wäre Schwarz in dieser Stellung ohnehin möglich.

Welche Möglichkeiten gibt es also für den Sd4? Da ist zunächst das Schachgebot durch Sd4—f5+. Das würde die Wirkung der Df3 auf Lf6 blockieren. Selbst wenn Schwarz den Sf5 durch Lc8×Sf5 schlägt und dann Df3xLf5 erfolgt, hat Schwarz jetzt Zeit, den Angriff auf den Lf6 z. B. durch Lf6xTe7 zunichte zu machen. Weiß hätte keine Hoffnung mehr, den Kg7 nach f6 zu zwingen.

Aber wie ist es mit Sd4—e6+? Der Bf7 darf den Se6 wegen Te7 nicht schlagen. Falls Lc8xSe6, so wäre das kein Hindernis für die mit Df3xLf6 beginnende Opferkombination.

Was geschieht aber, wenn Sc7, der ja auch auf das Feld e6 wirkt, nach Sd4—e6+ den Springer mit Sc7xSe6 nimmt? Jetzt müssen wir unsere Fantasie anstrengen. Stellen Sie die Figuren nicht auf dem Brett nach, sondern versuchen Sie allein durch Ihre geistige Vorstellung herauszubekommen, was sich als Verteidigungsmöglichkeit gegen den Mattangriff für Schwarz ergibt, wenn er einen Springer auf e6 stehen hat.

Wir stellen uns vor, der schwarze König steht auf f6, wo er die Dame geschlagen hat. Der Läufer bietet ihm von c3 aus Schach. Der König kann nicht wegziehen. Deckung ist nur durch die Dd8 möglich, die bei dieser Gelegenheit auch noch verlorengeht. Aber halt, wir sollten uns ja auch vorstellen, daß ein schwarzer Springer auf e6 steht, wo er den weißen schachgebundenen Springer, der von d4 kam, abgetauscht hat. Und nun entdecken wir endlich, daß die Dd8 es nicht nötig hätte, das Schach des Lc3 abzudecken, weil ja der Se6 auch . . . Mit dem Wegzug des Sd4 nach e6+ wird also auch nichts erreicht. Wohin könnte der Sd4 noch ziehen? Könnte er einen schwarzen Turm angreifen? Nein. Welche schwere Figur von Schwarz könnte er sonst noch angreifen? Sehen Sie es? — Na also, jetzt ist der Ablauf unserer Kombination klar.

Der Springer d4 greift zuerst . . . aber das sollten Sie jetzt allein herausfinden.

Was geschieht aber, wenn Schwarz den angreifenden weißen Springer nicht schlägt, sondern die angegriffene Dame einfach wegzieht, z. B. nach d3, von wo aus sie die Df3 und den Lc3, wenn er dort stünde, gleichzeitig angreifen könnte. Falls nun Df3xLf6, Kg7xDf6, Lb4—c3+ erfolgt, könnte die schwarze Dd3 den Lc3 einfach schlagen, und alles liefe auf einen Abtausch von Figuren mit nachfolgendem Springerverlust für Weiß durch b7xSc6 hinaus, der nun gefahrlos geschlagen werden könnte.

Was also spielt Weiß nach Dd8—d3, wodurch sein Dameopfer Df3x Lf6 vereitelt ist?

Betrachten wir die Stellung: Weil es sich um eine so komplizierte Kombination handelt und wir immer noch Anfänger sind, dürfen wir sie jetzt aufstellen.

Meister kombinieren oft in Stufen

Hier sind wir an einem Punkt für die Übung unserer Kombinationskraft angelangt, der uns einen Blick hinter die Kulissen der Meister erlaubt. Wir entdecken, daß eine Kombination mehrere Stufen haben kann, so daß sie zu einer Kombinationskette wird. Sobald wir herausgefunden haben, daß Schwarz den Sc6 nicht mit b7xSc6 nehmen darf, wenn er nicht matt gesetzt werden will, können wir die Fortsetzung der Geistesarbeit einstellen und das bis dahin erreichte Kombinationsergebnis zunächst auf dem Schachbrett verwirklichen, denn es endet ja auf jeden Fall (nach Dd8–d3) mit einem Bauerngewinn für Weiß (Bc6). Es könnte nun (aus Stellungsgründen) Df3xDd3, c4xDd3 folgen. Durch Te7xSc7 wird der Qualitätsverlust für Weiß vermieden. Nach b7xSc6 zieht Weiß Lb4– c3, um Bb2 zu decken. Nach Tc7xc6 hat Weiß zwei Bauern gewonnen und die Aussicht, auch den Bd3 über kurz oder lang zu erobern. Es droht überdies Te1–e7, da Lf6 wegen Lc3 den Turm nicht schlagen darf.

Sobald Dd8–d3 gezogen wird, entstehen neue Kombinationsmöglichkeiten, die erst als Idee gefaßt und durchgerechnet werden sollten, bevor sich Weiß mit der möglichen Stellungsverbesserung und dem Bauerngewinn zufriedengibt. Schwarz hat eine Figur mehr, und dieses Übergewicht wird durch die Öffnung der schwarzen Stellung (Wegräumung der Bauern durch Weiß) mehr und mehr zur Geltung kommen.

Stellungsmerkmale II: Nach der »Ablenkung« der Dd8 nach d3 ist der Bf7 noch schwächer geworden, denn Dd8 kann nun nichts mehr zur Verteidigung des Bf7 *und der in seiner Nähe liegenden Felder* e7, f8, e8 beitragen. Das läßt sich vielleicht ausnützen. Zunächst ist deutlich zu sehen, daß trotz Dd3 die Möglichkeit Te7xf7+ besteht, worauf Kg7xTf7 mit Te1—e7+ beantwortet werden kann, weil Lf6 wegen Df3 den Te7 nicht schlagen kann. Da Kf7 nicht nach g6 ausweichen und weiter den Lf6 decken kann, folgt nach Kf7—g8 natürlich Df3xLf6. Dadurch wird für den geopferten Te7 wenigstens ein Läufer und ein gewaltiger direkter Angriff auf den Kg8 gewonnen. Halt! Jetzt heißt es zuerst untersuchen, was die Dd3 mit dem nun einsam und ungedeckt auf der ersten Reihe stehenden weißen Kg1 anstellen kann, wenn der Te1 nach e7 gezogen und die Df3 nach f6 geschlagen hat.

In solchen Stellungen kann sich Schwarz, obwohl er auf verlorenem Posten steht, oft mit einem ewigen Schach retten! Wie ist es also damit?

Die Dd3 kann auf jeden Fall dem weißen König Schach bieten, und zwar auf b1 und auf d1. Eine Deckung dieses Schachs durch Te7—e1 ist allerdings möglich, weil der weiße Läufer von b4 auf das Feld e1 wirkt. Doch die schwarze Dame kann von d1 aus durch Dd1xg4+ ihren Angriff auf den Kg1 fortsetzen, und das ewige Schach rückt in greifbare Nähe. Dazu trägt auch der Lc8 bei, der auf die freie Diagonale c8—h3 wirkt. Weiß darf ein durch Dd3—d1+ gebotenes Schach deshalb nicht mit dem Turm decken, sondern muß den Kg1 so wegziehen, daß die Dd1 kein weiteres Schach mehr geben kann.

Das geht glücklicherweise durch Kg1—h2, weil Dd1—d6+ an Lb4x Dd6 scheitert, wie Sie sofort sehen. Die Kombination II kann also ausgeführt werden.

Idee II und III: Die Idee II ist uns schon bei der Analyse der Stellungsmerkmale II aufgegangen. Sie endet mit dem Gewinn eines Läufers gegen das Opfer eines Turmes und mit einer tödlichen Angriffsstellung von Dame und Turm auf der 7. Reihe gegen den schwach verteidigten schwarzen König. Dadurch wird der Qualitätsverlust gerechtfertigt. Aber wie erzwingt Weiß jetzt das endgültige Matt? Das muß als Idee III erkannt und durchgerechnet werden, bevor Idee II praktisch auf dem Brett durchgeführt werden darf. Als Anfänger ist es uns erlaubt, noch einmal die Stellung auf dem Brett zur Probe aufzustellen:

Stellungsbild 81
Schwarz zieht

Es droht Df6–g7 (oder f7), und Schwarz kann diesen Zug nur durch Th8–h7 oder Dd3–h7, was sinnlos wäre, verhindern. Te7–e8+ wäre ein nutzloser Zug, weil der Sc7 auf das Feld e8 wirkt. Auch Te7xTh7 nützt wegen des Kg8xTh7 nicht viel. Die Df6 könnte anschließend nur eine Reihe fruchtloser Schachs geben, weil der Kh7 immer nach g8 und (falls Df5–f8+) auf das Feld h7 zurückkehren kann. Wenn der König g8 das Fluchtfeld h7 nicht mehr zur Verfügung hätte, dann könnte die Dame auf f8 ... und schon ist uns die Idee III eingefallen.

Wie können wir bewirken, daß der Th7 dort stehen bleibt und so dem Kg8 das Fluchtfeld verstellt, wenn die Dame auf f8 Matt gibt. Und warum kann die Df6 nicht sofort auf f8+ geben? Weil sie, solange der Turm den Weg versperrt, dort nicht gedeckt ist.

Lösung (Stellung 79):

1. Sd4xc6	Dd8–d3
(falls 1....	b7xSc6
2. Df3xLf6+	Kg7xDf6
3. Lb4–c3+)	
2. Te7xf7+	Kg7xTf7
3. Te1–e7+	Kf7–g8
4. Df3xLf6	Th8–h7
5. Te7–e8+	Sc7xTe8
6. Df6–f8+	

23. Trainingsabschnitt

Ausnutzung schwacher Punkte

Stellungsbild 82
Weiß zieht
Kombinationsübung Nr. 14

Dr. Ossip Bernstein, Großmeister —
Johannes Metger, Schachmeister 1907

Stellungsmerkmale: Weiß beherrscht durch Tc7 die c-Linie und die
Diagonale a2—g8 durch Da2. Zwei Springer stehen auf f3 und e4
zum Angriff auf die schwarze Königsstellung bereit. Schwarz beherrscht die halboffene d-Linie, die für den Td7 durch den Bd3
versperrt ist. Auch Le7 ist auf der zur weißen Königsstellung führenden Diagonale d8—h4 durch den eigenen Bf6 blockiert, während
er auf der freien Diagonale f8—a3 keinen geeigneten Angriffsplatz
findet, da auf Feld c5, von dem aus er nach f2 drohen könnte, der
weiße Tc7 und der Se4 wirken. Der schwarze Sa5 steht am Rande
und hat infolgedessen weder freie Wirkungsfelder noch direkte Ein-
greifmöglichkeiten auf die weiße Königsstellung. Die schwarze
Dame steht vor der weißen Königsstellung auf h3 kraftlos, weil
Schwarz keine Figur rasch zur Hilfe herbeiholen kann. (Wir erinnern uns, daß eine Dame allein selbst den ungeschützten König
nicht matt setzen kann!) Ziehen wir die Felderbilanz, so beherrscht
Weiß 12 freie Felder mit 18 Wirkungsgewichten, Schwarz nur 7 mit
10 Wirkungsgewichten. Es sollte sich eine Kombination entdecken
lassen.

Idee: Der schwächste Punkt der schwarzen Stellung ist, wie wir sofort erkennen, das Feld f7. Wenn dort ein Springer stünde, würde er durch Schachgebot den schwarzen König zwingen, nach g8 und damit in ein Abzugsschach der Da2 zu ziehen. Überhaupt ist diese Stellung, Dame auf der Diagonale a2—g8, Springer auf f7 und Kh8, uns bereits wohlbekannt. Wir haben schon früher gefunden, daß diese Stellung eine Mattkombination ganz spezieller Art ermöglicht. Welche? — Nun, wie läßt sich ein Springer in dieser Stellung nach f7 bringen? Das geht wahrscheinlich nur durch ein Opfer. Über das Feld d6 könnte Se4, über das Feld g5 könnten sogar *beide* Springer, Se4 und Sf3, nach f7 gelangen.

Wenn beide Springer den gleichen Weg nehmen können, dann kann man einen opfern, wenn der andere sein Ziel erreicht. Rechnen wir: Sf3—g5, f6xSg5, der nächste Springer wird von Le7 geschlagen. So geht es nicht. Aber jetzt sehen wir, daß der Sf3 auch über e5 nach f7 kommen kann und daß der Be5 ohne Deckung ist und von Sf3 geschlagen werden kann, wenn durch Se4—g5 Schwarz gezwungen wird, f6xSg5 zu ziehen. (Dh3—h5 mit Wirkung auf f7 wäre nutzlos, weil Da2 das Feld f7 bereits beherrscht, so daß Sg5—f7 trotzdem möglich ist.) Was geschieht nach

| (1.) Se4—g5 | f6xSg5 |
| 2.) Sf3xe5? | |

Schwarz zieht

| (2.) . . . . | Le7—d6 |

und nun wird

| (3.) Tc7xTd7 | Dh3xTd7 |

folgen oder:

| (3.) Se4—f7+ | *? geht nicht* | Kh8—g8 oder Te7xSf7 |
| (4.) Sf7—h6+ | | Kg8—f8 |

Auf das Feld f7 wirkt nun Td7 (oder nach vorherigem Turmabtausch De7), so daß Da2—f7‡ nicht mehr möglich ist. Bevor Sf7 oder sogar Sf3xe5 erfolgt, muß also verhindert werden, daß Schwarz Le7—d6 ziehen kann. Jedenfalls dürfen wir nicht sofort

| (2.) Sf3xe5 |

ziehen, sondern müssen diesen Zug mit einer Drohung verbinden, die so stark ist, daß Schwarz es sich nicht leisten kann, sie zu mißachten, und auf jeden Fall Le7—d6 zieht. Eine solche Drohung kann Weiß herbeiführen. Wie? Das sollten Sie nun selbst herausfinden können.

Lösung:
1. Se4—g5   f6xSg5
2. Tc7xTd7   Dh3xTd7
3. Sf3xe5

Nun kann Schwarz das erstickte Matt: Se5—f7+, Kh8—g8, Sf7—h6
+, Kg8—h8, Da2—g8+, Ta8xDg8, Sh6—f7‡, nur noch verhindern,
wenn er bereit ist, die Dame sofort durch h7—h6, Se5xDd7 oder so
zu verlieren: Dd7—e8, Se5—f7+, Kh8—g8, Sf7—d6+, Kg8—h8, SxD.

Stellungsbild 83
Schwarz zieht
Kombinationsübung Nr. 15

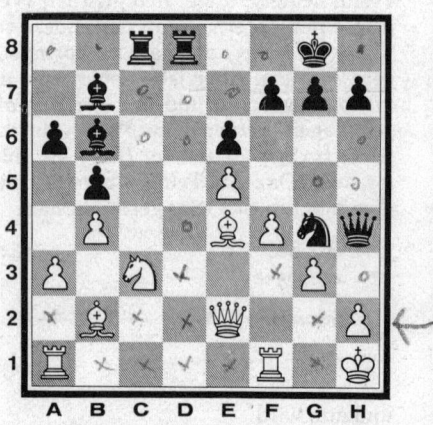

Akiba K. Rubinstein, Großmeister — Rotlewi, 1911 in Lodz
Stellungsmerkmale: Weiß hat den Mattangriff der schwarzen Dame
Dh4 auf Bh2 durch g2—g3 mit gleichzeitigem Angriff auf Dh4
abgewehrt und dabei gewiß widerwillig den schützenden Bg2 vor
seinem König aufgezogen. Im Vertrauen auf die ungebrochene Verteidigungskraft seiner Königsstellung durfte er das, steht doch ein
schützender Läufer auf e4, der von Sc3 und De2 gedeckt ist. Auch
hätte die Verteidigung h2—h3 nach Lb7xLe4 zu Qualitätsverlust
durch Sg4—f2+ geführt.
Schwarz hat, wie wir deutlich sehen, eine ganz überlegene Angriffs-
und Zentrumsstellung aufgebaut. Seine beiden Türme beherrschen
von c8 und d8 aus die offene c- und d-Linie. Sein Lb6 beherrscht
die zweitlängste Diagonale a7—g1 unangefochten bis in die weiße
Königsstellung hinein. Sogar auf der längsten Diagonale a8—h1
wirkt sein Lb7, wenn auch blockiert durch den zweimal gedeckten
Le4. Es ist offensichtlich, daß es dem damaligen Großmeister Rubinstein gelungen ist, durch den bei Weiß erzwungenen Zug g2—g3

184

aus einem Angriffsläufer, der auf h7 zielt, einen Verteidigungsläufer zu machen, der die Diagonale a8—h1 nicht mehr verlassen darf, solange der weiße König auf h1 steht. Er kann also nur noch abtauschen. Der schwarze Springer g4 steht bedrohlich angriffsbereit auf die weiße Königsstellung, vor allem auf h2, f2 und e3 gerichtet. Der Beherrschung der c- und d-Linie durch die schwarzen Tc8 und Td8 konnte Weiß bisher nichts entgegensetzen. Sein Ta1 steht noch in Ausgangsstellung, Tf1 wahrscheinlich noch so, wie nach o—o. Immerhin ist es Weiß gelungen, einen potentiellen Angriff auf die schwarze Königsstellung vorzubereiten, indem er mit Lb2 auf der langen Diagonale a1—h8 wirkt, wenn auch vorläufig noch blockiert durch seinen eigenen Be5 und Sc3. Aber wir haben schon erfahren, wie schnell solche Blockierungen mit verheerenden Folgen weggeräumt werden können. Auch sein Le4 hat den besten Platz eingenommen, den ein weißer Läufer einnehmen kann. Er wirkt auf der längsten (h1—a8) und einer zweitlängsten Diagonale (b1—h7) seiner Farbe, und Schwarz hatte allen Grund, diesem Läufer durch Lb7 zu opponieren (auch als g2—g3 noch nicht erzwungen war). Die weiße Dame steht auf e2 ebenfalls ausfallbereit auf die schwarze Königsstellung. Ein Angriff scheint durch f3—f4 möglich, wenn es Weiß gelingt, möglichst einen der beiden schwarzen Türme durch Opposition auf d1 oder c1 abzutauschen oder zu vertreiben.

Eine Bilanz der freien Felder ergibt zudem, daß Weiß 7 mit 19 Wirkungsgewichten, Schwarz 13 freie Felder mit 18 Wirkungsgewichten beherrscht. Demnach sollte für Schwarz eine Kombination zu finden sein. Man begreift im übrigen gar nicht recht, warum sich Schwarz mit Dh4 in eine Lage gebracht hat, wo er anscheinend mindestens zum Abtausch seines Lb7 gezwungen ist, wenn er Figurenverlust vermeiden will. Im Augenblick jedenfalls sind zwei seiner Figuren direkt (Lb7, Dh4) und eine indirekt angegriffen (Sg4). Die Stellung von Schwarz sieht so aus, als sei sie von einem Anfänger herbeigeführt worden. Aber nun beweist sich das gewaltige Schachgenie Rubinsteins, der die starke Überlegenheit seiner Angriffsstellung erkannte, obwohl fast alle Figuren von Weiß in vorzüglicher Weise zur Verteidigung seines Kh1 zusammenwirken. Rubinstein ersinnt eine Opferkombination, die so kompliziert ist — obschon sie nur fünf Züge umfaßt —, daß sie nur von einem Schachmeister hoher Begabung ohne genaue Analyse nachempfunden werden kann.

Idee: Der schwächste Punkt der weißen Stellung ist der Bh2. Gelänge es z. B., die De2 von der Deckung des Bh2 abzulenken, dann könnte Dh4 matt setzen. Wie sollte das aber bewerkstelligt werden? Dh4 ist durch Bg3 angegriffen und wird im nächsten Zuge geschlagen, wenn sie nicht wegzieht. Außerdem muß Schwarz den Lb7 retten und den Sg4 weiterhin decken.

Es muß wohl gesagt werden, wenn wir Rubinsteins Idee überhaupt nachvollziehen wollen: Rubinstein denkt an ein Dameopfer. Aber wer soll dann den schwachen Punkt h2 angreifen?

Der Läufer Lb6 wirkt ungehindert auf g1; Lb7 indirekt auf h1, weil er durch Le4 blockiert ist.

Wenn überhaupt etwas möglich ist, dann muß der Le4 durch Lb7 mit Schach geschlagen werden. Das setzt voraus, daß die Deckung von Le4 durch Sc3 und Dd2 erschüttert wird. Da die beiden wichtigsten Angriffsfiguren von Schwarz Dh4 und Lb7 angegriffen werden, kann eine erfolgreiche Kombination nur mit Tc8xSc3 anfangen. Probieren wir es einmal. Wie sieht die Stellung dann aus?

Es steht fest, daß Weiß keinesfalls Lb2xTc3 ziehen darf, weil dann Lb7xLe4+ und nach dem praktisch erzwungenen De2xLe4 die Dh4 auf h2 Matt geben würde.

Aber die Dh4 kann durch Bg3 geschlagen werden und außerdem Le4xLb7.

Was zieht Schwarz z. B. nach Le4xLb7?

Schwarz könnte Tc3xg3 ziehen und anschließend vernichtend Tg3—h3 drohen. Dieser Drohung kann Weiß weder mit Lb7—g2 (Dh4x h2‡) noch mit De2—e1 begegnen. Auch Df2 oder Tf2 gehen nicht. Also wäre Le4xLb7 ein Fehler, weil er zum Verlust der Partie führen würde. Aber was macht Schwarz nach g3xDh4? Was macht Rubinstein? Nun kommt das Unglaubliche. Er stellt eine vierte Figur zum Schlagen ein, indem er die De2 angreift. Es gibt nur eine, die das kann.

Finden Sie die Schlußzüge selbst.

Die Endstellung verdient ein Stellungsbild:

Stellungsbild 84

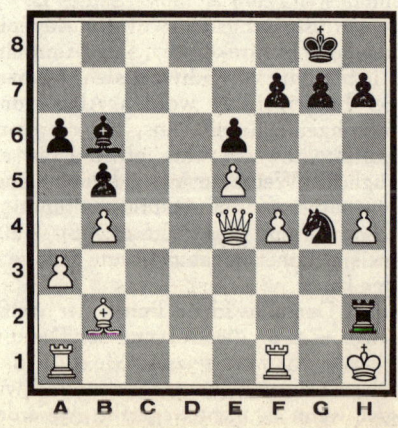

Lösung:

1. ...	Tc8xSc3
2. g3xDh4	Td8—d2
3. De2xTd2	Lb7xLe4 +
4. Dd2—g2	Tc3—h3
5. Dg2xLe4	Th3xh2 ‡

Stellungsbild 85
Schwarz zieht
Kombinationsübung Nr. 16
(Siehe Seite 11) Die Stellung ist ein Beispiel für die
große Rochade o—o—o. Der
Ke1 zog nach c1, und Ta1
stellte sich neben den Kc1
auf d1.

Großmeister Jaques Mieses — Meister W. John, 1908
Stellungsmerkmale: Weiß hat die Diagonalen a2—g8 und a1—h8 mit
seinen Läufern besetzt. Er hat die große Rochade gemacht und die
Entwicklung seines Königsflügels vernachlässigt. Weder Sg1 noch
Th1 nehmen am Spiel teil. Weiß spielt praktisch ohne diese beiden
Figuren.
Schwarz hat wegen der geöffneten g-Linie auf die kurze Rochade
verzichtet und seinen König dem Schutz der bisher nicht gezogenen
Be7 und Bf7 anvertraut. Dafür ist es ihm gelungen, den Ba2 zu gewinnen und durch Ta8 die a-Linie in gefährlicher Weise zu beherrschen. Er kann bereits durch Ta8—a1 Schach bieten oder seine schweren Figuren durch Dc7—a5 auf der a-Linie verdoppeln. Auch der Lf8
ist eingreifbereit und insoweit gewissermaßen »entwickelt«, obwohl
er noch nicht gezogen wurde, weil er wegen des weggezogenen Bg7
auf h6 dem Kc1 ein Schach geben kann.
Da Weiß als erfahrener Schachmeister seine Figuren in der Eröffnung so aufgestellt hat, daß sie nicht nur den schwarzen Königsflügel bedrohen, sondern auch den weißen Damenflügel (auf den der
weiße König rochiert hat) elastisch verteidigen, ist das Problem für
Schwarz, trotz der geöffneten a-Linie und der beiden vernachläs-

sigten Figuren des Königsflügels in Vorteil zu kommen, nicht leicht zu lösen.

Idee: Soll Schwarz auf der a-Linie im Zusammenwirken mit Lf8 und Bb4 zu einem wirksamen Angriff auf den weißen König kommen, dann müssen mindestens zwei verteidigende Figuren (der Lb3 und die De2) von dieser Stellung soweit abgelenkt werden, daß sie entweder durch Abtausch vom Brett verschwinden oder so aufgestellt werden, daß sie zur Verteidigung erneut herbeiziehen müssen. Das läßt sich durch ein Opfer der Bf7 und Bb4 erzwingen. Und wie geht es dann weiter?

Zunächst könnte durch das Läuferschach der Kc1 entweder nach b1 gebracht oder nach dem Abtausch der Läufer (Ld4—e3, LxL, DxL) die Eroberung des Bb2 und gleichzeitig die Heranführung des Sd7 (Sd7—e5) ins Auge gefaßt werden. Zieht aber der König nach b1, was wahrscheinlicher ist, dann ist entweder die Mattsetzung oder die Eroberung eines Turms in vier Zügen möglich.

Lösung:

1. . . .	Lf5—e6
2. Lb3xLe6	f7xLe6
3. De2xe6	Lf8—h6 +
4. Kc1—b1	Dc7—a5
5. c2—c3	Da5—a4
6. Td1—e1	Da4—a1 +
(Sg1—e2, b4—b3!)	
7. Kb1—c2	b4—b3 + !
8. De6xb3	Da1xTe1

24. Trainingsabschnitt

Stellungsbild 86
Weiß zieht
Kombinationsübung Nr. 17

Frank Marshall, Großmeister — Carl Schlechter, Großmeister, 1907.
Stellungsmerkmale: Zwei Großmeister, der amerikanische Spitzenspieler der Jahrhundertwende, Frank J. Marshall, und einer der tiefsinnigsten Großmeister aus Österreich, Carl Schlechter, trafen im Großmeisterturnier in Ostende am 24. Mai 1907 aufeinander. Schlechter hatte als Theoretiker und strategischer Spieler einen neuen Stil des Schachspiels mitbegründet, der in den zwanziger Jahren Triumphe feierte. Frank J. Marshall konnte zwar auf diesen Stil eingehen, gehörte aber mit dem Herzen noch zur Generation der großen Kombinationsspieler des ausgehenden Jahrhunderts, und in deren Spiel-Stil fiel er immer wieder zurück. So wurde er zum »Hecht im Karpfenteich«, der oft genug die stärksten Spieler seiner Zeit geradezu vom Brett fegte. Oft landete er aber auch am hinteren Ende der Turniertabelle. Die beiden Stellungen unterscheiden sich in den Hauptmerkmalen nur wenig voneinander. Beide Spieler haben ihre sämtlichen Figuren kampfbereit postiert; beide wirken durch ihre Läufer auf der langen Diagonale a1—h8 und a8—h1 und auf einer zweitlängsten b1—h7 und b8—h2. Der schwarze Lb7 ist zwar in seiner Wirkung durch den eigenen Bauern e4 blokkiert, doch ist das im Interesse der Vertreibung des Sf3 geschehen. Weiß, dessen Lb1 auf seiner Diagonale durch Be4 und f5 blockiert

ist, kann in einem Zuge von a2 nach g8 wirken. Die strategische Überlegenheit der schwarzen Stellung drückt sich auch in dem Verhältnis der beherrschten freien Felder aus: Weiß 9 mit 18 Wirkungsgewichten, Schwarz 12 mit 24 Wirkungsgewichten (Bauern in Grundstellung unberücksichtigt).

Die Wirkungskraft der beiden Läufer auf zwei fast freien Diagonalen auf die schwarze Königsstellung und der Druck auf die Zentrumsfelder ist nun so stark, daß Weiß nach einer Kombination Ausschau halten darf, zumal der Führer der weißen Steine der geniale Kombinationsspieler Frank J. Marshall ist.

Idee: Gegen den Angriff La2 hat Kg8 keinen anderen vernünftigen Zug als Kg8–h8. Jetzt kann Marshall die erste Stufe einer Kombinationsidee mit Sf3–g5 durchführen. Nimmt Schwarz diesen Springer mit De7 nicht, dann droht sowohl De2–h5 wie Sg5xh7. Beides würde vernichtende Folgen haben. Nimmt De7 aber den Sg5, dann kann Weiß mit Td1xLd6 das materielle Gleichgewicht zunächst wiederherstellen. Da eine Verdoppelung der weißen Türme mit vernichtenden Folgen droht, opponiert Schlechter den Td6 ganz selbstverständlich mit Tf8–d8, um ihn abzutauschen.

Marshall hat sich überlegt, daß er zunächst die schwarze Dg5 abzulenken versuchen darf, bevor er sich dem von Schwarz beabsichtigten Turmabtausch zuwenden muß. Er spielt h2–h4, um die Dg5 von der g-Linie zu entfernen, weil er dann Lb2xg7+ und nach Kg8 xLg7 mit De2–b2+ fortfahren könnte. Auch will er gleichzeitig ein Luftloch nach h2 für seinen Kg1 öffnen, falls dieser auf der 1. Reihe angegriffen werden sollte. Großmeister Schlechter sieht diese Fortsetzung selbstverständlich und spielt Dg5–g4, womit er Weiß gleichzeitig den Damentausch anbietet.

Marshall ist weit davon entfernt, sich auf eine so schwache Abwicklung einzulassen und deckt seinen Te6 mit De2–d2. Nun muß Schlechter abtauschen und Marshall die außerordentliche Stellungsverbesserung Dd6 einräumen. Es ist ganz natürlich und von Marshall ohne Zweifel vorausgesehen worden, daß Schlechter, wenn er schon der weißen Dame gestatten muß, in seine Stellung einzudringen, diese Gelegenheit zu einer Stellungsverbesserung der schwarzen Figuren auszunutzen versucht. Lb7, Sc6 und Tc8 decken einander, und nach Tc8–d8 ist der Doppelangriff auf Sc6 durch Tc1 und Dd6 nicht wirksam. Dd6 müßte den Sc6 zuerst schlagen, wenn sie nicht selbst von Td8 geschlagen werden soll. Deshalb ist dieser Deckungszug von Sc6 durch Tc8–d8 möglich. Bitte beachten Sie auch, daß diese Spielweise für Schwarz nur deshalb erlaubt ist, weil der Lb7 das Feld c8 beherrscht. Wäre das nicht der Fall, stünde Lb7 z. B. auf a8, dann dürfte Tc8–d8 nicht geschehen, weil der Tc1 den Sc6 sofort schlagen würde. Td8xDd6, dann folgt Tc6–c8+, weil Td6–d8 wirkungslos ist.

Nach Tc8–d8 muß die Dame weichen. Marshall muß diesen Gegenangriff schon vorausgesehen haben, als er h2—h4 plante, weil er andernfalls von Schwarz matt gesetzt oder seine Dame gegen einen Turm verlieren würde. Td8 wirkt nämlich, wenn die weiße Dame weggezogen ist, nach d1. Dorthin wirkt aber auch Dg4, von den weißen Figuren nur der Tc1, so daß Td8—d1 +, Tc1xTd1, Dg4x Td1 + zum Matt führen würde, wenn der Bh4 noch auf h2 stünde.

So aber hat Marshall vorausschauend seinem König mit h2—h4 das erforderliche Fluchtfeld geschaffen und kann es sich leisten, auf Tc8—d8 mit seiner weißen Dame durch Dd6—c7 den Lb7 anzugreifen. Da er keine wirksame andere Fortsetzung hat, muß Schwarz Lb7—a8 ziehen, um nicht eine Figur zu verlieren. Jetzt verwirklicht Marshall seine Mattidee, die er mit dem Opferzug Sf3—g5 begonnen und vorausgeplant hatte. Diese Schlußidee soll mit Tc1xSe6 beginnen. Diesen Zug plant Marshall, um die Deckung des Td8 zu entfernen, der nun von der Dc7 mit Matt geschlagen werden könnte. Er tut dies natürlich erst dann, wenn er verhindert hat, daß Schwarz seinem Kg1 ewiges Schach durch Turm und Dame geben kann oder gar Matt.

Deshalb bedarf es des vorbereitenden Zuges Lb3, der verhindert, daß Schwarz nach dem Wegzug des Tc1 von der 1. Reihe durch Td8—d1 + und nach Kg1—h2 durch Dg4xh4‡ geben kann. Die gewaltige Leistung Marshalls wird dadurch, daß der erfahrene Großmeister sich viele Zwischenstellungen seiner Kombination nicht etwa Stein für Stein auf dem Brett bewußt macht, nicht verringert. Solche Zwischenstellungen haben Gestaltcharakter, denen durch geistige Schau Glieder angepaßt oder als unpassend verworfen werden. Sie werden nicht durchgerechnet, sondern *umgestaltet* gesehen.

Stellungsbild 87
Weiß zieht

Auch diesen vorbereitenden Zug muß Marshall bereits bei seinen Kombinationsüberlegungen vor Sf3—g5 vorausgesehen und einkalkuliert haben, was unsere besondere Bewunderung verdient. Es ist außerordentlich, daß nach diesem Sicherungszug, der Schwarz ein Verteidigungstempo schenkt, Schwarz infolge der gewaltigen auf g7 und f8 ausgerichteten Stellungsüberlegenheit von Weiß nicht einmal einen brauchbaren zusätzlichen Verteidigungszug für seine Königsstellung hat.

Weder Dg4—g6 (um auf das Feld e8 zu wirken, auf das Td8 ausweichen könnte) noch h7—h6 können die Schlußkatastrophe aufhalten. In beiden Fällen ist Tc1xSc6 vernichtend, denn die weiße Dc7 setzt sich nach Dc7xTd8 (stets mit Hilfe ihrer Lb3 und Lb2) bis zum Zwangsmatt durch. Wie, das können Sie selbst leicht herausfinden. So zieht Schwarz wenigstens noch f5—f4, nicht so sehr um seinen Angriff auf die weiße Königsstellung zu unterstützen, sondern um seine Dame auf der Diagonale h3—c8 zur Wirkung zu bringen.

Nun folgt Tc1xSc6, und der Td8 darf nicht nach c8, obwohl die Dg4 nun auf dieses Feld wirkt. Schwarz zieht Td8—f8. Darauf folgt der ebenso stille wie grandiose Schlußzug der weißen Dame, der alle Hoffnung von Schwarz, dem Mattnetz vielleicht doch noch zu entkommen, dahinschwinden läßt. Finden Sie ihn selbst. Die außerordentliche Leistung von Großmeister Marshall in dieser Partie besteht nicht so sehr darin, daß er diesen letzten Damezug bereits vor Sf3—g5 vorausgesehen und ausgerechnet hat, sondern daß er durch diesen Zug im Zusammenwirken mit dem angegriffenen Tc6 und den Läufern eine endgültige Stellungsüberlegenheit erreicht, die Schwarz keinerlei Chance mehr gibt, das Matt abzuwenden.

Bitte überlegen Sie auch, was Weiß spielen würde, falls statt Td8—f8 der Zug Td8—e8 erfolgen würde.

Lösung:

1. Lb1—a2 +	Kg8—h8
2. Sf3—g5	De7xSg5
3. Td1xLd6	Tf8—d8
4. h2—h4	Dg5—g4
	(Dxh4?, Lb2xg7 +, KxL, Db2 +, Kf8, Tf6 + führt zum Zwangsmatt. Versuchen Sie's)
5. De2—d2	Td8xTd6
6. Dd2xTd6	Tc8—d8
7. Dd6—c7	Lb7—a8
8. La2 b3	f5—f4
9. Tc1xSc6	Td8—f8
10. Dc7—e7	aufgegeben

falls:

9. . . .	Td8—e8
10. Tc6—e6	La8—c6
11. Te6xTe8 +	Lc6xTe8
12. Dc7—e7	h7—h6
13. De7xLe8 +	Kh8—h7
14. Lb3—g8 +	Kh7—h8
15. Lg8—f7 +	Kh8—h7
16. De8—g8 ‡	

25. Trainingsabschnitt

Überlegene Endspielstellungen

Stellungsbild 88
Weiß zieht
Kombinationsübung Nr. 18

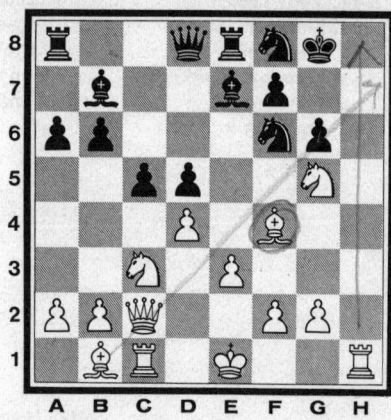

Professor Exner — P. Bodenstein. 1898

Stellungsmerkmale: Weiß ist es gelungen, einen direkten Angriff auf die schwarze Königsstellung durch Öffnung der h-Linie (unter Verzicht auf die Rochade) und einen Flankenangriff Lb1, Dc2, bei halbgeöffneter Diagonale b1—h7 (durch Entfernung des schwarzen e-Bauern und Besetzung des Feldes d4) aufzubauen.

Schwarz ist anscheinend ein vorsichtiger Spieler und hat sich, mit Ausnahme der Besetzung der langen Diagonale a8—h1 durch Lb7, vornehmlich auf die Verteidigung seiner Königsstellung beschränkt. Das erkennt man an der Stellung seiner beiden Sf8 und Sf6.

Daß es Weiß gelingen konnte, seinen h-Bauern so weit vorzustoßen, daß er unter Entfernung des schwarzen h-Bauern abgetauscht werden konnte, weist ebenfalls auf das Verteidigungsdenken des Führers der schwarzen Steine hin. Die Bilanz der freien Felder (Weiß 15 mit 26 Wirkungsgewichten, Schwarz 8 mit 10 Wirkungsgewichten) zeigt, daß Schwarz sogar unter einer gewissen Ängstlichkeit vor dem weißen Angriffswillen gelitten haben muß, sonst hätte er es wohl nicht zugelassen, daß Weiß auch durch Lf4 die ganze Diagonale h2—b8 bestreicht und mit Sg5 einen starken Angriffsspringer gegen die schwarze Königsstellung placieren konnte. Eine solche Massierung schwerer und leichter Verteidigungsfiguren um die eigene Königsstellung herum kann ein erfahrener Gegner meist leicht nachhaltig angreifen, weil sich die massierten Figuren oft gegenseitig behindern. So ist es auch hier. Diese Hinweise sollen Sie nicht verleiten zu glauben, daß beengte Stellungen *immer* nachteilig seien oder zum Verlust führen müssen. Weltmeister Emanuel Lasker hat als Schwarzer solche Stellungen oft genug gegen heftige Angriffsspieler mit voller Absicht herbeigeführt, um dann, wenn sich die scharfen Angriffe totgelaufen hatten, die beengte Stellung geradezu explosionsartig aufzulösen und dadurch den Gegner zu zerschmettern. Versuchen Sie das aber nicht eher nachzumachen, bis Sie so gut schachspielen können, daß Sie Laskers Partien voll und ganz verstehen.

Weiß kann es sich bereits leisten, den Kg8 durch Th1—h8 + anzugreifen, ohne daß Kg8 den Th8 schlagen darf. Warum? Das sehen Sie sofort. Der Besitz einer so großartigen Einbruchslinie sollte zusammen mit einer so überlegenen Beherrschung freier Felder eine erfolgreiche Opferkombination ermöglichen.

Idee: Der ideale Angriffspunkt für die weißen Figuren ist der Bg6 bzw. das Feld g6. Dieser Bauer ist durch f7 und Sf8 gedeckt. Wenn es möglich wäre, beide Deckungen zu beseitigen, dann könnte die Dc2 vernichtend in die schwarze Königsstellung eindringen. Eine Entfernungsmöglichkeit der Deckung durch Sf8 haben wir bereits durch (1.) Th1h8 + in Gedanken vorbereitet. Da der Th8 nicht geschlagen werden darf, könnte Th8xSf8 die Deckung für Bg6 entfernen.

Was ist nun mit f7? Auch dieser Bauer ist von einer weißen Figur angegriffen. Wird die Figur geopfert, dann kommt der schwarze König auf dieses Feld und könnte dort durch Dc2xg6 + angegriffen werden. Aber wie geht es dann weiter? Die Fortsetzung für Weiß hängt offensichtlich davon ab, auf welche Weise Schwarz nach (1.) Th1—h8 +, Kg8—g7, (2.) Sg5xf7, Kg7xSf7, (3.) Th8xSf8 + den Tf8 wieder schlägt. Er kann dies durch Kf7xTf8, Te8xTf8 und durch Le7xTf8 tun. Da wir Anfänger sind, dürfen wir uns ein Zwischenstellungsbild aufbauen.

Schlägt der Te8 den Tf8, dann ist leicht zu sehen, daß Weiß in zwei Zügen matt setzt. Ähnliches gilt für (3.) Kf7xTf8. (Stellung 89) Es folgt (4.) Lf4—h6 +mit der Drohung (5.) Dc2xg6 + und Damenverlust oder Matt nach spätestens 4 Zügen. Finden Sie es selbst. Es bleibt für Schwarz also nur die Fortsetzung Le7xTf8. Wie kann Weiß dann erfolgreich fortsetzen?

Es ist eindeutig, daß zunächst Dc2xg6 + folgt, was den schwarzen Kf7 nach e7 zwingt (nicht Kf7—e6, wegen Läufer b1—f5 + mit tödlichem Tempogewinn für Weiß).

Ebenso deutlich ist, daß Weiß den Sf6 mit Lf4—e5 angreift, was Ke7 auf das Feld d7 zwingt, womit er in den Bereich des Lb1 zieht.

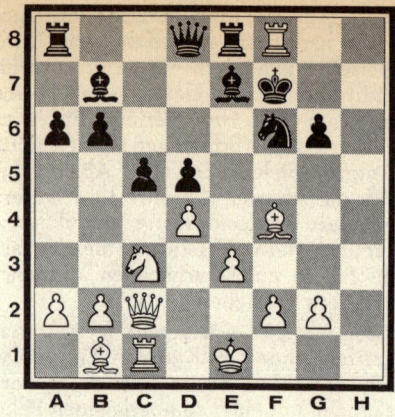

Weiß kann bereits mit Le5xSf6 einen geringen Vorteil gegenüber Schwarz herstellen. Für die Qualität hat er dann zwei Bauern bekommen.

Stellungsbild 90:
Weiß zieht

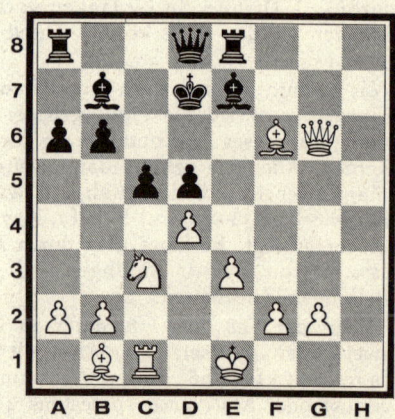

Weiß zieht auch Le5xSf6, aber nicht um einen Vorteil einzuheimsen, sondern um seine Kombination fortzusetzen. Die zielt darauf ab, Schwarz matt zu setzen oder durch fortgesetzten Abtausch so zu schwächen, daß Weiß schließlich bei gleichen Figuren mit drei verbundenen Freibauern übrigbleibt. Schwarz antwortet mit Lf8—e7.

Um diese komplizierte Kombinationsfortsetzung mit doppelter Zielrichtung mit Nutzen zu durchschauen, brauchen Sie als Anfänger für die Analyse dieser Idee II ein neues Stellungsbild (Stellung 90).

Idee II: Weiß zieht zunächst seinen angriffsstarken Lf6, der jetzt durch Lf8—e7 zweimal angegriffen und nur einmal gedeckt ist, nach e5 zurück. Dadurch nimmt die weiße Dame g6 auf der 6. Reihe dem schwarzen Kd7 die Fluchtfelder, so daß Lb1—f5+ Matt droht. Dieses Matt kann Schwarz nur noch durch Te8—f8 und nachfolgendem Abtausch Tf8xLf5, Dg6xTf5+ mit einem blauen Auge abwehren, denn nun kann der Kd7 entweder nach e8 oder nach c6 ausweichen.

Nach e8 darf Kd7 allerdings nicht, denn dann wäre Ke1—d2 mit späterem Tc1—h1—h8 das sichere Ende für Schwarz. So bleibt nur Kd7—c6.

Und jetzt gewinnt Weiß den Bd5 und kann Läufer und Dame abtauschen. Anschließend vereinzelt Weiß die übriggebliebenen schwarzen Bauern (d4xc5+) und sichert mit f2—f3 seine drei Freibauern, die ihm einen bequemen Endsieg verbürgen. Wie er das im einzelnen macht? Das können Sie selbst herausfinden.

Lösung:

1. Th1—h8+	Kg8—g7 (KxT, Sxf+, Dd8)
2. Sg5xf7	Kg7xSf7
3. Th8xSf8	Le7xTf8 (nicht Kf8 oder Tf8)
4. Dc2xg6+	Kf7—e7
5. Lf4—e5	Ke7—d7
6. Le5xSf6	Lf8—e7
7. Lf6—e5	Te8—f8
8. Lb1—f5+	Tf8xLf5
9. Dg6xTf5+	Kd7—c6
10. Df5—e6+	Le7—d6
11. De6xd5+	Kc6—c7
12. Dd5xLd6+	Dd8xDd6
13. Le5xDd6	Kc7xLd6
14. d4xc5+	b6xc5
15. f2—f3	

und Weiß gewinnt leicht, wie Sie im Kapitel »Endspiel« nachlesen können.

An dieser Stelle, an der wir soeben wieder einmal erkannt haben, wie eine komplizierte Kombination das Ziel haben kann, eine überlegene Position der eigenen Figuren herbeizuführen, die bei relativ geringer materieller Überlegenheit (drei Bauern) durch die allgemeine Stellungsüberlegenheit den Endsieg in wenigen Zügen sichert, sollten wir den alten Laskerschen Grundsatz: »Das Positionsspiel ist die Vorbereitung des Kombinationsspiels«, um den Zusatz erweitern »und umgekehrt«. Denn es ist unter den modernen Großmeistern zur ganz selbstverständlichen Regel geworden, daß Kombinationen vor allem auch zur Erzielung positionell überlegener Stellungen durchgeführt werden sollten, statt nur um materiellen Gewinn, zu dem man ohnehin kaum mehr Gelegenheit hat. Richard Réti hat dazu einen allgemeinen Grundsatz formuliert:

»Kombinieren kann man im Schach nur dort, wo die Zahl der vorauszuberechnenden Möglichkeiten eine beschränkte ist, d. h. wenn die eigenen Züge den Gegner zu ganz gewissen Gegenzügen zwingen. Dies kann geschehen, wenn mein Zug eine bestimmte Drohung enthält, die der Gegner nur auf eine oder jedenfalls nur auf ganz wenige Arten parieren kann, oder wenn ich dem Gegner einen Stein abtausche, ferner wenn ich Schach biete. Eine eigene Kombination enthält also immer erzwungene Züge meines Gegners. Nur in solchen Fällen ist es möglich, sehr weit vorauszurechnen, sogar 20 und mehr Züge, da die Anzahl der verschiedenen Varianten doch nur eine sehr geringe bleibt.

Man sieht also: Positionsspiel und Kombinationsspiel sind einander nicht entgegengesetzt, sondern sie ergänzen einander.«

26. Trainingsabschnitt

W. 10/14
S 13/22

Großmeister M.J. Tschigorin — Großmeister D. Janowski, 1895
Stellungsmerkmale: Großmeister Tschigorin hat seine Entwicklung vernachlässigt. Der Lf1 und der Th1 haben ihre Plätze seit Partiebeginn noch nicht verlassen, während es Großmeister Janowski gelungen ist, seine sämtlichen Figuren, einschließlich der Türme, ins Spiel zu bringen. Weiß hat die große Rochade o—o—o gemacht und war anscheinend deswegen den Angriffen schwarzer Figuren auf seine Rochadestellung ausgesetzt, die ihn zu Verteidigungszügen (a2—a3, Ld2) zwangen, so daß die Entwicklung seines Königsflügels (Lf1, Th1) und der Bauernsturm auf die schwarze Königsstellung vorläufig von Weiß aufgeschoben werden mußten. Lediglich seine Dame hat er auf h3 in eine Angriffsposition gegen den Bh7 gebracht, was allerdings zu wenig ist. Zur Verteidigung seiner Rochadestellung steht die Dh3 jetzt ziemlich abseits, während Schwarz mit Da5 und den Läufern Ld6 und Le6 drohend gegen die weiße Rochadestellung aufmarschiert ist. Auch der Sc6 steht eingreifbereit. Die Bilanz der freien Felder ergibt, daß Weiß nur 10 mit 14 Wirkungsgewichten, Schwarz 13 mit 22 Wirkungsgewichten beherrscht (Bauern in Grundstellung nicht gerechnet). Eine Opferkombination sollte möglich sein.
Idee: Auf (1.) Ld6xa3, (2.) b2xa3, Da5xa3+ muß der weiße (3.) Kc1 nach b1 ziehen, das ist offensichtlich. Dann kann der Angriff

mit Sc6—b4 fortgesetzt werden. Nun droht (4.) Le6—a2+, der durch
Sc3 wegen Da3xSa2+ und Matt auf c2 nicht geschlagen werden darf.
Der Kb1 ist gezwungen nach a1 in ein Abzugsschach zu ziehen, das
aber nicht mehr ausgeführt werden muß, wenn Weiß den Bc2 ungedeckt läßt, weil dann Sb4xc2‡ Matt bedeutet.
Also wird Weiß nach (3.) Sc6—b4 den Bc2 decken. Das kann er nur
durch (4.) Td1—c1. Wie geht es weiter? Schwarz hat einen Läufer
für zwei Bauern hergegeben. Das ist kein ausreichendes Äquivalent.
Er kann also nicht in Stufen kombinieren und hier mit einer Idee II
beginnen wollen. Da wir Anfänger sind, dürfen wir uns hier mit
einem Stellungsbild helfen.

Stellungsbild 92
Schwarz zieht

Wir erkennen bald, daß mit dem Abzugsschach durch den Läufer
tatsächlich nur ein ewiges Schach zu erzielen ist. Das wenigstens hat
Schwarz erreicht. Er will aber mehr. Da das mit den bisher zum
Angriff zur Verfügung stehenden Figuren Da3, Sb4 und La2 nicht
zu schaffen ist, muß er Verstärkung herbeiholen. Zwei Türme stehen dazu bereit. Er kann Tf8—f6 oder Td8—d6 spielen, um den
Turm dann nach a6 zu ziehen, damit der Angriff verstärkt wird.
Wenn wir diese Turmzüge durchdenken, merken wir, daß nur Tf8—
f6 in Frage kommt, weil Td8—d6 von Weiß mit dem Doppelangriff Sc3—b5 beantwortet werden kann. Das Abzugsschach mit dem
La2 hilft dann nicht mehr, weil der Sb5 die schachgebende Dame
schlägt und die Da3 nach Sc3—b5 aus der Bedrohung wegziehen
muß (z. B. nach a5). Nach dem Wegzug der Dame könnte der Sb5
den Td6 schlagen? Das darf Weiß nicht, weil er sonst matt gesetzt
wird. Der Sb5 müßte nach c3 zurückkehren, um auf das Feld a2
zu wirken, damit die Da5 nicht auf a2 matt sagen kann.

Also ginge es doch mit Td8—d6. Dieser Zug wäre womöglich für Weiß eine Verlockung, Sc3—b5 zu ziehen, aber nicht für einen Großmeister wie Michael Tschigorin. Der würde vielmehr mit allen ihm noch verbliebenen Mitteln zu verhindern versuchen, daß der Td6 oder Tf6 nach a6 gezogen werden könnte. Das kann er auch verhindern, und zwar durch einen Zug, der zugleich seinem unentwickelten Lf1 und seiner Dh3 einige Mitwirkung bei der Verteidigung seiner bedrohten Rochadestellung erlauben würde. Haben Sie ihn gefunden? Diese Stellung entstand in einem der berühmtesten internationalen Schachturniere seiner Zeit in Hastings, an dem so berühmte Großmeister teilnahmen wie der Amerikaner Pillsbury, die Deutschen Emanuel Lasker und Siegbert Tarrasch, der ehemalige Weltmeister Wilhelm Steinitz und viele andere. Da wollte es schon etwas heißen, wenn der russische Vorkämpfer Michael J. Tschigorin, der selbst als genialer Kombinationsspieler verehrt wurde, sich einer solchen Kombination beugen mußte.

Trotz dieser Niederlage gegen Janowski belegte Großmeister Tschigorin hinter dem starken amerikanischen Meister Harry Pillsbury, der das Schachspiel als Hauptberuf ausübte, mit nur einem halben Punkt Abstand den zweiten Platz. Er hatte damit erfolgreicher gespielt als der Weltmeister Emanuel Lasker, der ebenfalls weltberühmte Großmeister Siegbert Tarrasch, gegen den er zwei Jahre vorher in St. Petersburg einen Wettkampf verloren hatte, den ehemaligen Weltmeister Wilhelm Steinitz und seinen alten russischen Rivalen Emmanuel Schiffers.

Es ist kein Wunder, daß der zu Optimismus und schachlichem Überschwang neigende Großmeister Tschigorin nach seinem Erfolg in diesem Turnier glaubte, zum Weltmeister berufen zu sein.

Er beteiligte sich noch im gleichen Jahre (1895) an einem Vier-Meister-Turnier in St. Petersburg, an dem mit Ausnahme von Dr. Tarrasch, der eine Teilnahme aus beruflichen Gründen — er war praktizierender Arzt in Nürnberg — nicht ermöglichen konnte, alle Sieger des Turniers in Hastings teilnahmen: Emmanuel Lasker, Weltmeister Steinitz, Henry Pillsbury und Tschigorin. In diesem Wettkampf zerrannen alle Erwartungen Tschigorins auf einen Kampf um die Weltmeisterschaft. Er wurde mit nur 7 Punkten aus 18 Partien Letzter, während der Wettkampf von Emmanuel Lasker mit 11 1/2 Punkten vor Wilhelm Steinitz mit 9 1/2 Punkten gewonnen wurde.

Nach dieser Erholungspause folgt erneut die Frage nach dem möglichen Verteidigungszug in der Stellung 91. Haben Sie ihn gefunden? Schwarz kann diesen hübschen Verteidigungszug d3—d4 dank des Abzugsschachs, das den Ka1 zwingt, nach b1 zu ziehen, durch La2—b3 + widerlegen. Der Td6 erreicht nach Kb1 sein Ziel auf c6, und das Matt durch TxS, DxT, Da2‡ ist nicht mehr aufzuhalten, weil Tc1 nicht wegziehen darf (Lxc2 +). Das alles sah Tschigorin so gut wie Großmeister Janowski voraus. Er überlegte sich, daß es aus der Zwangsstellung 91 nur noch einen Ausweg gab, wenn er nicht gleich aufgeben wollte.

Tschigorin also suchte nach einem anderen Verteidigungszug, der für Janowski unerwartet sein könnte, und hoffte, ihn mit 2. Sc3—b1 entdeckt zu haben. Er geriet aber aus dem Regen in die Traufe und wurde von dem ebenfalls genialen David Janowski, der allerdings sehr gutmütig war und die »schöne« Schachpartie unüberwindlich liebte, in nur drei Zügen mattreif gesetzt. Der Schlußzug sei Ihnen noch hier verraten. Es war Sc6—d4. Das übrige sollten Sie selber finden können.

Lösung: (Stellungsbild 91)

1. . . .	Ld6xa3
2. Sc3—b1	La3xb2 +
3. Kc1xLb2	Da5—a2 +
4. Kb2—c1	Sc6—d4

Nach diesem Zuge wurde die Partie von Großmeister Michael Tschigorin sicher mit innerem Zähneknirschen aufgegeben, da Da2x c2 ‡ nur noch zwei Züge lang hinausgeschoben werden kann. Mit 4. Kb2—c3 hätte er sich noch ein wenig länger halten können.

27. Trainingsabschnitt

Eröffnungsfallen sind Kombinationen

Kombinationen sind Möglichkeiten, die sich dem Schachspieler, d. h. seiner Phantasie und seinem Schachgefühl immer nur dann bieten, wenn sein Partner eine ausreichende Anzahl schwacher Züge gemacht hat. Wenn eine Figur eingestellt wird oder wenn in der Eröffnung mehr Bauernzüge als Entwicklungszüge gemacht werden, dann sind das »schwache Züge«. Der Gegner kann dann zielbewußtere Angriffsstellungen aufbauen, ohne selbst in gleicher Weise bedroht zu sein. Schwache Züge sind auch solche, die dem Gegner die Beherrschung von mehr freien Feldern überlassen, als man selbst beherrscht. Stellen wir eine Figur direkt in einem Zuge oder indirekt in zwei oder mehr Zügen ein (Doppelangriff durch Bauer oder Springer, Fesselungsausnutzung oder Abzugsschach), dann drängen sich die Kombinationen von selbst auf. Sie stecken im Sinne Weltmeister Laskers gewissermaßen unabhängig vom erkennenden Geist des Schachspielers in der jeweiligen Stellung. Ist eine zielgerichtete, überlegene Angriffsstellung durch die Beherrschung freier Linien oder Diagonalen entstanden, dann macht uns unser Schachgefühl auf die Möglichkeit einer Kombination aufmerksam. Die Kombination müssen wir uns durch geistige Arbeit und Durchrechnen zu finden bemühen. Dabei helfen uns Vorbilder gleicher oder ähnlicher Stellungen. Beherrschen wir erheblich mehr freie Felder als unser Partner, dann dürfen wir versuchen, zu einer Kombinationsidee zu kommen, die durch Schachgefühl und Phantasie in großen Zügen erahnt, durch Vorbereitungszüge gesichert und schließlich durch genaues Durchrechnen in ihren zwangsläufigen Zugfolgen festgelegt und endlich gespielt werden kann. In Ihrer Schachlaufbahn werden Sie oft von erfahrenen Schachspielern mit sogenannten »Eröffnungsfallen« bekanntgemacht werden. Versuchen Sie *nicht*, die Zugfolgen dieser Eröffnungsfallen Ihrem Gedächtnis einzuprägen oder gar Ihre Partner mit Hilfe solcher Fallen »hereinzulegen«. Sie werden dadurch nur die Entwicklung Ihres Schachgefühls beeinträchtigen.

Wenn Sie genau und sorgfältig so spielen, wie Sie das durch die bisherigen Übungen als einzig richtige Spielweise erkannt haben, dann werden Sie auch nicht auf irgendeine Eröffnungsfalle »hereinfallen«, auch wenn Sie eine Ihnen unbekannte Eröffnung zu spielen haben. Eröffnungsfallen sind Kombinationen. Um ihnen zum Opfer zu fallen, müssen Sie mehrere Züge lang unachtsam, nachlässig oder schwach gezogen haben. Sie müssen dem Gegner an irgendeiner Stelle des Schachbretts einen überlegenen Angriff aufzubauen erlaubt oder die Beherrschung von mehr freien Feldern, vor allem im Zentrum, gestattet haben, als Sie selbst beherrschen. Andernfalls gibt es für ihn keine Kombinationen und damit auch keine Eröffnungsfallen.

Die wichtigsten der bekannten Eröffnungsfallen werden wir nun, da wir unsere Kombinationskraft bereits vielseitig und an typischen Beispielen geschult haben, im Licht der bisher gewonnenen Spielgrundsätze anhand praktischer Partien untersuchen.

3. Partie
Fianchetto di Donna um 1625
Weiß: Givachino Greco aus Calabrien — Schwarz: N. N.

Diese Schachpartie Grecos, die nach seinem Tode 1656 in London veröffentlicht wurde, kennzeichnet der Königlich-Westfälische Superintendent und Domprediger in Magdeburg, Johann Friedrich Wilhelm Koch, in seinem »Codex der Schachspielkunst« im Jahre 1813 wie folgt:

»Die Spielart des Italieners Givachino Greco zeichnet sich besonders dadurch aus, daß er von der gewöhnlichen, bedächtigen, und Schritt für Schritt dem entworfenen Plane folgenden Methode abweicht und meistenteils durch überraschende Züge, sogenannte Husarenzüge, zu siegen pflegt. Er versteht die Kunst, das Spiel des Gegners in Unordnung zu bringen, ohne daß er seinem eigenen schadet, und eben dadurch den Gegner irre zu leiten. Jedoch läßt er den Gegner nicht selten schlecht ziehen, um denjenigen, der gewinnen soll, auf eine desto überraschendere Art gewinnen zu lassen.«

Dieser Kritik setzt P. R. v. Bilguer in seinem »Handbuch des Schachspiels« von 1864 folgende Verteidigung entgegen, die für uns auch heute noch gültig ist:

»Häufig ist es dem Greco zum Vorwurf gemacht worden, daß seine Spiele fehlerhaft seien; er weiß indes die Versehen, welche meist der Art sind, daß sie im wirklichen Spiel selbst unter guten Spielern öfters vorkommen, so schön zu benutzen, daß man schon deshalb hinreichende Unterhaltung und Belehrung im Durchspielen seiner Partien findet.«

1. e2—e4   b7—b6

Was immer sich aus diesem Antwortzug von Schwarz als Eröffnungsstellung entwickeln mag, eins ist uns klar:
Schwarz überläßt Weiß einen erheblichen Vorsprung in der Beherrschung der freien Felder. Weiß beherrscht 10 Felder, Schwarz nur 5! (Bauern in Grundstellung bleiben unberücksichtigt.)

2. d2—d4	Lc8—b7

Durch seinen zweiten Zug gewinnt Weiß die Beherrschung von 5 weiteren freien Feldern, Schwarz nur 1. Da aber Lc8—b7 der mit b7—b6 von Schwarz vorbereitete Zug ist, so handelt er logisch, wenn auch schwach. Mit e7—e5 hätte er jedenfalls zunächst mehr für seine Stellung tun können. Das einzige, was sich zugunsten des schwarzen Zuges Lc8—b7 sagen läßt ist, daß er den ungedeckten Be4 angreift und zugleich auf der wichtigen Diagonale a8—h1 wirkt.

3. Lf1—d3	f7—f5

Schwarz handelt wiederum konsequent, wenngleich wenig stellungsfördernd. Er hat mit Lc8—b7 den Be4 angegriffen. Weiß hat Be4 sehr geschickt durch Lf1—d3 gedeckt, ein Zug, der nicht nur den Läufer auf der Diagonale b1—h7 für einen eventuellen Angriff auf die schwarze Königsseite bereitstellt, sondern auch das Feld f1 räumt, das für die baldige Rochade frei sein muß. Weiß schlägt mit diesem Zug Lf1—d3 gewissermaßen drei Fliegen mit einer Klappe. Schwarz läßt sich durch diesen vielseitigen und starken Zug von Weiß nicht zur Vorsicht mahnen, sondern jagt mit f7—f5 ohne Rücksicht auf die Stellungsgefahren, die er dadurch für sich heraufbeschwört (Dd1—h5 +), einem materiellen Gewinn nach. Denn wenn Be4 den Bf5 schlägt, kann Schwarz durch Lb7xg2 nicht nur einen Bauern, sondern einen ganzen Turm gewinnen. Aber um welchen Preis!?
Nach e4xf5 ist die Stellungsüberlegenheit von Weiß von 14 freien Feldern mit 18 Wirkungsgewichten, denen Schwarz nur die Beherrschung von 8 Feldern mit 11 Wirkungsgewichten entgegenzusetzen hat, so gewaltig, daß Weiß sich den Verlust eines Turmes durchaus leisten kann. Weiß sieht nun eine Opferkombination, die zum Matt führt.

4. e4xf5	Lb7xg2
5. Dd1—h5 +	g7—g6
6. f5xg6	Sg8—f6

Es droht g6—g7‡. Deshalb greift Schwarz nun die Dh5 an, um nach g6—g7 +, Sf6xDh5, g7xTh8, Lg2xTh1 mit dem Verlust des Bg7 davonzukommen. Weiß aber kann sich nun sogar den Verlust seiner Dh5 leisten, ohne sie durch g6—g7 zurückbekommen zu müssen, weil er in zwei Zügen matt setzen kann. Wie zieht Weiß, um das zu erreichen, statt g6—g7? Das können Sie nach den vielen Kombinationsübungen, die zum ersticketen Matt führten, nun leicht aus eigener Kraft finden.
Diese Partie gilt in der Schachgeschichte als Musterbeispiel für eine »Eröffnungsfalle«. Der Ausdruck ist schlecht gewählt, und wir wis-

sen auch warum. Wir würden jedenfalls als Führer der schwarzen Steine niemals so schwache Antwortzüge machen, daß wir in diese Falle hineinstolpern könnten.

Ganz exemplarisch zeigt eine Eröffnungsfalle des Königsambits, wie das Opferangebot eines Bauern zu einem zweizügigen Matt führen kann. Diese Spielfolge kommt allerdings nur bei krassen Anfängern vor, die, statt nachzudenken, wahllos Schachsteine bewegen:

1. e2—24	e7—e5
2. f2—f4	Lf8—c5
3. f4xe5??	Dd8—h4 +

Nun wird ein wenig nachgedacht und erkannt, daß (4.) g2—g3 zum Verlust des Turmes auf h1 führen würde. Also zieht Weiß ohne weiter nachzudenken statt dessen

4. Ke1—e2	Dh4xe4 ‡

Sie dagegen haben bereits jetzt schon so viel Schachgefühl erworben, daß Sie in diese Falle gar nicht erst hineinstolpern würden.

4. Partie
Die Verteidigung des Philidor 1858

Weiß: Morphy

Schwarz: Herzog von Braunschweig und Graf Isouard

1. e2—e4	e7—e5
2. Sg1—f3	d7—d6

Der Zug d7—d6 wurde zum ersten Mal von dem ersten, großen Schachtheoretiker André Danican Philidor als bester Verteidigungszug für Schwarz in dieser Eröffnung theoretisch begründet. Gemessen an dem, was wir heute über den tieferen Sinn und das Wesen der Schacheröffnungen wissen, muß dieser Zug als schwach und bei weitem nicht der beste Verteidigungszug in dieser Stellung angesehen werden. Doch für die allgemeine Spielweise seiner Zeit, also die zweite Hälfte des 18. Jahrhunderts, war er ein genial zu nennender Fortschritt. Kein Wunder, daß Philidor, der übrigens auch die ersten öffentlichen Blindpartien spielte, allen seinen Schachzeitgenossen weit überlegen war. Warum ist der Verteidigungszug d7—d6 schwach?

In den üblichen Lehrbüchern findet man die Angabe, der Zug sei deshalb schwach, weil er dem Lf8 die Diagonale f8—a3 absperre und damit die Möglichkeit nehme, von c5 oder b4 den weißen König oder den Königsflügel zu bedrohen.

Großmeister Richard Réti hat als erster erkannt, daß diese Tatsache von geringerer Bedeutung ist als der durch d7—d6 kundgetane vorläufige Verzicht auf d7—d5, durch den Schwarz in den unbedingt nötigen ›Kampf um das Übergewicht im Zentrum‹ eingreifen sollte. Von unserem Standpunkt — der Notwendigkeit, mit jedem Zuge möglichst viele freie Felder des Schachbretts zu beherrschen —, ist der Zug d7—d6 deshalb schwach, weil er nicht zur vermehrten Beherrschung freier Felder des Schachbretts führt. Er schichtet die Anzahl der freien Felder gewissermaßen nur um, aber er vermehrt sie nicht. Für die 3 freien Felder, die durch d7—d6 dem Lf8 weggenommen werden, bekommt Schwarz für seinen Lc8 weitere 3 freie Felder dazu und eins durch d6, nämlich c5. Warum das für Schwarz zu wenig ist, wissen wir auch. Weiß ist jetzt am Zuge und kann auf jeden Fall nun mehr Felder beherrschen als Schwarz und noch dazu ein wichtiges Zentrumsfeld.

Zieht Weiß jetzt etwa Lf1—c4, dann beherrscht er bereits einen Überschuß von einem freien Feld und kann rochieren, was Schwarz mit keinem Antwortzug auch nur annähernd ausgleichen kann. Dieser Nachteil, den sich Schwarz durch d7—d6 einhandelt, ist so groß, daß die in den Lehrbüchern ebenfalls behauptete besonders festgefügte schwarze Verteidigungsstellung (was erst noch zu beweisen wäre) kein Ausgleich dafür ist. Infolgedessen ist die Philidor-Verteidigung seit den zwanziger Jahren unseres Jahrhunderts aus der Turnierpraxis mit Recht ganz verschwunden.

3. d2—d4   Lc8—g4

Mit dem Zug d2—d4 nimmt Weiß nicht nur dem Bd6 das beherrschte freie Feld wieder weg, sondern gewinnt auch noch die Beherrschung weiterer 3 freier Felder mit 6 Wirkungsgewichten durch Läufer, Dame, König und Springer dazu.

4. d4xe5   Lg4xSf3

Weiß drohte, mit d4xe5 bereits einen Bauern zu gewinnen und auch noch Schwarz die Möglichkeit der Rochade wegzunehmen, weil Weiß nach d6xe5 durch Dd1xDd8+ die Dame getauscht und nach Ke8xDd8 (Rochademöglichkeit zerstört) mit Sf3xe5, der nun nicht mehr gefesselt ist, den Be5 gewonnen hätte. Gleichzeitig hätte er auch noch den Lg4 und Bf7 (Schach-Turm!) angegriffen. Wenn Schwarz auch diesen Gefahren durch Lg4—e6 hätte begegnen können, so würde Weiß z. B. durch f2—f4 mit nachfolgendem Se5—d3 (falls Lf8—d6) in einen nicht mehr aufzuholenden Stellungsvorteil kommen.

So ist es verständlich, daß die beiden adeligen Schachspieler hier Lg4xSf3 ziehen. Es bleibt ihnen, nachdem sie einmal Lc8—g4 gezogen hatten, kaum etwas anderes übrig. Wie schwach der Zug Lc8—g4 tatsächlich war, das zeigt sich nun auch nach dem erzwungenen Lg4xSf3 in der Bilanz der freien Felder.

5. Dd1xLf3   d6xe5

Weiß beherrscht 12 freie Felder mit 17 Wirkungsgewichten, Schwarz 16 mit 15 Wirkungsgewichten. Da Weiß am Zuge ist, kann er nun mit Lf1—c4 den Bf7 zum zweiten Male angreifen. Es ist die Situation des drohenden Schäfermatts entstanden! Wir sollten uns an dieser Stelle klarmachen, daß diese Stellung deshalb entstanden ist, weil sie von Schwarz durch schwache Züge herausgefordert, ja gewissermaßen erzwungen wurde. Ferner steht Schwarz weder jetzt noch später der Verteidigungszug d6 (oder d7—d5) zur Verfügung, weil der d-Bauer bereits verschwunden ist. Natürlich gibt es für Schwarz nur einen vernünftigen Zug, das drohende Matt zu decken. Welchen?

      6. Lf1—c4   Sg8—f6

Jetzt entwickeln sich große Kombinationsmöglichkeiten.

      7. Df3—b3   Dd8—e7

Den Zug Df3—b3 kennen wir schon, aber mit dem gewaltigen Unterschied, daß der Lc8 noch vorhanden war und den Bb7 deckte. In der vorliegenden Stellung muß Schwarz mit Dd8—e7 den Bf7 decken. Das ginge zwar durch Dd8—d7, und so würde der Lf8 nicht am Herausziehen gehindert, aber dann würde Schwarz den Bb7 und mindestens den Ta8 verlieren. Warum verliert er den Ta8 nach Dd8—e7 nicht? Sehen Sie es? (Db4+). Hier zeigt sich wieder die überlegene Kraft des Zusammenwirkens von Dame und Läufer, die wir schon mehrfach beobachten konnten.
Morphy hat an einem Bauerngewinn in dieser überlegenen Stellung (Bilanz der freien Felder 14:9 zu ungunsten von Schwarz) kein Interesse. Er zieht Sb1—c3. Damit verhindert er den Dameabtausch und bedroht Schwarz erneut mit dem Verlust des Ta8.

      8. Sb1—c3   c7—c6

Schwarz muß c6 ziehen, um b7 und De7 zu decken. Zugleich bereitet dieser Zug die Bedrohung von Lc4 durch b7—b5 vor und nimmt dem Sc3 die Felder b5 und d5. Weiß zieht

      9. Lc1—g5   b7—b5

Weiß hat nun alle seine leichten Figuren zum Angriff auf die schwarze Königsstellung bereitgestellt. Er selbst kann kurz oder lang rochieren (womit seine Türme einsatzbereit sind), während Schwarz beide Möglichkeiten noch versagt sind. Von seinen Figuren verteidigen den König eigentlich nur zwei (De7 und Sf7), während weder Sb8 noch Lf8 noch die beiden Türme einsatzbereit sind.

Weiß beherrscht 11 mit 18 Wirkungsgewichten, Schwarz 11 freie Felder mit 16 Wirkungsgewichten. Eine solche Massierung von Angriffsfiguren bei offener d-Linie und unrochiertem schwarzen König sollte eine Opferkombination ermöglichen.

10. Sc3xb5	c6xSb5

Hätten die beiden adeligen Schachspieler die Konsequenz dieses Morphyischen Springeropfers erkannt (so wie in der nächsten Partie Großmeister Tschigorin das angebotene Dameopfer Großmeister Tarraschs), dann hätten sie statt 10. c6xSb5 durch (10.) De7–b4+ die Gelegenheit zum Dametausch wahrgenommen und wären nach Sb4–c3 vorläufig mit einem Bauernverlust davongekommen. So aber geht es ins Verderben.

11. Lc4xb5 +	Sb8–d7

Wahrscheinlich waren Morphys Gegner jetzt ganz zufrieden. Sie hatten für zwei Bauern eine Figur gewonnen und konnten den Sc8 und Ta8 des Dameflügels zur Verteidigung ihres Königs heranholen. Denn, daß nun

12. 0–0–0	Ta8–d8

folgen würde, das hatten sie selbst leicht erkennen können. Auch die beiden folgenden Züge von Weiß (die wegen der überlegenen Beherrschung freier Felder durch Weiß möglich sind!), mögen sie noch in Betracht gezogen haben.

13. Td1xSd7	Td8xTd7
14. Th1–d1	De7–e6

Auch mit dem Zug De7–e6, mit dem sie den Verlust der eigenen Dame zu vermeiden glaubten und erneut den Dametausch anbieten und dem Lf8 endlich die Diagonale f8–a3 freigeben, werden sie noch ganz zufrieden gewesen sein. Aber mit dem Donnerschlag eines Dameopfers von Weiß nach nur einem einzigen Vorbereitungszug hatten sie gewiß nicht gerechnet.

Sehen Sie das Opfer im 16. Zuge von Weiß? Was muß geschehen, daß die weiße Dame sich so opfern kann, daß Weiß im 17. Zuge unausweichbar matt setzt? Denken Sie an das Zusammenwirken von Läufer und Turm.

Haben Sie es? Wenn nicht, sollten Sie, statt unten nachzusehen, noch einmal die Übungen zur Kombinationskraft durcharbeiten.*

* Lb5xTd7+   Sf6xLd7
  Dd3–b8+   Sd7xDb8
  Td1–d8 ‡

28. Trainingsabschnitt

Warum Paul Morphy die stärksten Schachspieler der Welt besiegte

Der Herzog von Braunschweig und Graf Isouard waren erfahrene und starke Schachspieler ihrer Zeit. Sie waren nur deshalb dem Amerikaner Paul Morphy nicht gewachsen, weil dieser geniale Schachmeister eine grundsätzlich neue Spielweise, einen neuen Schachstil, entdeckt hatte, der allen bisherigen Spielweisen überlegen und bis dahin ganz unbekannt gewesen war.

Paul Morphy spielte ein ebenso gutes Kombinationsspiel wie die größten Meister der damaligen Zeit, der Franzose L. C. Mahé de la Bourdonnais, die Engländer Alexander MacDonell und Howard Staunton, der Livländer Lionel Kieseritzky, die Deutschen Max Lange, Louis Paulsen, Dr. H. J. Zuckertort und Adolf Anderssen. Aber er baute dieses Kombinationsspiel in aller Strenge auf Stellungsvorteilen auf. Er hatte im Gegensatz zu allen Schachmeistern seiner Zeit erkannt, daß derjenige Spieler gewinnt, der mit jedem Zuge — sofern er nicht gleich eine vorteilhafte Kombination zur Verfügung hat — seine allgemeine Stellung dadurch verbessert, daß er Figuren entwickelt, freie Linien besetzt und Abtauschoperationen vermeidet, die bereits entwickelte eigene Figuren vom Brett verschwinden lassen. Diese Grundsätze — wir würden heute sagen, »Tempoverluste« zu vermeiden — wandte er vor allem in der Eröffnung und bei der Verteidigung vorzeitiger Angriffe ungenügend entwickelter Gegner an. So kam es, daß er bei der gleichen Spielart, aber durch einen anderen Spielstil (positionell statt nur kombinatorisch) fast stets zu ganz überlegenen Stellungen kam. Diese Stellungen pflegte er dann durch blendende Opferkombinationen zu krönen. Diese Methode führt gleichzeitig automatisch zur Beherrschung von mehr freien Feldern.

Die brillante Schlußkombination, mit der Morphy seine Partie gegen den Herzog von Braunschweig und den Grafen Isouard beenden konnte, war ihm nur durch die Mithilfe der beiden Spieler möglich gemacht worden. Diese Spieler wußten noch nichts von der Stärke einer systematisch aufgebauten Stellungsüberlegenheit. Diese damals ganz allgemein übliche Mißachtung einer Stellungsüberlegenheit findet sich auch heute noch bei vielen Anfängern — trotz der fundamentalen Erkenntnisse von Wilhelm Steinitz und der unermüdlichen Schachlehrtätigkeit von Großmeister Siegbert Tarrasch.

Ja sogar manche fortgeschrittene Schachspieler, die »Naturtalente« sind, verachten sie, so daß selbst wir als Anfänger öfter in die Lage kommen werden, eine ganze Anzahl typischer Opferkombinationen der Morphyzeit nacherschaffen und zum Siege führen zu können. Die Schlußkombination Morphys in der Partie gegen den Herzog von Braunschweig und den Grafen von Isouard enthält ein typisches Element, das als »Blackburnefalle« — so genannt nach dem berühmten englischen Kombinationsspieler J. H. Blackburne — in die Schachgeschichte eingegangen ist. Die Blackburnefalle kommt folgendermaßen zustande:

1. e2—e4   e7—e5
2. Sg1—f3   Sb8—c6
3. Lf1—c4   d7—d6

Warum dieser Zug von Schwarz schwach ist, das wissen wir schon. Wir würden so auf keinen Fall spielen.

4. d2—d4   Lc8—g4

Jetzt erscheint ein Stellungsbild, das auch in der Morphypartie steckte.

5. Sb1—c3   h7—h6

Für diesen Zug von Schwarz gibt es keine vernünftige Begründung, denn e5xd4 hätte zur Lösung aller Verteidigungsprobleme (Lxf7, Kxf7, Sg5+, K beliebig, DxLg4) völlig ausgereicht. Der ungerechtfertigte und ängstliche Zug h7—h6 aber ermöglicht Weiß, Schwarz herauszufordern, ihm Gelegenheit zu einer Opferkombination zu geben.

6. d4xe5   Sc6xe5

Auch diesen Zug hätten wir als Führer der schwarzen Steine nicht gemacht. Lieber hätten wir uns auf einen Dametausch eingelassen. Denn ungeachtet aller für Weiß nun in der Stellung steckenden Kombinationen hätte uns allein die Bilanz der freien Felder klargemacht, daß wir Weiß keinesfalls einen so großen Vorteil von 12 mit 26 Wirkungsgewichten gegen 10 mit nur 19 Wirkungsgewichten, davon allein 4 engere und weitere Zentrumsfelder, überlassen dürfen.
Jetzt aber klappt die Blackburnefalle zu. Und es sollte für Sie eine Lust sein, die Zwangszugfolge nach Sf3xSe5 selbst auszudenken.

7. Sf3xSe5!   Lg4xDd1

Nimmt der Lg4 die Dd1 nicht, dann verliert Schwarz eine Figur, z. B. d6×Se5, Dd1×Lg4.

8. Lc4×f7 +   Ke8—e7
9. Sc3—d5 ‡

Noch im Jahre 1893, zu einer Zeit, als die Erkenntnisse von Wilhelm Steinitz und die Lehrtätigkeit seines größten Schülers in der Schachwelt bereits weithin bekannt waren und praktiziert wurden, fiel der bedeutendste russische Großmeister Michael Tschigorin dem Stellungsprinzip der Blackburne-Falle einmal beinahe zum Opfer. Das passierte ihm in einem Wettkampf mit Großmeister Dr. Siegbert Tarrasch im Jahre 1893 in St. Petersburg.

5. Partie
Spanisch
Petersburg am 15. 10. 1893
Weiß: Dr. S. Tarrasch   Schwarz: M. Tschigorin
1. e2—e4   e7—e5
2. Sg1—f3   Sb8—c6
3. Lf1—b5   a7—a6

Diese Zugfolge wird nach dem um die Mitte des 16. Jahrhunderts lebenden spanischen Geistlichen Ruy Lopez de Segura die Spanische Partie genannt. Er machte den Zug Lf1—b5 berühmt durch einen schachtheoretischen Streit mit dem italienischen Schachspieler Da miano, von dem die Verteidigung f7—f6 stammt (siehe 1. Partie).

4. Lb5—a4   Sg8—f6
5. Sb1—c3   Lf8—b4

Wir sehen, daß sich beide Spieler bemühen, durch die Entwicklung ihrer leichten Figuren auf die Zentrumsfelder zu wirken, und daß es Weiß gelungen ist, den Vorteil des 1. Zuges bis jetzt aufrechtzuerhalten.

6. Sc3—d5   Lb4—a5

Weiß ergreift die Gelegenheit, den Lb4, der eigentlich erst dann auf diesen Platz gehört, wenn der d-Bauer schon gezogen hat und deshalb der Sc3 durch Lb4 gefesselt werden kann, auf einen schlechteren Platz abzudrängen. Wir wissen, daß der Platz a5 deshalb schlechter ist, weil der Läufer die Diagonale f8—a3 aufgibt und dadurch die Beherrschung von drei freien Feldern verliert.

7. 0—0   b7—b5
8. La4—b3   d7—d6

Die Blackburne-Falle beginnt am Horizont heraufzusteigen, natürlich ohne daß dies den beiden Spielern bewußt geworden wäre.

| 9. d2—d3 | Lc8—g4 |
| 10. c2—c3 | Sc6—e7 |

Jetzt klappt die Falle zu

11. Sf3xe5!   . . . . .

Weiß stellt die Dame ein. Tschigorin war zu erfahren, um nicht sofort zu sehen, daß nach Lg4xDd1, Sd5xf6+, Ke8—f8 (g7xSf6, Lb3xf7+, Ke8—f8, Lc1—h6‡), Sf6—d7+, Dd8xSd7 (Ke8—g8, Lb3x f7‡), Se5xDd7+, Kf8—e8, Tf1xLe1, Ke8xSd7, Lb3xf7 sein Wettkampfpartner Tarrasch bei bester Stellung zwei Bauern gewonnen und damit den Sieg in der Tasche gehabt hätte.

Stellungsbild 93
Schwarz zieht

Er zog deshalb lieber

| 11. . . . | d6xSe5 um nach |
| 12. Sd5xSf6+ | g7xSf6 |

mit einer zwar schlechten Stellung, aber dem Verlust von nur einem Bauern davonzukommen.

Es half ihm dennoch nichts, denn nach weiteren 14 Zügen gab er wegen undeckbaren Matts in zwei Zügen auf.

29. Trainingsabschnitt

Die Urform der Blackburne-Falle

Die Urform der Blackburne-Falle ist eine Stellung, die anscheinend von dem Schachlehrer des großen Philidor entdeckt wurde und deshalb als das »Matt des Legal« in der Schachgeschichte bekannt war.

Stellungsbild 94
Schwarz: Rawinski
Weiß zieht

1. Sf3xe5	Lg4xDd1
2. Lc4xf7 +	Ke8—e7
3. Sc3—d5 ‡	. . . . . .

Seit aber der alte Theaterroutinier, Opernkapellmeister und Operettenkomponist Richard Genée im Jahre 1876 seine erfolgreiche Operette »Der Seekadett« uraufführte, die rund 50 Jahre nach ihrer Uraufführung sogar in Amerika verfilmt wurde, erfuhr die Welt, die nicht Schach spielte, von diesem »Matt des Legal«. In dieser Operette gibt es eine Szene, in der diese Mattstellung auf dem Schachbrett als dramatischer Höhepunkt der Handlung herbeigeführt wird. Wie richtig Richard Genée mit der Einführung einer Schachkombination auf das allgemeine Bildungsinteresse seiner Zeitgenossen spekuliert hatte, beweist die Tatsache, daß diese Mattkombination bis zum heutigen Tage in der Schachwelt »Das Seekadettenmatt« genannt wird.

Der Mechanismus der Blackburne-Falle und seine Folgen

Wir haben erkannt, daß sich die Blackburne-Falle auf einem Mechanismus aufbaut, der gegen den Bf7 gerichtet ist und der sich in seiner primitivsten Form bereits in dem Versuch ausdrückt, das Schäfermatt zu erreichen. Wir haben auch erkannt, daß dieser Angriff auf den Bf7 im Rahmen komplizierter Eröffnungen (Tarrasch—Tschigorin) wie von selbst und vorübergehend auftauchen und wieder verschwinden kann, ohne daß er durch eine Kombination in Erscheinung tritt. Der erfahrene Schachspieler wird eben rechtzeitig durch sein Schachgefühl gewarnt und macht einen Verteidigungszug, der die Durchführung der Kombination verhindert. Das gleiche gilt für die analogen Angriffe auf Bf2 in der weißen Stellung. Daß dieser Mechanismus sich so häufig und in den verschiedensten Eröffnungen wie von selbst einstellt, das ergibt sich vor allem durch die Aufstellung der leichten Figuren in der Grundstellung. Wäre die Aufstellung von Springer und Läufer in der Grundstellung zum Beispiel vertauscht, stünden die Springer auf c1, c8, f1, f8 und die Läufer auf b1, b8, g1, g8, dann würde sich der Mechanismus Lc4, Sf3 bei weitem nicht so oft und so selbstverständlich einstellen. Diese Vertauschung würde nichts daran ändern, daß durch die Eröffnung vor allem die freien Felder des engeren und weiteren Zentrums beherrscht werden sollten. Sobald wir den »Mechanismus«: Läufer auf der Diagonale a2—g8, Springer auf f3, vorgestoßener e-Bauer und Dame auf d1 bei unbesetztem Felde e2, vor uns sehen, sollten wir unsere ganze Schachaufmerksamkeit auf die Analyse richten, welche Folgen diese Konstellation für die schwarze Stellung haben könnte.

Der Mechanismus bewirkt gewissermaßen eine Schwerpunktverschiebung des ganzen Spiels. Beide Gegner werden durch ihn (oder sollten es jedenfalls!) vorübergehend von ihren Bemühungen um die Beherrschung freier Felder des Zentrums und freier Linien solange abgelenkt, bis der sich bildende Angriff auf den Bf7 oder Bf2 Erfolg gehabt oder endgültig abgewehrt worden ist. Dabei muß dieser Angriff keineswegs immer mit einem Matt enden. Er kann auch in vielen Konstellationen so geführt werden, daß der Angriff trotz vorheriger Opfer mit einem materiellen Gewinn für den Angreifer bei starker Stellung und ausreichender Figurenentwicklung endet. Dieses Ergebnis hat zum Beispiel der gleiche Mechanismus in der folgenden »Eröffnungsfalle« der Spanischen Partie.

6. Partie
Spanisch
Moskau 1946

Weiß: Tschistjakow   Schwarz: Rawinski

1. e2—e4	e7—e5
2. Sg1—f3	Sb8—c6
3. Lf1—b5	Sc6—d4

Der Läuferzug stellt die stärkste Fortsetzung des mit Sg1—f3 eingeleiteten Angriffs gegen den Be5 dar.

Wir können bereits erkennen, warum es verständlich, aber schwach
ist, diesen Angriff auf seinen Sc6 durch einen sofortigen Gegenangriff auf den Lb5 abzuwehren.

4. Lb5—c4	b7—b5

Auf c4 steht der Läufer sehr stark, und wir erkennen sofort, daß
mit diesem Läuferzug der Mechanismus vorbereitet ist. Für
Schwarz liegt es eigentlich nahe, auf den Lc4 einen weiteren Angriff
zu starten. Er hat es ja so bequem, den Läufer mit b7—b5 anzugreifen, und kann ihn, falls er nach b3 zieht, um auf seiner wirkungs-
vollen Diagonale zu bleiben, gegen den Sd4 abtauschen.

Wie wir noch erkennen werden, ist es in allen offenen und halboffenen Stellungen ein großer, meist entscheidender Vorteil, über
zwei Läufer gegen Läufer und Springer des Partners zu verfügen.
Hier strebt der russische Schachspieler Rawinski offensichtlich an,
den Lc4 entweder abzutauschen (falls Lc4—d5 so c7—c6) oder den
Läufer von seiner für Bf7 Diagonale a2—g8 zu verdrängen.

Das alles sieht ganz plausibel aus, zumal auch die Bilanz der Beherrschung freier Felder einen Vorteil von 5 mit 8 Wirkungsgewichten gegen 12 mit 15 Wirkungsgewichten für Schwarz ergibt.
Doch hat sich die Stellung durch die Züge vor Schwarz inzwischen
auf einen Mechanismus ausgerichtet, bei dem weder die Beherrschung von Zentrums- und anderen Feldern, noch materielle Vorteile
die ausschlaggebende Rolle spielen. Es ist so, als hätte Schwarz bei
überlegener Stellung eine starke Figur, etwa die Dame, einfach eingestellt, so daß sie von Weiß geschlagen werden kann.

Hier hat Schwarz sich gewissermaßen in eine Kombination »eingestellt«. Es würde ihm nun auch nichts mehr helfen, wenn er eine
weit überlegenere Stellung oder materielle Vorteile hätte, solange
diese Überlegenheit die Kombination nicht verhindern kann.

5. Lc4xf7 +	Ke8xLf7

Der Mechanismus beginnt abzuschnurren. Schlägt Ke8 den Lf7 nicht,
dann hat Weiß bereits einen Bauern gewonnen und die Rochade
für Schwarz unmöglich gemacht, weil Ke8 nach e7 ziehen müßte.

Doch Schwarz sieht zunächst noch nicht ein, warum er den Lf7 nicht schlagen sollte, denn Sf3xe5+ bringt Weiß nur einen zweiten Bauern für die geopferte Figur ein.

6. Sf3xSd4   e5xSd4

Überraschenderweise tauscht Weiß seinen Sf3 gegen den Sd4 ab, statt den Be5 zu schlagen. Wo ist die für Weiß vorteilhafte Fortsetzung? Ein Matt jedenfalls kann Weiß keinesfalls erzielen, denn nur die Dd1 kann ein Schach auf h5 oder f3 geben. Selbst wenn dann ein ewiges Schach mit der Dame möglich sein sollte (daß die Dame allein den König nicht ohne Hilfe matt setzen kann, wissen wir schon), kann nicht angenommen werden, daß Weiß seinen Läufer geopfert hat, nur um Remis zu machen. Wir brauchen uns also nicht damit aufzuhalten, nach einem möglichen ewigen Schach zu suchen, sondern sollten uns fragen, welche größeren materiellen Vorteile Weiß aus dieser Stellung herausholen könnte. Er muß ja mindestens eine leichte Figur wiederbekommen. Der Weg für Weiß kann nur über verschiedene Schachs gehen. Wenn wir den Zug Dd1–h5+ auf seine möglichen Folgen prüfen, dann sehen wir ... Ja, was sehen wir? Wir sehen, daß Weiß einen bedeutenden materiellen Vorteil bekommen kann dank des unüberlegten und wegen des Läuferopfers auf f7 auch unnötigen Angriffs auf den Lc4 durch b7–b5.

Auf jeden Fall kann Weiß diesen materiellen Vorteil nach einem bestimmten Königszug, das heißt in *einer* Variante bekommen (g6, Dd5+!). Gelingt das auch nach anderen Zügen von Schwarz? Finden Sie es heraus. Sie müßten dazu leicht imstande sein. Es gibt drei verschiedene Lösungen, die alle auf den gleichen Schlußzug hinauslaufen*.

In dieser Partie hat sich zu dem Mechanismus auf den Bf7 eine Schwäche der schwarzen Stellung hinzugesellt: das Freimachen der Diagonale a8–h1 in Richtung auf den Ta8 durch Entfernung des schützenden Bb7.

Wir haben schon erkannt, daß im Zusammenhang mit Angriffen auf den noch in seiner Grundstellung stehenden schwarzen König manchmal Angriffe auf den Bb7 (b2) möglich sind, wenn der Lc8 bereits seine Grundstellung verlassen hat.

So kann man sagen, daß der Bb7 (b2) zwar kein dem Bf7 (f2) vergleichbarer schwacher Punkt ist, daß er es aber häufig wird, vor allem vor der Rochade des schwarzen (weißen) Königs o–o.

Diese Schwäche des Bb7 (b2) oder der geöffneten Diagonale a8 — h1 kann nicht nur bei den Eröffnungen auftreten, die mit e2–e4 beginnen, sondern auch bei denen, die mit d2–d4 anfangen. Aus Grün-

---

* 2. Dh5+, Ke7, De5+, Kf7, Dd5+!
  3. Dh5+, Kf6, Df5+, Ke7, De5+, Kf7, Dd5+!

den, mit denen wir uns später beschäftigen werden, pflegen diese zu ganz andersgearteten Stellungen (»geschlossenen« statt »offenen«) zu führen als die mit Be2—e4 beginnenden.

Da aber in einer dieser Eröffnungen Bd2—d4 die Schwäche der geöffneten Diagonale a8—h1 noch überzeugender offenbar wird als in der Partie Tschistjakow-Rawinski und weil die dort auftretende Schwäche ebenfalls unter die »Eröffnungsfallen« gezählt wird, wollen wir sie uns noch zum Schluß dieses Kapitels noch anschauen.

1. d2—d4		d7—d5
2. c2—c4		d5xc4

Der Bauer c4 kann von Schwarz geschlagen werden, ohne daß Weiß den schwarzen Bauern sofort wieder schlagen kann. Weiß hat also mit dem Zuge c2—c4 ein Bauernopfer angeboten. Diese Spielweise wird »Gambitspiel« genannt, und es gibt viele Eröffnungen, die zur Erzielung von Stellungsvorteilen, Bauernopfer, ja sogar Figurenopfer anbieten (z. B. das Allgaier Gambit). Die meisten dieser Gambits sind bis auf das »Damengambit« (das gar kein echtes Gambit ist) und das Königsgambit sowie das modernere Blackmar-Gambit aus der Turnierpraxis vollkommen verschwunden.

Der Ausdruck Gambit stammt aus dem Italienischen, wo »dare il gambetto« heißt »jemandem ein Bein stellen«. Kein Wunder also, daß die echten Gambits, die ja eigentlich Eröffnungsfallen sind, auf dem Aussterbeetat stehen. Warum nun das Damengambit kein echtes Gambit genannt werden darf, das zeigt sich sogleich, wenn Schwarz versucht, den Bc4 zu verteidigen. Dann wird das angebotene Bauernopfer von Weiß nämlich zu einer Eröffnungsfalle statt zu einem Instrument für den Aufbau eines Stellungsvorteils.

3. e2—e3		b7—b5

Der Lf1 greift durch e2—e3 den Bc4 an. Der b-Bauer deckt den Bc4. Warum würden wir als Führer der schwarzen Steine nach d2—d3 den Bauern c4 niemals durch b7—b5 verteidigen? Auch dann nicht, wenn wir nicht wüßten, daß wir durch diese Verteidigung auf dem besten Wege sind, in eine Eröffnungsfalle hineinzugeraten? Um das ein für allemal gültig herauszufinden, werden wir einen neuen Trainingsabschnitt beginnen. Denn wir sollen nicht nur etwas Neues erfahren, sondern vor allem bereits gehabte Erkenntnisse durch praktische Anwendungsbeispiele so vertiefen können, daß wir die Grunderkenntnis nie mehr außer acht lassen.

30. Trainingsabschnitt

Nach jedem Eröffnungszug eine Felderbilanz machen!

Weil wir als Schwarz bereits nach d5xc4 feststellen, daß wir durch diesen Zug Weiß die Beherrschung von 11 freien Feldern mit 14 Wirkungsgewichten gegen nur 9 eigene mit 12 Wirkungsgewichten überlassen haben! Diese Vorausrechnung hätte uns davon abgehalten, d5xc4 ins Auge zu fassen. Auch hätten wir entdeckt, daß der Bc4 nach e2—e3 von Lf1 angegriffen und (nach Dd8—d5 folgt Sc3 mit Tempo- und Felderverlust, und Lc8—e6 ist aus Stellungsgründen unmöglich) nur durch b7—b5 gedeckt werden kann. Nach b7—b5 aber beherrscht Weiß immer noch 10 freie Felder mit 17 Wirkungsgewichten, Schwarz 10 mit 14 Wirkungsgewichten, aber Weiß ist nun am Zuge und könnte z. B. durch Dd1—f3 die Beherrschung der freien Felder auf 12 steigern, dabei die von Schwarz auf 5 verringern, gleichzeitig den Ta8 angreifen und Schwarz zu dem Verteidigungszug c7—c6 zwingen, weil der angegriffene Ta8 andernfalls nicht zu retten wäre.

Die Überlegenheit der weißen Stellung ist nach b7—b5 bereits so groß, daß Weiß mit a2—a4 auf eine Kombination lossteuern kann.

4. a2—a4   c7—c6

Der Ba4 greift den Bb5 an, der nicht durch a7—a6 gedeckt werden kann (a4xb5, a6xb5, Ta1xTa8). Statt durch c7—c6 kann der Bb5 auch noch durch Lc8—d7 gedeckt werden. Dann aber folgt a4xb5, Ld7xb5, b2—b3, und der Bc4 geht verloren, weil nach c4xb3, Lf1x Lb5 + Weiß eine Figur gewinnt.

5. a4xb5   c6xb5

Jetzt ist die Diagonale a8—h1 hoffnungslos geöffnet, und Ta8 geht auf ähnliche Weise verloren wie in der Partie Tschistjakow-Rawinski (Dd1—f3). Es ist immerhin bemerkenswert, daß auch in dieser Stellung mit zielgerichteter Schwäche die Bilanz der freien Felder immer noch 11:11 bei Weiß und Schwarz gleich ist.

Schwarz darf in der Eröffnung nicht raschen Gewinn anstreben

Der Mechanismus der Blackburne-Falle kann aber auch in sein Gegenteil umschlagen:

1. e2—e4	e7—e5	
2. Sg1—f3	Sb8—c6	
3. Lf1—c4	Sc6—d4	

Schwarz macht hier den gleichen Fehler wie in der Partie Tschistjakow-Rawinski, nämlich mit einer bereits entwickelten Figur in der Eröffnung zum zweiten Mal zu ziehen. Aber er macht diesen Zug ohne Angriff auf den weißen Läufer, der ja bereits auf c4 steht, in der Absicht, Weiß zum Schlagen des Be5 durch Sf3 aufzufordern. Der Zug Sc6—d4 sieht wie ein Versehen, ein Einstellen von e5 aus, ist doch nach Sf3xe5 auch noch der Bf7 gleich zweimal angegriffen. So dumm spielt kein einigermaßen erfahrener Schachspieler, ohne daß eine verborgene Kombination dahinter lauert. Diese Kombination muß auf die gezielte Ausnützung einer eindeutigen Schwäche der weißen Stellung gerichtet sein, weil trotz der Bilanz der Beherrschung der freien Felder zugunsten von Schwarz (9:5) Weiß mehr Figuren als Schwarz entwickelt hat und den Be5 erobern kann.
Also sind wir aufgerufen herauszufinden, wie sich Schwarz nach

    4. Sf3xe5   ....

in entscheidenden Vorteil bringen kann.
Dabei ist klar, daß Schwarz bereit sein muß, das Schach durch Lc4x f7 + oder den drohenden Turmverlust durch Se5xf7 zuzulassen, da der Bf7 durch Sf3xe5 bereits zweimal angegriffen, aber nur einmal durch Ke8 verteidigt ist. Wenn der Sinn des schwarzen Bauernopfers auf e5 in der Deckung von f7 bestehen sollte, dann hätte er den Zug Sc6—d4 gar nicht erst zu machen brauchen. Es ist also nicht erforderlich, über eine Verteidigung von Bf7 nachzudenken, sondern es gilt vor allem, die Hauptschwäche der weißen Stellung und ihre Ausnutzung durch den Führer der schwarzen Steine herauszufinden.
Wenn wir die weiße Stellung daraufhin untersuchen, dann entdecken wir, daß Bg2 überhaupt nicht und Bf2 nur von Ke1 gedeckt ist.
Wir entdecken auch, daß ein Angriff auf den Bg2 nur durch Dd8—g5 möglich wäre. Wenn wir im Geiste die Dd8 nach g5 stellen, dann entdecken wir auch, daß sie zugleich den Se5 angreift, der eben den Be5 genommen hat.
Da der Se5 weder durch d2—d4, noch durch f2—f4 gedeckt werden

kann, wird Weiß Se5xf7 spielen und so den Th8 angreifen müssen, denn ein Rückzug Se5—f3 kommt wegen Dg4xg2 mit gleichzeitigem Angriff auf Sf3 und Th1 ebenfalls nicht in Frage. Aber jetzt sehen wir noch, daß nach

4.	Dd8—g5
5. Se5xf7	Dd8xg2
6. Th1—f1	. . . .

auch noch der Be4 der Dg2 hilflos ausgeliefert ist. Wenn Weiß also den Bf7 schlägt, anstatt zu versuchen, den nach Dd8—g5 auf ihn zukommenden Drohungen durch Se5—g4 auszuweichen, was ihn aber auch nicht rettet (Se5—g4, d7—d5, Lc4xd5, Lc8xSg4, f2—f3, Lg4—c8, o—o, Lf8—c5), dann kann er sich auch nicht durch 6. Sf7xTh8 (Dg2xTh1+, Lc4—f1, Dh1xe4+, Lf1—e2, Sd4xc2+, Ke1—f1, De4—h1‡) aus der Affäre ziehen. Er muß wohl oder übel nach Th1—f1 und

6. . . .	Dg2xe4+
7. Lc4—e2	. . . .

den Sf7 aufgeben. Schwarz aber steht nun so stark, daß er, statt den Sf7 zu schlagen, lieber Weiß matt setzt. Wie? Dieses Matt kennen wir und haben es mehrfach geübt.

Das alles sieht recht plausibel aus und wird auch von manchen Lehrbüchern als durchschlagend empfohlen, doch sollte uns die zu Beginn des Abspiels festgestellte Überlegenheit der Figurenentwicklung von Weiß auf jeden Fall veranlassen, die Folgen einer durch Lc4xf7+ bei Schwarz zerstörten Rochade auch unter den Bedingungen untersuchen, daß Weiß mit einer Figur weniger aus dem Abspiel hervorgeht, aber für diese verlorene Figur zwei schwarze Bauern gewinnt. Was also geschieht, wenn Weiß nach

5. Lc4xf7+	Ke8—e7
6. o—o	Dg5xSe5

zieht? Jetzt kann Dg5 zwar den Se5 schlagen, wird aber weder den Bg2 noch den Be4 bekommen, weil Weiß nach

7. Lf7xSg8	. . . .

den Be4 wegen Tf1—e1 ruhig einstehen lassen kann. Schwarz muß also, wenn er seinen Figurengewinn behalten will, mit

7. . . .	Th8xLg8

fortfahren und wird nun durch

8. c2—c3	Sd4—c6 (oder e6?)
9. d2—d4	....

so stark von Weiß bedrängt, daß der materielle Nachteil des Verlustes eines Läufers für zwei Bauern durch seinen Stellungsvorteil mehr als aufgehoben wird. Die schwarze Dame darf weder den Be4 schlagen, noch findet sie ein wirkungskräftiges Feld, auf das sie ziehen kann, während Weiß einen fulminanten Angriff gegen den hilflosen Ke7 durch den Vorstoß seines f-Bauern vorbereiten kann.

Schwarz wird die Partie verlieren, womit der Zug Sc6—d4 auch dann widerlegt ist, wenn Weiß den Be5 schlägt.

Aus diesen wechselnden Eröffnungsfolgen, die einmal für Schwarz, dann wieder für Weiß in einer nicht ganz exakt geführten Eröffnung stecken können, erkennen Sie die außerordentliche Bedeutung, die eine sorgfältige Prüfung der gesamten Stellung nach jedem einzelnen Zuge haben kann.

Die Felderbilanz sollte von Ihnen nach jedem einzelnen Zuge von Weiß *und* von Schwarz mit aller Zähigkeit gemacht werden. Sie ist der einzige wirklich verläßliche Maßstab, den Sie an jede Eröffnungsstellung anlegen können. Die Bilanz gibt Ihnen genaue Auskunft darüber, ob Sie fürchten müssen, in eine plötzlich auftauchende Kombination des Gegners hineinzustolpern, oder ob Sie beruhigt an Ihrem allgemeinen strategischen Eröffnungsziel weiterbauen dürfen. Aus den Untersuchungen über den Mechanismus der Blackburne-Falle konnten Sie erkennen, wie blitzschnell die Gewinnchancen von Weiß nach Schwarz und wieder zurück wechseln können. Es ist selbst für einen Meister schwer, alle Möglichkeiten eines so überraschenden Zuges wie 3. Sc6—d4 (siehe Seite 220) in allen Varianten bis zu den möglichen Endstellungen durchzurechnen. Macht er dagegen für jeden möglichen Zug dieser Varianten gleichzeitig eine Felderbilanz, dann erkennt er sofort, welche Züge er machen darf oder muß, wenn er nicht in Nachteil sondern in Vorteil kommen will. Wenn Weiß statt mit 5. Se5xf7 den Zug Dg5xg2 herauszufordern, stärker 5. Lc4xf7 +, Ke8—e7 und 6. o—o zieht, lautet nach Dg5xSe5, 7. Lf7xSg8, Th8xLg8, 8. c2—c3, Sd4—c6, 9. d2—d4 die Felderbilanz 10 mit 16 Wirkungsgewichten gegen 11 mit 15 Wirkungsgewichten für Schwarz. Aber die schwarze Dame muß aus dem Angriff ziehen und hat kein Feld, auf dem sie auch nur vorläufig gesichert stehen, geschweige die Felderbilanz für Schwarz weiter verbessern könnte.

Weiß dagegen kann z. B. nach 8. ... De5—h5 durch 9. f2—f4 seine Felderbilanz erheblich verbessern und damit eine Stellungsüberlegenheit erreichen, die den Angriff auf den schwarzen König erfolgreich macht.

31. Trainingsabschnitt

Die zielgerichtete Schwäche jeder Stellung kann aber auch trotz erheblicher allgemeiner Stellungsüberlegenheit in einem erzwungenen Figurenverlust bestehen, der durch eine Opferkombination vorbereitet wird. Es ist daher unsere Aufgabe, solche Opferangebote in unterlegenen Stellungen unseres Gegners auf ihre Kombinationsträchtigkeit hin zu untersuchen und das angebotene Opfer erst dann anzunehmen, wenn wir ganz sicher sind, daß wir die damit verbundene Kombination widerlegen können. Wenn wir den folgenden Eröffnungsverlauf betrachten,

1. e2—e4		e7—e5
2. Sg1—f3		Sb8—c6
3. Lf1—b5		Sg8—f6

dann ist der natürliche Zug für Weiß zur Deckung seines angegriffenen Be4 der Zug Sb1—c3 und nicht d2—d3. Der Bd2 wird für den Zug d2—d4, der die Mitte öffnen muß, gebraucht, und der Zug Sb1—c3 deckt nicht nur den Be4, sondern wirkt auch auf das wichtige Feld d5. Macht Weiß aber statt Sb1—c3 den schwachen Deckungszug d2—d3, was bei vorsichtigen Spielern vorkommt, dann kann sich Schwarz leisten, Weiß eine Eröffnungsfalle zu stellen.

4. d2—d3		Sc6—e7

Mit diesem Zug bietet Schwarz ein Bauernopfer an, dessen Annahme für Weiß unangenehme Folgen hat. Natürlich ist der Zug Sc6—e7 weit schwächer als d7—d6 mit der Öffnung der Läuferdiagonale c8—h3 und der gleichzeitigen Deckung des Be5 (der durch Lb5×Sc6, d7 (oder b7)×Lc6, Sf3×e5 verloren zu gehen drohte). Aber wer durch d2—d3 statt Sb1—c3 zeigt, daß er die Grundsätze einer stellungsgerechten Entwicklung nicht genügend kennt, dem darf zu Übungszwecken auch einmal mit einem schwachen Zuge geantwortet werden.

Wenn wir aber den Zug Sc6—e7 statt d7—d6 ins Auge fassen, dann sollten wir uns vorher ganz klar darüber geworden sein, warum wir das tun.

Wie kann Schwarz mit einem Zuge die beiden in gefährlicher Nähe an der schwarzen Stellung stehenden weißen Figuren Lb5 und Se5 gleichzeitig angreifen? Sehen Sie es? Wenn nicht, dann sollen Sie noch eine Hilfe bekommen. Die eine weiße Figur wird direkt (durch den Zug) und die andere indirekt angegriffen*. Der indirekte

---

* Bc7—c6, falls Lb5 wegzieht, Dd8—d5+, und Se5 fällt im nächsten Zuge.

Stellungsbild 95
Schwarz zieht

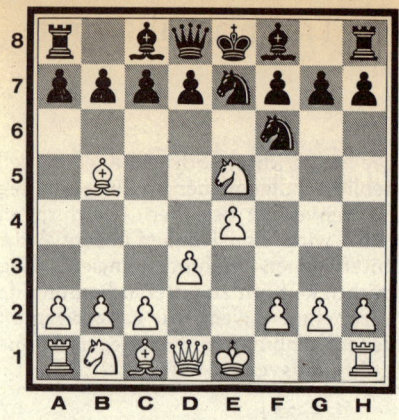

Angriff entspricht einer Kombination (gewinne eine Figur in zwei Zügen oder gewinne die Figur, indem die direkt angegriffene auf ihrem Felde stehenbleibt).

Nun, dieses Stehenbleiben der angegriffenen Figur auf ihrem Felde scheint in der Tat die einzige Rettung für Weiß zu sein. Zieht Weiß richtig, dann kann er, wenn Schwarz die angegriffene Figur schlägt, ein Matt geben. Sehen Sie es? Wenn nicht, dann noch eine Hilfe: ein ersticktes Matt*.

Diese schöne, doppelte Eröffnungsfalle ist anscheinend von Dr. M. Euwe erfunden worden. Sie konnte jedenfalls in keinem Handbuch und keiner Partiensammlung als gespielte Partie verifiziert werden. Das kommt wohl vor allem daher, weil Schwarz auf 5. Sf3xe5, c7—c6, 6. Se5—c4 statt c6xLb5 ganz einfach mit d7—d5 zwei weiße Figuren angreifen kann. Jetzt muß Weiß, da Sc4—d6+ nicht mehr möglich ist, bereits 7. e4—e5 ziehen (e4xd5, Dd8xd5!) und nach d5x Sc4 (c6xLb5 scheitert an Sd6+, Kd7, e5xSf6) mit 8. e5xSf6 fortfahren. Schlägt Schwarz nun 8. c6xLb5, dann folgt 9. f6xSe7, Dxe7+ (nicht Lxe7 wegen d4! Freibauer), 10. Dd1—e2 (nicht Le3 wegen Db4+), Lc8—f5, 11. Sb1—c3, und Schwarz kann seine Stellungsüberlegenheit nicht mehr zum Siege ausnützen, sondern verliert sie an Weiß.

Untersuchen Sie das Abspiel Zug um Zug und stellen Sie nach jedem einzelnen Zug die Zwischenbilanz der beherrschten freien Felder auf (Markierungen auflegen).

---

* Se5—c4!, falls Bc6xLb5, Sc4—d6+

Experimentieren ist gefährlich

Experimentieren auf dem Schachbrett, das heißt, wider besseres Wissen und Gefühl einen schwächeren Zug machen, als ihn die Stellung eigentlich erfordert, ist gefährlich.

Die vorige Stellungsanalyse ist charakteristisch für eine Haltung, der viele gute Schachspieler, ja selbst Meister zum Opfer fallen. Um naheliegende Vorteile (Bauerngewinn, Mattdrohung) zu erreichen, ziehen sie schwächer als in Turnierpartien, weil sie sich darauf verlassen, daß ihr jeweiliger Gegner die richtigen Verteidigungszüge doch nicht finden wird. Oft behalten sie dabei recht, manchmal fallen sie herein. Nachdem sie die Partie verloren haben, erklären sie dann, um ihre Selbstachtung vor dem Gegner und den eventuellen Zuschauern — die der Schachspieler »Kiebitze« nennt — aufrechtzuerhalten, sie wüßten genau, warum sie verloren hätten. In der und der Stellung hätten sie den und den Zug machen sollen, dann wäre ihre Partie klar gewonnen gewesen. Manchmal stellen sie zum Nachweis dieser Behauptung sogar Figuren um. Am besten kümmern Sie sich um solche aus seelischer Bedrängnis geborenen Rettungsversuche überhaupt nicht. Es sei denn, Ihr Gegner habe ein echtes Interesse an einer sorgfältigen Analyse. Wenn das der Fall ist, dann spüren Sie das sofort und sollten darauf eingehen. Will aber Ihr Gegner lediglich seinen Ärger über den Verlust der Partie abreagieren, dann stimmen Sie seinen Behauptungen am besten mit einem Kopfnikken zu und stellen die Figuren neu auf.

Denn selbst wenn es Ihnen gelingt nachzuweisen, daß Ihr Gegner mit seinen nachträglichen Behauptungen unrecht hat, dann verstärken Sie nur seinen Ärger, und das ist nicht der Sinn des Schachspiels. Viele Schachspieler sind schlechte Verlierer. Wenn sie zwei oder drei Partien hintereinander verloren haben, werden sie ausfallend. Sie versuchen dann, den Gegner durch ungehörige Reden herabzusetzen, was sich bis zur Beleidigung steigern kann. Solche Schachspieler werden Ihnen auf Ihrem Wege zum Meister öfter als einmal begegnen, und Sie sollten sich darauf vorbereiten. Lassen Sie sich niemals provozieren, versuchen Sie besser zu spielen, anstatt mit gleichen Redensarten zu antworten. Sie werden sich dabei nur selbst ärgern, und Ihre Spielstärke wird unter diesem Ärger leiden.

Ärgern Sie sich möglichst auch dann nicht, wenn Sie viele Partien hintereinander verlieren. Das ist besonders dann unangenehm, wenn Sie etwa am Tage vorher besser gespielt und mehr Partien gewonnen haben. Für jeden Schachspieler gibt es auch gute und schlechte Tage. Das gilt auch für Meister bis zum Weltmeister.

Wenn Sie schlecht in Form sind, sollten Sie besonderen Wert auf die Feststellung der Fehler legen, die Ihnen dann unterlaufen. Am besten und sichersten geht das, wenn Sie die Züge Ihrer Partien regelmäßig notieren und zu Hause nachspielen.

Die Fehlzüge, die Sie machen, offenbaren Ihnen Ihre Schwächen genauer als die Partien, die Sie in bester Form spielen. Die letzteren offenbaren Ihre Stärken. Es ist aber wichtiger, daß Sie Ihre Schwächen kennenlernen, denn die müssen Sie überwinden. Ihre Stärken verbessern sich mit fortschreitender Übung von selbst.

Es hat Großmeister gegeben, die sich, wenn sie eine ernsthaft gespielte Partie, in die sie ihr ganzes Können hineinlegten, verloren hatten, in ein Zimmer einschlossen und drei Tage lang nicht mehr zum Vorschein kamen. Es hat Weltmeister gegeben, die sich derartig in eine panische Angst vor einer Wettkampfpartie, die sie an einem Morgen, an dem sie sich nicht voll in Form fühlten, spielen mußten, hineinsteigerten, daß sie betrunken am Brett erschienen und nicht nur die Partie, sondern sogar ihren Weltmeistertitel verloren.

Den Gegner niemals unterschätzen und deshalb schlampig spielen

Das Experimentieren auf dem Schachbrett, das heißt also absichtlich schwache Züge machen, ist vor allem deshalb so gefährlich, weil es Sie zur Verachtung Ihres Gegners verleitet. Auch wenn Sie als fortgeschrittener Spieler mit einem ganz krassen Anfänger spielen, sollten Sie versuchen, den Sieg auf ganz korrekte Weise zu erreichen.

Hat Ihr Gegner zum Beispiel Weiß und zieht als ersten Zug Ba2–a4, dann erkennen Sie sofort, daß es sich um einen krassen Anfänger handeln muß, denn kein auch nur einigermaßen geübter Spieler macht einen solchen Eröffnungszug.

Versuchen Sie nun aber nicht, diesen Anfänger durch ein Schäfermatt auf f2 hereinzulegen. Es wäre nicht anständig. Sie würden Ihre Spielstärke durch einen solchen Übertölpelungsversuch nicht schulen und würden auch Ihrem Gegner keinen Gefallen damit tun. Sie sollten den Gegner bis zum Matt stets für einen stärkeren Spieler halten als sich selbst. Jedem Zug ihres Gegners kann trotz offenbarer Schwäche eine tiefere Idee zugrunde liegen, was ja bei den Gambits tatsächlich der Fall ist. Je schwächer ein Zug Ihres Gegners auf Sie wirkt, um so stärker sollten Sie ihn beantworten. Insofern hat die Forderung des großen Siegbert Tarrasch, in jeder Stellung den absolut besten Zug zu finden, seine Berechtigung. Obwohl es den absolut besten Zug oft nicht geben kann, so gibt es doch stets einen, manchmal auch mehrere beste Züge für Sie. Man wird um so rascher zum Meisterspieler, je sorgfältiger man sich bemüht, in jeder Stellung *den absolut besten Zug für sich selbst* zu entdecken.

Wenn Sie statt dessen einmal einen schwächeren Zug wählen, dann sollten Sie sich das nur erlauben, wenn Sie herausbringen wollen, wie es weitergeht, weil Sie die Entwicklung im Geiste allein nicht ausreichend sicher durchschauen können.

Eine solche Spielweise sollten Sie sich aber nur mit Gegnern erlauben, die stärker spielen als Sie, niemals mit Schwächeren. Andernfalls ist es sehr unwahrscheinlich, daß Sie die erstrebte Aufklärung über das, was in einer undurchschaubaren Stellung steckt, auch wirklich bekommen.

Es gibt Schachspieler von Meisterrang, die das Experimentieren außerhalb der Turnierkämpfe, also in sogenannten »freien Partien«, nicht mehr lassen können. Solche Schachspieler unterscheiden dann zwischen »taktischen« und »strategischen« Zügen. Wenn sie nicht gerade echte Schachgenies sind, verderben sie sich dadurch auf die Dauer ihren Schachstil und lassen in ihrer Spielstärke nach.
Die Unterscheidung zwischen taktischen und strategischen Zügen ist unsinnig und gefährlich. Jeder Zug, den wir machen, sollte grundsätzlich der strategisch notwendige und möglichst beste sein, dann ist er auch taktisch gerechtfertigt. Ein taktischer Zug aber, der strategisch schwach oder ungerechtfertigt ist, führt nur zu Verluststellungen, wie jede schlechte Opferkombination beweist.

An dieser Stelle ist die Frage berechtigt, was es mit dem psychologischen Schachspiel auf sich hat, das Weltmeister Lasker erfand.
Nun, auch Lasker hat keine taktischen Züge gemacht, die strategisch schlecht waren. Er hat lediglich nachgewiesen, daß es den von Dr. Tarrasch behaupteten absolut besten Zug nicht *auf dem Schachbrett* gibt, sondern daß der genial veranlagte Schachspieler die Persönlichkeit des Gegners in sein Spiel *mitwirkend* einbauen kann. Ein Zug, der auf dem Schachbrett allein durch bloß mechanisches Rechnen als schwach analysiert werden kann, wird zu einem strategisch starken Zug, wenn er einem Gegner vorgesetzt wird, dem die sich aus dem Zug oder der Zugfolge ergebenden Stellungen nicht liegen. Damit wird die Frage nach dem absolut besten Zug zur Frage, ob der bestimmte Gegner, dem der schwächere Zug vorgesetzt wird, die Aufgabe leicht oder schwer bewältigen kann.
Ein solches Urteil über die Fähigkeiten eines Schachgegners, bestimmte Stellungen leicht, schwer oder nur sehr schwer bewältigen zu können, steht uns vorläufig noch nicht zu. Wir werden viele Jahre üben und eine spezielle Schachbegabung entwickeln müssen, bevor wir in die Fußstapfen des großen Emanuel Lasker treten.

32. Trainingsabschnitt

Die systematische Schulung unserer Gesamt-Spielstärke

Wir werden nun eine der am häufigsten gespielten Eröffnungen systematisch untersuchen, bei der es nicht auf die konsequente Aufrechterhaltung eines bereits erzielten Stellungsvorteils ankommt wie bei der »Verteidigung des Damiano« (siehe Seite 62 ff.).

In der Eröffnung, die wir jetzt untersuchen werden, bleiben die Stellungen von Weiß und Schwarz über viele Züge hin gleich stark oder neigen sich nur ganz langsam und unmerklich der einen oder anderen Seite zu.

Das ist der Grund, weshalb diese Eröffnung in der internationalen Turnierpraxis auch heute noch gern gespielt wird. Deshalb ist ihre systematische Untersuchung für die Entwicklung unserer Gesamtspielstärke von besonderer Bedeutung.

Spanische Eröffnung

1. e2—e4	e7—e5
2. Sg1—f3	Sb8—c6
3. Lf1—b5	. . . . .

Diesen Anfang kennen wir schon und haben ihn bereits wiederholt nach seinen Stellungsmerkmalen analysiert. Diese Analyse stützt sich aber nur auf eine Behauptung, die sinnentsprechend in allen anderen Schachlehrbüchern — manchmal unterstützt durch einige Variantenzüge — auch zu finden ist. Die Behauptung lautet: der Zug Lf1 —b5 sei die schärfste Fortsetzung des mit Sg1—f3 eingeleiteten Angriffs auf den Be5.

Diese Behauptung ist zwar schachlogisch korrekt, aber eigentlich nicht ganz richtig. Denn wenn wir versuchen, nach einem Zug von Schwarz, der den Be5 nicht ausdrücklich noch einmal verteidigt (z. B. Lf8—c5), den Be5 auch zu gewinnen, dann zeigt sich, daß wir ihn zwar vorübergehend bekommen, aber bald darauf einen anderen Zentrumsbauern dafür hergeben müssen.

Die verschiedenen Varianten, durch die das geschehen kann, brauchen wir hier nicht alle zu untersuchen, weil sie alle rein kombinatorischen Charakter haben und zur Entwicklung unseres Stellungs- und Eröffnungsgefühls, auf dessen Schulung es uns jetzt hauptsächlich ankommt, nur sehr wenig beitragen.

Wollen Sie es genau wissen oder wenigstens einmal mit eigenen Augen gesehen haben, dann sollten Sie eins der Bücher, z.B. von Großmeister Paul Keres oder Ludek Pachmann benützen, in denen bei der Darstellung der spanischen Partie alle diese Varianten aufgezeichnet sind. Es gibt auch eine Anzahl Monographien, die den Titel »Die Spanische Partie« tragen und in denen Sie alle Varianten finden.

Diese Wißbegierde hat aber auch ihre Gefahren. Sie werden sich bald im Variantengestrüpp verlaufen und den Wald vor lauter Bäumen, das heißt den strategischen Sinn der Spanischen Eröffnung vor lauter Varianten nicht mehr sehen.

Es sollte Ihnen daher genügen, jeweils eine Felderbilanz zu machen, dann können Sie stets ganz sicher darüber urteilen, ob Sie einen so großen Vorteil, wie es die bleibende Eroberung eines Bauern ist, in der jeweiligen Stellung bereits anstreben dürfen oder nicht.

Nach 3. Lf1—b5 ergibt die Zwischenbilanz, daß Weiß 9 mit 14 Wirkungsgewichten und Schwarz 9 freie Felder mit 15 Wirkungsgewichten beherrschen, dabei gleich viele Zentrumsfelder. Schwarz kann überdies, da er am Zuge ist, diese Bilanz zu seinen Gunsten verbessern. Das genügt uns für das Urteil, daß der Versuch, den Be5 zu gewinnen, wobei die beiden weißen Figuren vom Brett verschwinden, Weiß sicher keinen dauernden Vorteil, wahrscheinlich aber Nachteile einbringen wird. Das trifft auch zu, wie die Varianten zeigen. Bevor wir beginnen dürfen, mit Hilfe einer Kombination auf materielle Vorteile zu spielen, müssen wir eine Anzahl wichtiger freier Felder mehr beherrschen. Das haben wir zur Genüge bereits durch die früheren Untersuchungen erkannt.

Drohungen durch Entwicklung sind stärker als drohungslose Entwicklungszüge

Man kann sogar die Frage aufwerfen, ob der Zug Lf1—c4 nicht stärker ist angesichts der Felderbilanz als 3. Lf1—b5. 3. Lf1—c4 hat nämlich zur Folge, daß Weiß 9 mit 15 Wirkungsgewichten, Schwarz aber 9 freie Felder mit 16 Wirkungsgewichten beherrscht. Lc4 bedroht den Bf7. Nach 3. Lf1—b5 dagegen beherrscht Weiß 9 freie Felder mit nur 15 Wirkungsgewichten, Weiß steht trotzdem stärker, weil der Zug Lf1—b5 eine echte Angriffsfortsetzung gegen

den Be5 darstellt, während Lf1—c4 nur eine Drohung ist, die
Schwarz leicht durch einen Entwicklungszug unwirksam machen
kann.

Nun können Sie fragen, wieso ist Lf1—b5 eine echte Angriffsfortsetzung, wenn Schwarz seinen Be5 nicht sofort verteidigen muß, weil
er nach dem Abtausch von Springer und Läufer den von Sf3 ge-
schlagenen Be5 doch zurückbekommt. Darauf ist zu antworten:
Der Angriff gegen den Be5 wird zwar durch Lf1—b5 in echter
Weise fortgesetzt, doch ist dadurch der Angriff noch nicht kombinationsreif geworden. Die Kombinationsreife tritt erst nach dem
nächsten Zuge von Weiß ein.

Deshalb kann Schwarz es sich auch leisten, durch

     3. . . .   a7—a6

die Beherrschung eines weiteren freien Feldes (a7) zu gewinnen,
weil Weiß seine Kombination zur Gewinnung des Be5 noch nicht
in Gang setzen kann.

Weil Weiß den indirekten Angriff auf den Be5 nicht aufgeben will,
zieht er

     4. Lb5—a4   . . . .

Weiß verzichtet mit diesem Zug sogar auf die weitere Beherrschung
von drei freien Feldern. Er gibt diese Beherrschung auf, weil nach
5. o—o der Angriff auf den Be5 akut wird. Weiß darf das alles deshalb tun und Schwarz vorübergehend die Mehrbeherrschung von
weiteren drei freien Feldern erlauben, die unter normalen Umständen bereits die Suche nach einer Kombination rechtfertigt, weil der
Be5 ein wichtiger Zentrumsbauer ist, den Schwarz ohne ausreichende
Kompensation durch Positionsvorteile nicht verlieren darf.

Das wird sofort erkennbar, wenn Schwarz nach

     4. Lb5—a4   Lf8—c5

zieht. Dieser Zug bringt Schwarz die Beherrschung von einem weiteren freien Feld ein. Die Felderbilanz beträgt jetzt Weiß 7 bei 10
Wirkungsgewichten, Schwarz 10 bei 20 Wirkungsgewichten, das
sind 3 Felder und 10 Wirkungsgewichte mehr für Schwarz. Dagegen muß Weiß sofort mit dem kräftigsten Zug antworten, der ihm
möglich ist.

Der Zug 5. o—o, der nach Sg8—f6 zur Fortsetzung des Angriffs auf
den Be5 ausgereicht hätte, weil Schwarz den Be4 nicht schlagen darf,
ohne in schwere Stellungsnachteile zu kommen, wobei er den Bauern noch dazu wieder zurückgeben muß, genügt jetzt nicht mehr.

Schwarz wird nun das schwierigste Verteidigungsproblem auf-
gebürdet, das es um die Überlegenheit im Zentrum gibt. Weiß zieht:

5. c2—c3   . . . .

Wir werden die durch 5. c2—c3 entstehende strategische Lage untersuchen. Doch sollten wir uns vorher klarmachen, weshalb nach

Stellungsbild 96
Schwarz zieht

4. . . .   Sg8—f6 (Lf8-c5)
5. 0—0   . . . .

der unverteidigte weiße Be4 nur ein Scheinopferangebot darstellt. Falls Schwarz

5. . . .   b7—b5
6. La4—b3   Sf6—e4

zieht, gewinnt Weiß den verlorenen Be4 mit

7. Tf1—e1   . . . .

auch dann zurück, wenn Schwarz versucht, den Se4 durch d7—d5 oder f7—f5 zu decken. Beide Verteidigungszüge scheitern an d2—d3. Um Weiß nicht auch noch durch d2—d3 Gelegenheit zu geben, seine Felderbilanz durch die Öffnung der Diagonale c1—h6 zu verbessern, zieht es Schwarz vor, den Se4 nach f6 zurückzuziehen und lieber seinen Be5 dafür herzugeben.

7. . . .   Se4—f6

231

Durch den Zug Tf1—e1 erreicht Weiß den Vorteil, daß durch

8. Sf3xe5 ....

nicht nur der verlorene Be4 zurückgewonnen wird, sondern auch der Te1 die Herrschaft über die offene e-Linie antritt. Dieses Übergewicht im Zentrum wiegt den Nachteil in der Beherrschung freier Felder gegenüber Schwarz (Weiß 6 mit 9 Wirkungsgewichten, Schwarz 10 Felder mit 17 Wirkungsgewichten) auf, weil Schwarz im nächsten Zug gezwungen ist, das drohende Abzugsschach entweder sofort durch (8. ...) Lf8—e7 zu decken oder den gleichen Zug nach (8.) Sc6xSe5/Te1xSe5 + zu machen. Nach (8. ...) Lf8—e7 würde Schwarz durch Se5xf7 seine Dame verlieren, so daß auf jeden Fall die folgende Endstellung zustande kommt:

Stellungsbild 97
Weiß zieht

Nun lautet die Felderbilanz 9:8 für Weiß, wobei Weiß auch noch ein Übergewicht im Zentrum hat, das nicht so rasch und gründlich beseitigt werden kann. Es ist also klar, daß Schwarz so nicht spielen darf.
Der Zug 4. ... Lf8—c5 ist dem Zug 4. ... Sg8—f6 also auf jeden Fall vorzuziehen.
Nach

4. ... Lf8—c5

genügt als weißer Zug die Fortsetzung der normalen Entwicklung 5. o—o angesichts der Felderbilanz zugunsten von Weiß nicht mehr. Weiß muß zu schärferen Mitteln greifen und die Stellung des

schwarzen Lc5 und damit auch die große Überlegenheit in der Beherrschung freier Zentrumsfelder sofort zu unterminieren versuchen. Der Zug

    5. c2—c3   . . . . .

ist ein weiterer Angriffszug auf das schwarze Zentrum. Er droht d2—d4. Was kann Schwarz gegen diese Drohung tun? Es ist offensichtlich, daß der naheliegende Deckungszug

    5. . . .   d7—d6

der zugleich dem Lc8 die Diagonale c8—h3 öffnet, zwar die Felderbilanz für Schwarz weiter verbessert, aber den Kampf um die Herrschaft im Zentrum nicht unterstützt. Weiß kann jetzt ohne weitere Vorbereitungszüge mit

    6. d2—d4   . . . .

den Lc5 angreifen und nach

    6. . . .   e5xd4
    7 c3xd4   . . . .

die nicht mehr ohne Nachteil für Schwarz zu erschütternde Herrschaft im Zentrum anstreben, wie immer Schwarz auch fortsetzt.
Die Felderbilanz beträgt nun 9:11 für Schwarz. Schwarz muß aber zunächst den angegriffenen Lc5 ziehen und kann seine Stellung

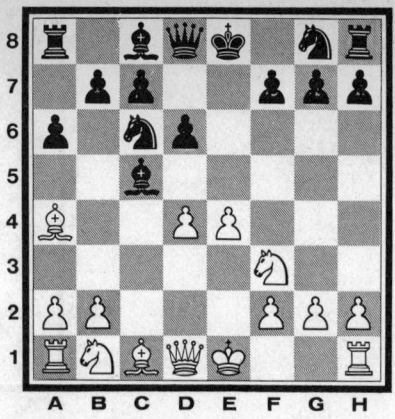

nicht verbessern. Es zeigt sich, daß der Zug 5. . . . d7–d6 für die Freiheit des schwarzen Spiels eher hinderlich als förderlich war, weil er den Lc5 zwingt, entweder mit (6. . . .) Lc5–b4+ den Druck auf das Zentrum aufzugeben, wodurch Weiß ihn durch Sb1–c3 verstärken kann, oder aber durch (6. . . .) Lc5–a7 seinen Läufer von der wichtigsten Diagonale f8–a3 zu entfernen (nach a7 muß er, damit Schwarz weiterhin die Möglichkeit hat, b7–b5 zu ziehen).

Es ist deutlich, daß 5. . . . d7–d6 ein sehr schwacher Zug ist, wie in allen einschlägigen Lehrbüchern angegeben wird, und wir wissen jetzt auch warum.

Wenn Schwarz in dem Kampf um das Zentrum nach 4. . . . Lf8–c5 überhaupt noch eine Chance haben will, dann darf er keinesfalls 5. . . . d7–d6 ziehen, sondern muß es entweder mit 5. . . . Sg8–f6 oder 5. . . . f7–f5 versuchen. Vor allem 5. . . . f7–f5 ist ein für unser Schachgefühl recht kühn aussehender Zug. Was sind seine Folgen?

Die wilde Kombinationspartie (s. Stellungsbild 100)

Untersuchen wir den nächsten Zug 5. . . . f7–f5. Dieser Zug führt zu den waghalsigsten Verwicklungen. Die Stellung muß von Weiß wegen der großen Feldüberlegenheit von Schwarz 12 mit 21 Wirkungsgewichten gegen nur 6 Felder mit 10 Wirkungsgewichten von Weiß sehr sorgfältig behandelt werden. Sie sollten sich durch fortlaufende Markierung der freien Felder nach jedem Zug klar machen, daß die besser werdende Stellung von Weiß am Ende *kombi-*

nativ-positionell zustande gekommen ist, also über die bloße Vermehrung beherrschter Felder hinaus eine schöpferisch-kombinative Leistung zur Erziehung positioneller Überlegenheit erfordert.

Stellungsbild 100
Weiß zieht

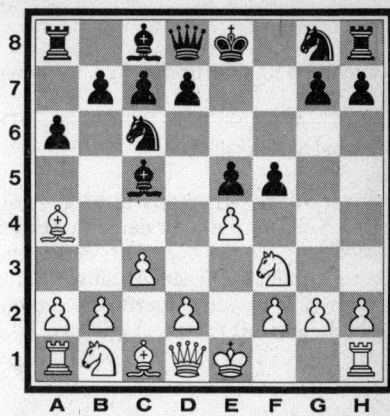

Aber Weiß wird am Ende die bessere Stellung haben und so den Kampf um das Zentrum gewinnen.

    6. d2—d4   f5xe4
    7. La4xSc6   . . . . .

Falls nun (7. . . .) e4xSf3, kann (8) Lc6xf3 folgen.

    7. . . . .   d7xLc6
    8. Sf3—d2   . . . . .

Dieser Zug führt ohne große Komplikationen zu einer überlegenen Kombinationsstellung *für Weiß*, während zum Beispiel Sf3xe5 sehr kombinationsträchtige Stellungen *für Schwarz* mit sich bringt, über die Sie sich in den sorgfältigen Variantenanalysen von Paul Keres und Ludék Pachmann (siehe Bibliographie) unterrichten können (z. B. 8 Sxe5, Ld6, 9. Dh5+, g6, 10. Sxg6?, Sf6, 11. Dh6, Tg8, 12. Sh4, Lf8, 13. De3, De7 und Schwarz steht weit überlegen).
Nach (8. . . .) Sf3—d2 hat Schwarz zwei aussichtsreich erscheinende Fortsetzungen, die aber bessere Endstellungen für Weiß ergeben.

    1. Fortsetzung: Opferzug
    8. . . .   Dd8—g5

Dieser Zug bietet den Lc5 als Opfer an.

Nun darf Weiß natürlich nicht (8.) Sd2xe4 ziehen, weil der Sc5 sogleich nach (8. . . .) Dg5xg2 mit Schach verlorenginge. Er muß vielmehr das Opfer mit

        9. d4xLc5   . . . .

annehmen und dafür den Bg2 aufgeben.

        9. . . .   Dg5xg2
       10. Dd1—h5 + ...

Schwarz darf seinerseits nicht g7—g6 spielen, weil nach (11.) Dh5x e5 +, Ke8—d8 die De5 den Be4 schlägt und dadurch, selbst von ihrem Sd2 gedeckt, den Th1 deckt und den Abtausch Dame gegen Dame anbietet. Diesen Abtausch kann sich Weiß, nachdem er einen Läufer und zwei Bauern gewonnen hat, wohl leisten. Schwarz zieht daher statt (10. . . .) g7—g6 stärker:

       10. . . .   Ke8—d8

Weiß muß zuerst etwas für seinen gefährdeten Th1 tun.

       11. Th1—f1   . . . .

Bitte machen Sie sich klar, daß es Weiß durch Dh5 + gelungen ist, nebenbei den Bh2 vor dem Zugriff der Dg2 zu bewahren. Schwarz hat nun keinen stärkeren Zug als

       11. . . .   Lc8—h3

wodurch der Abzug des Sd2 verhindert wird. Er kann aber hoffen, wenigstens den Be4 verteidigen zu können.

       12. Dh5xe5   Sg8—f6

Das schützt den Be4 zum zweiten Mal und gibt dem Th8 die Reihe frei.

Weiß zieht jetzt so, daß die von Schwarz gegen seine Stellung aufgebaute Spannung zersprengt wird, wodurch die Überlegenheit der weißen Stellung trotz eines unvermeidlichen Qualitätsverlustes für Weiß deutlich wird.

       13. De5—g3 !   . . . .

Schwarz muß jetzt die Damen abtauschen, denn sonst bekommt er die Turmqualität gegen seinen Läufer nicht.

13. . . .	Dg2xDg3
14. h2xDg3	. . . .

Das Schlagen mit dem Bh2 ist selbstverständlich. Andernfalls würde der schwarze Be4 zum Freibauern.

14. . . .	Lh3xTf1
15. Sd2xLf1	. . . .

Da der Be4 durch Sf6 gedeckt ist, schlägt nicht der Ke1, sondern der Sd2, um dem Lc1 die Diagonale c1—h6 frei zu machen.

Weiß muß nun so schnell wie möglich seinen Damenflügel entwickeln und den Ta1 ins Spiel bringen. Das ist um so wichtiger, als Schwarz einen beweglichen Turm auf h8 und nach dem Wegzug des Kd8 einen ebenso freien auf a8 hat, die beide rasch ins Spiel zu bringen sind. Sie werden demnächst erkennen, warum zwei *verbundene* Türme in vielen Stellungen sogar stärker sind als eine Dame. Schwarz wird seine beiden Türme verbinden und auf einer offenen Linie verdoppeln. Dagegen kann sich Weiß nur durch die rasche Entwicklung seiner Figuren auf dem Damenflügel und möglichst baldige Opposition seines Turmes a1 gegen die Verdopplung der schwarzen Türme wehren. Der Abtausch des weißen Turmes a1 gegen einen der schwarzen Türme würde einen großen Vorteil bringen, weil ein einzelner Turm, wenn noch zahlreiche Bauern auf dem Brett sind, eine viel geringere Wirkungskraft besitzt als zwei verbundene Türme.

Hier kommt noch hinzu, daß Weiß über eine ganze Figur mehr verfügt als Schwarz, was den Mehrbesitz einer Qualität und eines Bauern deshalb aufwiegt, weil er nicht durch andere Bauern verteidigt werden kann. Außerdem hat Schwarz noch einen Doppelbauern. Das ist ein großer Nachteil, weil sich Doppelbauern nie gegenseitig decken können.

Die Felderbilanz ergibt 10 mit 13 Wirkungsgewichten gegen 14 mit 21 Wirkungsgewichten zugunsten von Schwarz. Dieser Mehrbesitz von vier Feldern wird aber dadurch aufgehoben, daß der isolierte e-Bauer eine zusätzliche Schwäche von Schwarz darstellt. Der Qualitätsgewinn von Schwarz wird dadurch wettgemacht, daß Weiß eine Figur mehr hat. Weiß muß aber, das macht das Verhältnis der Wirkungsgewichte deutlich, immer noch sehr sorgfältig weiterspielen.

Weiß wird nun nach sorgfältigem Überlegen auf

15. . . .	Kd8—e7
16. Lc1—e3	. . . .

nicht mit Lc1—f4 antworten, um den Bc7 anzugreifen. Der ist durch Sf6—d5 leicht zu decken und droht im nächsten Zug durch Wegnahme des Lf4 Weiß einen Doppelbauern und sich selbst einen Freibauern auf der h-Linie zu verschaffen. Er hindert vielmehr durch Lc1—e3 Schwarz daran, mit b7—b6 seinen Doppelbauern aufzulösen.

16. . . .	Ta8—d8
17. Sb1—d2	Td8—d7
18. Ta1—d1	Th8—d8
19. Le3—d4	. . . . . .

Nun droht nach Sf1—e3, Ld4xSf6+, Sd2xe4 der Abtausch eines Turmes. Dieser Entwicklung kann Schwarz nichts Wirksames mehr entgegensetzen. Zurück zum Stellungsbild 100.

2. Fortsetzung: Läuferrückzug

6. d2—d4	f5xe4
7. La4xSc6	d7xLc6
8. Sf3—d2	Lc5—d6

Nun könnte Sd2xe4 folgen, es gibt aber noch eine stärkere Fortsetzung für Weiß:

9. d4xe5	e4—e3
10. f2xe3	. . . .

Der Ld6 darf jetzt den Be5 nicht schlagen, da er dann durch (11.) Dd1—h5+ verloren ginge. (. . . Dd8—h4+? g2—g3). Er zieht:

10.	Ld6—c5
11. Dd1—h5+	g7—g6
12. Dh5—f3	. . . . . .

Weiß kann angesichts seiner beiden Freibauern e3 und e5 und seiner überlegenen Beherrschung der wichtigsten Zentrumsfelder trotz der Felderbilanz von 10:11 bei fast gleichen Wirkungsgewichten und einem Mehrbauern sehr zufrieden sein. Schwarz wird nicht mehr zur kurzen und wahrscheinlich auch nicht zur langen Rochade kommen, während die kurze Rochade von Weiß durch Schwarz nicht verhindert werden kann. Damit ist klargestellt, daß Schwarz durch den Zug (5.) f7—f5 bei bestem Spiel von Weiß schließlich in die schwächere Stellung gerät.

Die »wilde Kombinationspartie«, die wir hier untersuchen, ist geradezu ein Paradebeispiel für die grundsätzlichen Ausführungen, die Weltmeister Emanuel Lasker in seinem ›Lehrbuch des Schachspiels‹ im Kapitel ›Die Kombination‹ über den Übergang von Varianten und Variantennetzen zur Kombination macht. Es heißt dort: »In jeder Lage gibt es einige Züge, die gewalttätig wirken, die eine völlige Umwälzung hervorbringen wollen, die plötzlich und stark drohen: Matt, Schlagen von Steinen, Umwandlung eines Bauern. Deren Tendenz ist, kurz gesagt, eine Umwertung aller Werte. Solchen gewalttätigen Angriffszügen stehen ebenso gewalttätige zur Abwehr gegenüber, Angriff und Gegenangriff und Deckung bilden daher eine Kette, die oft sehr verwickelt, bisweilen aber leicht zu verfolgen ist. Reiht sich in dieser Kette Ring an Ring in einheitlicher Folge, so nennt man sie eine Variante; oft aber verzweigt sich die Kette, indem etwa zwei oder mehr Deckungen statthaft sind, dann redet man von *Varianten*, von einem Netz von Varianten.«

Solche Variantennetze muß der Schachfreund in seiner Analyse der Stellung durchdenken, um zu prüfen, ob sich bereits durch gewalttätige Züge ein günstiges Ergebnis erzwingen läßt. Diese Prüfung stellt er oft an, wenn die feindlichen Kräfte einander nahegerückt sind. Gewöhnlich aber bleibt es bei dem Versuche; die Berechnung setzt sich gewöhnlich nicht in die Tat um, weil das Variantennetz nicht immer ein erstrebenswertes Ergebnis zeitigt.

Wenn nun aber das Variantennetz ein postives, erstrebenswertes Ergebnis birgt, dann heißt die Gesamtheit das Gefüge der Varianten eine ›Kombination‹. Und der Spieler, der den von ihm entdeckten Varianten folgt, ›macht eine Kombination‹. Es ist wichtig, daß sie bei alledem erkennen, *daß die kombinatorische Ausnützung des Zuges 8. . . . Lc5—d6 zu einer positionell überlegenen Stellung führt.*

33. Trainingsabschnitt

Es bleibt uns nur noch übrig, den Zug 5. . . .Sg8—f6 zu untersuchen. Zurück zu Stellungsbild 98.

5. c2—c3	Sg8—f6
6. o—o	. . . .

Die kurze Rochade führt zu einer Stellung von Weiß und Schwarz, die für die Beurteilung der Spanischen Partie grundsätzliche Bedeutung hat. Darüber hat Richard Réti in seinem schon zitierten Buch ›Die Meister des Schachbretts‹ umfangreiche theoretische Untersuchungen angestellt und durch praktische Partien erläutert, die so bedeutende Weltmeister wie Wilhelm Steinitz, Emanuel Lasker, Josef Raoul Capablanca und Alexander Alechin gespielt haben. Alle Anstrengungen von Weiß zielen schließlich darauf ab, zu dem Zug d2—d4 erst dann zu kommen, nachdem er Schwarz gezwungen hatte, d7—d6 zu ziehen. Wie das stets erreicht werden kann, werden wir demnächst erkennen. Aus diesem Grund werden hier die Folgen von (6.) o—o statt (6.) d2—d4 untersucht, obwohl der letztere Zug nach Ansicht der Großmeister Paul Keres und Ludek Pachmann zu schärferem Spiel führt und Schwarz vor größere Probleme als o—o stellt.

Aber es kann nicht die Aufgabe eines Schachlehrbuches für Anfänger sein, die Möglichkeiten der Spanischen Partie bis in alle Verästelungen und Nuancen zu verfolgen. Das ist eine Aufgabe für werdende und gewordene Schachmeister. Wenn Sie sich als werdender Meister fühlen, finden Sie in den Büchern, die in der Bibliographie zu diesem Lehrbuch zitiert sind, jede gewünschte Aufklärung.

6. . . .	o—o
7. d2—d4	. . . .

Da nach o—o von Weiß und (7. . . . .) e5xd4, (8.) c3xd4 der Zug (8. . . . .) Lc5—b4+ nicht mehr zur Verfügung steht, weil anschließend nach (9.) Sb1—c3 der Zug (9. . . . .) Sf6xe4 folgen könnte, ist es für Schwarz nicht mehr sinnvoll, seinen Be5 aus dem Zentrum zu entfernen. Er zieht deshalb stärker:

7.	Lc5—a7
8. Tf1—e1	. . . .

Nun ist Be4 organisch gedeckt. Es droht nun La4xSc6 und Sf3 xe5.

Schwarz kann den Be5 nicht durch Tf8—e8 erfolgreich decken, weil darauf La4xSc6 erfolgt. Will Schwarz daher den Zug d7—d6 als Deckungszug von Be5 noch vermeiden (warum das wichtig ist, erfahren wir auf Seite 242 ff.), dann muß er zunächst b7—b5 ziehen.

8. . . .	b7—b5
9. La4—b3	Tf8—e8?

Der letzte Zug von Schwarz wurde deshalb mit einem Fragezeichen versehen, weil Weiß nach 9. Tf8—e8

10. Lb3—d5	. . . .

ziehen und damit Sc6 erneut angreifen kann. Es ist offensichtlich, daß (10.) Sf6xLd5 nichts nützt, weil durch (11.) e4xSd5 der Sc6 erneut angegriffen wird und wegziehen muß. Wohin immer der Springer zieht, es folgt anschließend (12.) d4xe5. Damit hat Weiß den wichtigsten Zentrumsbauern gewonnen und steht so überlegen, daß er bei sorgfältigem Spiel die Partie leicht gewinnen wird. Schwarz kann (10. . . .) Lc8—b7 ziehen. Dann geschieht kurzerhand (11.) Sf3xe5. Es ist klar, daß der Te8 den Se5 nicht nehmen darf. Schlägt aber (11. . . .) Sc6xSe5, dann folgt (12.) Ld5xLb7, und nun sind zwei Figuren von Schwarz zugleich angegriffen, darunter der Ta8.
Es ist demnach deutlich, daß Schwarz sich so nicht verteidigen darf. An dem Zug (10.) Lb3—d5 ist noch besonders bemerkenswert, daß er jetzt nicht mehr mit d7—d6 zur Deckung des Be5 beantwortet werden darf. Warum? Das sehen Sie selbst.

8.	b7—b5
9. La4—b3	d7—d6

Weiß kann nach 9. d7—d6 mit dem bereits früher untersuchten Zug Lb3—d5 nun in keinem Abspiel mehr zu einer überlegenen Stellung kommen, wie Sie durch Ausprobieren leicht feststellen (Ld5, SfxL, exS, Se7). Er muß sich vielmehr zunächst um die Entwicklung seines Dameflügels kümmern. Er setzt deshalb mit Lc1—g5 fort. Dieser Zug ist in der jetzt erreichten Stellung nicht nachteilig. Die entsprechenden Varianten sind bei Ludek Pachmann in analogen Stellungen ausführlich untersucht.
Für Weiß kommt nun alles darauf an, den strategischen Vorteil, den er dadurch errungen hat, daß Schwarz zu dem Verteidigungszug d7—d6 gezwungen wurde, zu einer überlegenen Stellung **im Zentrum** auszunützen, da die beherrschten freien Felder (10:10) und die Wirkungsgewichte (19:18) fast genau gleich sind.
Auf welchem Wege das möglich ist und warum dabei ein Stellungs-

vorteil für Weiß herauskommt, soll nun untersucht werden. Dazu kehren wir zum Anfang der Spanischen Partie zurück.

Der strategische Sinn der Spanischen Eröffnung

Paul Keres sagt über die Spanische Partie: »Bei der Behandlung der Spanischen Partie haben taktische Berechnungen (damit sind kombinatorische Erfolgsaussichten gemeint, d. A.) nur wenig Zweck. Hier muß man seinen Operationen tief durchdachte und weit berechnete *strategische Pläne* zugrunde legen, die schon mit den ersten Zügen beginnen und sich in der Folge jedem weiteren Zug anpassen müssen, sofern mit ihnen eine Strukturänderung der Stellung verbunden ist.

Verständlicherweise bereitet das besonders Anfängern große Schwierigkeiten, die bei der Durchführung der Spanischen Partie gewöhnlich in eine hoffnungslose Stellung kommen, ohne verstehen zu können, wo sie den entscheidenden Fehler gemacht haben.« Und Richard Réti skizziert die Idee der Spanischen Partie wie folgt: »Weiß will durch den Angriff gegen e5 den Verteidigungszug d7—d6 erzwingen. Erst wenn Schwarz d7—d6 gespielt hat, setzt Weiß den Angriff auf e5 mit d2—d4 fort. Wenn nun Schwarz e5xd4 spielt, so hat Weiß die Bauernformation erreicht: weißer Bauer e4, schwarzer Bauer d6.

Stellungsbild 101
Weiß zieht

242

Weiß hat aus verschiedenen Gründen das freiere Spiel, die weißen Türme haben die e-Linien und die d-Linie zur Entwicklung zur Verfügung, die schwarzen Türme nur die e-Linie. Die weißen Läufer haben alle Freiheiten, dagegen ist der schwarze Königsläufer durch den Bauern d6 eingeengt. Die Springer sind kurzschrittige Figuren und müssen, um gut wirksam zu sein, näher an die gegnerische Stellung herangebracht werden.

Um sich so nahe vor den gegnerischen Figuren behaupten zu können, benötigen sie gedeckte Felder. Die weißen Springer haben nun bei der Bauernformation (e4, d6) gedeckte Felder auf d5 und f5, während die weitesten vorgeschobenen Posten für schwarze Springer e5 und c5 sind. Man sieht also, daß die weißen Springer näher an die schwarze Basis herangebracht werden können als die schwarzen Springer an die weiße Basis. Zwar kann Schwarz den Springer von d5 durch c7—c6, den Springer von f5 durch g7—g6 vertreiben, aber der erste Zug schwächt den Bauern d6 auf der von Weiß geöffneten d-Linie, der andere Zug schwächt die Königsstellung nach der kurzen Rochade.« Und das, so hätte Réti an dieser Stelle hinzufügen können, läßt sich zugunsten von Weiß ausnützen. Denn es ist ja nicht so, daß Weiß tatsächlich einmal Springer auf d5 und/oder f5 placieren muß. Meistens wird bereits die *Drohung*, dies zu tun, genügen, um Schwarz zu den vorsorglichen Zügen c7—c6 und g7—g6 zu bringen.

Diese Vorsorge aber genügt Weiß, der seine drohenden Springerzüge nur vorbereitet hat, um eine oder beide Schwächungen der schwarzen Stellung zu provozieren, auf deren sofortige Ausnutzung er sich ebenfalls vorbereitet hat!

Sie sehen, daß Drohungen wichtiger sein können als tatsächlich ausgeführte Züge, weil sie Reaktionszüge des Gegners hervorrufen können, die mit ausnutzbaren anderen Schwächen seiner Stellung einhergehen. Sie lernen hier eine neue Art der positionellen Kombination kennen, die *Drohungskombination*.

Wer diese strategischen Methoden des Schachspiels kombinatorisch beherrscht und durch praktische Züge in seinen Partien auszunutzen versteht, der gewinnt und ist auf dem Weg zur Meisterschaft.

Dazu muß er aber vom ersten Eröffnungszuge an diese strategischen Ziele kombinatorisch im Auge behalten. Das kann er nur, wenn er die Beherrschung der freien Felder mit den Grundsätzen des Kampfes um das Zentrum anstrebt und nach jedem Zuge nachprüft.

Die ideale Eröffnung, die auf diese beiden Eröffnungsprinzipien in reinster Form ausgeht, ist die Spanische Partie. Deshalb kann die Spanische Eröffnung den kombinationssicher gewordenen Anfänger am meisten lehren und deshalb wird sie, im Gegensatz zu fast allen anderen Eröffnungen aus der Frühgeschichte des Schachspiels, auch heute noch auf den internationalen Turnieren gern und viel gespielt.

Darüber schreibt Ludek Pachmann: »Ein großer Vorteil der Spanischen Partie ist, daß sie sowohl den Übergang in ein ruhiges Positionsspiel als auch in ein scharfes Kombinationsspiel erlaubt und dadurch große Möglichkeiten für das Suchen nach neuen Wegen bietet.«

Hieran schließt Weltmeister Max Euwe in seinem Buch ›Schach von A–Z‹ gewissermaßen an: »Weiß will nur die Deckung des Be5 beunruhigen und so erreichen, daß Schwarz nach einem eventuellen d2–d4 zu exd4 gezwungen wird. Kommt es soweit, dann beherrscht Weiß im Zentrum mehr Terrain und hat damit eine günstige Basis für weitere Unternehmungen. Ein guter Plan also, der gerade wegen seines bescheidenen Zieles schwierig zu bekämpfen ist.«

Und Paul Keres vollendet diese Abhandlung über den strategischen Sinn der Spanischen Partie: »Schon dieser kurze Überblick zeigt, daß die Spanische Partie die Spielenden vor sehr schwierige Probleme stellt, deren erfolgreiche Meisterung in erster Linie von den persönlichen Fähigkeiten der Gegner, im besonderen aber von der Fähigkeit abhängig ist, die entstehenden Stellungsbilder richtig zu beurteilen.«

Das ist die Begründung dafür, warum wir die beiden Eröffnungsvarianten der Spanischen Partie, die mit (4.) Lf8–c5 begannen und mit (5. . . .) f7–f5 und (5. . . .) Sg8–f6 fortgesetzt wurden, so ausführlich untersucht haben. (5. . . .) f7–f5 führte uns in die bereits vertrauten Gefilde der heftigen Kombinationspartie, in der wir uns anhand der Damiano-Verteidigung, der Schiffers-Tschigorin-Partie und der Kombinationsübungen bereits zu Hause fühlen. Mit (5. . . .) Sg8–f6 aber wird diejenige Variation der Spanischen Partie fortgesetzt, bei der Weiß den Verteidigungszug d7–d6 erst sehr spät erzwingen kann.

Der Verteidigungszug d7–d6 aber ist, wie wir inzwischen erkannt haben, der Angelpunkt des strategischen Sinns der Spanischen Partie.

Wir werden uns jetzt an einigen praktischen Beispielen klar machen, durch welche Züge es im allgemeinen schon früher zu diesem Verteidigungszug d7–d6 kommt und auf welchen prinzipiell verschiedenen Wegen Weiß den so erreichten Vorteil ausnutzen kann.

Der strategische Sinn der Spanischen Partie und ihrer Folgen läßt sich am deutlichsten begreifen, wenn er an einer Partie nachvollzogen wird, die den strategischen Sinn gewissermaßen erfüllt.

Das geschieht durch eine Verteidigung von Schwarz, die nicht ganz so alt ist wie die Spanische Partie, sondern erst zweihundert Jahre später durch den größten Schachtheoretiker des 18. Jahrhunderts, François André Danican Philidor, entdeckt wurde. Die nach ihrem Schöpfer Philidor-Verteidigung genannte Spielweise ist durch den Zug d7–d6 gekennzeichnet, der nach Sg1–f3 bereits im zweiten Zuge geschieht.

Die Philidor-Verteidigung liegt sozusagen dem strategischen Sinn der Spanischen Partie zugrunde. Sie ermöglicht es unter bestimmten Umständen, alle Folgen für Weiß und Schwarz, die sich in der Spanischen Partie daraus ergeben, daß Weiß sein strategisches Ziel (e4 gegen d6) ohne große Umstände erreicht, in besonderer Klarheit bis in die Endspielstellung hinein zu studieren.

Eine so geführte Philidor-Verteidigung ist deshalb für den Anfänger ganz besonders aufschlußreich; vor allem dann, wenn sie von Großmeistern gespielt worden ist. Zugleich ist eine solche Partie ein Beispiel dafür, wie eine bestimmte Eröffnung in eine andere übergehen kann, das heißt, wie sich der strategische Sinn und die allgemeine Idee einer Eröffnung im Verlauf anderer Eröffnungen ausnutzen lassen.

34. Trainingsabschnitt

Die Partie, die wir in diesem Sinne untersuchen werden, ist von zwei Meisterspielern ihrer Zeit gespielt worden. Der eine galt als unbestritten größtes Kombinationsgenie und Angriffsspieler, während der andere Großmeister, Louis Paulsen, als bedeutendster Verteidigungsspieler seiner Zeit angesehen wurde. Die Partie wurde im Jahre 1873 in Wien zu einer Zeit gespielt, als Louis Paulsen der Höhe seiner internationalen Erfolge zustrebte, vier Jahre bevor er Adolf Anderssen in einem Wettkampf mit 5:3 Partien besiegte.

Noch einmal die Philidor-Verteidigung

7. Partie
Weiß: Adof Anderssen   Schwarz: Louis Paulsen
1. e2—e4   e7—e5
2. Sg1—f3   d7—d6
3. d2—d4   e5xd4

Anderssen ergreift sofort die Gelegenheit, durch (3.) d2—d4 eine Zentrumsstellung herbeizuführen, die Weiß eine kleine, aber deutliche Überlegenheit im Zentrum sichert. Schwarz hat nach d7—d6 keinen anderen vernünftigen Verteidigungszug als nach

4. Dd1xd4   Sb8—c6

Weiß hat zweifellos den Zug von Schwarz vorausgesehen, der einen Angriff auf seine Dame darstellt, und seinen nächsten Zug, die Fesselung des Sc6, darauf eingestellt. Andernfalls hätte er nicht mit der Dame, sondern mit Sf3 zurückgeschlagen. So aber kommt er zu einer raschen Entwicklung, die ihm vor allen Dingen erlaubt, seinen Ke1 durch o—o—o hinter die Bauern zu bringen und den Ta1 zum Eingreifen in den Kampf um das Zentrum bereitzustellen.

5. Lf1—b5   Lc8—d7
6. Lb5xSc6   Ld7xLc6

Die beiden letzten Züge geschahen zwangsläufig und sind sowohl von Anderssen wie von Paulsen vorausgesehen worden. Weiß kann sich ohne Verlust beherrschter Zentrumsfelder keinen Rückzug seiner Dame erlauben und mußte deshalb den Sc6 abtauschen. Schwarz konnte durch diesen vorauszusehenden Abtausch seinen Läufer von c8 auf das sehr wirksame Feld c6 bringen. Von dort aus kann er hoffen, im Verlauf der Partie die lange Diagonale a8 nach h1 zu beherrschen, weil Weiß diesen Läufer nicht so rasch von der Diagonale vertreiben kann. Wir wissen schon, welche Zukunftsbedeutung ein solcher Läufer nach o—o für Mattangriffe bekommen kann. Das Felderverhältnis ist bereits 13:6 für Weiß. Beachten Sie, wie Weiß dem Schwarzen die freien Felder des Königsflügels weggenommen hat. Hier ist Stellungsverbesserung möglich!

Außerdem ist Schwarz durch den Abtausch in den Besitz von zwei Läufern gegen Läufer und Springer von Weiß gekommen. Das ist ein dynamischer positioneller Vorteil, der zwar erst 40 Jahre später zum Allgemeingut aller Schachmeister wurde, der aber damals (1873) durch die unerhörten Erfolge von Weltmeister Wilhelm Steinitz zum mindesten einem Verteidigungsspieler wie Großmeister Paulsen bereits ahnungsvoll aufgegangen sein kann. Dieser dynamische Positionsvorteil wiegt zwar den statischen von Weiß (Zentrumsbauer e4 gegen d6) nicht auf, ist aber als Gegengewicht bedeutsam.

Bevor Weiß die Rochade durchführt, die wegen seiner überlegenen Zentrumsbauernstellung noch nicht dringend ist, macht er sich seine Feldüberlegenheit auf dem Königsflügel zum Tempogewinn zunutze, den Schwarz um der Entwicklung willen mit einer — allerdings vorübergehenden — Fesselung seines Springers beantworten muß.

    7. Lc1—g5   Sg8—f6

Da Schwarz im nächsten Zug Lf8—e7 spielen muß, um die Fesselung von Sf6 loszuwerden und zur Rochade zu kommen, kann sich Weiß vor seiner Rochade einen weiteren Entwicklungszug mit einer leichten Figur leisten, die zugleich den Be4 ein weiteres Mal deckt.

    8. Sb1—c3   Lf8—e7

Weiß beherrscht bereits 15 freie Felder mit 25 Wirkungsgewichten gegen 6 mit nur 13 von Schwarz. Weiß kann sich daher dank seiner überlegenen Zentrumsstellung, die ihm gestattet, die d-Linie mit einem Turm zu besetzen, die große Rochade statt der kleinen leisten. Seine Zentrumsstellung kann von Schwarz nicht nachhaltig erschüttert werden, denn der Bd6 versperrt dem Le7 die Diagonale und würde — selbst wenn er vorrücken könnte — dann dem Lc6 den Weg versperren. Weiß hat also — wie Schachspieler sagen — ein festes Zentrum und darf deshalb Flankenangriffe planen, die man sich nur leisten kann, wenn man im Zentrum sicher und fest steht.

Schwarz darf nichts dergleichen planen und muß froh sein, wenn er seinen König aus der bald gefährdeten Mitte durch o—o hinter die Bauern in Sicherheit bringen kann.

9.	o—o—o	o—o
10.	Th1—e1	Tf8—e8

Mit diesen Turmzügen haben beide Parteien die Entwicklung ihrer Figuren soweit wie möglich vollendet. Es ist deutlich, daß Weiß überlegen steht, denn der schwarze Turm a8 hat vorläufig kein Feld, auf dem er sich an der Verteidigung des Zentrums beteiligen könnte, während Weiß seine sämtlichen Figuren direkt oder indirekt zum Angriff auf das schwarze Zentrum bereitstellen konnte. Sie sehen, wie nachteilig für Schwarz die Folgen der Bauernstellung e4 und d6 geworden ist.

Nachdem Weiß einen so deutlichen Positionsvorteil erlangt hat, macht er nach der Sitte der damaligen Zeit, die sich noch mehr als sechzig Jahre erhielt, einen vorsorglichen Sicherungszug mit seinem Kc1 nach b1. Heute macht ein moderner Schachmeister einen solchen Sicherungszug erst dann, wenn er notwendig ist. Unter dem Einfluß der russischen Schachschule, wie sie Michael Tal und in den USA Großmeister Bobby Fisher pflegen, hat sich ein moderner Schachstil herausgebildet. Seitdem versucht man, auch den geringsten Vorteil mit aller Kraft so lange auszubauen, bis er zum partieentscheidenden Vorteil geworden ist. Sicherungszüge, die nicht unbedingt zur Abwehr einer deutlichen Drohung nötig sind, gehören nicht zu diesem modernen Schachstil, weil sie dem Gegner Tempi schenken. Von einer so subtilen Ausnutzung selbst geringster positioneller Vorteile war man zu Anderssens und Paulsens Zeiten aber noch ebensoweit entfernt wie 40 Jahre vor diesen beiden Großmeistern vom positionellen Spiel überhaupt, weil damals das rücksichtslose Kombinationsspiel allein als spielwürdig galt.

11.	Kc1—b1	Lc6—d7

Schwarz hat eingesehen, daß sein Lc6 auf der langen Diagonale nach der großen Rochade von Weiß keine großen Angriffschancen mehr hat. Er versucht deshalb, den Lc6 über d7 nach e6 zu bringen, von wo aus er den Ba2 bedroht.

Auf dem Wege nach e6 steht der Ld7 einen Zug lang auf einem Platz, auf dem er nicht von einem Bauern, sondern von zwei Figuren, der Dd8 und dem Sf6, gedeckt ist. Allerdings hat er den Bd6 vor sich. Andererseits aber drohen auf der d-Linie die von Anderssen dort sorgfältig hintereinander entwickelten Dd4 und Td1. Die ganze Stellung bietet ein ausgezeichnetes Beispiel dafür, wie stark eine Stellung ist, in der alle Figuren von Weiß auf freiem Feld zum Zentrum hin entwickelt werden konnten.

Stellungsbild 102
Weiß zieht

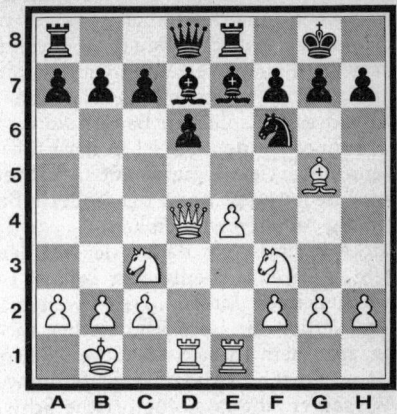

Sie bietet aber ein ebenso vorzügliches Beispiel dafür, wie in einer solchen Stellung dank der Mehrbeherrschung wichtiger freier Felder (13:8 für Weiß) eine positionelle Kombination ausgedacht werden kann, die zu einer weiteren Stellungsverbesserung führt.

Das Kombinationsgenie Anderssen verschenkte diese Möglichkeit nicht. Es ist übrigens für den Spielstil der damaligen Zeit bezeichnend, daß in dieser Stellung zwischen zwei Großmeistern Weiß trotz seiner bedeutenden Mehrbeherrschung freier Felder keine Kombination finden kann, die zu einem materiellen Vorteil führt. Einem Großmeister von der Spielstärke Louis Paulsen unterläuft eine solche Fehlentwicklung nicht, dafür aber um so eher eine falsche, besser ungenügende, Einsicht in die positionellen Merkmale seiner Stellung.

Es ist bewundernswert, daß Adolf Anderssen, der noch weit mehr auf das Kombinationsspiel eingestellt war als Paulsen, diesen strategischen oder positionellen Mangel der schwarzen Stellung entdeckt und sofort nach einer Kombination sucht, mit deren Hilfe er diesen positionellen Mangel bloßlegen und dauernd fixieren kann.

Die Kombination, die Anderssen hier ausdenkt, können wir in ihren kombinativen Bestandteilen bereits selbst nachvollziehen, wir müssen nur wissen, daß sie möglich ist. Es ist schwer, den sich aus dieser Kombination ergebenden positionellen Vorteil für Weiß zu erkennen. Es wäre eine sehr fruchtbare Übung für Sie, zu versuchen, sich die erreichbare Stellung *im Geiste* vorzustellen und abzuschätzen, bevor sie auf dem Schachbrett hergestellt wird.

Anderssen erkennt, daß er Schwarz zwingen kann, sich auf der d-Linie einen isolierten Bauern zu machen.

Ein solcher isolierter Bauer ist nicht nur deshalb schwach, weil er nicht von Bauern verteidigt werden kann, die rechts und links hinter ihm auf den anschließenden Linien stehen. Diese Verteidigungs-schwäche des isolierten Bauern kann als *kombinatorische Schwäche* bezeichnet werden. Sie ist in der Eröffnung und auch im Mittelspiel, wenn noch viele Figuren auf dem Brett sind, nur dann von besonderer Bedeutung, wenn der isolierte Bauer *rückständig* ist und rückständig gehalten werden kann.

Rückständig ist ein Bauer, der auf der 6. oder 7. Reihe (2. oder 3.) steht, während er entweder isoliert ist oder die Bauern der neben ihm liegenden Linien bereits weiter vorgerückt sind als er selbst. Wir werden die Schwäche solcher rückständiger Bauern weiter unten an einem charakteristischen Beispiel untersuchen. Jetzt wollen wir zunächst auf Anderssens Spuren weiterwandeln.

Wir sagten, die kombinatorische Schwäche des isolierten Bauern sei im Mittelspiel im allgemeinen nicht sehr bedeutsam. Das kommt daher, weil er meist ebenso leicht und durch ebensoviel Figuren verteidigt werden kann, wie ihn angreifen können. Ist er allerdings rückständig, steht er gar noch auf der 7. (oder der 2.) Reihe, dann ist es, besonders bei vollem Brett, meist schwer, ihn auch mit den Türmen zu verteidigen, die zur Verteidigung eines Bauern am besten hinter ihm postiert werden, wie wir noch erkennen werden. Dieser Grundsatz gilt für rückständige Bauern ganz allgemein.

Steht der isolierte Bauer dagegen bereits auf d5 oder e5, dann liegen gewöhnlich hinter ihm genügend freie Felder, auf denen Türme zu seiner Verteidigung und zum Schutz seines weiteren Vorwärts-gehens aufgestellt werden können. Das gleiche gilt natürlich auch für einen isolierten weißen Bauern.

Trotzdem versuchen alle erfahrenen Schachspieler, wann immer das ohne Tempoverlust oder Entwicklungsnachteil möglich ist, dem Gegner einen isolierten Bauern zu verschaffen. Warum ein solcher Bauer für den, der ihn nicht besitzt, vorteilhaft ist, und welche strategisch-positionelle Schwäche er hat, das werden Sie erkennen, wenn Sie die Kombinationsaufgabe Anderssens in dieser Partie gelöst und durchgespielt haben.

Blicken Sie auf das Stellungsbild 102.

Der isolierte Bauer kann dadurch auf d6 erzwungen werden, daß Schwarz den von Weiß angegriffenen und genommenen Bd6 mit dem Bc7 zurücknehmen muß, wenn er nicht einen Bauern verlieren will, ohne eine ausreichende Kompensation dafür zu bekommen.

Noch eine Hilfe sollen Sie bekommen. Die Zwangszugfolge wird möglich, weil Weiß eine der beiden Deckungen des Ld7 durch Abtausch beseitigen kann, so daß Schwarz nicht zurückschlagen darf, sondern sich weiter zurückziehen muß, will er nicht einen Bauern verlieren.

Stellen Sie jetzt, wenn Sie den ersten Teil der Kombination durchdenken, die Steine auf dem Brett nicht um. Wir wollten uns ja die Endstellung erst *im Geiste* vorstellen, bevor wir sie auf dem Brett nachziehen. Also:

(12.) Lg5xSf6   Le7xf6
(13.) e4—e5   Lf6—e7

Der Lf6 darf den Be5 nicht schlagen, weil er oder der Ld7 sonst verlorenginge, denn es folgt natürlich (14.) Sf3xLe5. Jetzt wird die Fortsetzung der Kombination schwierig, die zu dem isolierten Bauern auf d6 führen soll.

Falls Weiß jetzt e5xd6 zieht, kann Schwarz offenbar mit Le7xd6 antworten, wodurch kein isolierter Bauer entsteht und Schwarz überdies seinen bisher eingesperrten Läufer glücklich entwickelt. Damit stünde er schon fast so gut wie Weiß.

Anderssen greift deshalb zunächst den Le7 durch eine weitere Figur an:

(14.) Sc3—d5   Le7—f8

Dieser Springerzug zwingt zwar den Läufer nach f8, aber es ist nicht sogleich einzusehen, warum das die Absicht von Weiß fördern soll, Schwarz zu einem isolierten Bauern oder zu einem Bauernverlust zu zwingen. Aber nun kommt die Pointe:

(15.) e5xd6   Lf8xd6?

Schlägt Weiß jetzt e5xd6, dann kann zwar genau wie früher Lf8 xd6 erfolgen, aber nun kann Sd5 den Bc7 schlagen, und Weiß hat einen Bauern gewonnen. Warum? Das können Sie leicht selbst herausfinden. Wie immer Schwarz auch antwortet, er wird mit einem Bauern weniger aus dem Abspiel hervorgehen.

(16.) Sd5xc7!   . . . .

Dabei ist besonders bemerkenswert, daß Weiß es nicht nötig hat, vor der Durchführung des Abspiels Te1xTe8 zu ziehen, was Anderssen vorher ebenfalls durchdenken mußte, weil sein Te1 durch Sf3 gedeckt ist. Trotzdem wird er diesen Abtausch vermutlich zunächst durchführen, weil er Schwarz dadurch zwingt, nach Sd5xc7 mit Ld6xSc7 zu antworten. Dadurch kommt Weiß zu einer stärkeren strategisch-positionellen Endstellung.

Will Schwarz keinen Bauern verlieren, dann darf er im 15. Zug auch nicht Lf8xd6 ziehen, sondern muß

(15.) . . .   c7xd6

ziehen, womit Weiß seine Absicht erreicht hat, Schwarz zu einem isolierten Bauern zu zwingen.

Wenn es Ihnen gelungen ist, sich diese Endstellung zur Übung im Geiste vorzustellen, dann dürfen Sie die Zugfolge nachspielen.

11. . . .	Lc6—d7
12. Lg5xSf6	Le7xLf6
13. e4—e5	Lf6—e7
14. Sc3—d5	Le7—f8
15. e5xd6	c7xd6

Es ist übrigens wichtig, daß Sie sich klarmachen, daß Schwarz durch diesen isolierten Bauern noch lange nicht auf Verlust steht.

Der Bd6 ist zwar schwach und muß durch Figuren verteidigt werden. Außerdem hat der Gegner auf d5 einen stark wirkenden Springer placiert. Andererseits wirkt der Bd6 auf die Felder c5 und e5.

Deshalb sollten Sie einen isolierten Bauern in der Stellung Ihres Gegners *nur dann erzwingen, wenn dies ohne Tempoverlust oder gar Entwicklungsnachteile Ihrer Figuren, was durch Abtausch leicht eintreten kann, möglich ist!* Beachten Sie, daß die Felderbilanz 11:7, die Wirkungsgewichte 19:9 für Weiß geblieben sind.

Anderssen hat Schwarz den isolierten Damebauern aufgezwungen, ohne daß er einen Entwicklungsnachteil in Kauf nehmen mußte. Im Gegenteil, er hat sich seinen Entwicklungsvorsprung erhalten und konnte die Stellung des Sd5 verewigen, wofür er gerne Tempi opferte.

Schwarz steht beengt, was vor allen Dingen dem auf d5 stehenden weißen Springer zu verdanken ist. Solange er auf diesem Platz steht, wird Schwarz zu keinem hoffnungsvollen Angriffsspiel kommen, weil er sich ständig verteidigen muß.

Schwarz wird deshalb alles daransetzen, diesen Springer gegen seinen weißen Läufer abzutauschen. Dabei wird er darauf achten müssen, daß er seinen isolierten Bd6 nicht noch verliert. Er hat also eine komplizierte strategisch-positionelle Aufgabe zu lösen.

Bevor Weiß den Sd5 für seine vorteilhafte Bauernstellung e4 gegen d6 eintauschte, mußte er nicht nur die jetzt erreichte Stellung voraussehen, sondern auch die vermutlichen Gegenzüge durchrechnen, mit denen Schwarz nun versuchen kann, den Sd5 gegen seinen weißfeldrigen Läufer abzutauschen.

Anderssen hat ohne Zweifel vorausberechnet, daß dies Schwarz nur durch die Preisgabe des isolierten Bd6 gelingen kann. Damit sich das bewahrheitet, muß Weiß dafür sorgen, daß die Verdoppelung Dame—Turm auf der d-Linie nicht aufgehoben wird. So ergibt sich der nächste Zug von Weiß ganz von selbst. Haben Sie ihn?

16. Te1xTe8 ....

Andernfalls hätte Te8 den Te1 geschlagen und damit den Td1 gezwungen, auf e1 zurückzuschlagen. Der Sf3 hätte den Te1 auch schlagen können, aber diesen Springer braucht Anderssen dringend, um die Stellung des Sd5 zu festigen. Wenn er das macht, werden Sie die positionelle Kombinationskunst Anderssens bewundern können.

16. ... Ld7xTe8
17. Sf3—d2 Le8—c6
18. Sd2—e4 ....

Wenn jetzt Lc6xSd5, dann folgt Dd4xLd5, und der Bd6 ist dreimal angegriffen und nur zweimal gedeckt. Er muß also, weil er kein drittes Mal mehr gedeckt werden kann (weder direkt noch indirekt), im nächsten Zug verlorengehen.

18. .... f7—f5

Das beseitigt zwar den angreifenden Se4, befestigt aber die Stellung eines Springers auf d5 endgültig.

19. Sf4—c3! Dd8—d7

Felderbilanz machen!

Soweit hatte Anderssen vom 11. Zuge aus gerechnet! Nun macht er, dem Spielstil seiner Zeit folgend, einen allgemeinen Sicherungszug.

35. Trainingsabschnitt

Schwarz hat nicht viel mehr, als auf eine weitere Sicherungsmöglichkeit seines isolierten d-Bauern und gleichzeitig auf die Schaffung einer freien Bahn für seinen bisher tatenlos auf a8 stehenden Turm bedacht zu sein. Der große Ewfim Bogoljubow, der jahrzehntelang der Weltmeisterschaft nahe war, die er wegen seines schachlichen Optimismus (er spielte in überlegener Stellung oft nachlässig) nicht erreichte, hat den Lehrsatz aufgestellt: »Wenn man in einer Stellung keinen Angriffszug hat oder keinen aussichtsreichen Plan verfolgen kann, dann sollte man einen Entwicklungszug machen.« Dieser Maxime entsprechend zog Paulsen hier Dd8—d7, damit sein Ta8 je nach Bedarf nach e8, d8 oder c8 ziehen kann.

20. a2—a3	....

Der Schachspieler nennt einen solchen Zug, wenn er in der Königsstellung erfolgt: dem König ein Luftloch machen. Solche Züge sind, wenn man sie sich leisten kann, fast immer gerechtfertigt. Sie werden es noch oft erleben, daß Sie in überlegener Stellung einen durch Figurenabtausch zu erreichenden Mattangriff auf die Stellung Ihres Gegners nicht durchführen können, weil dieser vor Ihrem Mattzug mit einer schweren Figur Ihrem König auf der ersten oder achten Reihe ein Matt geben kann, dem der König nicht ausweichen kann, weil er hinter seinen Bauern eingesperrt steht. Hat der König dagegen, wie in der Stellung von Anderssen, ein Luftloch auf a2, dann braucht er ein Schach auf der ersten Reihe durch einen Turm oder die Dame nicht zu fürchten.

Die Hauptschwäche der schwarzen Stellung ist das Feld f6. Der Bg7 kann nicht vorrücken, um den Bf5 zu decken und dem Lf8 das Feld g7 zur Wirkung auf der langen Diagonale h8—a1, auf der gegenwärtig die weiße Dame wirkt, frei zu machen. Sobald der Bg7 die Wirkung auf das Feld f6 freigibt, erfolgt Sd5—f6+, was die gewaltige Wirkungskraft des bedrohenden Sd5 verdeutlicht.

Der entsprechenden Umgruppierung seiner Kräfte, die den Zug g7—g6 gefahrlos ermöglichen soll, dienen die nächsten Züge von Schwarz.

20. ...	Dd7—f7
21. h2—h3	....

Dies ist kein Sicherungszug, sondern der erste Schritt eines Bauernsturms gegen die schwarze Königsstellung.

Solche Bauernstürme sind sehr beliebt. Sie lassen sich oft in Partien beobachten, in denen ein Spieler »nicht mehr weiß, wie er ziehen soll«, d. h. in Partien von Anfängern, in denen keiner der Spieler durch die bisherigen Züge einen Stellungsvorteil erzielen konnte. In solchen Stellungen aber sind Bauernstürme nicht nur gegen die Königsstellung, sondern auf irgendeinem Flügel fast immer ungerechtfertigt. Jetzt werden wir erst einmal einen wichtigen Schachausflug machen.

Der Bauernsturm

Wir untersuchen hier wieder ein Schachgesetz, das für Anfänger wie für Meister gültig ist. Dieses Gesetz lautet:

Den Bauernsturm auf einem Flügel darf nur ein Spieler wagen, der in der Mitte absolut gesichert steht.

Wir haben erkannt, daß die Eröffnung jeder Schachpartie das Ziel haben muß, im Zentrum das Übergewicht zu erlangen oder zumindest nicht als Unterlegener aus dem Kampf um das Zentrum hervorzugehen. Der Unterlegene muß immer damit rechnen, daß der Überlegene im Zentrum mit Erfolg fortsetzen und ihn zur Verteidigung zwingen kann. Wer aber in eine solche Lage gekommen ist, der kann sich keinen Bauernsturm auf einem Flügel mehr leisten.

Es ist vor allem für den Anfänger nicht ganz leicht zu beurteilen, ob das Zentrum gesichert ist und allen Angriffsversuchen des Gegners standhalten kann.

Am leichtesten ist dieses Urteil noch bei verzahnten Bauernketten zu fällen. In solchen Fällen können sich allerdings beide Gegner auf die Abwehr eines Bauernsturmes des Gegners ebenso leicht einstellen wie auf die Durchführung von Bauernstürmen auf den Flügeln, auf denen dazu eine Möglichkeit besteht. Dadurch kommt es oft zu unbeweglichen Bauernkettenverzahnungen, die überhaupt nicht mehr aufgebrochen werden können.

Stellungen mit gesichertem Zentrum, das nicht durchbrochen werden kann und deshalb zu Bauernstürmen auf einem Flügel berechtigt, sind nicht immer durch verzahnte Bauernketten gekennzeichnet, aber an verzahnten Bauernketten lassen sich solche Stellungen besonders leicht erkennen und beurteilen.

Gewöhnlich setzt ein gesichertes Zentrum auch eine starke Zentrumsstellung des Gegners voraus. Wenn das gegnerische Zentrum schwach ist, dann kann es normalerweise direkt durchbrochen werden, und ein Bauernsturm auf einem Flügel ist überflüssig.

Allerdings ist im Normalfall (Ausnahmen gibt es immer) für den *aussichtsreichen* Bauernsturm auf einem Flügel nicht nur ein gesichertes Zentrum, sondern auch eine gedrückte Stellung des Gegners Voraussetzung. In gedrückten Stellungen ist es fast immer schwer, die Figuren zur Verteidigung von einem Flügel auf den anderen hinüberzubringen.

Diese Erfahrungstatsache führt Sie zu einer weiteren Schachregel, die fast ein Schachgesetz ist. *In beengten Stellungen soll man dem Gegner möglichst wenig Gelegenheit geben, sich durch Figurenabtausch Luft zu verschaffen.*

Wenn ein Abtausch nicht direkt zu einer Mattkombination führt, sollten Sie lieber Tempoverluste in Kauf nehmen, bevor Sie dem Gegner zur Auflockerung seiner Stellung durch Abtausch verhelfen. Je gedrängter die Verteidigungsfiguren stehen, desto stärker werden sie sich gegenseitig behindern. Schaffen Sie keine freien Felder, die dem gegnerischen König womöglich als Fluchtfelder zur Verfügung stehen können.

Einige Beispiele:

In einer zwischen Dr. Siegbert Tarrasch und dem österreichischen Großmeister G. Marco 1848 in Wien gespielten Partie entstand nach dem 12. Zuge von Schwarz die folgende Stellung:

Stellungsbild 103
Schwarz zieht
Felderbilanz 11:6
Wirkungsgewichte 20:13

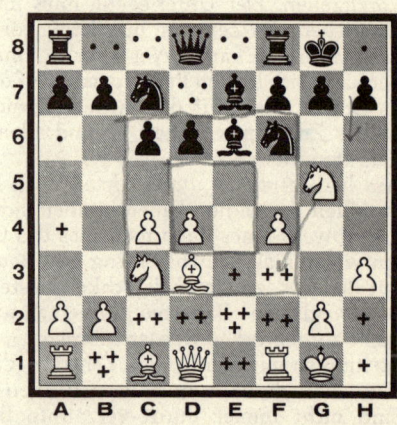

Es ist offensichtlich, daß Schwarz trotz der besseren Entwicklung seiner Figuren beengt steht. Die schwarzen Figuren sind auf den letzten drei Reihen zusammengedrängt. Infolge der vorgeschobenen Bauern und der Überdeckung der wichtigsten Zentrumsfelder mit weißen Figuren gehört das Zentrum Weiß. Weiß hat für dieses Zentrum mit Bauern, die ihm eine große Bewegungsfreiheit sichern, die geringere Entwicklung seines Dameflügels in Kauf genommen, zumal die Felderbilanz 11:6 und die Wirkungsgewichte 20:13 zu seinen Gunsten stehen.

Eine solche Stellung mit gesichertem Zentrum erlaubt zugleich den Bauernsturm auf dem Königsflügel, den Weiß bereits früher mit h2–h3 vorbereitet und später mit f2–f4 fortgesetzt hat.

Beachten Sie auch, daß Weiß darauf verzichtet hat, durch einen Abtausch Sg5xLe6 sich den bereits erwähnten Vorteil zweier Läufer gegen Läufer und Springer zu verschaffen. Er tat dies deshalb, weil er Schwarz nicht durch die Entfernung seines weißen (weißfeldrigen) Läufers und f7xSe6 eine Verstärkung seiner Zentrums-Bauern bei gleichzeitiger Öffnung der f-Linie die ersehnte Erleichterung seiner beengten Stellung verschaffen wollte.

Der weiße Bauernsturm hat um so mehr Aussicht, zu einem durchschlagenden Mattangriff zu werden, je beengter Schwarz steht und je behinderter dadurch die Verteidigung seiner Königsstellung ist.

Die Bilanz der beherrschten freien Felder ergibt ein Verhältnis von 11 : 6 zugunsten von Weiß. Wir entdecken hier, daß die Bilanz nicht nur die Wirkungsentfaltung von Figuren in einer Stellung kennzeichnen kann, sondern auch deutliche Aussagen über die Beengtheit seiner Stellung durch Figurenmassierung macht. Die Wirkungsgewichte sind 20:13. Schwarz zog

12. ....   h7–h6

um den vorgeschobenen Sg5 möglichst zum Abtausch gegen den Le6 zu veranlassen. Für uns ist es ebenso selbstverständlich wie damals für Dr. Tarrasch, Schwarz durch diesen Abtausch die ersehnte Erleichterung *nicht* zu verschaffen. Tarrasch zieht

13. Sg5–f3   Dd8–c8
14. Dd1–c2   Ta8–b8

Da Schwarz weder im Zentrum noch auf dem Königsflügel irgend etwas Erfolgversprechendes unternehmen kann, bereitet er einen Bauernsturm auf dem Dameflügel vor. Dieser Gedanke ist in solchen Stellungen grundsätzlich richtig, weil er den mit seinem Angriff auf die Königsstellung beschäftigten Weißen zwingt, gleichzeitig ein Auge auf die Verhältnisse auf dem Dameflügel zu haben und dorthin eventuell verteidigende Figuren zu dirigieren, die dann beim Angriff auf die Königsstellung fehlen.

15. f4–f5   Le6–d7

Schwarz scheint den Zug von Weiß erwartet zu haben, andernfalls hätte er kaum Dd8–c8 gezogen, sondern eher Dd8–d7, um sich so die Möglichkeit freizuhalten, den Ta8 notfalls zur Verteidigung seines Königsflügels parat zu haben. Dennoch ist der Zug 15. f4—f5 von Weiß für den Anfänger nicht ohne weiteres verständlich, denn er unterbricht die Wirkung des Ld3 nach h7, die noch dazu durch Dd1—c2 entscheidend verstärkt worden ist.

Es kann andererseits auch nicht vorausgesetzt werden, daß selbst ein so gewaltiges Schachgenie wie Dr. Tarrasch die für den weißen Königsangriff entscheidenden Züge — etwa 12 von insgesamt 17 — genau vorausberechnet hatte. So etwas ist bestenfalls in einer Fernpartie möglich (wo dem Spieler drei Tage ohne die Postlaufzeit für jeden einzelnen Zug zur Verfügung stehen) nicht aber in einer Turnier- oder Wettkampfpartie wie hier.

Es ist wahrscheinlich, daß sich Dr. Tarrasch auf sein in gleichartigen Partien entwickeltes Schachgefühl verlassen hat. Das sagte ihm, daß der Zug f4—f5 an dieser Stelle für die siegreiche Weiterführung seines Bauernsturmes notwendig sei und daß dieser Bauer das Feld f5 irgendwann zwangsläufig wieder werde frei machen können, worraufhin der Ld3 seine Angriffswirkung auf der Diagonale d3—h7 zurückbekommen werde. So geschah es im 33. Zuge der Partie tatsächlich.

Aber das war gewiß nicht herauszurechnen. Andernfalls hätte auch Großmeister Marco diese Rechnung anstellen können und hätte dann gewiß nicht im 27. Zuge seine Dame von d8 nach b6 gezogen.

Nein, hier war das aus der großen Erfahrung gewachsene Schachgefühl von Dr. Tarrasch erfolgreich. Er handelte mit instinktiver Sicherheit, so, wie es Weltmeister Capablanca einmal überzeugend in Worte faßte, als er bei der Glossierung einer seiner Turnierpartien sagte: »Ich weiß nicht, *warum* ich diesen Zug mache, aber ich weiß, daß er gut ist.«

Dieser unerschütterliche, durch langjährige Übung langsam entwickkelte Schachinstinkt, von dem sich fast alle Großmeister normalerweise leiten lassen, macht es für Anfänger wie Fortgeschrittene so schwer, aus Großmeisterpartien internationaler Turniere etwas zu lernen. Selbst wenn die wesentlichen Züge und Stellungsphasen von den Großmeistern selbst glossiert und analysiert werden, wird doch fast nie deutlich gemacht, wo und warum sich die Meister ihrem Schachgefühl überließen und wann sie wirklich rechneten und exakt analysierten.

Hierzu ist eine Bemerkung Richard Rétis äußerst aufschlußreich: »Der Laie glaubt, die Überlegenheit des Schachmeisters beruhe darauf, daß er 3 bis 4, ja 10 bis 20 Züge vorausrechnen könne. Solche Schachfreunde sind immer sehr erstaunt, wenn ich ihnen auf die Frage, wie viele Züge ich gewöhnlich vorauskombiniere, wahrheitsgemäß antworte, in der Regel nicht einmal einen . . .

Wenn es nun nicht Kombination ist, auf welche Art kommt der Schachspieler dazu, sich für einen bestimmten Zug zu entscheiden?

Jeder Schachspieler, der schwächste und der stärkste, hat — bewußt oder unbewußt — gewisse allgemeine Grundsätze, von denen er sich in der Wahl seiner Züge leiten läßt ...

Diese Art Schach zu spielen, bei der man nicht die einzelnen Züge vorauszuberechnen trachtet, sondern sich von allgemeinen Prinzipien leiten läßt, nennen wir *Positionsspiel*.«

Unter diesem Gesichtspunkt der positionellen Verbesserung der Stellung wollen wir nun die Entwicklung der Partie Dr. Tarrasch— G. Marco betrachten. Wir werden erkennen, daß Marco durch die konsequente Durchführung seiner Absicht, auf dem Dameflügel Gegenspiel zu haben, die Angriffsposition von Weiß gegen die schwarze Königsstellung unterstützte, anstatt sie zu beeinträchtigen.

Stellungsbild 104
Weiß zieht

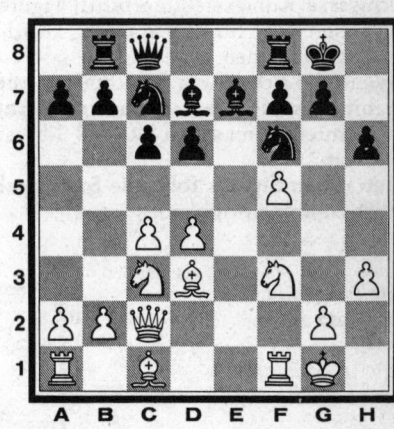

16. Lc1—f4	b7—b5
17. b2—b3	c6—c5
18. d4—d5	b5—b4
19. Sc3—e2	. . . .

Sie sehen, daß die Angriffszüge der schwarzen Bauern auf dem Dameflügel bis jetzt nur zur Verfestigung der weißen Stellung geführt haben. Das hat natürlich auch Marco vorausgesehen, doch blieb ihm nichts anders übrig, wenn er seine Hoffnung, auf diese Weise die a-Linie zu öffnen, verwirklichen wollte.

Schlimmer für Schwarz ist bei alledem noch, daß er durch den Zug b5—b4 den Sc3 in eine zukunftsträchtige Angriffsposition nach e2 getrieben hat.

19. ...	a7—a5
20. g2—g4	....

Von den schwarzen Störungen auf dem Dameflügel vorläufig befreit, setzt Weiß seinen Angriff gegen die schwarze Königsstellung
fort.

20.	Sf6—h7
21. h3—h4	....

Bitte machen Sie sich klar, daß die Hauptwirkung des Zuges h3—h4
vorläufig darin besteht, die Einengung der schwarzen Figuren fortzusetzen. Wie wir wissen, müßte Schwarz sich bemühen, die
schwarze Königsstellung durch Figurenabtausch zu erleichtern, um
so freie Felder für seinen König zu schaffen und weiße Angriffsfiguren abzutauschen.
Wenn Sie sich — was Schachmeister oft tun — alle Figuren mit Ausnahme der Könige vom Brett entfernt denken und nur die Bauern
betrachten, dann sehen Sie, daß Schwarz sogar besser steht als Weiß.
Warum?
Betrachten Sie das folgende Stellungsbild, das nach der Entfernung
aller Figuren übrigbleibt.

Stellungsbild 105
Schwarz zieht

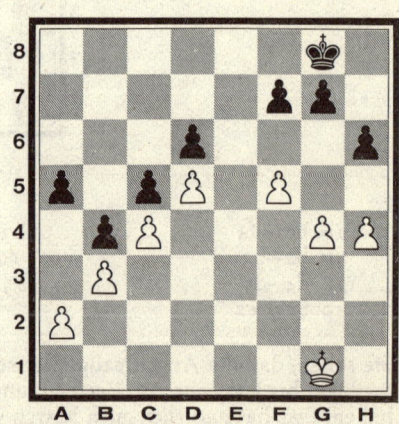

Von ganz seltenen Ausnahmen abgesehen, kommt es im Endspiel
stets darauf an, daß der König möglichst nahe bei denjenigen Bauern steht, die für den Durchbruch oder Durchmarsch zur 8. bzw. 1.
Reihe prädestiniert sind.

In Stellung 105 ist sofort zu erkennen, daß der schwarze König bereits bei seinen Bauern steht, während der weiße mindestens zwei Züge benötigt, um bei seinen nächsten Bauern zu sein. Der schwarze König kann in einem Zuge nach h7 ziehen und dann gemeinsam mit seinen Bauern die weiße Bauernkette h4, g4, f6 zu durchbrechen versuchen. Er würde in dieser Stellung zwar keinen nachhaltigen Erfolg damit haben, doch liegt das nicht an der Position der beiden Könige, sondern daran, daß sich die beiden Bauernketten hier zufällig in einer Formation gegenüberstehen, die einen solchen Durchbruch nicht einmal mit der Unterstützung des Königs erfolgreich durchzuführen erlaubt. Warum das hier so ist, das werden Sie später bei der Betrachtung der Bauernendspiele erkennen. Es gibt aber genügend andere Bauernketten-Gegenüberstellungen, bei denen die Anwesenheit eines Königs den erfolgreichen Durchbruch mit Bauerngewinn sichert. Der Erfolg vieler Großmeisterpartien ist eben darauf begründet, daß der siegreiche Meister es verstand, seinen König rechtzeitig für die Endspielposition nach erfolgtem Figurenabtausch so zu placieren, daß er das Vorgehen eines durchgebrochenen Freibauern nachhaltig unterstützen konnte.

36. Trainingsabschnitt

Zurück zum 21. Zuge:
Wir sagten, der Zug

21. h3—h4 . . . .

diene zunächst hauptsächlich der Vollendung der Einengung der schwarzen Figuren. Der Fortsetzung des Bauernsturmes auf die schwarze Königsstellung dient er zwar auch, doch erst in zweiter Linie. Zunächst verhindert er vor allen Dingen Sh7—g5 mit Abtauschangebot. Da Weiß diese Möglichkeiten durch h3—h4 ausgeschlossen hat, versucht Schwarz sofort den Druck des Bh4 zu beseitigen und zieht

21. . . . Dc8—d8

Nun zeigt sich, wie klug Weiß gehandelt hat, als er im 16. Zuge Lc1—f4 zog, anstatt den Lc1 nach b2—b3 auf die Diagonale a1—h8 zu stellen. Der Läufer hätte zwar auf b2 eine Zukunftsaufgabe für einen Angriff auf die schwarze Königsstellung gehabt, doch ist es fraglich, ob ihm Schwarz dann auch noch den Gefallen getan hätte, durch seinen Bauernvorstoß auf dem Dameflügel Weiß diese Diagonale zu überlassen. Außerdem sah oder »fühlte« Tarrasch, daß der Lc1 als Deckungsfigur für seinen Bauernsturm gegen den schwarzen Königsflügel mit Sicherheit gebraucht würde. Wir sollten zur Stärkung unseres eigenen Schachgefühls den Versuch machen, solche »Fühl«-Züge in anderen Meisterpartien systematisch zu entdecken.

22. Lf4—g3 a5—a4
23. Kg1—h1 . . . .

Warum Weiß diesen Königszug gemacht hat, darüber gibt kein Kommentator dieser Partie Auskunft. Vielleicht fürchtete Weiß, in Zeitnot zu kommen. (In Turnieren müssen heute in zwei Stunden 40 Züge gemacht werden, was durch sogenannte »Schachuhren« kontrolliert wird. Macht ein Spieler weniger als 40 Züge in dieser Zeit, dann hat er wegen »Zeitüberschreitung« die Partie auch dann verloren, wenn er den Gegner im nächsten Zuge matt setzen kann.) Die Zeitnot ist einer der Gründe, weshalb in Meisterpartien manchmal wiederholt die gleiche Zugfolge gezogen wird (z. B. durch pendelnde Schachgebote), ohne daß sich dadurch die allgemeine Stellung ändert.

23. . . . .   Tb8—a8
24. Ta1—e1   . . . .

Schwarz möchte wieder abtauschen, Weiß entzieht seinen Turm dieser Gefahr selbst an einem so weit vom Angriffsziel entfernten Platz. Hätte Weiß den Abtausch zugelassen, dann stünde der Tf1 nach zwei Zügen auf a1 und könnte den Angriff gegen die schwarze Königsstellung nicht mehr unterstützen.

24. . . . .   Sc7—e8

Mit diesem Zug deckt Schwarz den durch Lg3 bedrohten Bd6, weil er seinen deckenden Le7 nach f6 ziehen will, von wo aus er auf der langen Diagonale bis auf das Feld a1 wirkt. Der Läufer soll nach Freimachen der a-Linie durch a4xb3, worauf wegen der Möglichkeit Ta8—a3 nicht sinnvoll durch Dc2xb3 geantwortet werden kann, das Eindringen schwerer Figuren in die weiße Stellung auf der Damenseite unterstützen. Dr. Tarrasch mußte sich genau überlegen, ob sich aus diesen Möglichkeiten für ihn eine ernsthafte Gefahr entwickeln konnte, bevor er Ta1—e1 zog.

25. Se2—f4   Le7—f6
26. Sf4—e6   . . . .

Der Springer bietet sich als Opfer an, darf aber nicht geschlagen werden, weil nach f7xSe6, f5xe6 sowohl der Ld7 wie der Sh7 von Dc2 und Ld3 angegriffen werden. Sh7 kann nirgendwohin ziehen, ohne geschlagen zu werden. Zieht er nach g5, dann sind nach h4x Sg5 zwei schwarze Figuren angegriffen (welche?), und Schwarz wird noch eine von beiden verlieren.

Mit dem Zug Sf4—e6 beginnen die präzisen Kombinationen, die nach Zwangszügen durchgerechnet werden können.

So zeigt sich, welche Gefahren in beengten Stellungen lauern, die durch wohlüberlegte, rein positionelle Züge systematisch eingeengt werden können. Die schwarzen Figuren stehen einander deutlich im Wege, was Sie sich für jede einzelne Figur durch eine sorgfältige Stellungsanalyse und Felderbilanz ganz eindeutig bewußt machen sollten.

Schwarz hat nach 26. Sf4—e6 keinen vernünftigen Verteidigungszug mehr und entschließt sich, wenigstens seine Chancen auf dem weißen Dameflügel auszuschöpfen. Die überlegene Beherrschung der freien Felder von Weiß macht die Bilanz von 13:9 deutlich, doch kennzeichnen die Wirkungsgewichte von 29:19, daß die Einschnürung der schwarzen Königsstellung weiter ging.

26. . . . . a4xb3

Weiß muß mit a2xb3 nehmen, da seine Dc2 angegriffen ist.

27. a2xb3 Dd8—b6

Eine unmittelbare Gefahr droht Schwarz nicht, doch hätte er die
folgenden sieben Züge wohl vorausberechnen können. Wahrscheinlich war es ihm aber nicht mehr der Mühe wert. So versuchte er sozusagen »ohne Rücksicht auf Verluste«, seinen Vorteil auf dem
weißen Dameflügel zur Geltung zu bringen. Der Zug Dd8—b6
bringt zunächst die Dame vor dem angreifenden Se6 in Sicherheit.

28. Se6xTf8 Kg8xSf8

Das sieht wie eine Erleichterung für die schwarze Stellung aus, ist
aber nun Bestandteil der präzisen Schlußkombination, die Dr. Tarrasch von hier ab mit nachtwandlerischer Sicherheit abschnurren
ließ.

29. g4—g5 h6xg5
30. h4xg5 Sh7xg5

Der Lf6 darf Bg5 nicht schlagen. Versuchen Sie nicht, das im Geiste
auszurechnen; es ist zu variantenreich und zu schwer. Markierungen legen! Beachten Sie das freie Feld für Weiß auf h8!

31. Dc2—h2 Kf8—g8
32. Sf3xSg5 Lf6xSg5
33. f5—f6 g7—g6
34. Ld3xg6! aufgegeben, da auf fxL,
Te7 folgt.

Nachdem wir nun ein Beispiel des Flügelangriffs durch Bauern-
sturm bei gesichertem Zentrum analysiert haben, kehren wir zur
Partie Anderssen—Paulsen zurück, wo ganz ähnliches geschieht.
Wir sagten, der letzte Zug von Weiß (Seite 254)

21. h2—h3 . . . .

sei nicht als Sicherungszug gedacht, sondern als erster Zug des Bau-
ernsturmes auf dem Königsflügel aufzufassen.
Inzwischen haben wir erkannt, daß und warum solche Bauern-
stürme nur bei gesichertem Zentrum erlaubt sind. In der Partie Dr.
Tarrasch—Marco war das gesicherte Zentrum durch eine verzahnte
Bauernkette gekennzeichnet, die von b3 bis d6 von Weiß und d7

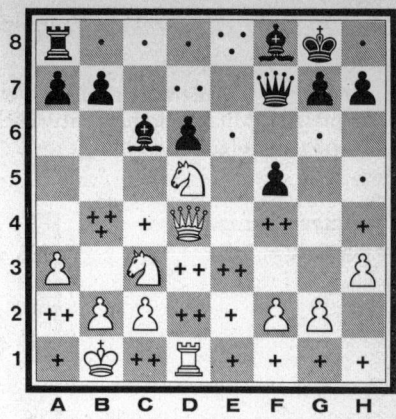

bis b4 von Schwarz reichte, während die offene e-Linie außer vom Te1 von anderen weißen Figuren direkt und indirekt beherrscht wurde.

In der Partie Anderssen-Paulsen, zu der wir mit Stellung 106 zurückgekehrt sind, wird das gesicherte Zentrum durch die überlegene Stellung des unvertreibbaren Sd5 und die Schwarz fehlenden Bauern auf der c- und der e-Linie gekennzeichnet.

Sie sehen, daß dies eine ganz andere Art von gesicherter Zentrumsstellung ist. Sie zeichnet sich nicht durch unbeweglich verzahnte Bauernketten aus, sondern durch die überlegene unveränderbare Position wirkungsstarker Figuren. Auch hier ist Weiß mit 15 : 9 in der Felderbilanz überlegen. Auch hier zeigt das weiße Übergewicht der Wirkungsgewichte mit 23:12 die Gedrücktheit der schwarzen Königsstellung deutlich an. Bitte legen Sie die Markierungen auf und machen Sie sich das sorgfältig klar.

Es gibt neben diesen statisch gesicherten Zentrumsstellungen auch dynamische, die allein durch Figurenwirkungen erfolgen, die trotz aller Beweglichkeit stets mit Rücksicht auf die Zentrumssicherung gezogen werden. Das ist gewiß eine sehr schwierige und eigentlich nur von Meistern erfolgreich zu lösende Aufgabe. Aber der Anfänger, der ein Meister werden will, muß sich mit solchen Stellungen vertraut machen, muß sie nach allen Richtungen analysieren, damit er das Schachgefühl für sie bekommt.

Aus diesem Grunde werden noch einige Beispiele angeführt, an denen Sie Ihr Schachgefühl üben können. Nachdem wir sie mit neuen Augen betrachtet haben, verlassen wir die Stellung 106 wieder.

Gesicherte Zentrumsstellungen

1. In einer Turnierpartie des Weltmeisters Capablanca gegen Großmeister Milan Vidmar entwickelte sich im New Yorker Turnier 1927 die folgende Stellung:

Stellungsbild 107
Weiß zieht

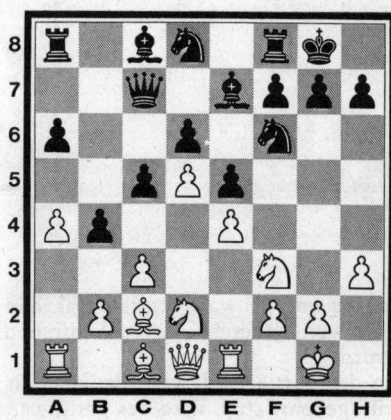

Es ist ganz leicht zu sehen, welchen Zug Weiß wählen kann, um die Zentrumsstellung unerschütterbar zu verfestigen, um dann in aller Ruhe einen Bauernsturm auf die schwarze Königsstellung vorzubereiten und durchzuführen. Capablanca tat diesen Zug nicht, weil er mit dem Blick des Weltmeisters erkannte, daß es einen noch wirksameren strategischen Plan für Weiß gab. Wir aber, als strebsame Anfänger, hätten auf jeden Fall c3–c4 gezogen, schon um uns in Flügelangriffen bei gesicherter Zentrumsstellung zu üben.

* für Seite 269

23. Te2–g2	Dg3–h4+
24. Kh1–g1	Ta8–f8 droht Tf3!
25. Lf1–e2	Sh5–g3 droht ‡
26. Tg2–h2	Dh4–f6
27. Lxg4 oder Tf1	Sg3–f1!

oder 27. Tg2, Kg7, Th2, Kg6, Tg2, Th8! Th2, TxT!

37. Trainingsabschnitt

Das positionelle Opfer

2. In einer Turnierpartie in Teplitz-Schönau kam es 1922 zwischen den beiden Großmeistern Savielly Tartakower und dem berühmten ungarischen Verteidigungsspieler Géza Maróczy zu folgender Stellung:

Stellungsbild 108
Schwarz zieht
Felderbilanz 8:14
Wirkungsgewichte 16:25

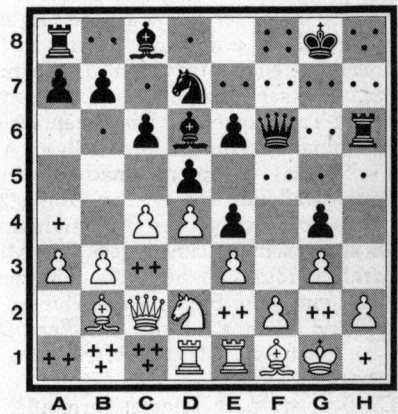

Wenn Sie die Stellung überblicken, dann fällt Ihnen auf, daß Schwarz bei gesichertem Zentrum über mehr Aktionsraum hinter seinen Bauern verfügt als Weiß. Die Felderbilanz zeigt 8:14 für Schwarz bei 16:25 Wirkungsgewichten.

Die weiße Stellung macht den Eindruck, als ob sie mehr zögernd und gegen schwarze Angriffe verteidigend zustande gekommen sei als durch den Versuch, das halbe Tempo des ersten Zuges auszunutzen, wie das Weiß zukommt. Wenn Sie sich die Farben vertauscht denken, dann kommt eine für ›Schwarz‹ charakteristische Stellung heraus.

Maróczy hat sich auch als Führer der weißen Steine seinem Ruf als Verteidigungsspieler entsprechend verhalten. Das gleiche gilt für Großmeister Tartakower, der einen internationalen Ruf als oft geradezu barocker Angriffsspieler genoß und dementsprechend gefürchtet war. Bei Tartakower war man von Abweichungen von konventionellen Pfaden, Experimenten, ja riskanten Abenteuern niemals sicher. Um so mehr wird sich Großmeister Maróczy in dieser Partie darauf eingestellt haben, besonders vorsichtig und solide zu spielen. Der Erfolg dieser Einstellung bestand darin, daß Tartakower zwar eine positionell überlegene Stellung errang, daß aber keineswegs zu sehen ist, wie er diese positionelle Überlegenheit mit einem Durchbruch durch die weiße Bauernstellung krönen kann. Zumal er die Entwicklung seines Dameflügels auf Kosten seiner vorgeschobenen Bauernstellung deutlich vernachlässigt hat. Dazu blockiert der Sd7 den Lc8. Es wird also noch mindestens vier Züge dauern, bis Ta8, Lc8 und Sd7 in den Angriff auf die weiße Königsstellung werden eingreifen können. Weiß hat also hinsichtlich der Verteidigung seines Königsflügels, wie es scheint, nicht viel zu fürchten.

Richard Réti, der in seinem bereits mehrfach erwähnten Lehrbuch diese Stellung untersucht, kommt zu folgender Rechtfertigung eines unerwarteten Figurenopfers, das Tartakower an dieser Stelle wagt:

»Statt dieser nicht durchschlagenden Angriffsfortsetzung demonstriert Tartakower die Überlegenheit seiner Stellung, indem er eine Kombination erfindet, die in ihrer Art in der Schachliteratur kein Vorbild hat. Er opfert zunächst einen Turm, um den schützenden Bauernwall um den weißen König zu demolieren, und vollendet dann trotz des großen Materialnachteils in aller Ruhe die Entwicklung seines Dameflügels. Die Möglichkeit dieser Kombination beruht darauf, daß die weißen Figuren zwar anscheinend am Dameflügel eine gute Stellung einnehmen, aber, wie Tartakower scharfblickend erkannt hat, nur in äußerst langwieriger, unbeholfener Art dazu gelangen, sich zur Verteidigung des Königsflügels umzugruppieren.

Da Schwarz nach seinem Turmopfer nicht mit unmittelbaren Angriffen, sondern mit Vollendung seiner Entwicklung fortsetzt, ist Weiß nicht auf Zwangszüge beschränkt, sondern hat viele Möglichkeiten... Tatsache ist, daß es trotz zahlreicher Analysen nicht gelungen ist, eine befriedigende Verteidigung für Weiß zu finden.

Auch die überlegene Felder- und Wirkungsgewichtebilanz machen diese Möglichkeit nicht zwangsläufig deutlich, sie fordert aber dazu auf, nach einer positionellen Kombination zu suchen.

17. ...		Th6xh2!!
18. Kg1xTh2		Df6xf2+
19. Kh2—h1!		......

»Schwächer war 19. Lf1—g2. Dem weißen Turm soll die Möglichkeit offenbleiben, von e2 aus bis nach h2 zu wirken.

19. ...		Sd7—f6

In der Fesselung des Springers d2 liegt eine wesentliche Pointe der schwarzen Kombination. Auf (19.) Df2xg3 würde (20.) Sd2—b1 folgen, und die weiße Dame könnte zur Verteidigung des Königsflügels herangezogen werden.«

20. Te1—e2	Df2xg3
21. Sd2—b1	Sf6—h5

Schlagartig ist die Felderbilanz auf 4:13 geschrumpft.

22. Dc2—d2 (schützt Be3)	Lc8—d7
	(Felderbilanz 5:14)
23. Te2—f2 (Tg2?)*	Dg3—h4+
24. Kh1—g1	Ld6—g3

»Dies zwingt Weiß bereits, die Qualität herauszugeben. Falls nämlich (25.) Tg2, so würde sich nach (25.) Tf8, (26.) De2, Tf3, (27.) Lc3, Ld6 (drohend Th3), (28.) Le1, g3, (29.) Sd2, Dg4 eine schaurigschöne Stellung ergeben, in der Weiß gegen die Drohung Sh5—g7—f5 völlig hilflos wäre.« Die Felderbilanz wäre dann 5:16 zugunsten von Schwarz, die Wirkungsgewichte 6:25 für Schwarz!

Wir können die Analyse Rétis mit dieser möglichen Stellung, die für die Einengung einer Königsstellung durch zusammengepackte Figuren beispielhaft ist, abbrechen. Maróczy gab die Qualität zurück, und die Partie dauerte noch 11 Züge länger, bis Weiß aufgab. Entscheidend ist das Aufzeigen der Möglichkeit eines Flankenangriffs bei gesichertem Zentrum, das sogar trotz rückständiger Entwicklung das gewaltige Opfer eines Turmes rechtfertigen kann.

Sie werden nicht darum herumkommen auf Ihrem Wege zur Meisterschaft alle möglichen Flügelangriffe auf beengte Stellungen bei gesicherter Mitte einem Spezialstudium zu unterwerfen.

Zurück zur Fortsetzung der Partie Anderssen—Paulsen (Stellungsbild 106), deren weiteren Verlauf Sie nun mit ganz anderen Augen verfolgen werden:

21.	a7—a6

Dieser Zug von Schwarz dient nicht etwa einem Bauernsturm am Dameflügel, wie das Marco gegen Tarrasch versuchte, sondern bereitet den Wegzug des Ta8 vor. Der a-Bauer soll aus dem Drohbereich der weißen Dame genommen werden, die diesen Bauern nach dem Abzug des Ta8 schlagen könnte.

Nach den modernen Erkenntnissen des Schachspiels, das seit Michael Tal und Bobby Fisher das Hauptgewicht auf die positionelle Kombination, d. h. auf die kombinative Herbeiführung von reinen Stellungsvorteilen legt, ist es die Frage, ob es von Paulsen nicht richtiger gewesen wäre, den Ba7 dem Weißen zum Schlagen anzubieten

* siehe Seite 266*

und seinen Turm gleich nach e8 und anschließend nach e6 zu ziehen und dadurch zu g7—g6 und Lf8—g7 zu kommen, ohne daß Weiß dieses Manöver durch den vernichtenden Zug Sd5—f6+ hätte stören können.

Es ist offensichtlich, daß die größte Schwäche der schwarzen Stellung darin besteht, daß der Zug g7—g6 nicht möglich ist, ohne daß sofort Sd5—f6+ erfolgt. Also würde der Vorteil, den Weiß durch Dd4xa7 bekommen könnte, durch die Möglichkeit Te8—e6 aufgewogen. Weiß müßte nach dem Bauerngewinn seinen Angriff auf die schwarze Königsstellung erst wieder neu formieren, und für Schwarz würde der dadurch erzielbare Tempogewinn wahrscheinlich ausreichen, das Remis herauszuholen.

So aber kann Weiß seinen Angriff auf die schwarze Königsstellung ohne Verzögerung fortsetzen (was er übrigens wahrscheinlich auch nach sofortigem Ta8—e8 von Schwarz getan hätte).

22. g2—g4	Ta8—e8
23. f2—f4	Te8—e6
24. g4—g5	. . . .

Damit wird trotz des gelungenen Turmmanövers der Zug g7—g6 verhindert. Sie sehen, wie wichtig es gewesen wäre, Weiß durch das Angebot eines Bauerngewinns auf a7 zu verlocken, seinen Angriff vorübergehend aufzugeben.

24. . . . .   b7—b5

Nun kann Schwarz auf seinem Königsflügel genau wie Marco nur noch abwarten. Da er aber ziehen muß, versucht er wie Marco eine Demonstration auf dem Dameflügel. Sie erkennen, daß hier typische Stellungsveränderungen vor sich gehen, mit denen Sie in ähnlichen Stellungen auch in zukünftigen Partien rechnen dürfen. Machen Sie sich das klar; es stärkt in jedem Falle Ihr Schachgefühl.

25. h3—h4   Te6—e8

Da der Turm auf e6 keine Aufgabe mehr hat, ist es besser, ihn auf e8 zu stellen, wo er, wenn es nötig und vorteilhaft sein sollte, auch das Vorgehen der Damebauern unterstützen könnte.

26. Dd4—d3   Te8—b8

Der Turm steht bereits auf dem Dameflügel. Der Damezug von Weiß geschah in der Absicht, nach h4—h5 und Df7xh5 mit Dd3xf5 zu beantworten. Das durfte Schwarz natürlich nicht zulassen.

| 27. h4—h5 | a6—a5 |
| 28. b2—b4 | . . . . . |

Das ist der richtige Zug im richtigen Augenblick, um den schwarzen Dameflügelangriff zu stoppen.

| 28. . . . . | a5xb4 |
| 29. a3xb4 | Df7xh5 |

Nun muß Schwarz doch den h-Bauern schlagen, weil die beiden Bauern sonst zu übermächtig werden.

| 30. Dd3xf5 | Dh5—f7 |
| 31. Df5—d3 | . . . . |

Felderbilanz 16:8, Wirkungsgewichte 20:14 für Weiß. Ein Dameabtausch würde die beengte Stellung erleichtern!

| 31. . . . . | Lc6—d7 |
| 32. Sc3—e4 | . . . . |

Weiß nützt die durch Lc6—d7 erledigte Abtauschgefahr seines Sd5 sofort aus. Der deckende Sc3 wird zur weiteren Angriffsfigur.

| 32. . . . . | Df7—f5 |

Schwarz versucht durch seinen Damezug, die positionelle Verbesserung der weißen Angriffsstellung durch Se4—g3 nebst Td1—h1 zu verhindern. Der naheliegende Zug Ld7—f5 wäre dazu wegen Se4—f6+ nicht geeignet, weil Schwarz den Springer mit g7xSf6 nehmen müßte, worauf Lf5 die Deckung durch die Df7 verliert und mit Dd3xLf5 verlorengeht. Nach dieser Verbesserung der weißen Angriffsstellung gäbe es für Schwarz keine Rettung mehr. Bitte stellen Sie sich die Endstellung zunächst durch mehrmaliges Durchrechnen im Geiste vor und analysieren Sie dann die einzelnen Phasen auf dem Brett. Es ist für die Stärkung Ihres .Schachgefühls wichtig, daß Sie das sorgfältig und mehrmals tun. Markierungen auflegen!

34. Td1—h1

Nun droht Weiß 34. Sd5—e3. Diesen Zug konnte Schwarz nicht durch Df5xf4 parieren, weil er dadurch der weißen Dame die Diagonale d3 nach h7 frei gäbe. (Stören Sie sich nicht daran, daß Schwarz seinen 33. Antwortzug noch gar nicht gemacht hat. Wir wollen durch die Analyse ja gerade herausfinden, welchen Zug er machen muß, um die Mattgefahr abzuwenden.) Es würde dann sofort Se4—f6+ folgen. Der Bg7 darf den Sf6 offensichtlich nicht schlagen. Warum nicht? Weil der König in einem Zuge matt gesetzt werden könnte. Also muß er, da ihm auf h8 das gleiche geschähe, nach f7 auswandern. Dann aber folgt Sf6xLd7. Der Läufer ist nicht mehr von seiner

Dame, die ja Bf4 geschlagen hat, gedeckt und geht verloren. Zugleich ist Tb8, wenn er noch dort stünde (er könnte ja im 33. Zuge gezogen worden sein) angegriffen. Es ist deutlich, daß Schwarz damit die Partie endgültig verloren hat. Es droht Th1—f1 mit Dameverlust, und Dh4xg4 + würde von Weiß mit Dd3—b3 +, nachfolgendem Dametausch und Turmverlust von Schwarz beantwortet werden. Die schwarze Dame müßte also nach Sd5—e3 nach f7 zurück oder nach g6 ausweichen, woraufhin in beiden Fällen der Zug f4—f5 von Weiß den positionellen Endsieg klarstellen und die Zwangszugfolge einer Mattkombination beginnen könnte.

Wie muß also der 33. Zug von Schwarz lauten, um 34. Sd5—e3 zu verhindern? (33....) Ld7—c6 verliert die Dame. Finden Sie selbst heraus, warum! (33....) Ld7—e6 führt zu weitläufigen Varianten, die alle zum Matt oder so schwerem Materialverlust von Schwarz führen, daß seine Stellung aufgabereif wird. Versuchen Sie sich selbst in diesem Abspielen, etwa beginnend mit 34. Sd5—e3 oder auch Sd5—c7.

Paulsen wollte auf jeden Fall 34. Sd5—e3 verhindern und zog deshalb

33. . . . .   Tb8—e8

Nun entlädt sich die überlegene Position Anderssens in eine Kombination, die Weiß mit weit überlegenem Material das Feld behaupten läßt.

34. Se4—f6 + :	g7xSf6 (Kf7, SxT)
35. Sd5xf6 +	Kg8—f7
36. Th1xh7 +	Lf8—g7
37. Th7xLg7 +	Kf7xTg7
38. Sf6xTe8 +	Kg7—f8

Schwarz darf keinesfalls Ld7xSe8 ziehen. Warum nicht?

| 39. Dd3xDf5 + | Ld7xDf5 |
| 40. Se8xd6 | . . . . . |

Weiß gewinnt nun mit dem Übergewicht dreier Mehrbauern leicht. Die Schlußzüge ab 33. . . . . Tb8—e8 stellen eine klassische Kombination dar, deren Häufigkeit und Glanz Anderssens Weltruhm begründeten. Heute wird die Entdeckung und präzise Durchführung einer solchen Kombination von jedem Meisterspieler verlangt, weshalb Sie sich mit dieser Analyse ausführlich beschäftigen sollten.

Am wichtigsten ist jedoch, daß Sie sich klarmachen, wie eine derartige Kombination als Krönung einer Endstellung, die bei gesichertem Zentrum einen Flügelangriff ermöglicht, gewissermaßen zwangsläufig Schritt für Schritt vorbereitet und herbeigeführt werden kann.

38. Trainingsabschnitt

Der tiefere strategische Sinn der Spanischen Eröffnung

Wir haben nun genug Erfahrung gewonnen, um den tieferen Sinn der Spanischen Eröffnung auf jeder einzelnen Stufe zu erkennen.

Der Angriff auf den Be5 ist gewissermaßen nur ein Vorwand und dient jedenfalls nicht dem Zweck, diesen Bauern wirklich zu erobern. Er soll vielmehr nur so lange verteidigt werden, bis er durch d7—d6 gedeckt wird. Dann soll er durch d2—d4 angegriffen und zum Abtausch gegen den Bd4 gezwungen werden. So entsteht die Bauernformation e4 für Weiß, d6 für Schwarz. Für Weiß ist das eine vorteilhafte Position, von der aus er vielfältige Angriffe gegen die schwarze Stellung einleiten kann. Es handelt sich also um eine positionelle Eröffnungskombination.

Es war einzelnen Schachmeistern schon im 19. Jahrhundert klargeworden, daß der Aufbau Weiß e4 gegen Schwarz d6 für Schwarz so nachteilig ist, daß er fast mit dem zwangsläufigen Verlust der Partie gleichgesetzt werden konnte. Deshalb entstanden viele Varianten der Spanischen Partie, in denen Schwarz versuchte, um d7—d6 herumzukommen. Einige haben wir schon kennengelernt.

Der in der Geschichte der Spanischen Eröffnung am häufigsten gemachte Versuch, den Zug d7—d6 zur Verteidigung von e5 zu unterlassen, ist der Angriff auf den Be4 durch die sogenannte »Berliner Verteidigung« mit 3. . . . . Sg8—f6.

Eine charakteristische Partie dieser Art ist die erste Wettkampfpartie des russischen Großmeisters Michael Tschigorin gegen Dr. Siegbert Tarrasch in St. Petersburg am 8. Oktober 1893. Es war das erste Mal, daß die Großmeister gegeneinander spielten. Da beide Spieler Weltruhm genossen, war die gesamte Schachwelt an diesem Wettkampf außerordentlich interessiert. Erwartete man vom Sieger doch eine Kandidatur für einen Weltmeisterschaftskampf. Der Wettkampf endete mit 11:11 Punkten unentschieden.

Weiß: Dr. S. Tarrasch	Schwarz: M. Tschigorin
1. e2—e4	e7—e5
2. Sg1—f3	Sb8—c6
3. Lf1—b5	a7—a6

Geschieht der Zug Sg8—f6 ohne das Zwischenspiel 3. . . . . a7—a6, 4 .Lb5—a4, dann wird die Verteidigung die »Berliner Verteidigung«

genannt und ist unter dieser Bezeichnung in den Archiven und Schachlehrbüchern zu finden. Dr. Siegbert Tarrasch nennt sie in seinem Lehrbuch »Das Schachspiel«, »das Zweispringerspiel im im Nachzuge« und bezeichnet sie als die natürliche Verteidigung. Die Zurückdrängung des Lb5 durch a6 ändert am tieferen strategischen Sinn der Spanischen Eröffnung nichts Wesentliches, ist aber wegen der Felderbilanz für Schwarz in jedem Falle vorteilhaft.

4. Lb5—a4		Sg8—f6
5. o—o		Sf6xe4
6. d2—d4		. . . . .

Dieser Angriffszug, der eigentlich erst geschehen sollte, wenn Schwarz d7—d6 gespielt hat, dient hier der Rückgewinnung des geopferten Be4, der nicht durch Tf1—e1, sondern durch gleichzeitige Entwicklungszüge (Befreiung des Lc1 auf der Diagonale und der Dd1 auf der d-Linie) so zurückgewonnen werden kann, daß der Entwicklungsvorsprung erhalten bleibt.

Bitte machen Sie sich klar, daß Schwarz nach 6. d2—d4 nicht mit 6. . . . . d7—d5 antworten darf. Warum nicht? Finden Sie es selbst heraus*. Nach den Erfahrungen, die Sie während der Analysen zur Damiano-Verteidigung gewonnen haben, sollten Sie dazu imstande sein. Es handelt sich um eine Opferkombination, die mit einer Gewinnstellung für Weiß endet. Die Varianten sind allerdings vielfältig. Sie umfassen 12 Züge und enden mit $\ddagger$ oder Dameverlust.

6.		b7—b5
7. La4—b3		d7—d5
8. d4xe5		. . . .

Weiß hat seinen geopferten Bauern mit einer leicht weiterentwickelbaren Stellung zurückgewonnen. Schwarz hat dagegen einen rückständigen Bauern auf c7, und der Bd5 muß gedeckt werden. (Ein rückständiger Bauer ist, solange er rückständig bleibt, ein isolierter Bauer mit allen Nachteilen, die wir schon kennen.) Wenn nun wegen des rückständigen Bauern Sc6—e7 gezogen wird, kann Weiß, wie Dr. Tarrasch in dieser Partie bewies, sofort mit a2—a4 einen durchschlagenden Angriff auf den schwarzen Dameflügel starten. Im-

---

* (6.)	d7—d5
(7.) Sf3xe5	Lc8—d7
(8.) Se5xf7	Ke8xSf7
(9.) Dd1—h5+	Kf7—e6
(10.) Ld4xSc6	LxL
(11.) f2—f3	Dd8—f6 (Se4—f6?$\ddagger$ in 3 Zügen)
(12.) f3xSe4	Df6xd4+

merhin hat es Weiß angesichts der schlechten Felderbilanz von 6:11 bei 8:19 Wirkungsgewichten (Markierungen auflegen!) zugunsten von Schwarz schwerer. Schwarz muß Weiß, wenn er in Vorteil kommen soll, schon so wie in dieser Partie behilflich sein. Mit 8. ... Sc6—e7 verbessert Schwarz die Felderbilanz für Weiß auf 9 : 11, anstatt sie durch 8. ... Lc8—e6 bei 6 : 11 zu halten und die Wirkungsgewichte auf 8:21 zu seinen Gunsten zu verbessern. Zieht Schwarz dagegen positionsgemäß Lc8—e6, dann bleibt der Bc7 rückständig, worauf sich Weiß einrichten kann. Bei den meisten in der Geschichte des Schachspiels von den Meistern gespielten und untersuchten Fortsetzungen bleibt der c-Bauer noch lange rückständig, und Weiß kann seine positionelle Überlegenheit auf- und ausbauen. Seine Hauptsorge gilt naturgemäß der Vertreibung oder dem Abtausch des Se4, was gewöhnlich durch Sb1—d2 sofort oder nach Lc1—e3 eingeleitet werden kann. Schwarz hat also die schwere Bürde des rückständigen Bc7 und des drückenden weißen Be5 loszuwerden, was trotz seiner besseren Felderbilanz eine recht schwierige kombinatorische Aufgabe für ihn ist. Weiß ist dagegen freier in seinen Entscheidungen, denn der drückende schwarze Se4 kann bald durch Sb1—d2 abgetauscht oder vertrieben werden; doch leidet die Freiheit seiner Entscheidungen unter seiner schlechten Felderbilanz, die seine Entwicklungsmöglichkeiten einschränkt, so daß er sehr überlegt ziehen muß.

Großmeister Paul Keres schreibt in seinem Lehrbuch zu dieser Stellung: »Die Hauptaufgabe für Weiß besteht in der Vertreibung des Springers e4 aus seiner dominierenden Stellung und der gelegentlichen Ausnutzung der schwarzen Schwächen d4 und c5, während der Plan von Schwarz darauf hinausläuft, den Vorstoß c7—c5 durchzusetzen, um die hauptsächlichen Schwächen auf dem Dameflügel zu beseitigen, und ferner, den weißen Bauern e5 durch f7—f6 abzutauschen.

Somit sind die Pläne für beide Seiten klar bestimmt; bei ihrer Verwirklichung jedoch können sehr viele Varianten entstehen.« Wir sind hier wieder bei einer Stellung angelangt, in der sich der Schachmeister von seiner Erfahrung und seinem Schachgefühl leiten läßt. Wir als Anfänger können uns in einer solchen Stellung nur von den bisher gewonnenen allgemeinen Grundsätzen leiten lassen und sehen, wieweit sie sich bewähren. Es ist wichtig, daß wir bei diesen Bewährungsversuchen auch die Fehler, die wir machen, nachträglich feststellen und uns ausführlich bewußt machen. Deshalb sollten wir es uns zur Regel machen, alle Partien mitzuschreiben.

Es ist im übrigen eine alte Erfahrung, daß ein im Aufschreiben ungeübter Spieler im ersten Turnier gerade wegen des Aufschreibezwanges unsicher und verwirrt werden kann. Unsicherheit und Verwirrung aber sind das Schlimmste, was einem Schachspieler begegnen kann.

Noch einmal der tiefere Sinn

Der tiefere Sinn der Spanischen Eröffnung ist also — wir wiederholen es noch einmal —, durch den Angriff auf Be5 Schwarz zunächst zu dem Verteidigungszug d7—d6 zu veranlassen und ihn dann zu zwingen, diesen Be5 gegen den weißen Bd4 abzutauschen.

Dadurch kommt die allgemeine Bauernstellung Schwarz d6, Weiß e4 zustande, deren Überlegenheit für Weiß wir durch mehrfache Analysen erkannt haben.

Daß Schwarz immer dann in positionellen Nachteil kommt (ob wirklich *immer*, darüber sind sich die Schachtheoretiker noch nicht einig), wenn er sich um die Verteidigung seines Be5 nicht kümmert, sondern lieber den Be4 von Weiß angreift und nimmt, das haben wir schon wiederholt untersucht.

Das nachteilige Ergebnis für Schwarz ist übrigens auch aus allgemeinen schachlogischen Begründungen abzuleiten. Wenn man nämlich wie Schwarz von Beginn an mit einem halben Tempo im Rückstand ist, darf man nur dann hoffen, den Weißen in Nachteil zu bringen, wenn Weiß dem Schwarzen die Initiative überläßt, das heißt, den Vorteil des Anzuges, also das halbe Tempo aus irgendeinem Grunde aufgibt. Solange Weiß dieses Anzugstempo durch wohlüberlegte starke Züge aufrechterhält, ist die Verteidigung (natürlich verbunden mit Entwicklungszügen, die später als Angriffszüge dienen können) die Grundlage des schwarzen Spiels und darf nicht ohne bleibenden Nachteil vernachlässigt werden.

Wegen der Stichhaltigkeit unserer bisherigen Untersuchungen soll nun der Nachweis geführt werden, daß Schwarz außer zu dem Verteidigungszug d7—d6 auch gezwungen werden kann, seinen Be5 gegen Bd4 abzutauschen. Dieser Nachweis gelang, wie Richard Réti mitteilt, in einer Partie zwischen Dr. Tarrasch und Georg Marco in Dresden im Jahre 1892.

8. Partie

1. e2—e4	e7—e5
2. Sg1—f3	Sb8—c6
3. Lf1—b5	Sg8—f6
4. 0—0	d7—d6

Wie wir bereits wissen, muß Schwarz diesen Zug machen, wenn er nicht Sf6xe4 ziehen will.

| 5. d2—d4 | Lc8—d7 |

Jetzt muß Weiß zunächst seinen Be4 decken.

6. Sb1—c3	Lf8—e7
7. Tf1—e1	. . . .

Diesen Zug hat Dr. Tarrasch eingeführt. Er wurde später zugunsten von 7. Lb5xc6, Ld7xc6, 8. Dd1—d3 verlassen. Jetzt ist Be4 gedeckt, Be5 aber angegriffen, so daß Schwarz nun e5xd4 spielen muß. Marco machte in der Partie den Versuch, mit Hilfe einer weitberechneten Kombination um diesen Abtausch herumzukommen, wird aber von Dr. Tarrasch, der noch zwei Züge weiterrechnete als Marco, widerlegt.

7.	0—0
8. Lb5xSc6	Ld7xLc6
9. d4xe5	d6xe5
10. Dd1xDd8	. . . .

»Auf sofortiges 10. Sf3xe5 tauscht Schwarz die Damen und gewinnt den Bauern e4 zurück.«

10.	Ta8xDd8
11. Sf3xe5	Lc6xe4
12. Sc3xLe4	Sf6xSe4

Weiß darf nun keinesfalls (13.) Te1xSe4 ziehen. Warum?

13. Se5—d3	f7—f5
14. f2—f3	Le7—c5 +

»Es sieht nun so aus, als ob Schwarz sich vor dem drohenden Figurenverlust gerettet und seinen Bauern mit gleichwertigem Spiel zurückgewonnen hätte. Falls Weiß nämlich, um die Figur zu gewinnen, (15.) Kf1 spielt, so antwortet Schwarz Lc5—b6! (16.) f3xe4, f5xe4 + (17.) Sd3—f4, g7—g5 mit gutem Spiel. Man begreift nun, weshalb Schwarz im 10. Zuge nicht Tf8xd8 spielen durfte.«

15. Sd3xLc5	. . . .

»Es hat nun den Anschein, als ob Schwarz alle Schwierigkeiten überstanden hätte. Nun aber kommt eine kleine Überraschung, die drei Züge, um welche Tarrasch weitergerechnet hat als Marco.«

15.	Se4xc5
16. Lc1—g5	Td8—d5

»Auf andere Turmzüge gewinnt Weiß ebenfalls mit 17. Le7 die Qualität

17. Lg5—e7	

und Schwarz verliert mindestens die Qualität, da auf Turmzüge 18. c2—c4 folgt.«

Für die phänomenale Kombinationskunst von Dr. Tarrasch spricht es übrigens, daß er noch vier Züge weitergerechnet haben muß, als Großmeister Réti angibt, denn auch 17. . . . . . Tf8—e8, 18. c2—c4, Sc5—d3, 19. c4xTd5, Sd3xTe1, 20. Ta1xSe1, Kg8—f7 rettet vor dem Qualitätsverlust nicht, weil der Le7 nach b4 zurückziehen und dadurch den Te1 decken kann.

Der Versuch, dem Zug 7. Be5xd4 auszuweichen, ist also erfolglos. Es gibt noch einen weiteren, nicht so leicht zu widerlegenden Versuch, Be5xd4 zu vermeiden, der von dem amerikanischen Schachmeister J. M. Hanham ausgedacht worden ist.

| 1. e2—e4 | e7—e5 |
| 2. Sg1—f3 | d7—d6 |

Die Hanham-Variante beginnt mit der Philidor-Verteidigung und ist insofern, wie wir das bereits bei der Partie Anderssen-Paulsen sahen, eigentlich eine Flucht vor der Spanischen Eröffnung. Sie wird aber dennoch zum Spanischen Eröffnungssystem gerechnet, weil der tiefere strategische Sinn der Spanischen Eröffnung — im Gegensatz zu dem strategischen Sinn der reinen Philidorverteidigung — in ihr anzuwenden oder zu widerlegen versucht wird.

| 3. d2—d4 | Sb8—d7 |

Dieser Zug charakterisiert die eigentliche »Hanham-Variante«. Großmeister Réti schreibt dazu: »Sie hat . . . zwar den Vorteil, daß das Zentrum festgehalten werden kann, dafür erschwert die Springerstellung auf d7 aber die Entwicklung. Schwarz ist dadurch zu sehr aufmerksamem Spiel genötigt. Nach 4. Lf1—c4 muß Schwarz sich zu 4. . . . . c7—c6 entschließen, da 4. . . . . . Sg8—f6 wegen 5. Sf3—g5 zweifelhaft, 4. . . . . Lf8—e7 aber ein entscheidender Fehler ist wegen der Antwort 5. d4xe5, d6xe5, 6. Dd1—d5, bzw. 5. . . . . Sd7x e5, 6. Sf3xe5, d6xe5, 7. Dd1—h5. Derartige Schwierigkeiten können bei vorsichtigem Spiel von Schwarz vermieden werden und sind kein Grund, die Hanham-Verteidigung zu verwerfen.«

Sie wären wegen der Felderbilanz 11 : 4 bei 19 : 9 Wirkungsgewichten gegen 3. . . . . Sb8—d7!

Einen solchen Grund kann man jedoch wohl erkennen, wenn man die positionellen Eigenschaften der Stellung tiefer betrachtet. Schwarz steht im Zentrum gesichert, aber beengt. Der Nachteil der Hanham-Formation besteht jedoch darin, daß der Königsläufer innerhalb der eigenen Bauernkette eingeschlossen bleibt. Dadurch werden die Angriffsmöglichkeiten am Flügel, welche die einzige

Kompensation für die beengte Stellung in der Mitte sind, sehr verringert und erweisen sich bei energischem Gegenspiel von Weiß als völlig aussichtslos.

Die richtige Behandlung der Hanham-Verteidigung für Weiß besteht also nicht etwa in scharfem aggressiven Vorgehen in der Mitte, vielmehr *in der Verhinderung aller schwarzen Entfaltungsmöglichkeiten auf den beiden Flügeln.*

Die Folge davon wird ein derart beengtes Spiel von Schwarz sein, daß er sich schließlich, um nicht völlig zu ersticken und wenigstens das Feld e5 für seine Figuren zu erhalten, zur freiwilligen Aufgabe des Zentrums durch e5xd4 verstehen wird, unter ungünstigeren Umständen, als er sie am Beginn der Partie hätte haben können.

Der dänisch-lettische Großmeister und Schöpfer eines eigenen strategischen Schachspielsystems, Aaron Nimzowitsch, hat die Hanham-Variante verbessert: »... auf 3. d2—d4 zunächst mit dem Gegenangriff 3. .... Sg8—f6 zu antworten und erst nach 4. Sb1—c3 die charakteristische Hanham-Deckung 4. .... Sb8—d7 vorzunehmen. Diese Zugfolge ist zwar insofern nützlich, als sie dem Nachziehenden die Vermeidung einiger Eröffnungsfallen erleichtert, sie kann jedoch an dem Wesentlichen der Position nichts ändern.«

Für unsere Schachausbildung ist die Kenntnis des strategischen Sinnes der Hanham-Variante nur vom Standpunkt des Führers der weißen Steine aus erforderlich, denn als Schwarz würden wir sie schon deshalb nie zu spielen versuchen, weil nach dem Zuge Sb8—d7 selbst unter Einschluß der Nimzowitsch-Verbesserung Sg8—f6 eine Bilanz der beherrschten freien Felder das Verhältnis von 12:6 zugunsten von Weiß ergibt. Eine solche Eröffnung, bei der die Verschlechterung der eigenen Felderbilanz nicht nur vorübergehend durch einen Zwischenzug, sondern für längere Zeit in Kauf genommen werden muß, kann nur unvertretbar schwach sein.

39. Trainingsabschnitt

Regeln und Gesetze nie schematisch anwenden

Die Prinzipien der Entwicklung von Figuren und der Beherrschung freier Felder sollte man nie schematisch handhaben. In der Schachpartie sollte jeder Zug auf seinen strategischen *und* kombinativen Sinn hin beurteilt werden. Wenn Sie sich an die schachlichen Grundregeln, ja selbst die Schachgesetze, denen Sie in diesem Buch begegnet sind, schematisch halten, dann wird es Ihnen bald so gehen, wie es vielen bedingungslosen Nachbetern der Spielweise von Morphy oder von Tarrasch gegangen ist. Sie werden nicht begreifen können, warum Sie mehr und mehr Partien verlieren, obwohl Sie doch nichts »falsch« gemacht haben. Das wird Sie schließlich zu der gleichen Ansicht bringen, die viele, sogar recht starke ältere Schachspieler so nachdrücklich vertreten: Daß alle Schachtheorie Blödsinn sei und wenn überhaupt, so nur für Fernpartien, nicht aber für die praktische Kampfpartie Gültigkeit habe.

Dabei ist »wenn überhaupt« genau das Umgekehrte richtig. Der Fernschachspieler hat, wenn er nur sorgfältig genug analysiert und ein großes Schacharchiv besitzt, die Theorie viel weniger nötig als der Turnier- und Kampfspieler, der viele Stellungen und Zugmöglichkeiten nur mit Hilfe theoretisch gewonnener Allgemeinerkenntnisse richtig und erfolgreich beurteilen kann. Aber — er muß gleichzeitig dafür sorgen, daß die Theorie, der er bei seinen Zügen folgt, nicht »grau« bleibt und ihn eben darum in Verluststellungen führt. So aber wirkt sich die Theorie auf die Dauer aus, das heißt gegenüber gleichstarken Gegnern *immer* dann, wenn man sich der theoretischen Erkenntnisse *schematisch* bedient, ohne sich die Mühe zu machen herauszufinden, ob der theoretisch zu rechtfertigende Zug auch in jedem einzelnen Fall *gültig* ist.

Das ist durchaus nicht immer der Fall. Viele Partien, selbst von Großmeistern, sind deshalb verlorengegangen oder remis geworden, weil diese Meister offenbar von der Theorie geforderten Vorteilen nachjagten, während ihre Gegner, die dann freilich die Genialität eines Steinitz, Capablanca und Alechin besitzen mußten, die Theorie in bestimmten Stellungen durch strategisch-positionelle Kombinationen gerade an diesen Stellen zu widerlegen verstanden.

Auf diesen Wegen sind sogar neue Spielweisen und Stile entstanden, die ganze Spielergenerationen befruchtet haben.

Wie so etwas vor sich geht, hat Richard Réti in seinem Buch »Die Neuen Ideen im Schachspiel« eindrucksvoll nachgewiesen:

Diese Stellung wurde in einer Beratungspartie erreicht, die Réti gemeinsam mit dem späteren Weltmeister José Raoul Capablanca vor dem Ersten Weltkrieg in einem Wiener Schachklub gegen zwei österreichische Schachmeister spielen durfte. Réti sagt zu der Stellung, in der er mit Capablanca die schwarzen Steine führte:

»Hiermit war eine Stellung erreicht, in der man die Möglichkeit hatte, eine bisher unentwickelte Figur zu entwickeln und zwar sogar mit Angriff (14. . . . . Tf8—e8). Nach den Prinzipien der damals geltenden Schachtechnik, in der ich aufgewachsen war, die für offene Positionen noch fast völlig mit Morphys Ideen übereinstimmte, hätte jeder Meister, ohne Bedenken, diesen Zug (Te8) gewählt.

Zu meinem großen Erstaunen wollte Capablanca aber diesen Zug, den ich für selbstverständlich hielt, überhaupt nicht in Betracht ziehen. Und er fand schließlich folgendes Manöver, durch welches er mindestens eine Verschlechterung der weißen Bauernstellung und dadurch in weiterer Folge den Sieg erzwang:

14.	Lc5—d4
15. De2—d3	Ld4xc3
16. Dd3xc3	Sf6—e4!
17. Dc3—d4	g7—g5
18. Sf3—e5	Lg4—f5 usw.

Mit dieser Partie begann für mich eine Umwälzung meiner Überzeugung von der absoluten Richtigkeit des alten Prinzips, daß man zumindest in der Eröffnung mit jedem Zuge eine neue Figur entwickeln müsse. Ich studierte Capablancas Partien und erkannte, daß er im Gegensatz zu allen anderen damaligen Meistern dieses Prinzip längst nicht mehr befolgte.

Bei eingehendem Studium der Partien Capablancas erkannte ich schließlich, daß er an Stelle des Morphyschen Prinzips, in der Eröffnung möglichst rasch alle Figuren zu entwickeln, nach einem anderen Prinzip spielte, nämlich, in jeder Stellung einen möglichst positionsgemäßen Plan als Leitfaden zu haben. Jeder Zug, der den Plan nicht fördert, auch wenn er eine Figur entwickelt, ist Tempoverlust.«

Wenn wir die Betrachtung mit Hilfe der schachlichen Grundsätze, die wir in diesem Buch entwickeln, einmal umgekehrt auf die Capablanca-Rétische Denkweise anwenden, ist es nicht immer und unbedingt damit getan, möglichst viele freie Felder zu beherrschen, obwohl das der absolut richtige Eröffnungsgrundsatz für die ersten Eröffnungszüge ist.

Wir müssen vielmehr nach jedem Zuge, den wir selbst geplant und gemacht haben, den Antwortzug unseres Gegners daraufhin prüfen, ob und inwieweit dieser von dem Grundsatz der Beherrschung freier Felder oder der Figurenentwicklung abweicht. Dabei ergeben sich oft *strategisch-positionelle Kombinationen*, deren Durchführung wir nicht versäumen und schematisch weiterspielen dürfen.

Wir könnten mit Réti formulieren: »Unterlassene positionelle Kombinationen führen zum Remistod oder zu Partienverlusten!«

Wie das zu verstehen ist, das geht aus einer weiteren Partie Rétis hervor, in der eine solche nach Capablancaschen Grundsätzen gestaltete positionelle Kombination zum Gewinn der Partie führte: »Damals war es mir möglich, folgende kurze Partie zu spielen:

9. *Partie*
Weiß Réti   Schwarz: Amateur

1. e2—e4	e7—e5
2. Sg1—f3	Sb8—c6
3. Sb1—c3	Lf8—c5
4. Sf3xe5	Sc6xe5
5. d2—d4	Lc5xd4
6. Dd1xd4	Dd8—f6

Droht Se5—f3 +. Hier hätte ich noch wenige Monate vorher automatisch Lc1 —e3 gespielt, den Zug, der gleichzeitig eine neue Figur ins Spiel bringt und die Drohung meines Gegners verhindert. Damit hätte ich nur einen geringen Positionsvorteil behalten. Jetzt, nachdem ich Capablancas Technik studiert hatte, zog ich

7. Sc3—b5 !	Ke8—d8
8. Dd4—c5	. . . . .

mit Doppeldrohung auf c7 und f8. Schwarz gab auf.«
Schwarz kann sich nicht etwa durch Sg8—e7 retten. Warum nicht?

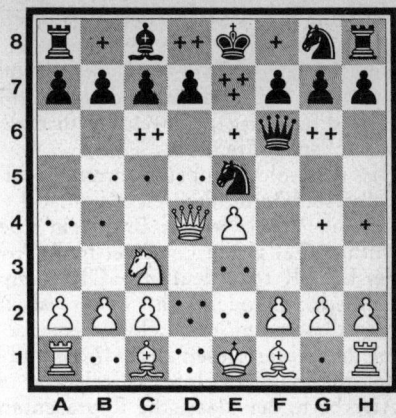

Wir haben es leichter als Réti die von ihm als so neuartig empfundene strategisch-positionellen Gedanken in unsere Kombinationsüberlegungen einzubeziehen. Die Schachgeschichte ist inzwischen ein halbes Jahrhundert weitergegangen und bei einem Schachstil angelangt, der durch so rasante Kombinationsspieler wie Michael Tal und Bobby Fisher gekennzeichnet wird, denen materielle, wie positionelle Kombinationen in allen Stellungen gleich selbstverständlich sind.

Außerdem besitzen wir ein zwar nicht unfehlbares, aber doch meist sehr brauchbares Beurteilungsmittel von Stellungen, dessen konsequente Anwendung, vor allem in der Eröffnung, damals praktisch unbekannt war: die Methode der Bilanz der Beherrschung freier Felder und deren Wirkungsgewichten.

Wenn wir diese Methode auf das Stellungsbild 110 anwenden, dann erkennen wir bereits aus dem Verhältnis der beherrschten freien Felder (11 : 9) zugunsten von Weiß, Bauern in Grundstellungen nicht mitgerechnet, daß diese Stellung für Weiß kombinationsträchtig sein könnte. Dazu kommen die Wirkungsgewichte 21 : 14 zugunsten von Weiß.

Kombinative Überlegungen aber gehen auf Vorteile aus, die nicht zu den ›normalen‹ Vorteilen führen, wie sie die Ergebnisse von Entwicklungszügen sein können. Deshalb ist auf der Suche nach solchen Kombinationsvorteilen für uns auch der eklatante Vorstoß gegen diese und andere ›normale‹ Eröffnungsprinzipien nicht nur erlaubt, sondern geradezu geboten.

Daß die neuartigen, durch Capablanca in die internationale Spielpraxis eingeführten Gedanken die alten Entwicklungsprinzipien nicht überholen oder ablösen, sondern nur ergänzen, ist selbstverständlich, aber die schematische Befolgung solcher ›normaler‹ Entwicklung kann Sie in derartige Verluststellungen bringen. Es genügt dann, wenn Sie Meister werden wollen, nicht, daß Sie sich sagen, Ihr Gegner habe »eben eine Kombination entdeckt«. Sie sollten sich auch darüber klar werden, *warum* er gerade *diese* Kombination entdeckte und gegen welche ›normalen‹ Schachgrundsätze er dabei verstoßen mußte.

Daß eine solche Selbstbesinnung nicht einmal bei Großmeistern eine Selbstverständlichkeit ist, das macht ein Kommentar des russischen Großmeister David L. Bronstein über eine Wettkampfpartie von Michael Tal gegen Großmeister I. Awerbach im Champion-Turnier der UdSSR 1958 deutlich: »Ob einem nun Tals Springeropfer sympathisch war oder nicht, anders als mit zwei Fragezeichen?? kann man diesen Zug nicht glossieren. Tal setzte selbst in seinem Kommentar hinter diesen Zug »!?« — und hatte recht. Hier geht es nicht darum, ob dieses Opfer korrekt war oder nicht, sondern darum, daß Awerbach, der klassische Repräsentant des (klassischen) Positionsspiels, gezwungen wurde, sein gewohntes (sprich: nach klassischen Spielgrundsätzen ausgerichtetes) Denken radikal zu ändern.

Die Besonderheit solcher taktischen Schläge liegt vor allem darin, daß sie gewöhnlich dem Partner, der sich in ähnlichen Positionen besser zurechtfindet und der schneller und sicherer Varianten durchzurechnen versteht, zum Siege verhelfen.«

Es lohnt sich, diesen Kommentar Bronsteins zu Ende zu denken. Die wirkliche Leistung Tals besteht nicht darin, daß er Awerbach durch ein unkorrektes Opfer übertölpelt, denn es hätte ja auch, wie das Damenopfer von Reshewsky gegen Shainswit (Seite 153) oder das Turmopfer von Tartakower gegen Maróczy (Seite 267), korrekt sein können, sondern darin, daß Tal es wagte, die herrschenden Regeln des klassischen Positionsspiels zu *durchbrechen*, um dem Gegner ungewohntes neues Schachdenken aufzuzwingen. Wir werden hier an das von Weltmeister Lasker erstmals angewandte psychologische Schachspiel erinnert, das Tal über die reine Kenntnis des gegnerischen Spielstils hinaus in neues, erfolgreiches Schachdenken weiterentwickelte. So spielt, wenn auch nicht ganz so radikal, der jetzige Weltmeister Bobby Fisher.

Für uns als Anfänger bedeutet das, daß wir uns gerade den in Schachcaféhäusern häufig anzutreffenden begabten Kombinationsspielern gegenüber eines betont positionellen Spiels, vor allem in den Eröffnungen, befleißigen sollten, wenn wir einmal die erlernbare Kombinationssicherheit erreicht haben. Ein reiner Kombinationsspieler, der gezwungen wird, sich auf positionell angelegte, geschlossene Stellungen einzustellen, wird immer geneigt sein, riskante Opferzüge oder Bauernvorstöße zu machen, damit er offene Linien und damit Gelegenheit zu taktischen Kombinationen bekommt.

40. Trainingsabschnitt

Die Spanische Abtauschvariante und ihre Folgen

Obwohl wir sie als Führer der weißen Steine nicht spielen würden, sollten wir sie doch bis zu einer gewissen Stellung analysieren, weil sie zu einer exemplarischen Stellungserkenntnis auf dem Endspielgebiet führt. Da wir uns der Frage der richtigen Endspielführung ohnedies nähern und schon über eine Endspielstellung gesprochen haben, die sich ergibt, wenn alle Figuren abgetauscht wurden, ist es richtig, die Spanische Abtauschvariante hier zu untersuchen.

1. e2—e4	e7—e5
2. Sg1—f3	Sb8—c6
3. Lf1—b5	a7—a6
4. Lb5xSc6	d7xLc6

Schwarz schlägt hier ausnahmsweise einmal vorteilhaft mit seinem Bauern aus dem Zentrum heraus, anstatt in das Zentrum hinein, was wegen der damit verbundenen Stärkung des Zentrums angebracht wäre. Das strategische Fehlverhalten hat hier einen kombinatorischen Grund, denn nach

| (4.) .... | b7xLc6 |

kann Weiß zwar auch nicht gleich Sf3xe5 ziehen, weil Schwarz Dd8—g5 antworten kann, kommt aber mit

| (5.) d2—d4 | e5xd4 |
| (6.) Dd1xd4 | .... |

zu einer überlegenen Stellung, weil die Dd4 nicht durch eine schwarze Figur zum Rückzug mit Tempoverlust gezwungen wird. Dazu kommt noch die schlechte Felderbilanz von 13 : 5 bei 22 : 9 Wirkungsgewichten.
Aber auch nach 4. d7xLc6 entwickelt sich eine Stellung, in der Weiß bei 9 : 10 Feldern und 15 : 13 Wirkungsgewichten, die grund-

sätzlich bessere Bauernstellung hat, die er zum Endsieg ausnützen kann. Damit ist die Spanische Abtauschvariante für uns bereits unspielbar geworden. Und wir können das auch durch schachliches Wissen, das wir uns bis jetzt erworben haben, unwiderleglich beweisen.

5. d2—d4	e5xd4
6. Dd1xd4	Dd8xDd4
7. Sf3xDd4	....

Wenn wir alle Figuren (durch vorgestellten Abtausch) außer den beiden Königen entfernen, dann ist das Endspiel für Weiß gewonnen.

Wir werden die Gründe dafür gleich näher untersuchen, wollen aber vorher doch noch die Frage beantworten, warum die Abtauschvariante in der Spanischen Eröffnung nicht die Regel ist. Bis zum Abtausch aller Figuren ist ein ziemlich weiter Weg, und wenn Schwarz einige Erfahrungen oder dieses Buch gelesen hat, weiß er, daß er verloren ist, wenn er sich zum Abtausch zwingen läßt oder freiwillig abtauscht. Als Kompensation hat Schwarz zwei Läufer gegen Läufer und Springer, was in derartigen Stellungen, wie Weltmeister Steinitz vielfach nachgewiesen hat, einen bedeutenden Vorteil darstellt, weil Schwarz den weißen Springern durch wohlüberlegte Bauern- und Läuferzüge die Aktionsfelder wegnimmt.

Die schachlichen Nachfahren von Steinitz haben zeigen können, daß der Nachteil der Bauernstellung durch das überlegene Zusam-

Stellungsbild 111
Weiß zieht (nach dem
vorgestellten Abtausch
aller Figuren)

menwirken der beiden Läufer mit Bauernzügen so weit kompensiert werden kann, daß Schwarz die Partie sogar gewinnt. Deshalb ist die Spanische Abtauschvariante seit dem Abschied von Weltmeister Lasker, der sie aus schachpsychologischen Gründen gegen bestimmte Gegner spielte, aus der Turnierpraxis inzwischen verschwunden.

Die Stellung erlaubt vor allem, die Schwäche eines Doppelbauern im Endspiel zu demonstrieren. Es ist stets nachteilig, wenn man einen Doppelbauern hat, den man vor der Erreichung des Endspiels nicht auflösen kann. Warum das so ist, das haben wir schon mehrfach erkannt.

Solche Auflösungen sind oft durch Abtauschgebote möglich, bei denen man mit einem der Doppelbauern zurückschlagen kann. Gelingt die Auflösung nicht, dann wird der Nachteil offenkundig. *Daß übrigens unsere gewohnte Felderbilanz für Bauernendspiele keine Hilfe mehr sein kann, geht schon daraus hervor, daß eine solche Bilanz ohne die Berücksichtigung der in Grundstellung befindlichen Bauern sinnlos wird.* Hieraus ersehen Sie, daß ein schachstrategisches Hilfsmittel, das für die Eröffnungs- und Mittelspielbeurteilung von Wert ist, im Endspiel seine Brauchbarkeit verlieren kann.

Die Bauernstellung, bei der eine Partei auf dem einen Flügel einen Bauern mehr besitzt, muß bei richtigem Spiel dazu führen, daß einer dieser Bauern schließlich als Freibauer übrigbleibt.

Dieser Freibauer garantiert noch nicht den Sieg, aber er trägt entscheidend dazu bei. Wir werden gleich erkennen, daß der Besitz eines Freibauern allein immer dann nur zum Remis führt, wenn es dem feindlichen König gelingt, bevor der Freibauer die achte oder die erste Reihe betreten kann, auf das Feld zu ziehen, das vor diesem Freibauern liegt.

Auf den König kommt es an

Es kommt zwar vor, daß die Vereinfachung des Stellungsspiels so endet, daß ein Freibauer entsteht, der unaufhaltsam die erste oder achte Reihe erreicht. Aber das ist eine Ausnahme. Im übrigen sind solche Stellungen immer das Ergebnis positioneller Kombinationen (oder sollten es wenigstens sein), so daß sie für uns in den Bereich derjenigen Kombinationsübungen gehören, die auf einen entscheidenden Stellungsvorteil ausgehen. Wir brauchen sie deshalb hier nicht zu untersuchen. Hier suchen wir vielmehr nach Grundsätzen, die sich »unabhängig« von Vorteilen, die durch erfolgreiche Kombinationen in materieller oder positioneller Hinsicht erzielbar sind, für die allgemeine Behandlung von Endspielen eignen. Wir werden versuchen, für den Bereich der Endspiele ähnlich brauchbare verläßliche Grundsätze aufzuspüren, wie wir sie für die Eröffnung entdeckt haben.

Leider sind die hier auffindbaren Grundsätze längst nicht so zahlreich, wie die für die Eröffnung und viele typische Stellungen, die sich aus den Eröffnungen entwickeln. Das bedeutet, daß wir bei wachsender Vertrautheit mit den verschiedenen Endspielarten das Auswendiglernen bestimmter Stellungstypen und deren Abspielarten nicht mehr ganz vermeiden können.

Um so mehr aber hielt es der Autor für notwendig, Ihnen vorher Vertrauen und Sicherheit zu sich selbst einzuprägen, denn ohne diese beiden Fundamente für gutes, ja auch nur ausreichendes Spiel hilft alles noch so umfangreiche Schachwissen nicht. Vertrauen und Sicherheit aber werden durch allgemeine Grundsätze vermittelt, die in der praktischen Partie erprobt und selbst dann bestätigt werden, wenn eine Partie verlorengeht. In diesem Falle ist es allerdings wesentlich, daß Sie nachprüfen, warum Sie verloren haben. Ob es daran liegt, daß Sie von diesen Grundsätzen abgewichen sind oder daß die Grundsätze für eine bestimmte Stellung nicht ausreichten, die stärkste Fortsetzung zu finden, oder daß Sie es versäumt haben, Ihre strategischen Überlegungen durch möglich gewordene kombinatorische Überlegungen zu ergänzen, oder weil Sie die Konsequenzen eines überraschenden oder hinterhältigen Zuges nicht durchschaut haben, oder daß Sie die Grundsätze auf Stellungen anzuwenden versucht haben, auf die sie nicht passen.

In allen diesen Fällen liegt der Fehler bei Ihnen selbst und nicht bei den Grundsätzen. Darum erreicht man im Schachspiel viel mehr durch Übung als durch Lernen, denn durch fortgesetztes Üben entwickeln wir ein sicheres Schach- und Stellungsgefühl, das uns nie im Stich läßt, während das reine Schachwissen wie ein exaktes Meßinstrument an die Stellungen angelegt werden muß, wobei jede Abweichung von den Meßwerten die Sicherheit zerstört und Verwirrung stiftet.

Die Endspiele

Von allen Endspielen gelten die Bauernspiele als die schwierigsten. Gelingt es uns, für sie allgemein brauchbare Grundsätze zu entdekken, dann wird es uns leichtfallen, diese Grundsätze auch in den weniger schwierigen Endspielarten fruchtbar zu machen. Die wichtigste allgemeine Regel für Bauernspiele hat einer der größten Endspielbeherrscher, Großmeister Tarrasch, wie folgt formuliert:

»Ein einzelner Bauer gegen den einzelnen König bedarf meist der Unterstützung seines Königs, der ihm sozusagen als Schrittmacher *vorangehen*, ihm die Bahn frei machen muß, indem er sich dem feindlichen König entgegenstellt, ihm opponiert. Es kann nicht genug betont werden, daß es der König ist, dem im Bauernendspiel die wichtigste Rolle zufällt. Vorangehen muß nicht der Bauer, sondern der König.«

Für das Stellungsbild 111 bedeutet das, daß wir als Führer der weißen Steine die behauptete Überlegenheit unserer Stellung, die zum Endsieg ausreichen soll, nur unter der Bedingung auszunützen hoffen dürfen, wenn unser König gemeinsam mit den Bauern vorwärts geht und im richtigen Augenblick womöglich vor dem zu erkämpfenden Freibauern als Schrittmacher den schwarzen König abdrängen kann, damit unser weißer Bauer die achte Reihe zur Umwandlung in eine Dame, oder — wenn nötig — in eine andere Figur erreichen kann, ohne dabei geschlagen zu werden.

Ob dieses Ergebnis in unserer Stellung bereits für den auf der Königsseite erzielbaren Freibauern erreichbar sein wird, das ist die Frage, die wir nun zu untersuchen haben. Sollte das nicht möglich sein, dann muß der Endsieg nicht auf einem *anderen*, sondern auf einem *weiteren* Wege erzielt werden können. Dieser weitere Weg kann aber in dieser Stellung auch nur darin bestehen, daß sich einer der weißen Bauern in eine Dame etc. verwandelt. Für die Durchführung dieser Verwandlung gelten genau die gleichen allgemeinen Grundsätze der Behandlung von Bauernendspielen.

Aus den bisher mitgeteilten Grundsätzen folgt für die Spielweise des Führers der schwarzen Steine, daß auch sein König stets in der Nähe seiner Bauern auf derjenigen Seite sein sollte, auf die Weiß die Übermacht besitzt. Andernfalls wird es Weiß nicht schwerfallen, die geringere Anzahl der schwarzen Bauern entweder abzutauschen oder zu durchbrechen und wenigstens einen der so erzielbaren Freibauern zur achten Reihe zu führen. Damit sind die strategischen Ziele festgelegt. Es gibt natürlich mehrere gleichwertige Wege, sie zu erreichen. Im Stellungsbild 111 macht es keinen wesentlichen Unterschied, ob Weiß die Zertrümmerung der schwarzen Königsbauernkette etwa mit g2—g4 oder f2—f4 einleitet. Wesentlich ist nur, daß er nach diesem ersten Bauernvorstoß zunächst seinen König marschieren läßt. Das rechtzeitige Eingreifen des Königs in den Stellungskampf gehört zu den wichtigsten Entscheidungen im Schachspiel überhaupt. Das ist zuweilen — besonders in geschlossenen Stellungen — bereits mitten im Spiele möglich.

Dadurch, daß der eigene König vor dem Durchbruch bereits eine für das Endspiel günstigere Stellung — etwa Zentrumsnähe — einnahm als der gegnerische König, wurde schon manche Partie gewonnen.

Wilhelm Steinitz, der große Lehrer des Positionsspiels, pflegte zu sagen: »Der König ist eine starke Figur.« Das ist er in der Tat, wenn er nicht mehr leicht in ein Mattnetz verstrickt werden kann. Der

König ist aber auch eine noch kurzschrittigere Figur als der Springer. Um wirken zu können, muß er so nahe wie möglich an die gegnerischen Steine und Stellung herangeführt werden. Gelingt das, dann ist der König oft so stark wie die Dame, weil er ja eine gleichartige, wenn auch kurzschrittigere Wirkungskraft hat.

Im Stellungsbild 111 muß der weiße König möglichst bald das Feld g3 oder f3 hinter seinen Bauern einnehmen, bevor an ein weiteres erfolgreiches Vorrücken seiner Bauern gedacht werden darf.

Schwarz wird seinerseits während dieser Züge nicht untätig bleiben und Weiß den möglichen Durchbruch bzw. die Schaffung des Freibauern so schwer wie möglich zu machen versuchen. Er wird vor allen Dingen jeden nachlässigen oder Fehlzug von Weiß sofort auszunützen versuchen, um möglichst eine Remisstellung zu erreichen. Das kann ihm gelingen, wenn er eine Verzahnung der beiden Bauernketten erreicht, die so verläuft, daß er das Eindringen des weißen Königs über die Zentrumsfelder in die schwarze Stellung verhindern kann. Eine solche Stellung könnte folgendermaßen aussehen:

Stellungsbild 112
Weiß oder Schwarz zieht

In dieser Stellung ist es gleichgültig, wer am Zuge ist. Der weiße König kann nicht in die schwarze Stellung eindringen, und der schwarze König kann immer so ziehen (z. B. abwechselnd nach e7 und e6), daß er den vorrückenden Be5 schlagen kann. Daß die drei auf der Dameseite von Weiß stehenden Bauern trotz der Unterstützung durch ihren König keine Chance haben, die vier schwarzen Damebauern zu durchbrechen, das läßt uns das inzwischen erworbene Schachgefühl vermuten. Eine sorgfältige und ausführliche Analyse bestätigt das. Die Analyse macht uns aber auch klar, daß

Schwarz bei dieser Abwehr sehr überlegt und sorgfältig ziehen muß, um nicht ebenso in Nachteil zu geraten, wie es Weiß durch unüberlegte, allzu optimistische Züge auf der Königsseite fertiggebracht hat.

Schwarz wird also in Stellung 111 versuchen, seinen König so zu postieren, daß er die vorauszusehenden Löcher seiner Stellung auf der e-Linie mit seinem König beherrscht. Der weiße König muß nämlich später die Bauern des schwarzen Dameflügels von hinten angreifen und zu schlagen versuchen. Er kann das deshalb erreichen, weil er stets eher als der schwarze König hinter diesen Bauern auftauchen kann. Denn der schwarze König muß den bei richtigem Spiel von Weiß unvermeidlich entstehenden weißen Freibauern unter Kontrolle halten, so daß der weiße König an ihm vorbeikommen kann.

Deshalb wird Weiß stets so spielen, daß er diesen Freibauern, auf welcher Linie er auch entstanden sein mag, zunächst bis zur 7. Reihe vorrücken läßt. Dann erst überläßt er ihn dem schwarzen König zum Schlagen, während er sich selbst von hinten auf die schwarzen Bauern stürzt, die ihm dann hilflos ausgeliefert sind, weil sie nicht mehr von ihrem König verteidigt werden können. Trotz ihrer Überzahl können sie, wie wir sehen werden, die weiße Bauernkette auf dem Dameflügel nicht durchbrechen. Bei dieser Spielweise erlangt Weiß ein Übergewicht von mindestens zwei Bauern, was zum Endsieg ausreicht.

Bevor wir nun das endgültige Abspiel erörtern, wollen wir zuvor noch die Frage klären, daß und warum die schwarzen Bauern auf dem Dameflügel die weiße Bauernkette ohne die Unterstützung ihres Königs auf keinen Fall durchbrechen können. Schuld daran ist der schwarze Doppelbauer, dessen besondere Schwäche nachzuweisen ja der Anlaß war, uns mit diesem Endspiel überhaupt zu beschäftigen. Richard Réti schreibt: »Weiß wird schließlich am Königsflügel einen Freibauern erlangen, während Schwarz mit seinen vier Bauern gegen die drei weißen Bauern des Dameflügels auf keine Art durchbrechen kann, wenn Weiß seine Bauern nur richtig postiert.

Die günstigsten derartigen Verteidigungsstellungen sind die Bauernketten a3, b2, c3 bzw. a4, b3 und c4. Wenn Weiß seine Bauern in derartiger Ordnung aufstellt, so braucht er sich um schwarze Bauernvorstöße am Dameflügel überhaupt nicht zu kümmern, und Schwarz wird trotzdem nicht durchbrechen können. Eine andere gute Defensivformation ist die Bauernkette a2, b3, c2, dabei muß Weiß bloß die Vorsicht walten lassen, den nach c4 vorrückenden schwarzen Bauern sofort abzutauschen, da Schwarz seinen Doppelbauern sonst entdoppelt. In allen diesen Fällen kann Schwarz seine Majorität am Dameflügel nicht zur Geltung bringen, und Weiß spielt das Endspiel gewissermaßen mit einem Bauern mehr.

Natürlich steht Weiß im Endspiel auch überlegen, wenn noch eine oder die andere Figur auf dem Brett vorhanden ist. Hat Schwarz seinen Läufer, so wird Weiß bemüht sein, seine Dameflügelbauern auf Felder anderer Farbe als die des gegnerischen Läufers zu stellen.«

Dies ist eine wichtige Regel, die auch in anderen Stellungen, in denen nur ein Läufer auf jeder Seite vorhanden ist, oft Berücksichtigung verlangt. Wenn der Führer der schwarzen Steine weiß, daß ein Vorstoß seiner Dameflügelbauern nutzlos ist, dann wird er sie natürlich nicht bewegen, weil er bis zur gelungenen Widerlegung von Weiß hoffen darf, auf dem Königsflügel eine Remisstellung zu erreichen, und weil dann die schwarzen Damebauern dem weißen König das Eindringen in die schwarze Stellung, d. h. hinter die Damebauern, unmöglich machen. Es ist leicht einzusehen, daß der weiße König die schwarzen Bauern viel leichter von hinten aufrollen kann, wenn sie bis zur weißen Bauernstellung vorgedrückt sind.

Nehmen wir an, es wäre unter Berücksichtigung aller strategischen Erkenntnisse durch glückliches Spiel von Schwarz zu Stellungsbild 113 gekommen.

Mit dieser Stellung beginnt für uns die Notwendigkeit, etwas auswendig zu lernen. Zwar könnten Sie als Schwarzer wie als Weißer die besten Verteidigungs- und Angriffszüge auch aus den Ihnen bekannten allgemeinen positionellen Kombinationsgrundsätzen ableiten. Das wäre aber angesichts des einfachen, zwangsläufig ablaufenden Zugmechanismus in allen gleichartigen Stellungen eine überflüssige Verschwendung geistiger Kräfte. Jeder Schachspieler kennt den Begriff der »Opposition«, hat die damit zusammenhängenden Zug-

Stellungsbild 113
Weiß zieht

mechanismen seinem Gedächtnis einverleibt und wendet sie an, wenn er sie braucht. Unter »Opposition« wird die Aufrechterhaltung einer Gegenüberstellung der beiden Könige verstanden. Etwa wie in Stellungsbild 113. Dabei ist es prinzipiell gleichgültig, ob sich auf dem Feld zwischen den beiden Königen noch ein Stein befindet oder ob es leer ist.

Das entscheidende strategische Merkmal der »Opposition« wirkt sich allerdings meist dann aus, wenn das dazwischenliegende Feld unbesetzt ist.

Die Opposition der Könige entscheidet über das Remis oder den Verlust der Partie für denjenigen, der nur noch über seinen König verfügt, während der Gegner außer seinem König noch einen Bauern besitzt. Das Remis kommt so zustande, daß der König sich mit Hilfe der »Opposition« in eine Stellung manövrieren kann, in der er entweder bewegungslos wird oder aber den gegnerischen Bauern im nächsten Zuge schlagen darf. In beiden Fällen ist das Remis erreicht, denn die Bewegungslosigkeit eines Königs, der nicht im Schach steht, aber nur noch auf ein vom Gegner beherrschtes Feld ziehen könnte, wodurch er ins Schach geriete, wird ›Patt-Stellung‹ genannt. Patt ist gleichbedeutend mit ›Remis‹.

Wie kommt nun in Stellungsbild 113 die Opposition und die Pattstellung zustande?

Um das klar zu erkennen, entfernen wir vorübergehend alle weißen und schwarzen Bauern mit Ausnahme des Be6 vom Brett.

Stellungsbild 114
Schwarz oder Weiß zieht

Zieht Weiß, so stehen ihm, wenn er seinen Be6 nicht verlieren will, nur zwei Züge zur Verfügung:

1. Ke5—f5 . . . .

oder (1.) Ke5—d5. Schwarz darf, wenn er nicht verlieren will, auf beide weißen Königszüge nur den einen richtigen Zug machen, nämlich

1. . . . . . Ke7—e8

Jeder andere Zug von Schwarz kostet ihn das Remis, weil andernfalls Weiß mit seinem nächsten Zuge eine Stellung einnehmen kann, die es Schwarz nicht mehr erlaubt, die Opposition der Könige wiederherzustellen und weiterhin aufrechtzuerhalten,

2. Kf5—f6 . . . .

oder (2.) Kd5—d6. In den beiden Fällen kann Schwarz, wenn sein König auf e8 steht, mit

2. . . . . . Ke8—f8

bzw. (2.) Ke8—d8 die Opposition der Könige wiederherstellen. Stünde in Stellung 114 der schwarze König bereits auf f8 (oder d8), dann würde Weiß mit seinem Zug Kf5—f6 bzw. Kd5—d6 die Opposition herstellen, und Schwarz würde mit dem Antwortzuge, den er ja machen muß, die Opposition verlassen. Das aber wäre gleichbedeutend mit dem Verlust der Partie. Zunächst aber der Remisweg durch richtiges Spiel.

3. e6—e7 + Kf8—e8

Weiß hat, wenn er weiterkommen will, keinen anderen Zug als dieses Schach mit dem Bauern. Jeder andere Zug von Weiß stellt, eventuell auf einigen Umwegen (z. B. Kf6—g6), die frühere Stellung wieder her.
Nach dem Antwortzuge von Schwarz ist Weiß wiederum, wenn er seinen Be7 nicht verlieren will, zu dem folgenden Zuge gezwungen:

4. Kf6—e6 Patt

Nun steht der schwarze König in der Pattstellung, die Remis bedeutet. Denn er steht ja nicht im Schach, kann aber auch auf kein Feld ziehen, ohne damit in Schach oder in den Wirkungsbereich des weißen Königs zu kommen. Beides ist aber nach den internationalen Schachregeln in keinem Falle erlaubt.
Jetzt werden Sie sehen, warum Schwarz verliert, wenn sein König die Opposition zu dem weißen König *nicht* aufrechterhalten bzw. wiederherstellen kann. Zurück zum Stellungsbild 114

1. Ke5—f5	Ke8—f8
2. Kf5—f6	Kf8—e8
3. e6—e7!	. . . .

Nun muß der schwarze König auf das einzige ihm erlaubte Feld d7 ausweichen, der weiße König kann nach f7 ziehen, und der schwarze König kann den Zug e7—e8D nicht mehr verhindern und verliert die Partie.

Nun wird uns die Bemerkung Tarraschs, daß der König als Schrittmacher vor seine vorrückenden Bauern gehört, verständlich. Denn nur wenn der König *vor* seinen Bauern steht, kann er verhindern, daß der gegnerische König das Oppositionsschema zur Erreichung der Pattstellung ausnutzt. Doch muß er auch dann, wenn er nicht bereits die sechste Reihe erreicht hat, die »Opposition« besitzen, d. h. in die Opposition zum schwarzen König *hineinziehen* können. Andernfalls kann Schwarz Remis halten.

Stellungsbild 115

Weiß zieht = Remis, weil Weiß aus der Opposition heraus muß.
Schwarz zieht = Weiß gewinnt, weil Schwarz aus der Opposition heraus ziehen muß, die Weiß im nächsten Zug wiederherstellen oder aber seitwärts durchbrechen kann.

1. . . .	Ke5—e6
2. Ke3—e4	Ke6—e7
3. Ke4—e5	Ke7—e8
4. Ke5—e6	Ke8—d8 (oder f8)

5. Kf7 oder (d7)	Kd8—d7 (oder f7)
6. e2—e4 usw.	

Nun muß Schwarz die Opposition verlassen, und Weiß kann eine Stellung einnehmen, die ihm erlaubt, seinen Bauern so heranzuholen, daß er die siebente Reihe betritt, *ohne Schach* zu geben. Damit kann Schwarz die Pattstellung auf keine Weise mehr herbeiführen.

Ist der Freibauer, den eine Partei besitzt, ein Randbauer, der auf der a- oder h-Linie vorwärts geht, dann kann der gegnerische König selbst dann die Pattstellung erzwingen, wenn der Randbauer ohne Schachgebot die siebente Reihe betritt.

Umgekehrt ist bei Randbauern auch die sogenannte Seitenopposition erreichbar, die darin besteht, daß der Gegner den *vor* seinem Randbauern befindlichen König durch ständige Oppositionsstellung daran hindert, dem Bauern das Umwandlungsfeld der achten Reihe freizumachen. Das wollen wir uns noch rasch ansehen:

Stellungsbild 116
Weiß zieht

Weiß hat in dieser Stellung nur den Zug

    1. Kh3—h4   Kf3—f4

Schwarz hält die (Seiten-)Opposition. Nun kann Weiß entweder

    2. h2—h3   . . . .

oder (2.) Kh4—h5 ziehen. Tut er das letztere, dann hält der Kf4 die Opposition mit Kf4—f5 aufrecht, zieht er aber 2. h2—h3, dann antwortet Schwarz

2. . . . . Kf4—f5

um, falls Weiß seinen König von der h-Linie entfernt, seinerseits die h-Linie zu erreichen und damit, was Weiß auch immer zieht, auf h8 die Pattstellung zu bekommen. Also bleibt Weiß nichts anderes übrig, als

3. Kh4—h5 Kf5—f6

und so lange fortzusetzen, bis schließlich die Stellung

Stellungsbild 117

entstanden ist. In dieser Stellung hat Weiß ein letztes Mal die Wahl, dem schwarzen König entweder durch Kh7—g6 den Weg zum Pattfeld h8 frei zu machen oder Kh7—h8 zu ziehen, woraufhin der schwarze König durch Kf8—f7 entweder Remis durch Zugwiederholung erreicht oder ihn nach h6—h7 durch Kf7—f8 endgültig einsperrt. Nun hat sich Weiß selbst Patt gesetzt. Die vielen Variationsmöglichkeiten, die sich mit wenigen Steinen in solchen reinen oder mit Figuren gemischten Endspielen ergeben, sind alle mehr oder weniger von der richtigen Anwendung der bisher erkannten allgemeinen Grundsätze abhängig. Eine Ausnahme machen im wesentlichen die Turmendspiele und der Endspielkampf von zwei oder einem Läufer gegen Läufer und Springer oder einen Springer.

Dazu gehört auch der Endspielkampf zwischen Bauern und Läufer verschiedener Felderfarben, der bei einigermaßen offenen Feldern fast immer remis ausgeht, weil der langschrittige Läufer im Normalfalle die Bauern daran hindern kann, die Felder seiner Farbe zu betreten, ohne daß sie, meist im Zusammenwirken mit seinem König, erobert werden können.

41. Trainingsabschnitt

Bevor wir uns noch einmal dem Stellungsbild 113 zuwenden und anschließend einen kurzen Blick auf die Hauptgrundsätze der korrekten Behandlung von Turm- und Läuferendspielen werfen, sollen Sie noch einen Hinweis auf eine sehr sorgfältige und gerade für den Anfänger nützliche Untersuchung von »Umwandlungs- und Endspielfragen« erhalten. Der ungarische Schachschriftsteller Dr. Ing. László Orbàn hat ein Werk »Schach für Anfänger« geschrieben, in dem gerade diese Fragen ebenso liebevoll wie ausführlich und überzeugend abgehandelt werden. Zurück zu Stellungsbild 113.

Nach dem, was wir inzwischen erkannt und gelernt haben, ist es deutlich, daß Schwarz in dieser Stellung ein Remis erzielen kann, wenn er unter Ausnutzung der Opposition seinen König nach e8 bringt, der weiße Bauer auf e7 steht und der weiße König auf e6.

Allerdings muß Schwarz dazu das Problem lösen, sich selbst in einen Zugzwang hineinzumanövrieren, bei dem alle seine Steine entweder abgetauscht oder bewegungslos festgelegt sind.

Die Hauptgefahr jedenfalls, daß nämlich der weiße König die Bauern seines Dameflügels erreichen und nacheinander erobern kann, konnte er so vermeiden, daß der weiße König d6 und d5 wegen der unbewegten Bauern e7 und c6 nicht betreten darf.

Weiß ist also am Zuge und kann nicht verhindern, daß sich Schwarz in den erwünschten Zugzwang bringt. Es sei denn, Weiß spielt so ungeschickt, daß Schwarz zu einem Freibauern kommt, der dem weißen König davonlaufen könnte.

Ganz anders aber wäre die strategische Lage, wenn es Weiß gelingt, seinen Freibauern auf die f-, g- oder h-Linie zu bekommen. Um die Folgen zu übersehen, brauchen wir nur die beiden Könige und die Bauern auf die f-Linie zu verrücken. (Stellung 118).

Schwarz hat nun keine Möglichkeit mehr, den weißen König davon abzuhalten, unter Aufgabe seines f-Bauern zum Dameflügel hinüberzuwandern und dort alle Bauern zu erobern.*

Der schwarze König, der zunächst den weißen f-Bauern schlagen muß, kommt sowohl zur Verteidigung seiner eigenen als auch zum Angriff auf die weißen Dameflügel-Bauern zu spät.

Für uns als Anfänger geht aus dieser Situation als allgemeiner Grundsatz hervor, daß man *Bauern, die nicht unmittelbar zur Un-*

---

* Kf5—e5	Kf7—f8
Ke5—e6	Kf8—e8
f6—77+	Ke8—f8
Ke6—d7!	

terstützung eines Angriffs gebraucht werden, zweckmäßig so weit
wie möglich vom Ort der dramatischen Auseinandersetzung abseits
stehen lassen soll, wenn man selbst überlegen ist und wenn diese
Bauern — natürlich — keiner Verlustgefahr ausgesetzt sind. Solche
weitab stehenden Bauern lassen sich — vor allem, wenn sie verbunden sind — in der letzten Phase des Endspiels meist stärker

Stellungsbild 118
Weiß zieht

verwenden, als wenn sie vom gegnerischen König nach der Klä-
rung der strategischen Lage in wenigen Zügen erreicht werden können.
Aber nun wollen wir endlich den genauen Mechanismus, d.h. das
Abspiel kennenlernen, durch das Weiß in der Stellung 111 mit Sicherheit gewinnen kann. Wir haben bereits gehört, daß es vor allem darauf ankommt, den eigenen König so nahe wie möglich an die
vorhergehenden Bauern heranzubringen, ihn möglichst vor dem
vorgehenden Bauern als Schrittmacher zu plazieren. In der Stellung
111 wäre es für Weiß allerdings nicht viel wert, wenn sein König
bereits auf e5 stünde, denn er könnte von Schwarz nach Ke8—e7
leicht durch einige Bauernzüge gezwungen werden, nach d4 oder
f4 zurückzuweichen. Doch kommt es auch in Stellung 111 zunächst
vor allem darauf an, den Ke1 auf das Feld e3 zu bringen, bevor
der Be4 weiter vorgehen darf.

1. Ke1—e2	Ke8—e7
2. Ke2—e3	Ke7—e6
3. f2—f4	. . . . . .

Weiß formiert sich zunächst für den Durchbruch, indem er den
schwarzen König nach vorne bewegungslos macht. Sollte Schwarz

daraufhin mit (3.) . . . . . . f7–f5 zu antworten wagen, dann folgt
(4.) e4xf5, Ke6xf5. Dadurch wird das Durchbruchsproblem für
Weiß um eine Linie nach rechts auf die f-Linie verlagert. Wie wir
schon auf Seite 330 erfahren haben, ist das für Schwarz ungünsti-
ger, weil der weiße König, ohne durch die Wirkung eines der
schwarzen Bauern behindert zu werden, diesen in den Rücken fallen
kann. Solange der weiße e-Bauer existiert, hat es der weiße König
viel schwerer, weil die Felder d5 und d6 von den schwarzen Bauern
beherrscht werden.

Schwarz hat also Interesse daran, den weißen e-Bauern auf der e-
Linie so lange wie möglich stehen zu lassen, und wird wahrschein-
lich versuchen, seine Damebauern so zu stellen, daß dem weißen
König das Feld d4 genommen wird.

      3. . . . . . .   c6–c5

Schwarz hat keine Hoffnung, durch die weiße Bauernstellung
durchzubrechen, wenn Weiß eine der schon besprochenen Bauern-
formationen einnimmt, weil sie die zukünftige Entdoppelung seines
Doppelbauern sicher verhindert.

      4. c2–c3   b7–b5
      5. a2–a3   . . . .

Zieht Schwarz nun den b-Bauern, dann braucht sich Weiß um den
Fortgang der Ereignisse nicht mehr zu kümmern. Ob Schwarz den
a- oder den c-Bauern schlägt (der dann jeweils vom b-Bauern zurückgeschlagen wird) oder ob er seinen a- oder c-Bauern statt dessen
weiter vorgehen läßt, das alles kann die Entdoppelung des schwarzen Doppelbauern in keiner möglichen Variante herbeiführen. Da
Schwarz erkennt, daß alle diese Versuche fruchtlos bleiben, und
da er seinen zentral und in Opposition stehenden König nicht gern
bewegen wird, kommt er stets zu dem einzigen Zuge, der ihm, nachdem sich alle Bauernzüge totliefen, weshalb er sie nur im Geiste
macht, bleibt:

      5. . . . . . .   f7–f6

Nun hat Weiß die Aufgabe, auf der Königsseite seinen Mehrbauern
in einen Freibauern zu verwandeln. Das ist — und das sollten Sie
auswendig lernen — nur dann möglich, wenn er Schwarz zwingen
kann, in bestimmter Stellung entweder einen Zug mit seinem König zu machen oder einen seiner Königsbauern zu verlieren, ohne
daß Weiß selbst seinen König ziehen muß. Solange aber Schwarz
auf der Damenseite noch bewegliche Bauern besitzt, wird er diesen
für Weiß günstigen Königszug nicht machen.
Im Zusammenhang mit diesen Versuchen von Schwarz, den irgend-

wann von Weiß erzwingbaren Königszug dank seiner beweglichen Dameflügelbauern zu vermeiden, ist es von großer Bedeutung, daß dem schwarzen König die Möglichkeit genommen wird, über das Feld d4 in die weiße Damebauerstellung einzudringen. Deshalb sollte Weiß in derartigen Stellungen bemüht sein, immer einen Bauern auf c3 zu behalten, was auch möglich ist. Schwarz kann in keiner sinnvollen Variante Weiß zwingen, die Besetzung des Feldes c3 mit einem Bauern aufzugeben.

6. f4—f5 +   Ke6—e5

Dieser Zug ist notwendig, wenn Weiß nicht auf Kosten eines Bauernopfers seinen Freibauern bekommen will. Er ist aber auch ungefährlich, solange Weiß seinen Bauern auf c3 behauptet. Der schwarze König wird dem weißen König das Feld f4 überlassen müssen, sobald er in Zugzwang kommt.

7. g2—g4   ......

Falls Schwarz es nicht vorzieht, erst noch die am Dameflügel möglichen Bauernzüge zu Ende zu bringen, die aber den weißen König nicht in Verlegenheit bringen, weil er wegen des Bc3 ohne Bedenken nach f3 ziehen darf, kann er nur noch mit dem g- oder dem h-Bauern ziehen.

Den g-Bauern darf Schwarz nicht ohne bleibenden Nachteil bewegen, denn sowohl 7. ...... g7—g6 als auch g7—g5 werden mit 8. f5xg6 oder g5 e. p. von Weiß beantwortet. Nach 8. .... h7 × g6 folgt 9. h2—h4, und Weiß erhält, wie Sie leicht sehen, in spätestens zwei Zügen einen Freibauern auf der h-Linie, den der schwarze König nicht mehr einholen kann. Schwarz bleibt nur noch der Zug

7. ......   h7—h6
8. h2—h4   ......

Jetzt muß der schwarze König nach d6, wenn es Schwarz nicht vorzieht, Weiß durch das Bauernopfer h6—h5 eine letzte Remisfalle zu stellen. Nimmt Weiß nach (8.) ...... h6—h5, (9.) g4× h5, dann kann der schwarze König ohne Sorge nach d6 ausweichen und über e7 nach f7 gehen, denn der weiße König kann nicht in das schwarze Zentrum eindringen, solange noch je ein schwarzer Bauer auf c6 und f6 bzw. ein weißer auf f5 steht. Geht der Be4 unter dem Schutze seines Kf4 vorwärts, dann weicht der schwarze König nach f7 aus. Schlägt Weiß den Bf6, dann schlägt der schwarze g-Bauer zurück, und das schwarze Zentrum bleibt weiterhin für den weißen König unbetretbar. Den weißen Doppel-

bauern auf der h-Linie kann der schwarze König über g8 leicht
aufhalten, und auch der zur Hilfe kommende weiße König hat
keine Chance, den schwarzen f-Bauern über g6 zu erobern, weil der
schwarze König die Opposition erreicht und das Feld g5 für den
weißen König unbetretbar ist, solange der Bf6 existiert. Wenn
Weiß aber nach e4—e5, statt den Bf6 zu schlagen, dem schwarzen
König mit e6—e7+ ein Schach gibt, kann Weiß den g-Bauern erobern und so die Partie gewinnen. Das Abspiel ist außerordentlich
lehrreich für die Stärkung Ihrer Endspielbeurteilungskraft. Sie sollten es deshalb zuerst nach der Notation auf dem Brett und dann
mehrmals in Gedanken nachspielen.

8.	......	h6—h5
9.	g4xh5	Ke5—d6
10.	Ke3—f4	Kd6—e7
11.	e4—e5	Ke7—f7

Schwarz darf den Be5 nicht etwa mit f6×e5 nehmen, da er nach
Kf4×e5 offensichtlich durch baldiges Bauernopfer h5—h6 endgültig
erledigt ist. Den Mechanismus können Sie leicht selbst herausfinden.
Der weiße König erobert den Bg6 und erhält so zwei Freibauern auf
der f- und der h-Linie, oder er führt den f-Bauern zur Dame.

12.	e5—e6+	Kf7—f8
13.	Kf4—g4	Kf8—g8
14.	h5—h6	g7xh6
15.	Kg4—h5	Kg8—g7
16.	e6—e7	Kg7—f7
17.	Kh5xh6	Kf7xe7
18.	Kh6—g6	......

Schwarz kann den Vormarsch des Bf5 nun nicht mehr verhindern,
weil Ke7 den weißen h-Bauern aufhalten muß. Zurück zum 8.
Zuge. Es bleibt Schwarz außer dem untersuchten Zuge h6—h5 nur
noch:

8.	......	Ke5—d6
9.	Ke3—f4	......

Zweifellos droht der Durchbruch mit g4—g5, und der schwarze
König wird bei seinen bedrohten Bauern dringend gebraucht.

9.	......	Kd6—e7
10.	g4—g5	Ke7—f7
11.	e4—e5	......

Was nun folgt, das haben wir schon untersucht. Schwarz darf keinesfalls (11.) ... f6xe5+ ziehen, und auf Ke7 folgt (12.) e5—e6. Daß (11.) ... h6xg5+, (12.) h4xg5 usw. keine für Schwarz befriedigende Lösung ermöglicht, das sehen Sie mit einem Blick. Weiß kommt demnach in jedem Falle mindestens zu einem Freibauern auf der f-Linie und kann, nachdem er dem schwarzen König diesen Bauern auf f7 überlassen hat, die schwarzen Dameflügelbauern bequem von hinten angreifen und erobern. Nachdem er so auf dem Dameflügel in den sicheren Mehrbesitz von zwei verbundenen Freibauern gelangt ist, die mit dem gegnerischen König allein gelassen werden dürfen, ist sein Endsieg sicher, da einer dieser Bauern auf jeden Fall, gedeckt von seinem König, das Umwandlungsfeld zur Dame erreichen kann.

Wann gewinnen Bauern ohne König?

Wir wissen nun, wann und wie ein Bauer mit Unterstützung seines Königs zur Dame geführt werden kann. Nun muß noch die Frage beantwortet werden, ob und wie Freibauern ohne Unterstützung ihres Königs gewinnen können. Die Antwort auf diese Frage scheint ganz einfach zu sein. Sie lautet: sie gewinnen, wenn sie vom gegnerischen König nicht mehr eingeholt werden können. Diese Antwort ist zwar richtig, aber keineswegs erschöpfend, denn sie erlaubt die Zusatzfrage: wie erkennt man denn, ob ein Freibauer vom gegnerischen König eingeholt werden kann? Und: gilt das, was für *einen* Freibauern gilt, auch für mehrere, verbundene oder nicht verbundene.

Die Antwort auf die Zusatzfrage könnte wieder lauten: das muß der Spieler sorgfältig ausrechnen. Diese Antwort ist zumindest unkorrekt, wenn nicht falsch formuliert. Der Spieler kann das alles zwar ausrechnen, er muß es aber in den meisten Fällen gar nicht. Denn es gibt ganz einfache Regeln, die ihm auch ohne das Durchrechnen von Zugfolgen ganz exakt zu erkennen erlauben, ob ein König gegnerische Freibauern noch einholen kann und schlagen darf.

Es ist zunächst klar, daß ein einzelner Bauer, der vom gegnerischen König eingeholt werden kann, bevor er das Umwandlungsfeld erreicht, geschlagen werden darf, wenn er nicht von einem anderen Bauern oder von einer Figur gedeckt ist. Die erste Frage für uns lautet also, wie kann man immer sicher erkennen, ob ein König einen Freibauern einholen kann. Diese Frage wird nur dann akut, wenn der gegnerische König seitwärts von dem Freibauern steht, denn steht er hinter ihm, dann kann er ihn auf keinen Fall mehr einholen.

Die Stellung des Königs, seitwärts vom Freibauern darf, will er den Freibauern noch einholen, *um so weniger* freie Zwischenfelder betragen, je näher der Freibauer bereits an das Umwandlungsfeld herangekommen ist. Steht der Freibauer bereits auf der siebten (oder 2.) Reihe, dann muß der gegnerische König bereits auf einem der angrenzenden Felder stehen, um ihn noch schlagen zu können. Je weiter der Freibauer vom Umwandlungsfeld entfernt ist, desto weiter darf der gegnerische König noch seitwärts von ihm entfernt sein. Zieht er diagonal auf ihn zu, dann wird er ihn noch rechtzeitig vor dem Umwandlungsfeld schlagen können, wenn er in ein Quadrat hineinziehen kann, das der Freibauer mit allen Feldern von seinem Standfeld bis zum Umwandlungsfeld bildet. Diese Regel wird die ›Quadratregel‹ genannt. Sie erspart den Spielern das Durchrechnen der Zugfolgen, da sie ganz leicht angewendet werden kann.

Ein Freibauer, der z.B. auf g2 steht, bildet mit seinem Umwandlungsfeld g8 ein Quadrat, dessen Eckfelder b8 und b2 sind. Befindet sich der gegnerische König bereits in diesem Quadrat oder kann er im nächsten Zuge auf ein Feld dieses Quadrates ziehen, dann erreicht er den vorgehenden g-Bauern — *n i c h t*, weil jeder Bauer von seiner Grundstellung aus mit dem ersten Zuge zwei Felder vorrücken darf. Der gegnerische König muß also in diesem Ausnahmefall so stehen, daß er mindestens ein Feld des durch g4, g8, c4, c8 gebildeten Quadrats betreten kann, dann holt er den Bauern sicher ein. Um das jeweils zuständige Quadrat blitzschnell finden zu können, sollten Sie alle möglichen Stellungen zwischen einem Freibauern und dem König systematisch auf dem Brett durchprobieren.

Die Quadratregel bekommt auch für jenen Fall praktische Bedeutung, daß Sie zwei auf der gleichen Reihe stehende unverbundene Bauern, die nicht von ihrem König unterstützt werden können, vorwärts bringen oder allein mit dem König aufhalten müssen. Eine solche Stellung kann wie Stellungsbild 120 aussehen.

Der weiße König darf sich nicht nach vorwärts bewegen. Seine Stellung bietet ein Beispiel für die Kraft zweier verbundener Freibauern, die vom König aufgehalten, aber nicht aufgelöst werden können. Sobald der König den ungedeckten Bauern schlägt, läuft ihm der andere Bauer uneinholbar davon. Das gilt für alle Felder des Schachbretts. Zwei verbundene Freibauern können einen König »fesseln«. Das sollten Sie sich merken.

Der schwarze König steht so zwischen den beiden weißen Bauern, daß er jeden der beiden leicht einholen kann — ob aber beide nacheinander, das ist hier die Frage.

Stellungsbild 120
Weißt zieht

Wenn einer der beiden Bauern einfach mit zwei Schritten davonzustürmen versucht, wie man das bei Anfängern oft beobachten kann, dann wird er freilich vom schwarzen König gleich eingeholt und geschlagen. Dann kann der König, wie Sie durch die Quadratregel erkennen können, auch den anderen Bauern sicher erreichen.

Sie sollten also die beiden Bauern zusammenwirken lassen, anstatt mit einem davonzustürmen, dann gelingt es vielleicht zu entkommen. Da keiner der beiden Bauern zwei Schritte vorgehen darf, versuchen Sie es einmal mit einem Schritt.

| 1. e2—e3 | Kc3—d3 |
| 2. a2—a4 | Kd3—c4 |

Der König darf den Be3 nicht schlagen, weil er sonst nicht mehr in das Quadrat des a-Bauern ziehen kann.

| 3. e3—e4 | . . . . . . |

Wohin der schwarze König auch zieht, immer wird ihm einer der beiden Bauern davonlaufen, wenn er den anderen schlagen will. So kommt es, daß einer der beiden Bauern das Umwandlungsfeld erreicht.

Auch 2 . . . Kd3 × e3 gewinnt nicht, wenn:

3. a4—a5	h4—h3
4. Kg4—g3	h3—h2 (Kh3x, 5. Kf2!)
5. Kg3—g2	h2—h1Dx (Kh2. 5. Kf2!)
6. Kg2xh1	Ke3—f2
7. a5—a6	g5—g4
8. a6—a7	g4—g3

und Weiß gewinnt.

Ein besonders anschauliches Beispiel für das Zusammenwirken von Schachgefühl und Schacherfahrung bietet das folgende Endspiel zwischen Szabo und Alexandrescu, 1952. Bei der Betrachtung der Stellung 121 legt der erste Eindruck nahe, die Partie für Schwarz verlorenzugeben.

Stellungsbild 121
Schwarz zieht

Der schwarze König steht zu weit weg von seinem Bauern; er müßte, um ein Remis zu erzwingen, die Seitenopposition auf g7 erreichen. Unser Schachgefühl sagt uns, daß dies unmöglich ist, wenn Schwarz zuerst Kf1—f2 zieht, da der weiße König den Weg nach g7 bliebig blockiert. Daher muß Schwarz seinen König nach e2 ziehen und den König umlaufen. Er kann dann über d3 oder, falls Weiß Kd4 zieht, über d2 dem weißen König, der sich ja dem Bh7 einmal nähern muß, über e3, e4, g4, f5 entweder das Feld g7 oder den Bh5 wegnehmen.

Wie wir ja wissen, bringen Diagonal- bzw. Zickzack-Züge eine Figur ebenso schnell vorwärts wie Geradeauszüge. Verfolgt also Weiß weiterhin sein Ziel, den schwarzen Bauern auf h7 zu schlagen, dann gelingt es Schwarz, durch eine flexible Schräg-Zurück-Formation die Seitenopposition zu erreichen und in jedem Fall ein Remis zu erzwingen.

Selbständiges Endspielstudium ist notwendig

Da wir nur wenig Grundsätzliches über das Wesen und die Führung von Endspielen aufzeigen können, wird Ihnen wohl klar, daß Sie wohl oder übel eines Tages ein systematisches Endspielstudium werden betreiben müssen, wenn Sie ein Meister werden wollen. Leider reicht dazu, wie Sie bereits entdeckt haben, die bloße Übung nicht aus. Auf diesem Gebiet muß auch, ja sogar vorwiegend, gelernt werden. Die Kombination der wenigen Einzelelemente und ihre oft mühselige arithmetische Berechenbarkeit macht es meist möglich, die Zwangsläufigkeit der verschiedenen Abspiele Zug um Zug herauszuarbeiten, ohne daß dazu eine spielschöpferische Idee oder die Befolgung allgemeiner strategischer Grundsätze unbedingt notwendig wären.

Es ist, als ob die bunte Vielfalt der unüberschaubaren Möglichkeiten, die in der Eröffnung und im Stellungsspiel nur durch die Kraft der schöpferischen Phantasie mit Hilfe des Schachgefühls erfolgreich bewältigt werden kann, plötzlich zu wenigen, einfach kombinierbaren Einzelelementen, wie etwa Dominosteinen oder Spielkarten, zusammengeschrumpft wäre, mit denen sich auch kein kunstvolles Gebilde zusammenlegen läßt.

Nichtsdestowenger ist die Anzahl der möglichen Kombinationen dieser Einzelelemente oft unüberschaubar groß, und gewisse Gruppierungen gehorchen arithmetisch-geometrischen Regeln, wie wir z.B. bei der Behandlung der »Opposition« erkannt haben. Deshalb schlägt in Endspielen der Fleißige und Wissende mit Sicherheit den nur phantasiebegabten, aber unwissenden Spieler. Alle Großmeister und Weltmeister sind hervorragende Endspielkenner.

Es ist kein Zufall, daß so viele Schachlehrbücher damit beginnen, dem Anfänger zunächst die einfachsten, typischen Endspiele beizubringen. Das führt zwar zu handfesten und exaktem Wissen, ist aber pädagogisch höchst ungeschickt.

Denn es macht das Schachspielen für den Anfänger, der doch Partien spielen will, nicht nur bald langweilig, sondern verleitet ihn auch zu glauben, daß er durch Wissen und Rechnen genau wie im einfachen Endspiel auch die Eröffnungen und das Stellungsspiel beherrschen könne. Das ist ein unter Umständen folgenschwerer Irrtum und hat schon manchen schachbegabten Anfänger dem schönen Schachspiel bald wieder entfremdet.

Deshalb sollten auch Sie nicht zu früh mit dem systematischen Endspielstudium beginnen, denn es wird auch Sie verführen, sich in Stellungen Sicherheit durch Rechnen und Wissen zu verschaffen. Sie sollten vielmehr üben, spüren und Ihre Urteile auf das Schach*gefühl* stützen. Erst wenn Sie diese instinktive Sicherheit in der Behandlung von Eröffnungen und Stellungen erlangt haben, sollten Sie sich auf das Lernpensum der Endspiele stürzen. Vorher haben Sie ohnehin genug zu rechnen, wenn Sie Kombinationen entdecken und erfolgreich durchführen wollen. Diese Rechenfähigkeit wird Ihnen für das Endspielstudium, bei dem Sie außerdem noch typische Stellungen Ihrem Gedächtnis einzuprägen haben, sehr zugute kommen. *Eine* typische Endspielstellung allerdings sollen Sie über die bereits behandelten hinaus auch an dieser Stelle noch kennenlernen, weil sie in der praktischen Partie oft schon lange vor der Erreichung des Endspiels aktuell werden kann. Es ist die Stellung zweier Bauernreihen, die sich wie in Stellungsbild 111 gegenüberstehen. Sie ergibt sich, wenn wir den Doppelbauern c6 vom Brett entfernen.

Wir haben von Richard Réti gehört, daß ein Durchbruch einer solchen Bauernreihe durch eine ihr gegenüberstehende durch eine bestimmte Aufstellung der Bauern unmöglich gemacht werden kann. Das gilt selbst dann, wenn auf der einen Seite vier statt drei Bauern stehen, sofern nur einer dieser Bauern ein Doppelbauer ist.

Die Grundform dieser Aufstellung besteht in der Gegenüberstellung der Ba7, b7, c7 zu Ba2, b2, c2 oder Bf7, g7, h7 zu Bf2, g2, h2.

Ein Durchbruch der einen durch die andere Reihe, bzw. die sichere Verhinderung dieses Durchbruchs ist natürlich erst dann möglich, wenn sich die beiden Reihen als Bauernketten einander so weit genähert haben, daß mit dem nächsten Bauernzuge ein Angriff mit Schlagdrohung erfolgt. Wir beginnen deshalb mit dem folgenden typischen Stellungsbild 122:

In dieser Stellung kann jede der beiden Bauernreihen von dem Spieler durchbrochen werden, der am Zuge ist. Für zwei geopferte Bauern entsteht ein Freibauer. Es ist offensichtlich, daß ein solches Opferspiel nur dann Sinn hat, wenn man sicher ausgerechnet hat, daß der so erzielte Freibauer die Umwandlungsreihe eher erreicht als ein Bauer des Gegners und nicht geschlagen wird. Es gilt daher, in Ihre Überlegungen und Zugerprobungen nicht nur die Bauernzüge selbst, sondern auch die Stellung der beiden Könige und ihre Zugmöglichkeiten nach Angriff wie Verteidigung mit einzubeziehen.

| 1. b4—b5 | c6xb5 (oder a6xb5) |
| 2. a4—a5 (oder c4—c5) | ...... |

Wie immer Schwarz antwortet, stets wird entweder Ba5xb6 oder c4—c5 die Antwort und damit ein Freibauer erreicht sein.

Ist Schwarz am Zuge, dann kann er, wenn es Sinn für ihn (König!) hat, das gleiche Manöver mit (1.) b6—b5 durchführen. Sie erkennen sofort, daß der Durchbruch mit Bauernopfer unmöglich wird, sobald Schwarz die Bauernaufstellung a6, b7, c6 gewählt hat.

Das gleiche gilt für a7, b6, c7, worauf in der umgekehrten Stellung für Weiß ja bereits Richard Réti hingewiesen hat. Merken Sie sich diese Verteidigungsmöglichkeit gut, sie wird Ihnen bei heftigen Angriffen auf die gegnerische Königsstellung, bei der alle verfügbaren Figuren zum Angriff und zur Verteidigung gebraucht werden, mehr als einmal zugute kommen.

Im übrigen läßt sich aus der Gesamtheit dessen, was wir bisher aus den Bauernendspielen gelernt haben, ein allgemeiner Grundsatz formulieren. Ein Vorrücken von Bauernketten darf nur dort als erfolgversprechend angesehen werden, wo man einen guten (nicht

Doppelbauern) *mehr* besitzt, während man die Bauernkette, die gegenüber der gegnerischen in der Minderzahl ist (in der stärksten Abwehrformation selbstverständlich), möglichst unberührt stehen läßt, damit der Gegner den längstmöglichen Weg, d.h. die meisten Züge machen muß, bis er seine Überlegenheit ausnützen kann. In unterlegener Stellung soll man dem Gegner nicht entgegenkommen, es sei denn, man kann ihn dadurch zu seinem Nachteil ablenken, wie das in der 1. Partie Schiffers — Tschigorin mit der weißen Dame geschah. (Seite 120).

Warum zwei Läufer im Endspiel stärker sein können als Läufer und Springer

Diese von Weltmeister Wilhelm Steinitz entdeckte und in einer Partie gegen den aus Polen stammenden Schachlehrer Samuel Rosenthal im ersten internationalen Turnier in Wien im Jahre 1873 erstmals für die Spielpraxis nachgewiesene schachstrategische Regel ist seitdem allen guten Schachspielern bekannt geworden. Dennoch wissen viele dieser Schachspieler die Regel nicht zu begründen und kennen vor allen Dingen die Stellungsarten nicht, in denen diese Regel wirklich gilt. Es gibt sogar viele Stellungen, in denen zwei Springer stärker sind als zwei Läufer. Deshalb genügt es durchaus nicht, daß wir die Regel lediglich kennen. Wenn wir sie mit Erfolg ausnützen wollen, müssen wir genau wissen, wann und warum sie in vielen Stellungen gilt und in anderen nicht.

Zur Einleitung dieser Analyse wollen wir zwei Endspielkombinationen zu lösen versuchen, Bauernstellungen, die aus Läufern und Läufern und Springern aufgebaut sind. Weiß kann jeweils durch eine strategisch-positionelle Kombination den entscheidenden Vorteil erzielen.

Die folgende Stellung aus einer Partie zwischen dem Berliner Schachmeister Erhard Post und dem Königsberger Meister Paul S. Leonhardt in einem Turnier der Berliner Schachgesellschaft 1907:

Wir erkennen auf den ersten Blick, daß Schwarz trotz seines Bauern auf d5 eine schlechtere Stellung hat als Weiß.

Der schwarze König ist auf das Feld d6 festgenagelt, denn sobald er sich bewegt, bricht der weiße König von d4 über c5 oder e5 in die schwarze Stellung ein. Ferner ist der Lg6 von Schwarz auf den beiden Diagonalfeldern g6, h7 so lange festgebunden, wie der weiße Ld3 den Bf5 bedroht.

Weiß hat keinen schwarzen Angriff zu fürchten, weil alle seine Bauern entweder auf schwarzen Feldern stehen oder dorthin ziehen

könnten. Das sichert die Bewegungsfreiheit des weißen Ld3. Also muß es die Möglichkeit geben, einen Bauern zu erobern. Der strategische Plan von Weiß kann nur darin bestehen, zwei schwarze Bauern mit dem Läufer zugleich anzugreifen. Damit dieser Angriff erfolgreich ist, sollte die relative Unbeweglichkeit der schwarzen Figuren ausgenützt werden. Wie muß der Plan aussehen? Haben Sie eine Idee?

Um Ihnen eine weitere Hilfe zu geben, weisen wir darauf hin, daß Schwarz am Zuge ist. Was kann Schwarz in dieser Stellung eigentlich noch ziehen, ohne in schweren Nachteil zu kommen oder gar einen Bauern zu verlieren?

Von den beiden möglichen Zügen, die Schwarz hat, ist der von Leonhardt gewählte Lg6—h7 zweifellos der relativ stärkere, denn nach h6—h5 würde Weiß diesen Bauern durch h3—h4 zunächst festnageln und dann rasch über d1 und f3 so angreifen, daß Schwarz in Zugzwang käme. Sein die beiden Bauern deckender Läufer müßte das Feld f7 räumen, wodurch einer der Bauern und damit die Partie verlorenginge. Probieren Sie es aus.

(1.)	h6—h5
(2.) h3—h4	Lg6—h7
(3.) Ld3—f1	Lh7—g6
(4.) Lf1—g2	Lg6—f7
(5.) Lg2—f3!	

Schwarz muß jetzt entweder einen der beiden Bauern aufgeben, oder dem weißen König den Einbruch in die schwarze Stellung gestatten, was ebenfalls mit dem Verlust eines Bauern und der Partie gleichbedeutend wäre.

| (4.) . . . . . . | Kd6—c6 (Ke6, Lxd+) |
| (5.) Kd4—e5 | . . . . . . |

Einer der beiden Bauern wird erobert. Das gleiche Schema kann
Weiß auch nach dem Zuge Lg6—h7 anwenden.

1.	Lg6—h7
2. h3—h4	Lh7—g6
3. Ld3—c2	h6—h5

Dieser Zug ist erzwungen, weil Weiß nach 3. . . . Lh7—g6 durch
den Zwischentempozug (3.) Ld3—c2 Schwarz zu dem Wiederholungs-
zug (3.) . . . Lg6—h7 zwingt und ihm anschließend das Feld g6 durch
(4.) h4—h5 nimmt, wodurch der Bf5 oder Bd5 verlorengeht.

| 4. Lc2—d3 | Lg6—h7 |
| 5. Ld3—f1 | . . . . . . |

Schwarz gab auf, weil er den Bauernverlust nicht mehr verhindern
konnte, z.B.

5.	Lh7—g6 (Lh7—g8)
6. Lf1—g2 (Lf1—e2)	Lg6—f7 (Lg8—f7)
7. Lg2—f3 !	

Die allgemeinen Regeln, die sich aus den praktischen Partien, die
wir untersuchten, ableiten lassen, hat wiederum Richard Réti in un-
übertrefflicher Klarheit formuliert:

»Im Gegensatz zum langschrittigen Läufer, der aus der Ferne wirken kann, muß der kurzschrittige Springer, um aktiv zu sein, nahe
an die gegnerischen Streitkräfte herankommen. Dies kann er, wenn
er nicht rasch vertrieben werden will, nur tun, wenn er in der
Nähe der gegnerischen Stellung gedeckte Felder findet. Dabei wird
es sich fast ausschließlich um Felder handeln, die von eigenen
Bauern gedeckt sind, denn andere Figuren können doch auf die
Dauer nicht zur Deckung eines Springers verwendet werden. Es
ist deutlich, daß in völlig offenen Stellungen, wo keine Bauern vorhanden sind, der Läufer dem Springer überlegen ist, was z.B. durch
die Ergebnisse der Endspieltheorie bestätigt wird. In geschlossenen
Stellungen dagegen pflegt der Springer dem Läufer überlegen zu
sein, einerseits, weil die Bauern Sperrsteine für den Läufer bilden,
andererseits, weil die Bauern Stützpunkte für den Springer schaffen.
Die von Steinitz geschaffene Methode der Ausnützung des Vorteils zweier Läufer gilt nur für Stellungen, welche nicht geschlossen sind, aber auch keinen absolut offenen Charakter tragen, sondern in welchen immerhin noch von Bauern gedeckte Stützpunkte
für den Springer vorhanden sind. Die Methode besteht nun darin,
die Bauern derart vorzurücken, daß dem Springer alle diese Stützpunkte unzugänglich gemacht werden. Dadurch wird er zur Passivität und fast völliger Wehrlosigkeit verurteilt.«

42. Trainingsabschnitt

Die Zugzwangstellung

Als zweites Vorbereitungsbeispiel folgt ein Stellungsbild aus einer Partie des Internationalen Meisterturniers von Kislowodsk im Jahre 1964 zwischen Großmeister Juri Awerbach und dem sowjetischen Meister Bychowsky

Stellungsbild 124
Weiß zieht
Felderbilanz 10 : 4
Wirkungsgewichte 11 : 5

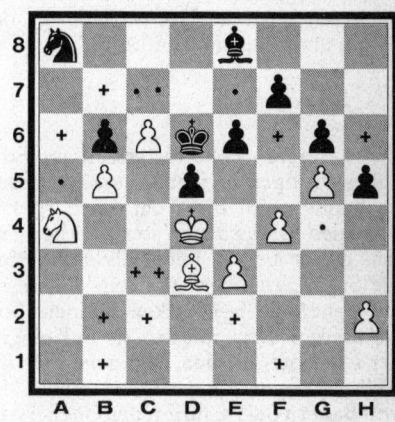

Sie erkennen sofort, daß Schwarz beengt steht und daß Weiß einen gedeckten Freibauern erringen konnte. Eine solche Stellung kommt zustande, wenn zwei ungleiche Spielstärken aufeinandertreffen.

Meister Bychowsky ist von Großmeister Awerbach in souveränem Stil »überspielt« worden, wie der Schachspieler sagt. Der Sa8 ist auf seinem Felde wirkungsarm festgenagelt, weil er den Bb6 unter allen Umständen decken muß. Geht dieser Bauer verloren, dann ist auch die Partie für Schwarz verloren. Der Le8 hat überhaupt kein Feld mehr, auf das er ungeschlagen ziehen könnte, und der Bf7 darf ebenfalls nicht ziehen, weil er vom Bg6 entweder direkt oder en passant entschädigungslos geschlagen werden könnte.

Schwarz muß seine Einengung auf vertretbare Weise auflockern. Das geht leider nicht durch das Läuferopfer Ld8xc6, b5xLc6, Kd6xc6, wodurch für Schwarz ein chancenreicher Freibauer entsteht, von dem er hoffen darf, daß ihn Weiß später gegen eine Figur abtauschen muß. Nach diesem Abspiel dringt der weiße König nämlich über e5 vernichtend in die schwarze Bauernstellung ein und erobert dort den Bf7, indem er mit Hilfe seines Ld3 dem schwarzen König die Deckungszüge nimmt. Oder Bb6 geht verloren, und Sa4 wird aktionsfähig, weil der Ld3 über b5+ auf c6 den Sa8 bedroht. Also hat Schwarz nach

1. h2—h4   . . . . . .

als einzigen eventuell möglichen Befreiungseinleitungszug nur

1. . . . .   e6—e5+

zur Verfügung. Das kostet ihn zwar einen Bauern, kann aber eher vertreten werden als etwa Kd6—e7 oder c7, woraufhin der weiße König unaufhaltsam eindringt.

2. f4xe5+   Kd6—e6

Wie kann nun Weiß fortsetzen, um Schwarz — wie in dieser Partie — zum sofortigen Aufgeben zu veranlassen?
Es handelt sich nicht um einen spektakulären Opferzug, sondern um einen bescheidenen strategischen Zug*.
Aus diesen beiden Endspielkombinationen geht hervor, daß Läufer, die Springern überlegen sein sollen, offene Diagonalen benötigen, auf denen sie frei wirken können. Sollen Springer schwächer sein als Läufer, dann müssen sie auf eingeschränkte oder schlechte Felder getrieben werden, von denen sie nicht mehr wegziehen können, weil die Felder, auf die sie ziehen könnten, unter der Wirkung von Bauern oder Läufern des Gegners stehen.
Wenn die Überlegenheit der Läufer über die Springer nachgewiesen werden soll, müssen — von Ausnahmestellungen abgesehen — genug Bauern vorhanden sein, mit deren Hilfe den Springern die Zugfelder genommen werden können.
Andererseits dürfen nicht zu viele Bauern da sein, vor allem keine lange ineinander verzahnte Bauernketten, weil die hinter solchen Bauernketten stehenden Läufer der gleichen Farbe ihre Bewegungsfähigkeit stark einbüßen können, wie wir an den beiden Endspielkombinationen gesehen haben.
Nun zu der schon erwähnten Partie Steinitz—Rosenthal, in der die Läuferüberlegenheit erstmals nachgewiesen wurde. Der Verlauf dieser Partie und besonders das Endspiel werden Ihnen deutlicher als alle strategisch-positionellen Überlegungen klarmachen, wie die Läuferüberlegenheit praktisch ausgenützt werden kann und welche

---

* 3. Ld3—f1 Schwarz kann dann nicht mehr ziehen, ohne durch Bauernverlust in entscheidenden strategischen Nachteil zu geraten. Falls Ke6—f5, so Lf1—h3$\neq$.

Stellungsart dazu erforderlich ist. Am besten stellen Sie das Brett so auf, daß Sie die schwarzen Steine führen:

10. Partie

Weiß: Samuel Rosenthal	Schwarz: Wilhelm Steinitz
1. e2—e4	e7—e5
2. Sb1—c3	. . . . . .

Dies ist eine mehr als hundert Jahre alte Eröffnung, die vom Standpunkt der Beherrschung freier Felder aus dem Zug 2. Sg1—f3 sogar überlegen ist. Während nach Sg1—f3 die Bilanz der freien Felder sich bei Weiß um zwei Felder und fünf Wirkungsgewichte verringert, nimmt sie nach Sb1—c3 um zwei Felder zu, unter denen ein wichtiges Zentrumsfeld weiter gekräftigt wird.

Trotzdem ist der Zug Sg1—f3 kräftiger, weil er einen schwarzen Stein angreift, der ungedeckt ist, und so Schwarz zu einer kalkulierbaren Verteidigungsmaßnahme zwingt. Der Zug Sg1—f3 folgt einem positionellen Plan. Wie wir bei Capablanca erkannt haben, ist ein solcher der bloßen allgemeinen Kräfteentfaltung stets vorzuziehen, weil er den Vorteil des ersten Zuges viel deutlicher klarstellt als die allgemeine Kräfteentfaltung, die Schwarz stets gleichwertig oder durch Ergreifen der Initiative beantworten kann, indem er seinerseits angreift.

Wir stoßen hier zum erstenmal auf eine Art Rangordnung der verschiedenen Spielweisen. Zuunterst steht die Aufgabe, mehr freie Felder zu beherrschen, darüber die Möglichkeit eines *sinnvollen* Angriffs auf einen gegnerischen Stein, wozu natürlich auch das Schachgebot gehört, das niemals sinnlos gegeben werden sollte. Ein seit über hundert Jahre gebräuchlicher Schachspruch lautet: »Wenn der Patzer ein Schach sieht, dann gibt er es.« Diese Einstellung gilt auch für alle sonstigen Angriffe und Drohungen.

Darüber steht wieder die erfolgreich durchzuführende Kombination, die zuerst nach ihrem strategisch, positionellen Wert und dann erst nach ihrem materiellen Vorteil beurteilt werden sollte.

Über allem steht dann der erfolgreiche Mattangriff, für den kein noch so großes Opfer gescheut werden darf, wie die sogenannte »unsterbliche Partie« zwischen Anderssen und Kieseritzky beweist, in der zwei Türme und die Dame entschädigungslos geopfert wurden.

Der Zug Sb1—c3 ist also schwächer als Sg1—f3. Er ist aber nichtsdestoweniger auch ein starker Zug, gegen den sich Schwarz, da er die Initiative durch einen Angriffszug noch nicht übernehmen kann, mit einem mindestens gleichwertigen Entwicklungszug wehren muß.

2.	Sb8—c6
3. Sg1—f3	. . . . . .

Wir wissen schon, daß die Eröffnung e2—e4, wenn sie den Kampf um das Zentrum mit Aussicht auf einen strategisch-positionellen Vorteil erfolgreich bestehen soll, durch einen baldigen Vorstoß des d-Bauern (d2—d4 mit Angriff auf e5) gekennzeichnet ist. Dieser Angriff kann natürlich auch mit f2—f4 geplant werden. Diesem Angriffsgedanken, der zwar für Weiß gefährlicher ist (vor allem wegen der dadurch geöffneten Diagonale e1—h4), dafür aber auch ein sehr lebhaftes und kombinationsreiches Angriffsspiel entstehen läßt, dient der Zug 2. Sb1—c3.

Schwarz kennt diese weiße Möglichkeit und kann sich dagegen wappnen. Wir wissen, daß Schwarz in den Eröffnungen e2—e4, e7—e5 daraufhinarbeiten muß, d7—d5 durchzusetzen, wenn er nicht in positionellen Nachteil kommen will. Er antwortet deshalb schnell, am besten bereits im zweiten Zuge, mit Sg8—f6, nicht um Be4 anzugreifen, der durch Sb1—c3 ohnehin gedeckt ist, sondern um sich die Möglichkeit vorzubehalten, Bd7—d5 zu spielen.

Rosenthal hat dem allgemeinen Spielstil der Zeit gemäß einen anderen Plan. Er verzichtet auf f2—f4 und entwickelt zunächst seinen Springer nach f3, um anschließend d2—d4 durchsetzen zu können. Steinitz antwortet darauf

3.	g7—g6

um seinen Lf8 vorsorglich auf die lange Diagonale zu stellen, wo er auf die Dauer seine stärkste Wirkung entfalten kann. Ein solcher Plan, der zwei Tempi benötigt, ist gerade für Schwarz nur dann gerechtfertigt, wenn es ihm gelingt, eine geschlossene Stellung herbeizuführen. In offenen Stellungen müssen sich bei stärkstem Spiel von Weiß die Tempoverluste für Schwarz nachteilig auswirken.

Mit g7—g6 liegt der strategische Plan für Weiß und auch für uns fest. Weiß muß alles tun, um das Spiel zu öffnen, Schwarz muß es geschlossen halten. Die Absicht von Weiß läßt sich bei konsequentem Spiel durchsetzen, weshalb diese Spielweise von Steinitz nach modernen Erfahrungen als unkorrekt anzusehen ist. Rosenthal spielt zunächst ganz folgerichtig:

4. d2—d4	e5xd4
5. Sf3xd4	. . . . . .

Wenn Rosenthal in dieser Stellung strategisch-positionell gedacht hätte, anstatt mit Sf3xd4 die Zukunftshoffnung von Schwarz, seinen Läufer auf g7 zu unterstützen, dann hätte er wohl besser (5.) Sc3—d5 gezogen und damit auf das geschwächte Feld f6 gezielt, auf das der Bg7 nicht mehr wirkt. Nach (5.) . . . Lf8—g7, (6.) Lc1—g5 muß Schwarz etwas gegen den Dameangriff tun und entweder

(6.) ... f7—f6 oder Sg8—e7 ziehen, woraufhin Weiß bei vorteilhafter Position nach (7.) Lg5—f4 oder Lg5—f6 seinen vorläufig geopferten Bd4 zurückgewinnt.

5.	Lf8—g7
6. Lc1—e3	Sg8—e7
7. Lf1—c4	d7—d6

Sie sehen, wie Steinitz sich bemüht, die Stellung geschlossen zu
halten, ohne dabei seine Figurenentwicklung wesentlich zu vernachlässigen.

8. o—o	o—o $?$

Es ist nun die bereits mehrfach analysierte Stellung Be4 gegen Bd6
entstanden, die Weiß das freiere Spiel ermöglicht. Das erkennt
auch Rosenthal, doch überschätzt er die Möglichkeiten dieser Freiheit und glaubt, gleich zum Angriff auf die schwarze Stellung vormarschieren zu dürfen.

9. f2—f4	. . . . . .

Der Positionsspieler Steinitz erkennt sofort, daß er das imponie-
rend aussehende weiße Zentrum rasch ruinieren und zu d6—d5
kommen kann. Dabei wirkt sich bereits die nun stark gewordene
Stellung des Lg7 auf der langen Diagonalen aus.

9.	Sc6—a5 $?$
10. Lc4—d3	d6—d5

Weiß darf nun nicht etwa (11.) e4—e5 spielen, weil Schwarz mit
(11.) ... c7—c5, (12.) Sd4—f3, d5—d4 eine Figur gegen einen Bauern
gewinnen würde.

11. e4xd5	Se7xd5
12. Sc3xSd5	Dd8xSd5

Damit hat Schwarz die Voreiligkeit des Zuges 9. f2—f4 nachgewiesen. Der Bf4 hat keine Angriffsaufgabe mehr, hindert die Zugfrei-
heit des Le3 und kann zur Verteidigung der e-Linie nicht mehr soviel beitragen wie auf f2. Die Bilanz der freien Felder ergibt mit
7:8 einen Vorteil für Schwarz, auch ist die weiße Stellung bereits
positionell-kombinationsschwach geworden. Weiß muß sich zunächst gegen den drohenden Verlust seines Sd4 verteidigen.

13. c2—c3	Tf8—d8

Nun droht bereits erneut ein Figurengewinn durch c7—c5. Dagegen schützt sich Weiß durch die Vorbereitung eines Gegenangriffs auf Dd5. Der Zug (14.) c7—c5 würde dann mit Ld3—e4 beantwortet und der Sd4 nach dem Wegzug der Dd5 nach f3 zurückgezogen.

14. Dd1—c2   Sa5—c4

Durch den Abtausch des Sc4 gegen den Ld3 bekommt Steinitz nun das Läuferpaar gegen Läufer und Springer. Rosenthal könnte den Versuch machen — wozu er nach den schachlichen Anschauungen seiner Zeit keinerlei Veranlassung hatte —, dem Läuferabtausch auszuweichen, indem er (15.) Le3—f2 zieht. Doch wollte er den nach c7—c5 möglichen Verwicklungen auf bequeme und, wie man damals glaubte, solide Art ausweichen.

15. Ld3xSc4   Dd5xLc4
16. Dc2—f2   . . . . . .

Es droht Figurenverlust gegen Qualitätsopfer durch Lg7 × Sd4. Wieso? Finden Sie es selbst heraus*.
Zu der entstandenen Stellung wiederholen wir: »Im Gegensatz zum langschrittigen Läufer, der aus der Ferne wirken kann, muß der kurzschrittige Springer, um aktiv zu sein, nahe an die gegnerischen Streitkräfte herankommen. Dies kann er, wenn er nicht rasch vertrieben werden soll, nur tun, wenn er in der Nähe der gegnerischen Stellung gedeckte Felder findet. Dabei wird es sich fast ausschließlich um Felder handeln, die von eigenen Bauern gedeckt sind, denn andere Figuren können doch auf die Dauer nicht zur Deckung eines Springers verwendet werden. Es ist deutlich, daß in völlig offenen Stellungen, wo keine Bauern vorhanden sind, der Läufer dem Springer überlegen ist, was z.B. durch die Ergebnisse der Endspieltheorie bestätigt wird.
In geschlossenen Stellungen dagegen pflegt der Springer dem Läufer überlegen zu sein, einerseits, weil die Bauern Sperrsteine für den Läufer bilden, andererseits, weil die Bauern, wie oben skizziert, Stützpunkte für den Springer schaffen. Die von Steinitz geschaffene Methode der Ausnutzung des Vorteils zweier Läufer gilt nur für Stellungen wie die vorliegende, welche nicht geschlossen sind, aber auch keinen absolut offenen Charakter tragen, sondern in welchen immerhin noch von Bauern gedeckte Stützpunkte für den Springer vorhanden sind, wie z.B. hier die Felder d4 und e5. Die Methode besteht nun darin, die schwarzen Bauern derart vorzurücken, daß dem Springer alle diese Stützpunkte unzugänglich gemacht werden.

Dadurch wird er zur Passivität und fast völliger Wertlosigkeit verurteilt. Man wird hier sehen, wie durch die gleichen Bauernzüge auch der weiße Läufer eingeschränkt werden kann. Natürlich kann dieselbe Methode auch im Kampfe eines Läufers gegen einen Springer bisweilen angewendet werden. Doch ist dies viel seltener möglich, da man durch Vorrücken der Bauern die Stellung häufig schwächt und feindlichen Figuren Gelegenheit zum Eindringen gibt. Mit einem Läuferpaar jedoch, Felder jeder Farbe deckend, kann man sich ein derartiges Vorrücken seiner Bauern in der Regel gestatten.«

16. ......   c7—c5

Schon muß der Sd4 sein Feld verlassen, auch die Felderbilanz verschlechtert sich auf 8:17:

17. Sd4—f3   b7—b6

Die so gebildete Bauernkette schränkt auch die Wirksamkeit des Le3 entscheidend ein. Nun wird deutlich, wie hemmend sich der auf f4 stehende weiße Bauer auf das weiße Spiel auswirkt.

18. Sf3—e5   Dc4—e6
19. Df2—f3   Lc8—a6

Die Deckung des Ta8 erfolgt mit Tempogewinn.

20. Tf1—e1   f7—f6

Schon wieder muß der Springer zurück.

21. Se5—g4   h7—h5
22. Sg4—f2   ......

Schwarz läßt dem weißen Springer keine Ruhe, er muß zurück. Damit sind die beiden leichten Figuren von Weiß in ihrer Wirksamkeit fast völlig lahmgelegt und beengen überdies die weiße Königsstellung. Solche Stellungsbilder waren wir bisher nur von schwarzen Königsstellungen gewöhnt. Die Felderbilanz ergibt 6:14 zugunsten von Schwarz bei 12:25 Wirkungsgewichten!

22. ......   De6—f7

Dieser Zug bereitet La6—b7 vor, von wo der schwarze Läufer seine stärkste Wirkung auf der frei gewordenen Diagonalen entfalten kann.

23. f4—f5 ......

Weiß muß versuchen, seinem eingeschränkten Läufer mehr Wirkung zu verschaffen, und er ergreift die erste Gelegenheit, die sich ihm dazu bietet. Steinitz hat zweifellos vorausgesehen, daß er Weiß durch seinen Zug De6—f7, der seine Dame auch aus dem Wirkungsbereich des Te1 entfernt, diese Gelegenheit bieten würde. Er war sich dabei auch bewußt, was Rosenthal entgangen zu sein scheint, daß dieser Bauer durch den Vorstoß so schwach wurde, daß er ihn früher oder später erobern könnte.

23. .... g6—g5

Steinitz hat eine fünfzügige Kombination entdeckt, mit deren Hilfe er den Bauern erobern wird. Beachten Sie, daß der Erfolg dieser Kombination von der relativen Unbeweglichkeit der leichten weißen Figuren abhängt.

24. Ta1—d1   La6—b7
25. Df3—g3   Td8—d5
26. Td1xTd5   Df7xTd5

Und schon ist der Bf5 verloren, denn auf den Deckungszug Dg3—h3 folgt g5—g4. Weiß darf dann den Bh5 nicht schlagen, weil ihn Schwarz im nächsten Zuge matt setzen würde.

28. Te1—d1   Dd5xf5

Die indirekte Deckung (28.) Dg3—c7 würde mit Ta8—c8 beantwortet.
27. Dg3—c7

Nun geschieht etwas ganz Charakteristisches, was Ihnen in Ihrer eigenen Spielpraxis immer wieder begegnen wird. Durch das überlegene strategisch-positionelle Spiel von Schwarz ist Weiß auch in materiellen Nachteil geraten und versucht einen Gegenangriff mit allen Mitteln. Der kann aber nicht erfolgreich sein, weil seine beiden leichten Figuren dazu nichts beitragen können. So fällt es Schwarz nicht schwer, den Gegenangriff abzuwehren.

28. ...... Lb7—d5

Dadurch wird der Ba2 angegriffen.

29. b2—b3   Ta8—e8

Dieser Angriff zielt auf den Le3.

30. c3—c4 ......

Weiß versucht, als Ausgleich einen Freibauern zu bekommen oder den Läufer von Schwarz einzuschränken.

30. ...... Ld5—f7

Schwarz nimmt seinen Läufer nun von der langen Diagonale weg, weil er ihn zum Schutz seines Königs einsetzen will, während Weiß seinerseits versucht, seinen eingeschränkten Läufer auf die lange Diagonale zu bringen.

31. Le3—c1 Te8—e2

Da der Springer die Königsstellung verteidigt, darf er sich nicht auf noch schlechtere Felder abdrängen lassen, zumal der folgende Damezug von Schwarz nicht mehr sinnvoll zu verhindern ist.

32. Td1—f1 Df5—c2

Nun droht TexSf2, und Schwarz gewinnt zwei Figuren für den Tf1 oder setzt matt.

33. Dc7—g3 Dc2xa2

Schwarz hat nun nach Dc2xa2 ganze zwei Bauern mehr, und die weiße Stellung ist fast bewegungslos beengt. Richard Réti schließt seine Ausführungen zu dieser Partie mit der lapidaren Feststellung: »Und Schwarz gewann.«

43. Trainingsabschnitt

Nun sollten Sie selbst in Ihren eigenen Partien versuchen, das Übergewicht des Läuferpaares über Läufer und Springer in halboffenen Stellungen zum Bestandteil Ihres schachlichen Könnens zu machen, so oft sich Ihnen dazu Gelegenheit bietet. Nehmen Sie dafür aber nicht erhebliche Stellungsverschlechterungen in Kauf.

Vergessen Sie dabei bitte nicht, daß es nicht *nur* darauf ankommt, dem gegnerischen Springer durch geschickte Bauernzüge die starken Wirkungsfelder wegzunehmen. Man muß auch den gegnerischen Läufer nach Möglichkeit in seiner Bewegungsfreiheit einschränken. Das aber ist nur dadurch möglich, daß Sie Ihre eigenen Bauernketten so formieren, daß sie auf Feldern gebildet werden, die der Farbe des gegnerischen Läufers entsprechen.

Dieser für die Beurteilung von Endspielstellungen besonders wichtige Grundsatz wird gerade von Anfängern im Eifer des Gefechts nicht immer genügend berücksichtigt.

Umgekehrt geht aus dieser Regel auch hervor, daß man gut daran tut, wenn man selbst nur noch einen Läufer hat, dafür zu sorgen, daß Bauernketten oder einzelne Bauern nach Möglichkeit nicht längere Zeit auf Feldern der Farbe des eigenen Läufers stehen. Dort können sie zwar leicht von diesem Läufer gedeckt werden, doch ist es für die Wirkungskraft einer Figur keine würdige Aufgabe, auf die Dauer zum Schutz nur eines Bauern zu dienen. Figuren werden zum Angriff oder zur Verteidigung gegen strategische oder kombinatorische Angriffe benötigt, nicht aber um einzelne Bauern zu decken.

In noch viel stärkerem Maße als für leichte Figuren gilt dieser Grundsatz für schwere Figuren, vor allem für die Türme, die oft zur Deckung einzelner Bauern von Anfängern geradezu mißbraucht werden. Damit aber sind wir bei den Turmendspielen angelangt.

Die Grundregeln für Turmendspiele

Die sorgfältig geführte Statistik aller nationalen und internationalen Turnierergebnisse sagt aus, daß fast die Hälfte aller Turnierpartien mit einem sogenannten Turmendspiel enden. Turmendspiele sind Stellungen, die durch einen oder zwei Türme gegen den König oder König und Bauern entschieden werden.

Der Ausdruck Turmendspiele bedeutet nicht, daß in solchen Endspielen nicht auch noch die eine oder andere leichte Figur beteiligt sein kann. Es kommt lediglich darauf an, daß die entscheidenden Stellungsveränderungen durch Turmzüge und/oder Bauernzüge herbeigeführt werden. Dabei sind die Königszüge selbstverständlich mit eingeschlossen.

Was unterscheidet nun die Turmendspiele so grundlegend von den übrigen, vor allem den reinen Bauernendspielen?

Türme wirken am stärksten aus der Ferne. Je näher sie an einen Stein heranrücken, um so mehr wird ihre Wirkungskraft eingeschränkt. Da sie für ihre Wirkung nicht, wie alle leichten Figuren, zur Entfaltung ihrer stärksten Wirkungskraft auf die Zentrumsfelder gestellt werden müssen, können sie gleichstark aus dem Hintergrund oder von den Randfeldern her in das Geschehen auf dem Brett eingreifen. Ein Turm kann von jedem Feld des Brettes aus auf 14 Felder wirken, wenn er freie Linien und Reihen zur Verfügung hat. Das macht ihn zur idealen Endspielfigur, weil sich im Endspiel die Linien und Reihen durch Figuren- und Bauernabtausch gelichtet zu haben pflegen. Wegen dieser Eigenschaften plaziert man im beginnenden Stellungsspiel die Türme vorteilhaft auf offene oder halboffene Linien. Sie verlassen deshalb auch meist erst später die Grundlinien, um in das allgemeine Stellungsspiel wirksam einzugreifen.

Für das beginnende Endspiel ist es oft entscheidend, wenn ein Turm ungefährdet auf die 7. oder 2. Reihe vordringen und dort die gegnerischen Bauern angreifen kann. Das führt meistens zu materiellen Vorteilen oder zu heftigen Mattangriffen.

Der besondere Vorteil des Turmes in Bauernendspielen besteht aber darin, daß er den Vormarsch eigener Bauern decken und den Vormarsch gegnerischer Bauern wirksam aufhalten kann.

Dr. Tarrasch schreibt in seinem Lehrbuch: »Bei komplizierten Turmendspielen ist der wichtigste Lehrsatz der von dem Verfasser aufgestellte: Die Türme gehören *hinter* die Freibauern, hinter die feindlichen, um sie aufzuhalten, hinter die eigenen, um ihr Vorgehen zu unterstützen. Diese günstige Stellung des Turmes wirkt oft entscheidend.«

Die Begründung für diesen apodiktisch klingenden Lehrsatz von Dr. Tarrasch gibt wiederum Richard Réti in unübertrefflich knapper Formulierung: »Während man im allgemeinen nur einen unbeweglichen, blockierten Bauern angreifen kann, kann der Turm auch einen mobilen Bauern mit Erfolg angreifen. Denn er braucht sich ja nur auf ein Feld in der Linie des Bauern zu stellen, um nicht nur den Standort des Bauern, sondern auch alle eventuellen zukünftigen Standorte des vorrückenden Bauern anzugreifen. Aus demselben Grunde, aus dieser Gleichlinigkeit des Bauern erklärt es sich auch, daß ein Turm die beste Figur ist, um das Vorrücken eines eigenen Freibauern zu unterstützen. Denn wieder kann er, ohne einen Schritt zu machen, alle Felder, welche der Bauer auf seinem Wege zur Dame passieren muß, gleichzeitig decken.

Während so dem Turm im Kampfe mit und gegen Bauern eine starke Offensivkraft innewohnt, ist er zur Defensive in derartigen Endspielen weniger geeignet. Es ist ja von vornehrein klar, daß es keine der Kraft eines Turmes würdige Aufgabe ist, zur Deckung eines Bauern verwendet zu werden. Aber auch zur Blockade eines vorrückenden gegnerischen Freibauern ist der Turm weniger geeignet als der an sich schwächere Läufer. Man stelle sich z.B. einen weißen König auf g5 vor, einen weißen Freibauern auf g6 und einen schwarzen Turm, welcher zwecks Blockade des Bauern nach g7 gegangen ist.

Weiß wird mit Kh6 oder Kf6 den weiteren Vormarsch erzwingen können, während ein Läufer, der statt des Turmes auf g7 steht, der Annäherung des weißen Königs Schwierigkeiten bereiten würde.

Aus diesen Überlegungen ergibt sich der durch die Erfahrung bestätigte Grundsatz, daß man in Turmendspielen den Angriff immer der Verteidigung vorziehen soll. Zum Beispiel ist es meist empfehlenswert, wenn man einen Bauern mehr hat, welcher jedoch nur unter Bindung der Figuren zu halten ist, lieber diesen Bauern aufzugeben, um dafür die nötige Zeit zu gewinnen, die Initiative aufzunehmen, mit dem Turm in die gegnerische Stellung einzudringen oder einen Freibauern energisch zu unterstützen. (Das wäre dann eine strategisch-positionelle Opferkombination. d.A.)

Umgekehrt ist auch bei schlechter Stellung nicht die ängstliche Verteidigung jedes schwachen Bauern, sondern vielmehr energischer Gegenangriff die beste Chance.«

Ich habe den letzten Satz von Réti mit gutem Grunde hervorgehoben. Der Anfänger ist mehrfach an den Stellungsbeispielen dieses Buches damit vertraut gemacht worden, daß sogenannte »Verzweiflungsangriffe« in schlechten Stellungen stets unwirksam zu sein pflegen und deshalb unterlassen werden sollten. Dieser Grundsatz gilt nicht mit gleicher Bestimmtheit für Bauernendspiele, bei denen sehr oft ein nach Verzweiflung aussehender Gegenangriff oder Vorstoß, der unter Preisgabe von eigenen Bauern geschieht, die Rettung bedeutet. Ein solches exemplarisches Beispiel teilt Richard Réti aus einer Stellung zwischen Weltmeister Capablanca und dem Großmeister Dr. Savielly Tartakower mit:

1. h4—h5 ......

Weiß bietet ein Bauernopfer an. Schwarz darf den Bh5 natürlich nicht schlagen, weil er Weiß damit einen übermächtigen Freibauern verschaffen würde, der zusammen mit der Beherrschung der e-Linie durch Ta1—e1+ den Endsieg sichert.

1.	Tf7—f6
2. h5xg6	h7xg6
3. Ta1—h1	Ke8—f8

Das war des Pudels Kern. Der Turm ist auf der h-Linie viel gefährlicher als auf der e-Linie, auf der er durch den Ke8 vom Eindringen abgehalten werden kann. Im übrigen kümmert sich Weiß zugunsten seines Angriffs nicht um die erheblichen Schwächen seines Dameflügels, die Schwarz durch Tf6—c6 bald klarstellen wird.

| 4. Th1—h7 | Tf6—c6 |
| 5. g3—g4 | Sa5—c4 |

Natürlich darf Tc6 den Bc3 nicht schlagen, weil der Bg6 mit baldigem unaufhaltsamem Mattangriff verlorenginge. Doch gibt Weiß Schwarz nun Gelegenheit, noch einen weiteren Bauern zu gewinnen.

6. g4—g5	Sc4—e3+
7. Kg2—f3	Se3—f5
8. Ld3xSf5	g6xf5

Nun hat Weiß einen Freibauern.

9. Kf3—g3!	Tc6xc3+
10. Kg3—h4	Tc3—f3

Schwarz greift einen weiteren Bauern an, der nicht mehr zu decken ist.

11. g5—g6	Tf3xf4+
12. Kh4—g5	Tf4—e4

Schwarz weiß natürlich genauso gut wie Weiß, daß er nach Tf4x e4 endgültig verloren wäre. Deshalb stellt er seinen Turm so, daß er bei der Verteidigung seiner Königsstellung mitwirken kann.

13. Kg5—f6	......

Capablanca hält sich selbstverständlich nicht damit auf, erst noch einen schwarzen Bauern zu schlagen. Er konzentriert sich ganz allein auf die Möglichkeit, seinen Freibauern auf die Umwandlungslinie zu führen, denn für diese Möglichkeit hat er zwei seiner Bauern geopfert. Außerdem deckt der ungeschlagene Bf5 den weißen König vor Schachgeboten des schwarzen Turms von der f-Linie aus. Dieses Vorbeiziehen des Königs an einem feindlichen Bauern, um künftige Schachgebote zu vermeiden, ist ein positioneller Schachzug, den Sie sich für künftige eigene Möglichkeiten einprägen sollten. Er kann ziemlich häufig angewandt werden. Das gleiche gilt auch für das isolierte Eindringen gegnerischer Bauern in die eigene Königsstellung mit Schachgebot zur Linienöffnung. In solchen Fällen ist es oft entscheidend, daß der König diesen eingedrungenen Bauern nicht schlägt, sondern lediglich blockiert, weil er dann einen Sperrstein für das Eindringen schwerer Figuren in die Königsstellung bildet.

13.	Kf8—g8

Das verhindert g6—g7, außerdem droht Th7—h8‡

14. Th7—g7+	Kg8—h8
15. Tg7xc7	Te4—e8

Der Turmzug deckt das drohende ‡

16. Kf6xf5	......

Nun kann der Bf5 ohne Nachteil für die Fortsetzung des weißen Bauernvormarsches genommen werden.

16.	Te8—e4
17. Kf5—f6	Te4—f4+
18. Kf6—e5	Tf4—g4
19. g6—f7+	. . . . . .

Damit hat der weiße g-Bauer seine Hauptaufgabe erfüllt. Wenn Schwarz jetzt die Türme tauscht, erobert der weiße König sämtliche schwarzen Bauern und gewinnt leicht. Probieren Sie es selbst aus.

| 19. . . . . . . | Kh8—g8 |
| 20. Tc7xa7 | . . . . . |

Schwarz steht geradezu gelähmt.

| 20. . . . . . | Tg4—g1 |

Die Stellung ist auch ein Beispiel dafür, daß Türme aus der Ferne wirken müssen, weil sie in der Nähe der Figuren, die sie angreifen wollen, oft hilflos sind.

| 21. Ke5xd5 | Tg1—c1 |

Bevor Weiß seinen vorgerückten g-Bauern verwerten kann, müßte zuerst der weiße König zu seiner Deckung herbeiziehen. So aber blockiert er nur den schwarzen König, was indessen entscheidend ist. Weiß besitzt in der nun folgenden Endauseinandersetzung die Wirkungskraft seines Königs gewissermaßen zusätzlich.

22. Kd5—d6	Tc1—c2
23. d4—d5	Tc2—c1
24. Ta7—c7	Tc1—a1
25. Kd6—c6	Ta1xa4
26. d5—d6	. . . . . .

Wieder kümmert sich Weiß nicht um einen Materialausgleich, sondern läßt seinen d-Bauern vormarschieren, den Schwarz nur noch um den Preis seines Turmes aufhalten kann. Folgerichtig gab Dr. Tartakower nach diesem Zug die Partie auf. Der Bb6 kann übrigens dem weißen König nochmals als Schutz gegen ein Turmschach dienen.

Die Schlußbemerkungen, die Richard Réti zu dieser Endspielleistung des Weltmeisters Capablanca gibt, ist es wert, hier angeführt zu werden:

»Wenn man ein solches Endspiel nachspielt, so macht es einen so selbstverständlichen Eindruck, daß man die Schwierigkeit solcher präziser Endspielführung leicht vergißt. Die Schwierigkeit ist nämlich hauptsächlich psychologischer Natur. Man ist nun einmal an die Wertschätzung des Materiellen im Schach, ebenso wie im Leben, so gewöhnt, daß man nicht so leicht auf die Idee verfällt, bei so geringem vorhandenen Material noch Bauern zu opfern.«

36. Trainingsabschnitt

Auch Turmendspiele verlangen Schachgefühl

Aus der bisherigen Untersuchung ist Ihnen gewiß klargeworden, daß die meisten Turmendspiele nicht wie viele einfacheren Bauernendspiele rein rechnerisch entschieden werden können, obwohl das Durchrechnen möglicher Zugfolgen in ihnen eine weitaus größere Rolle spielt als in den Stellungsbildern der Eröffnungen und des sogenannten Mittelspiels.

Es muß also auch für die Bewältigung von Turmendspielen viel gelernt und behalten werden, wenn Sie es zum Schachmeister bringen wollen.

Am wichtigsten sind aber die allgemeinen strategisch-positionellen Grundregeln, von deren Wirksamkeit Sie sich durch praktische Übung überzeugen sollten. Am Ende einer solchen Übung steht dann allerdings regelmäßig ein Stellungsbild, dessen Behandlung das Wissen bestimmter Zwangs-Abwicklungen voraussetzt, die allein durch praktische Erfahrungen nur das Schach-Genie erkennen könnte. Wenn wir siegen wollen, müssen wir sie auswendig lernen. Eines der besten Lehrbücher für das spezielle Studium von Turmendspielen ist das von den beiden Großmeistern Grigori Löwenfisch und Wassili Smyslow.

In der Einleitung dieses Buches heißt es: »Man hat Versuche gemacht, die Methode des Kampfes in Turmendspielen in mathematische Formeln zu fassen (Chérons Fünf-Felder-Regeln u.a.), hat aber im Ergebnis damit keinen Erfolg gehabt.«

Das beweist, daß in vielen Turmendspielen noch die schöpferische Phantasie und das Schachgefühl wirken können. Andererseits gibt es nach vielen früheren, von allem von Dr. Tarrasch gemachten Untersuchungen, die von Löwenfisch und Smyslow bestätigt und erweitert wurden, »elementare Stellungen«, in denen »die Methodik der Gewinnführung oder der Erreichung des Remis auf natürlichen, logischen Zügen aufgebaut ist.« Diese elementaren Stellungen werden nun in ihren beiden wichtigsten Beispielen, die immer wieder vorkommen, behandelt. Dabei werden wir dem von Löwenfisch und Smyslow aufgestellten Grundsatz folgen müssen: »Die Idee, die einer richtigen Stellungsbehandlung zugrunde liegt, muß vor allem verstanden, dann aber auch im Gedächtnis behalten werden.«

Die Regel, daß ein Turm sowohl hinter die eigenen, als auch hinter die feindlichen Bauern gezogen werden muß, wenn er uneinge-schränkt wirksam bleiben soll, ist eigentlich keine Regel, sondern eine Selbstverständlichkeit. Sie kann auch der unwissende Schach-spieler auf Grund einfacher schachlogischer Überlegungen von selbst erkennen. Und wenn selbst so viele starke Schachspieler sie nicht zu begründen wissen, dann ist das nur ein Zeichen dafür, daß diese Schachspieler wahrscheinlich zu viel rechnen, anstatt nachzudenken. Sie werden während Ihrer Schachlaufbahn immer wieder beobachten können, daß die meisten Schachspieler, die an ein Brett herantreten und eine Stellung betrachten, die zwischen zwei anderen Spielern im Gange ist, anstatt zunächst die strategisch-positionellen Merk-male der Stellung in sich aufnehmen, zu zählen und zu rechnen anfangen. Es kommt dann gewöhnlich zu Bemerkungen wie: »Weiß hat einen Bauern mehr« oder »Schwarz hat ja eine Figur weniger«, woraufhin das Interesse des Kiebitzes (so nennen die Schachspieler den Zuschauer) an der Partie sogleich schlagartig zu erlöschen pflegt — es sei denn, er erspäht gerade noch, daß die verlorene Fi-gur zu einer der bekannten Opferkombinations-Stellungen geführt hat, woraufhin der Kiebitz erneut zu rechnen anfängt, um heraus-zubekommen, ob das Opfer gerechtfertigt war oder nicht.

Machen Sie das bitte nicht nach. Es wird nur Ihren Aufstieg zum Schachmeister verzögern, wenn Sie fremde Stellungen auf diese Art betrachten. Gewöhnen Sie sich vielmehr an, sich um die mate-riellen Verhältnisse auf dem Brett zunächst überhaupt nicht zu küm-mern, und versuchen Sie vor allem, die strategisch-positionellen Merkmale der Stellung aufzufinden. Sie werden dann viel rascher ein klares Urteil darüber gewinnen, ob Sie starke oder schwache Spieler vor sich haben und ob zwei ungefähr gleichstarke oder un-terschiedlich starke Spieler gegeneinander spielen. Jede Stellung, die Sie in dieser Weise analysierend betrachten, wird — und das ist das wichtigste — Ihre schachlichen Erfahrungen bereichern und Ihr Schachgefühl stärken. Die materiellen Verhältnisse auf dem Brett sind dagegen zweitrangig und nur insoweit interessant und wichtig, als sie für die richtig geführte Analyse und Deutung der Stellung benötigt werden. So selbstverständlich also, wie es für den nachdenkenden Schachspieler ist, daß die Türme hinter den Bauern stehen sollten, so wenig selbstverständlich ist es, daß es in den Turmendspielen bei einigermaßen ausgeglichener Stellung viel mehr auf die Stellung und die Züge der Könige anzukommen pflegt als auf die Türme. Die Könige sind es, die schließlich das Remis oder den Endsieg herbeiführen. Wie sie gezogen werden müssen, um Sieg oder Remis zu erreichen, darüber sollten Sie je-weils zuerst sorgfältiger und länger nachdenken als über die Stel-lung und die Züge der Türme, die fast immer durch einfache schachlogische Positionsüberlegungen rasch herausgebracht wer-den können. Auch richten sich gerade die stärksten Turmzüge wenig nach den Möglichkeiten einer Bauerneroberung. Eher geht es darum, einen König abzudrängen, am Überschreiten einer Linie oder Reihe zu hindern und so weiter.

Stellungsbild 126
Weiß: Alechin
Schwarz: Bogoljubow
Weiß zieht

Wie wenig selbstverständlich in solchen Turmendspielen selbst allerstärksten Schachspielern die stärksten Königszüge einfallen können, das geht aus dem Stellungsbeispiel 126 hervor, das zwischen Weltmeister Alechin und Großmeister Bogoljubow in einem Wettkampf um die Weltmeisterschaft im Jahre 1929 zustande kam.

1.	Th1—b1	Tc3—d3 +
2.	Kd5—c6	Td3—d8

Schwarz bleibt nichts anderes übrig, will er die Dame, in die sich der Bb5 verwandeln wird, mit Sicherheit gegen seinen Turm abtauschen können. Der weiße König geht deshalb in Richtung auf die achte Reihe vor, weil er verhindern will, daß sich der schwarze Turm auf einem der Felder vor dem Bauern festsetzen und so den Vormarsch des weißen Bauern vorläufig stoppen könnte.

   3. b5—b6   Kf5—g4

Hierzu kommentieren Löwenfisch / Smyslow:

»Ein lehrreicher Fehler. Der folgenden Annäherung des weißen Königs an den f-Bauern mußte entgegengetreten werden durch 3. . . . . . .—Ke4!«
Es ist ganz sicher, daß Großmeister Bogoljubow bereits mit dem Zuge 2. . . . . . .—Td3—d8 vorausgesehen hat, daß er seinen Turm

für den weißen Bauern auf dem Umwandlungsfelde würde hergeben müssen. Auch war er wohl imstande, die strategisch-positionellen Konsequenzen einer Stellung zu beurteilen, in der Weiß einen Turm mehr und Schwarz nur noch einen, wenn auch schon ziemlich weit an die Umwandlungsreihe herangerückten Bauern hat. Seine große Schacherfahrung sagte ihm auch, daß eine solche Stellung von Schwarz trotz des Übergewichts eines ganzen Turmes remis gehalten werden kann, aber sein Schachwissen ließ ihn im Stich, oder er war zu faul, sein Gedächtnis anzustrengen, um die Zugfolge zu reproduzieren, unter der allein ein Remis zu erzielen ist.

So wie Bogoljubow zog, gelingt es nach dem Turmverlust von Schwarz dem weißen König, sich dem schwarzen Bauern zu nähern, weil Bogoljubow versäumt, was er zweifellos wußte, nämlich, vorsorglich die Opposition der Könige herzustellen. Es geschah weiter:

4. b6—b7	f6—f5
5. b7—b8D	Td8xDb8
6. Tb1xTb8	f5—f4
7. Kc6—d5	. . . . . .

Obwohl der weiße König den f-Bauern nicht mehr einholen kann, zieht Alechin vor allen Dingen seinen König, um eine Position zu erreichen, die es dem schwarzen König unmöglich macht, ihn durch eine nachträgliche Opposition doch noch abzudrängen. Das wäre nach (7.) Tb8—f8, was jeder Anfänger und selbst mancher fortgeschrittene Schachspieler zunächst *vorsichtshalber* gezogen hätte, durch (7.) . . . . . . Kg4—f3 durchaus möglich gewesen.

Dem Turm kann b8 das Feld f8 durch kein Mittel verwehrt werden, und er kommt immer noch früh genug dorthin, wenn der schwarze f-Bauer die zweite Reihe betreten hat. Für den Endsieg von Weiß ist nur wichtig, daß in diesem Augenblick sein König mindestens das Feld e3 erreicht hat, dann kann nämlich der nach f8 ziehende Turm den schwarzen f-Bauern so oder so erobern.

7.	f4—f3
8. Kd5—e4	f3—f2
9. Tb8—f8	Kg4—g3
10. Ke4—e3	. . . . . .

Es ist erreicht, und Bogoljubow gibt die Partie auf, die er mit wenig Mühe hätte remis halten können, wenn ihm eingefallen wäre, daß er sich hier nicht nur auf sein Schachgefühl verlassen durfte, sondern sich an die Regeln der Königsopposition hätte erinnern müssen. Sehen Sie selbst:

3. b5—b6	Kf5—e4!

4. b6—b7	f6—f5
5. b7—b8D	Td8xDb8
6. Tb1xTb8	f5—f4
7. Kc6—c5	f4—f3
8. Tb8—f8	Ke4—e3
9. Kc5—c4	f3—f2
10. Kc4—c3	Ke3—e2
11. Tf8—e8+	Ke2—d1!

Und das Remis ist gesichert, weil der weiße König sich dem Bf2 nicht mehr nähern kann. Auf (12.) Te8—f8 folgt selbstverständlich wieder (12.) . . . . . . Kd1—e2.

45. Trainingsabschnitt

Der König geht im Endspiel doppelt vor

Er marschiert und er verlangt vor jedem Zug die größte Aufmerksamkeit. Bevor Sie die beiden Grundschemata kennenlernen, nach denen die wichtigsten Turmendspiele ablaufen, werden wir noch einige Stellungsspiele analysieren, in denen die Königszüge und Stellungen den Ausschlag geben:

Stellungsbild 127
Weiß zieht

Das Urteil, ob diese Stellung zu einem Remis (wie üblich) oder aber zu einem Sieg von Weiß führen kann, ist ganz allein von einem richtigen Königszug abhängig. Das soll nicht heißen, daß Weiß zuerst unbedingt einen Königszug machen sollte. Doch muß der erste Zug von Weiß mit Rücksicht auf eine ganz bestimmte mögliche Stellung seines Königs gemacht werden, weil er nur dann dem Remis entgehen und siegen wird.

Da Ihnen die beiden ersten Wege bereits wohlvertraut sind oder sein sollten, müßten Sie imstande sein, das Problem des Sieges für Weiß in Stellungsbild 127 ohne weitere Hilfe zu lösen. Versuchen Sie es. Müssen Sie die Lösung nachlesen, dann sollten

Sie das zum Anlaß nehmen, darüber nachzudenken, *warum* Sie die Lösung nicht ohne Hilfe gefunden haben.*

Dann sollten Sie die entsprechenden Abschnitte dieses Buches, deren schachlichen Grundsätze Ihnen für die Lösung nicht ausreichend gegenwärtig waren, erneut durcharbeiten.

Wenn Sie die Endstellung betrachten, ist es allein der Königszug, der über den Endsieg entscheidet. Falls der Turm den Bauern nicht schlägt, sondern etwa (2.) ... Td8—d7 antwortet, dann zieht Weiß Kd3—d4, und Schwarz verliert das Spiel ebenfalls, wenn auch aus einem anderen Grunde.

Stellungsbild 128
Schwarz zieht

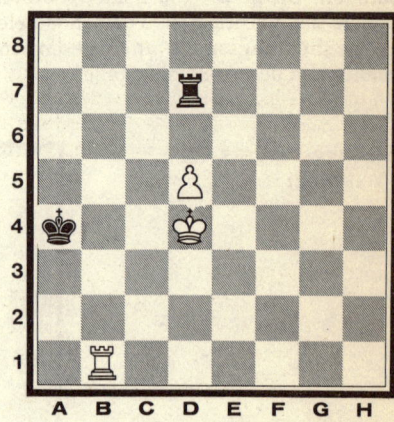

Schwarz kann in dieser Stellung den Vormarsch des weißen Bauern bis zur Umwandlungslinie nur noch dadurch verhindern, daß er seinen Turm gegen den Bauern abtauscht.

Das erkennen Sie sofort, wenn Sie die beiden folgenden sinnvoll-möglichen Zugfolgen untersuchen.

1.	Td7—d8
2. Kd4—c5 (oder e5)	Td8—c8 + (oder e8 +)
3. Kc5—d6	Tc8—d8 +
4. Kd6—c6	Td8—c8 + (oder e8 +)
5. Ke6—d7	Tc8—c2 (oder e2)
6. d5—d6	Tc2—d2
7. Kd7—c7	Td2—c2 +
8. Kc7—d8	Ka4—a5
9. d6—d7	Ka5—a6

* 1. d4—d5   Td8xd5+
  2. Kd3—c4

Der Turm ist verloren, weil ... Aber das sollten Sie nun allein feststellen können!

10.	Tb1—b8	Ka6—a7
11.	Tb8—c8	Tc2—h2
12.	Tc8—c4	Th2—h8 +
13.	Kd8—c7	und Schwarz ist verloren, da
		Weiß entweder Matt setzt
		oder eine Dame bekommt.

Das ist der eine Weg.
Die erste Zugfolge macht Ihnen deutlich, daß der Sieg von Weiß
dadurch gesichert wird, daß der weiße Turm im 10. Zuge nach b8
und im 11. nach c8 gelangen kann. Es kommt daher für Schwarz
darauf an zu verhindern, daß der weiße Turm das Feld c8 erreicht.
Deshalb sollte Schwarz nicht mit seinem Td7 einen wirkungslosen
Zug nach d8 machen, sondern versuchen, dem Tb1 das Feld b8 mit
seinem König wegzunehmen. Kann Weiß trotzdem den Endsieg erzielen, dann wird es ihm jedenfalls nicht so leicht gemacht wie in
der ersten analysierten Zugfolge. Schwarz zieht also:

1.	. . . . . .	Ka4—a5
2.	Kd4—c5	. . . . . .

Nun droht Matt durch Ta1. Es ist klar, daß Schwarz jetzt auch
nicht Ka5—a6 ziehen darf. Warum? Finden Sie es selbst*.

2.	. . . . . .	Td7—c7 +
3.	Kc5—d6	Tc7—c2

Nun würde mancher Schachspieler Tb1—d1 ziehen und damit
Schwarz das Remis ermöglichen. Wir aber wissen, daß der König
zweimal vorgeht, und ziehen deshalb:

4.	Kd6—d7	Tc2—d2?
5.	d5—d6	. . . . . .

Wieder kann der weiße Turm über b8 nach c8 ziehen. Wir fangen
von vorne an und ziehen nach

4.	Kd6—d7	Ka5—a6
5.	d5—d6	Ka6—a7

Damit ist dem Tb1 das Feld b8 genommen.

6.	Kd7—d8	Tc2—c3
7.	d6—d7	Tc3—c2
8.	Tb1—e1	. . . . . .

* Kc5—c6 (droht Tb1—a1 ⧺, weshalb Td7 verloren geht)

Nun kann selbst mit Unterstützung seines Königs der Tc2 das Feld c8 nicht mehr betreten, ohne geschlagen zu werden. Der weiße Turm aber droht nach e8 oder e7 zu ziehen, wo er dem Vorrücken des weißen Bauern auf das Umwandlungsfeld die gleichen Dienste leistet wie auf c8. Es ist leicht zu sehen, daß Schwarz nach den folgenden Zügen aufgeben muß.

8.	Ka7—b7
9. Te1—e7	Tc2—h2
10. Te7—e8	Th2—h1 (Th7, Th8 mit gleichem Ergebnis)
11. Kd8—e7	. . . . . .

Nun kann Schwarz nur noch einige Schachs geben, denn Th1—d1 ist offensichtlich wirkungslos, weil der schwarze König zu weit weg steht. Auf Turmschachs zieht natürlich der weiße König so lange immer näher an den schwarzen Turm heran, bis sein Abstand von ihm so gering geworden ist, daß kein weiteres Schach mehr möglich ist.
Dann zieht der Bd7 nach d8, wo er sich umwandelt und zugleich vom Te8 gedeckt wird. Bei seiner Wanderung auf den schwarzen Turm zu muß sich der weiße König lediglich davor hüten, daß er von der 6. Reihe ab die d-Linie betritt, weil er sonst zur Deckung des Bd5 zurück muß und weil von der 4. Reihe ab der d-Bauer sonst verlorengeht. Bitte spielen Sie auch das auf dem Brett nach, damit Sie es sich einprägen.
Vom 8. Zug der letzten Zugfolge ab können Sie statt (8.) . . . . . . Tc2—c3 auch noch etwas anderes probieren:

8. d6—d7	Tc3—e3
9. Tb1—c1	Ka7—b8 (oder Kb7)
10. Tc1—h1	Kb7 (oder Te2)
11. Th1—h8	Kb8 (oder Te3)
12. Th8—e8	. . . . . .

Schwarz ist nach dem gleichen Schema verloren wie nach (8.) . . . Tc3—c2. Das Schema, nach dem die typische Gewinnführung solcher Turmendspielstellungen sich vollzieht, ist altbekannt. Es wurde bereits in einem der ältesten gedruckten Werke über das Schachspiel abgehandelt. Der Spanier Lucena zu Salamanca widmete es dem Prinzen Johann Ferdinand dem Katholischen von Aragon im Jahre 1497. In der Staatsbibliothek von Madrid, im British Museum in London und in Rio de Janeiro sind noch Exemplare erhalten geblieben. Die Züge des Problems entsprechen bereits den modernen Spielregeln, obwohl man damals die Rochade noch nicht kannte und der König als ersten Zug einen Springerzug machen durfte.

46. Trainingsabschnitt

Die Lucenasche Gewinnstellung

Die Lucenasche Gewinnstellung ist erreicht, wenn ein König auf d8 oder e8 beziehungsweise auf d1 oder e1 steht und sich vor ihm, also auf d7, e7 oder d2, e2 ein Bauer der eigenen Farbe befindet. Ferner muß der gegnerische König durch eine Turmlinie, die von einem Turm der Königsbauernfarbe beherrscht wird, getrennt sein, während die andere, neben dem König befindliche Linie von einem Turm der gegnerischen Farbe beherrscht sein darf.
Einige der einfachsten Stellungen dieser Art zeigen die Stellungsbilder 129 und 130

Stellungsbild 129
Weiß gewinnt

Es gibt für Schwarz bei solchen Stellungen nur eine Chance, die Partie remis zu halten, wenn nämlich sein Turm so steht, daß er durch Seitenschachs den weißen König von seinem Bauern wegtreiben kann, d.h. wenn der schwarze Turm in Stellung 130 auf der a-Linie steht und Schwarz am Zuge ist. Aber auch diese vorteilhafte Stellung des schwarzen Turmes reicht nicht aus, wenn der schwarze König auf g8 steht statt auf g7. Der weiße Turm kann früher oder später auf f8 dem schwarzen König ein vernichtendes Schach geben, das nur so lange erfolglos bleibt, solange der schwarze Turm auf der 8. Reihe steht. Dorthin kann er zwar durch Turmschachs von a8 aus

Stellungsbild 130
Weiß gewinnt

gelangen, wird aber durch ein angebotenes Turmopfer durch Tf1—a1 gezwungen, in den Machtbereich des weißen Königs zu ziehen. So verliert Schwarz die Partie. Zum Beispiel:

Stellungsbild 131
Weiß gewinnt, obwohl
Schwarz zieht

1.	Ta3—a8 +
2. Ke8—d7	Ta8—a7 +
3. Kd7—d6	Ta7—a6 +
4. Kd6—c5	Ta6—a8 (nicht Te6, weil Tf8 + !)
5. Kc5—c6	Kg8—g7

6. Tf1—a1!	Ta8—h8
7. Kc6—d7	Kg7—f7

Nun kann Schwarz die Vertreibung seines Königs von f7 nicht mehr verhindern. Steht dagegen in Stellung 131 der schwarze König auf g7 und ist Schwarz am Zuge, dann kann er durch Seitenschachs remis halten, weil Weiß die Drohung Tf1—f8+ fehlt. Zum Beispiel durch die Züge:

1.	Ta3—a8+
2. Ke8—d7	Ta8—a7+
3. Kd7—d6	Ta7—a6+
4. Kd6—d5	Ta6—a5+
5. Kd5—c6	Ta5—a6+
6. Kc6—b7	Ta6—e6

Der weiße Be7 geht verloren, weil Weiß nicht Tf8+ mit nachfolgendem e7—e8 ziehen kann.

Sie sehen, wie subtil und präzise diese Turmendspiele beurteilt und gespielt werden müssen. Sie sehen aber auch, daß die entscheidenden Züge in diesen Stellungen die Königszüge sind. Mehr kann Ihnen zur richtigen Behandlung solcher Stellungen an dieser Stelle nicht beigebracht werden.

Wenn Sie *alles* ganz genau erfahren und lernen wollen — und das werden Sie wohl müssen, wenn Sie es zum Meister bringen möchten —, dann sollten Sie später einmal mit dem Lehrbuch von Löwenfisch/Smyslow fortfahren.

Die Philidorsche Remisstellung

Ein ebenso wichtiges Endspielschema wie die Lucenasche Gewinnstellung ist die Philidorsche Remisstellung, die der Ihnen wohlbekannte französische Schachmeister Philidor ausgearbeitet hat.

Die Philidorsche Remisstellung entsteht, wenn der König das Umwandlungsfeld des Bauern, der mit Unterstürzung seines Königs vorwärts marschiert, besetzt halten kann, obwohl jede der beiden Parteien noch über einen Turm verfügt.

Die günstigste Stellung für Weiß, in der er alle möglichen Vorteile erreicht hat, ohne den schwarzen König an der Besetzung des Umwandlungsfeldes hindern zu können, zeigt die nächste Stellung:

Weiß hat an sinnvollen Zügen nur den Vormarsch seines Be4.
Schwarz verhält sich so lange abwartend, bis der e-Bauer die
sechste Reihe betritt, indem er seinen Turm zwischen h6 und g6
oder b6 hin und her zieht. Sobald nun der von seinem König gedeckte der Bauer den Zug e5—e6 macht, folgt von Schwarz

1. . . . . .   Tg6—g1 (oder h1, b1 . . .)

Nun verfolgt der schwarze Turm den weißen König so lange durch
Schachgebote, bis der weiße König auf die dritte Reihe zieht. Dann
zieht der schwarze Turm nach e1, was stets möglich ist, und der
weiße Bauer geht spätestens im dritten Zug verloren. Probieren
Sie es aus.

Die Stellung nach dem entscheidenden Zuge e5—e6 läßt erkennen, daß der weiße König von diesem Zuge ab sich vor den Schachs
des schwarzen Turmes nicht mehr hinter seinen Bauern retten kann.
Denn das Fluchtfeld e7 wird dem weißen König durch die Wirkung des schwarzen Königs genommen. Deshalb wartet Schwarz mit
seinen Turmschachs so lange, bis der e-Bauer die sechste Reihe betreten hat.

Löwenfisch/Symslow ziehen aus dieser Stellung die folgende allgemeine Regel, die Sie auswendig lernen sollten:

»Die Regel des Fluchtfeldes (für den König, d.A.) spielt eine wichtige Rolle in der Beurteilung von Turmendspielen. Fehlt der stärkeren Seite (die einen Bauern mehr hat, d.A.) ein Fluchtfeld für den
König vor den Schachs des feindlichen Turmes, so ist häufig die
Voraussetzung für einen unentschiedenen Ausgang der Partie gegeben.«

47. Trainingsabschnitt

Eine Endspielstellung, die jeder Schachspieler kennt,
obwohl sie nur selten vorkommt

Diese Endspielstellung, von der alle Schachspieler Anfängern erzählen, die aber kaum einer wirklich beherrscht, besteht in dem Kampf von Läufern, Springer und König gegen einen König. Es ist schwer, mit dieser Figurenkombination matt zu setzen, aber es ist in 40 Zügen stets möglich. Mit zwei Springern und dem König ist es unmöglich, den gegnerischen König, wenn dieser keinen Fehlzug macht, matt zu setzen. Es gelingt nur, wenn der Gegner außerdem noch einen Bauern besitzt, der ziehen kann, andernfalls kommt stets eine Pattstellung zustande.

Mit zwei Läufern dagegen ist die Mattführung ziemlich leicht, was Sie verstehen werden, weil die beiden Läufer ja sämtliche Felder des Schachbretts beherrschen können. Sie müssen lediglich darauf achten, daß der gegnerische König noch ein freies Feld hat, auf das er ziehen kann, bevor er durch den entsprechenden Läuferzug matt gesetzt wird. Andernfalls ergibt sich wieder ein Remis durch Pattstellung des gegnerischen Königs.

Auch mit Läufer und Springer ist die Mattstellung stets möglich, doch ist sie wesentlich schwerer zu erzielen als mit zwei Läufern.

Man muß schon ein Gedächtnisakrobat sein, wenn man die Mattführung für jede Stellung auswendig lernen will. Dies soll Ihnen hier nicht zugemutet werden.

Aber es gibt eine allgemeine Regel, nach der Sie verfahren können und die eine Mattführung sehr erleichtert: Es ist gleichgültig, wo der gegnerische König steht. Formieren Sie Ihre Figuren und den König zunächst so, daß Sie den gegnerischen König auf eine Randlinie oder Reihe drängen. Das ist auf jeden Fall mit einiger Überlegung möglich.

Haben Sie den gegnerischen König an den Rand gedrängt, dann ist es grundsätzlich möglich, ihn dort zu halten, wenn Sie Ihren König zu ihm in Opposition bringen. Dann beginnt die eigentliche Mattführung.

Jetzt müssen Sie den gegnerischen König zwingen, in die Brettecke zu marschieren, deren Feld die Farbe Ihres Läufers hat. Denn nur Ihr Läufer kann den Mattzug ziehen. Das wiederum ist nur auf a1, a8, h1 oder h8 möglich. Also muß der gegnerische König auf das Eckfeld getrieben werden, das die Farbe des Läufers hat, den Sie noch besitzen. Natürlich wird der gegnerische König alle Möglichkeiten auszunutzen versuchen, die ihn das *andere* Eckfeld zu erreichen gestatten. Aber so wenig er sich dagegen wehren konnte, an den Rand getrieben zu werden, so wenig kann er sich bei korrektem Spiel dagegen wehren, das mattgefährdende Eckfeld zu betreten.

Bei dieser Treibjagd haben Sie auf zweierlei zu achten. Erstens müssen Sie manchmal einen Tempozug machen, der kein Schach gibt, um zu verhindern, daß der gegnerische König in das Zentrum ausbricht.

Zweitens müssen Sie sich vor Pattstellungen hüten, die in der Endphase der Mattführung wiederholt auftreten können und die nur durch Tempozüge zu vermeiden sind.

Im übrigen sollten Sie dieses Endspielproblem, wenn Sie es jemals in der praktischen Partie spielen müssen, unter Anwendung der oben gegebenen Regeln — die Sie wohl oder übel auswendig lernen müssen — als Kombinationsaufgabe betrachten. Diese Aufgabe läßt sich durch die bekannte Teilung in Stufen leicht lösen.

Warum gewinnt König und Dame gegen König und Turm

Jeder Schachspieler weiß, daß dieses Endspiel für den Besitzer der Dame gewonnen ist, aber kaum einer kann den schachtaktischen Grund dafür angeben. Sie müssen diesen Grund aber kennen, wenn Sie nicht unnötig lange herumprobieren wollen.

Der Grund lautet: *Weil die Dame den Turm zwingen kann, von seinem König wegzuziehen, dann kann er leicht durch ein Schach erobert werden.* Die Lösung ist also ein Zugzwangsproblem. Lernen Sie das bitte auswendig, denn solche Endspiele kommen häufig vor.

Stellungsbild 133
Schwarz zieht

So sieht die Endstellung aus, in die der Gegner immer gebracht werden kann. Natürlich muß der schwarze König zunächst nicht unbedingt auf dem Feld g1 stehen. Sie können die Stellung auch insgesamt beliebig Feld für Feld nach links verschieben. Der Mechanismus, nach dem der wegziehende Turm verlorengeht, ist sinngemäß immer der gleiche.

Da in der Stellung 133 Tg2—h2 nicht gezogen werden darf, weil Dh4—e1 ‡ setzt, muß der Tg2 seinen König verlassen. Zieht er nach b2 oder d2, ist er sofort verloren (Dd4 + bzw. De1 +). Von jedem anderen Feld, auf das er noch ziehen kann, wird der König von der Dame durch ständige Schachgebote bald auf ein Feld getrieben, von dem aus ein Schachgebot mit gleichzeitigem Turmangriff möglich ist, es sei denn, die Dame kann wegen der Königsopposition gleich Matt setzen.

1.	Tg2—a2
2. Dh4—g5 +	Kg1—h1
3. Dg5—c1 +	Kh1—h2
4. Dc1—h6 +	Kh2—g1
5. Dh6—g6 +	Kg1—h2
6. Dg6—h7 +	Kh2—g1

Der Kh2 hat kein anderes Feld mehr, und der Turm geht verloren.

7. Dh7—b1 + (g8)

Zieht Tg2 in Stellung 133 nach c2, dann geht er nach dem gleichen Mechanismus rascher verloren.

1. Dh4—d4 +	Kg1—h2
2. Dd4—d6 +	Kh2—g1 oder h1 (Kh3?) (Dh6 ‡)
3. Dd6—d1 +	und der Turm ist verloren.

Die Dame ist also so viel stärker als ein Turm, daß sie sich stets siegreich gegen ihn durchsetzen kann. Nun werden Sie aber oft hören, daß zwei Türme stärker seien als die Dame. Dadurch ergibt sich manchmal die Möglichkeit, die sich viele Schachspieler in bedrängten Stellungen zunutze zu machen versuchen, indem sie ihre beiden Türme gegen die Dame oder umgekehrt abtauschen.

Dazu müssen Sie wissen, daß die Dame nur dann schwächer ist als zwei Türme, wenn der gegnerische König vor Schachgeboten gesichert z. B. hinter einer Bauernkette mit »Luftloch« steht. Kann die Dame dagegen einen mehr oder weniger frei stehenden König mit Schachgeboten verfolgen, dann kann keine Rede davon sein, daß zwei Türme der Dame überlegen seien. Es ist der Dame dann gewöhnlich möglich, das Remis durch »ewiges Schach« zu erzwingen.

48. Trainingsabschnitt

Wenn der Gegner in der Eröffnung anders zieht, als wir erwarten

Wir sind uns darüber einig, daß Sie als Führer der weißen Steine vorläufig mit dem Zug 1. e2—e4 eröffnen sollten. Auch haben wir schon analysiert, daß und warum wir notfalls unserem Gegner vorschlagen sollten, mit 1. . . . e7—e5 zu antworten.

Geschieht das, dann werden wir stets mit dem stärksten Zuge 2. Sg1—f3 fortfahren und so in die Spanische Eröffnung hineinzukommen versuchen, deren strategisch-positionelle Vorteile wir ja auch dann erzielen können, wenn unser Gegner mit der Philidor-Verteidigung 2. . . . d7—d6 erwidert.

Es kann aber vorkommen, daß unser Gegner als zweiten Zug weder Sb8—c6 noch d7—d6 wählt, und darauf müssen wir vorbereitet sein.

Unser Gegner könnte zum Beispiel statt seinen Be5 zu verteidigen, seinerseits mit 2. . . . Sg8—f6 unseren ungedeckten Be4 angreifen. Was sollen wir nun tun? Sollen wir seinen Be5 mit Sf3xe5 einfach schlagen? Oder ist es vernünftiger, unseren Be4 zunächst zu verteidigen? Diese Frage muß befriedigend beantwortet werden.

Die so geführte Eröffnung wird übrigens »russische Partie« genannt, weil sie von dem russischen Großmeister Michael Tschigorin mit Vorliebe gespielt wurde.

Wenn wir den schwarzen Zug vom Standpunkt der Felderbilanz aus betrachten, dann sehen wir, daß sich nach

1. e2—e4	e7—e5
2. Sg1—f3	Sg8—f6
3. Sf3xe5	. . . . . .

die Bilanz der freien Felder 8:2 nicht verbessert und daß der gewonnene Bauer von Weiß bald zurückgegeben werden muß. Natürlich darf Schwarz nicht sofort

(3.)	Sf6xe4

spielen, weil Weiß mit

(4.) Dd1—e2	. . . . .

den Se4 angreift, der nicht wegziehen darf, weil Schwarz sonst durch 5. Se5—c6 seine Dame verliert. Deshalb muß Schwarz zunächst den weißen Springer durch

3. . . . . . d7—d6

angreifen und kann nach

4. Se5—f3 Sf6xe4

ohne Nachteil ziehen. Schwarz hat also seinen Bauern zurückgewonnen, und die beiden Stellungen sind selbst nach

5. d2—d4 d6—d5

ungefähr gleichwertig, obwohl die Felderbilanz mit 8:10 für Weiß negativ ist. Der Ausgleich besteht darin, daß Weiß am Zuge ist und nun den vorgeschobenen schwarzen Springer angreifen kann, bis Schwarz einen Bauern opfern muß, wenn er seine Stellungsüberlegenheit nicht aufgeben will.

Die von Dr. Tarrasch ausgearbeitete Fortsetzung entwickelt sich wie folgt:

6. Lf1—d3 Lf8—d6
7. o—o Lc8—g4
8. Tf1—e1 f7—f5
9. c2—c4 Sb8—d7
10. c4xd5 o—o

Nun darf Weiß nicht wagen, den schwarzen Springer mit dem Läufer und den Bauern, der den Le4 schlägt, mit dem Te1 zu nehmen und so einen zweiten Bauern zu gewinnen, weil Schwarz mit Lg4xSf3 Weiß zwingt, mit dem Bauern g2 statt mit Dd1 zurückzuschlagen. Damit ist der weiße Königsflügel aufgerissen, die schwarzen Figuren stehen zum Angriff bereit, und nach Sd7—f6 ist weder der Rückgewinn eines Bauern noch ein tödlicher Angriff auf die weiße Königsstellung mehr aufzuhalten.

Weiß läßt den schwarzen Se4 in Ruhe und zieht stärker

11. Sb1—c3 Sd7—f6

woraufhin Schwarz seine vorgeschobene Springerstellung durch den Springerzug nach f6 befestigen kann.

Weiß bekommt also, wenn er im 3. Zuge den Be5 schlägt, kein gutes Spiel und muß den schwarzen Springer vertreiben.

Für uns ist es deutlich, daß wir ein solches Abspiel als Weißer schon wegen der recht ungünstigen Bilanz der beherrschten freien Felder nach dem 5. Zuge von Schwarz gewiß nicht wählen würden, zumal Weiß die Bilanz bis zum 11. Zug nur ausgleichen kann.

Weiß spielt daher stärker eine von Weltmeister Steinitz ausgearbeitete Zugfolge, die im dritten Zuge beginnt wie folgt:

3. d2—d4	e5xd4
4. e4—e5	Sf6—e4
5. Dd1xd4	d7—d5
6. e5xd6 en passant	Se4xd6
7. Sb1—c3	......

zu einer Stellung, in der die Bilanz der beherrschten freien Felder 12:6 bei 25:12 Wirkungsgewichten zugunsten von Weiß beträgt. Es ist merkwürdig, daß eine so große Überlegenheit in der Felderbeherrschung nicht eine unmittelbare Kombination mit Material- oder dauerndem Positionsgewinn von Weiß ermöglicht, doch ist ein solcher Weg noch nicht entdeckt worden.

Das kommt wohl daher, weil Schwarz sofort die weiße Dame mit Sb8—c6 angreifen und damit außer dem Tempogewinn die Stellungsbilanz nach Dd4—f4 auf 11:6 bei 22:11 Wirkungsgewichten zu ungunsten von Schwarz etwas verbessern kann.

Außerdem hat Weiß von seinen Figuren nur zwei Springer entwickelt, die ohne ausreichende Bauern- oder Läuferunterstützung für einen nachhaltigen Angriff auf die festgefügte schwarze Stellung nur wenig geeignet sind.

Weiß wird schnell seinen Dameläufer entwickeln und die große Rochade machen. Schwarz wird eine Wirkung auf der langen Diagonalen durch g7—g6, Lf8—g7 zu bekommen versuchen. Schwarz wartet mit seiner Rochade zugunsten der vollkommenen Entwicklung seiner Läufer noch ab, was er sich wegen mangelnder Kombinationsangriffe von Weiß erlauben kann, um ebenfalls die große Rochade zu machen. Auf diese Weise kann Weiß die Initiative behalten.

Wenn Sie diese allgemeine strategisch-positionelle Konzeption anwenden, die sich in der russischen Partie nach 3. d2—d4 entwickelt, dann werden Sie stets ein gutes, wenn nicht überlegenes Spiel aufbauen können.

Damit können wir die Untersuchung der Frage, was Schwarz nach 2. Sg1—f3 noch ziehen kann, abschließen. f7—f6 ist so schwach, daß er geradezu als »falsch« bezeichnet werden darf. Das gleiche gilt natürlich auch für den Zug 2. ... f7—f5, der das sogenannte »Lettische Gambit« kennzeichnet. Dieser Zug von Schwarz ist ebenso wie der Zug 2. ... d7—d5 so schwach, daß Weiß bei sorgfältiger Ausnutzung der Angriffs- und Entwicklungsmöglichkeiten nach und nach in eine sichere Gewinnstellung kommen muß. Wenn Ihr Gegner solche Züge macht, dann sollten Sie sich freuen und sich sogleich die Aufgabe stellen, die Schwäche dieser Züge Schritt für Schritt ebenso nachzuweisen, wie Sie das bei der langen Analyse der Damiano-Verteidigung zu Beginn dieses Buches miterlebt haben.

49. Trainingsabschnitt

Was tun wir, wenn der Gegner nicht Be7—e5, sondern anders zieht?

Wir wissen schon, daß es bestimmte Eröffnungen gibt, die Namen bekommen haben. Meistens wurden sie nach den Schachmeistern genannt, die solche Eröffnungsfolgen zum erstenmal gespielt und mit ihrer Hilfe Siege errungen haben.

Solche Eröffnungsbezeichnungen gibt es auch für die Antwortzüge von Schwarz. Diese Antwortzüge setzen natürlich einen ersten Zug von Weiß voraus.

Da wir uns als Anfänger entschlossen haben, vorläufig mit dem Zug e2—e4 zu beginnen, brauchen wir uns nur um die schwarzen Antwortzüge auf diesen ersten Zug von Weiß zu kümmern.

Das ist recht günstig für uns, weil durch den Zug e2—e4 bereits eine bestimmte strategisch-positionelle Stellung geschaffen wird, deren Wert an der oft geübten Beherrschung freier Felder gemessen werden kann.

Wir haben auch schon ausführlich erfahren, daß der Antwortzug e7—e5 von Schwarz zwar das strategisch-positionelle Gleichgewicht wiederherstellt, daß aber gleichzeitig durch diesen Zug e7—e5 eine Angriffsmarke für Weiß geschaffen wird, die er durch Sg1—f3 sofort auszunutzen versucht.

Damit geht die allgemeine strategisch-positionelle Eröffnungsanlage in einen kombinativ-positionellen Plan über, der an einem bestimmten Objekt verfolgt wird und der, wie wir gesehen haben, bei stärkstem Spiel von Weiß in die Spanische Eröffnung einmündet.

Diese sich fast automatisch vollziehende Festlegung des schwarzen Spiels nach 2. . . . e7—e5 hat schon viele Schachmeister veranlaßt, über andere Antwortzüge von Schwarz auf e2—e4 nachzudenken.

Wenn wir die schwarzen Steine führen, werden wir trotz dieses winzigen Nachteils e7—e5 antworten, weil sich so stets ein kombinationsreiches Spiel mit offenen Linien und kräftiger Figurenentwicklung ergibt. In dieser Spielart aber sollten wir uns zu Hause fühlen. Für sie sollten wir ein sicheres Stellungsgefühl entwickeln, bevor wir zu anderen, vor allem den sogenannten »geschlossenen Spielen«, die meist durch verzahnte Bauernketten gekennzeichnet sind, übergehen.

Die abweichenden Antwortzüge auf e2—e4 können in Figuren- oder Bauernzügen bestehen. Warum Züge mit den a-, b-, g- und h-Bauern vorläufig außer Betracht bleiben, brauchen wir an dieser Stelle nicht mehr zu untersuchen. Sie wären strategisch-positionell so schwach, daß wir uns als Weiß sofort ein festes Zentrum aufbauen und damit die erstrebte Überlegenheit in der Mitte erringen könnten.

Auch der Zug 2. . . . f7—f5 auf e2—e4 wird von uns als so schwach erkannt, daß wir ihn sogleich widerlegen können.

Es bleiben also nur die Bauernzüge c7—c5, d7—d5, c7—c6, e7—e6, g7—g6 und b7—b6 als sinnvolle Eröffnungszüge für Schwarz auf e2—e4 übrig.

Was Sie auf 1. . . . b7—b6 oder g7—g6 ziehen werden, ist klar. In jedem Fall braucht Schwarz einen weiteren Zug (Lb7 oder Lg7), bis er auf den Kampf um das Zentrum Einfluß gewinnen kann. Und dieses Tempogeschenk werden Sie ausnützen, um mit 2. d2—d4 eine Zentrumsbastion vorzubereiten, hinter der Sie Ihre leichten Figuren formieren können.

Ähnlich werden Sie bei 1. . . . c7—c6 oder e7—e6 verfahren. Dabei handelt es sich um geläufige Spielweisen, die ›Caro-Kann‹ (c7—c6) und ›Französische Partie‹ (e7—e6) genannt werden. Folgt nun nach 2. d2—d4 der Zug 2. . . . d7—d5, dann entwickeln Sie den Sb1—c3. Falls Schwarz nun mit d5xe4 fortfährt, können Sie mit dem Springer zurückschlagen. Es entsteht dann für Weiß eine Stellung mit ähnlichem strategischen Sinn, wie sie für Schwarz in der russischen Partie nach Sf6xe4 entstand.

Hier behält Weiß aber das Anzugstempo, und der Se4 kann von der e-Linie aus nicht angegriffen werden, falls Schwarz mit e7—e6 antwortet.

Hat Schwarz dagegen c7—c6 gezogen, dann kann er nach dem Bauerntausch seinen Lc8 frei herausziehen, was einen bedeutungsvollen Unterschied zur Französischen Partie darstellt. Greift nun Schwarz wie üblich den Se4 durch Lc8—f5 an, dann können Sie durch Lf1—d3 ein Bauernopfer anbieten und nach Dd8xd4 mit Sg1—f3 ein kombinationsversprechendes Angriffsspiel einleiten.

Wenn Schachmeister simultan spielen

Die Besprechung des Zuges 1. . . . d7—d5 auf 1. e2—e4 bietet Gelegenheit, das Wichtigste über das Simultanspiel von Schachmeistern mitzuteilen. Dabei werden Hinweise für die Stärkung Ihrer Schachspielkraft gegeben.

Simultanspiele werden Schachveranstaltungen genannt, bei denen Schachmeister gleichzeitig, d.h. von Brett zu Brett gehend gegen eine größere Anzahl von Schachspielern (gewöhnlich zwischen 20 und 40) spielen. Der Spieler, der gegen den Meister spielen will, hat einen Einsatz, der von der Klubleitung festgesetzt wird, zu zahlen. Die Figuren sind auf den nebeneinander stehenden Brettern gewöhnlich so aufgestellt, daß der Meister abwechselnd mit den weißen und am nächsten Brett mit den schwarzen Figuren zu ziehen hat.

Ein guter Rat lautet: Versuchen Sie ein Brett zu bekommen, an dem Sie die *schwarzen* Steine führen. Ein simultanspielender Meister ist stets bestrebt, Eröffnungsstellungen zu erreichen, die er genau kennt und die für ihn nach der Routine gespielt werden können. Aus diesen Gründen wird der Großmeister auch versuchen, möglichst rasch offene Stellungen zu erreichen, in denen bald Kombinationen auftauchen, die für den erfahrenen Schachspieler viel leichter zu erkennen sind als ein schwieriges geschlossenes Stellungsspiel.

Der Großmeister wird, um baldige Linienöffnungen zu erreichen, auch bereit sein, riskant zu spielen, Bauern zu opfern, um sich so die Möglichkeit zu verschaffen, möglichst bald in die gegnerische Stellung einzubrechen und dank seiner großen Spielerfahrung und Kombinationskraft auch dann noch zu siegen, wenn er Material geopfert hat.

So pflegte Großmeister Bogoljubow in Simultanspielen, wo immer er dazu Gelegenheit hatte, das Evans-Gambit zu spielen, obwohl er wußte, daß Weltmeister Lasker eine Widerlegung ausgearbeitet hatte, die sogar verhältnismäßig leicht auswendig zu lernen ist.

Es wird Ihr Schachgefühl stärken, wenn wir die Zugfolge der Kuriosität wegen und ohne ausführlichen Kommentar jeder einzelnen Stellungsphase hier anfügen. Stellen Sie die Steine so auf, daß die schwarzen Steine auf Ihrer Seite stehen. Legen Sie aber bei jedem Zug die Markierungen der freien Felder auf und um:

Das Evans-Gambit

Weiß	Schwarz
1. e2—e4	e7—e5
2. Sg1—f3	Sb8—c6
3. Lf1—c4	Lf8—c5

So würden wir als Schwarz nicht spielen, sondern durch 3.... Sg8—f6 Weiß zwingen, wenn er die Initiative behalten will, seinerseits mit 4. Sf3—g5 fortzufahren. Darauf kann mit 4.... d7—d5 ein heftiger Kombinationswirbel mit Figurenopfer von Weiß eingeleitet werden. Schwarz muß durch die Annahme des Springeropfers auf f7 keineswegs in Nachteil kommen, wenn er zwei Bauern für die Figur herzugeben bereit ist.

Er muß aber sehr überlegt fortsetzen, weil Weiß einen starken Angriff hat. Alles in allem kommt uns diese Fortsetzung sehr gelegen. Auch wenn wir verlieren, werden wir viel lernen.

Für das Evans-Gambit ist es allerdings notwendig, daß Schwarz 3. . . . Lf8—c5 fortsetzt.

4. b2—b4	. . . . . .

Dieses auf den ersten Blick wie ein Versehen aussehende Bauernopfer kennzeichnet das Gambit des Kapitäns Evans. Schwarz darf es nur dann annehmen, wenn er die Laskersche Widerlegung kennt.

4.	Lc5xb4
5. c2—c3	Lb4—a5
6. o—o	. . . . . .

Die Felderbilanz ist bereits 12:7 bei 18:11 Wirkungsgewichten für Weiß. Schwarz muß trotz des Mehrbauern sehr überlegt ziehen.

Neuerdings ist statt dessen 6. d2—d4 von den sowjetrussischen Schachspielern untersucht worden, der aussichtsreicher als 6. o—o ist, aber bei stärkstem Spiel von Schwarz nur zum Ausgleich führt.

7.	d7—d6
8. d2—d4	La5—b6!

Mit diesem Zug beginnt die Laskersche Spielweise.

8. d4xe5	d6xe5
9. Dd1—b3	Dd8—f6
10. Lc1—g5	Df6—g6
11. Lc4—d5	Sg8—e7
12. Lg5xSe7	Ke8xLe7

Das ist besser als Sc6 × Le7 wegen Sf3 × e5!

13. Ld5xSc6	Dg6xLc6
14. Sf3xe5	Dc6—e6

Schwarz steht besser. Warum? Das sollten Sie eigentlich selbst beantworten können. Schwarz hat bei gleichem Material und offener Stellung zwei Läufer gegen zwei Springer, die beiden weißen Bauern auf dem Dameflügel können sich gegenseitig nicht decken. Falls Weiß die Damen tauscht, steht der schwarze König für das Endspiel ideal. Falls Weiß die Damen nicht tauscht, muß er seinen angegriffenen Springer decken, andernfalls verliert er durch den Springerrückzug ein Entwicklungstempo, das er nötiger braucht als Schwarz. Die Bilanz der beherrschten freien Felder ist mit 13 : 9 bei 16 : 15 Wirkungsgewichten zugunsten von Weiß erträglicher geworden. Sie wird sich nach dem erforderlichen Rückzug des weißen Springers nach f3 in 14:14 bei 18:21 Wirkungsgewichten zugunsten von Schwarz verwandeln.

Zurück zu den Gewohnheiten von Großmeister Bogoljubow als Simultanspieler. Hatte er die schwarzen Steine zu führen, dann versuchte er auch so rasch wie möglich zu freien Linien zu kommen. Dazu gehörte die fehlerhafte Antwort auf einen Zug, den Bogoljubow als Schwarzer in Simultan-Partien mit Vorliebe spielte!

1. e2—e4   d7—d5

Es ist klar, daß Weiß den Bd5 ohne weiteres schlagen kann, weil der Sb1—c3 die zurückschlagende Dame angreift und Weiß so zu einem bedeutsamen Tempogewinn kommt.

Bogoljubow aber opferte diesen Bauern in der Hoffnung, daß Weiß ihn verteidigen würde, wodurch Schwarz zu einer raschen Entwicklung seiner leichten Figuren kommen kann.

2. e4xd5   Sg8—f6

Dieser Zug greift den Bd5 an. Der wenig erfahrene Schachspieler wird nun versuchen, den gewonnenen Bauern zu verteidigen, was sinnvoll nur durch c2—c4 geschehen kann. Die Schachspieler vor hundert Jahren kannten noch einen Weg, der mit Lf1—b5 + begann, der aber auch zu einer für Weiß schwachen Stellung führt.

3. c2—c4   . . . . . .

Nun hat Schwarz bereits eine Figur mehr entwickelt als Weiß.

4. . . . . . .   c7—c6

Schwarz bietet für eine noch überlegenere Entwicklung den Abtausch des d-Bauern gegen seinen c-Bauern an. Weiß hat nun keine sinnvolle Verteidigung seines Bauern (prüfen Sie das bitte selbst nach).

5. d5xc6   Sb8xc6

Jetzt hat Schwarz wie durch Zauberei bereits zwei Figuren entwickelt und Weiß noch keine. Es ist deutlich, daß Schwarz überlegen steht und die Initiative übernehmen kann.

Die Bilanz der freien Felder ergibt 9:12 bei 13:19 Wirkungsgewichten zugunsten von Schwarz. So darf Weiß den unerwarteten

Angriff von Schwarz mit 1. ... d7—d5 nicht beantworten! Ihnen wäre das auch nicht passiert, weil es Ihnen nach den Erkenntnissen, die Sie aus diesem Buch schöpfen konnten, gar nicht eingefallen wäre, den gewonnenen Bauern zu verteidigen. Sie hätten natürlich mit 3. d2—d4 Ihrem Läufer die Diagonale c1—h6 geöffnet und zugleich die beiden wichtigen Zentrumsfelder e5, c5 und c4 in vorläufigen Besitz genommen.

Aus diesen beiden Analysen geht deutlich genug hervor, warum es vorteilhaft ist, gegen einen starken Simultanspieler die schwarzen Steine zu führen. Erstens können Sie nach dem ersten Zuge von Weiß die strategischen Absichten des Großmeisters erkennen und Ihre Partieanlage *dagegen* einrichten. Zweitens können Sie ungebräuchliche Antwortzüge wählen, die es dem Großmeister unmöglich machen, die beste Zugfolge aus seinem Gedächtnis ohne großes Nachdenken herauszuholen und Ihren ersten folgenschweren Fehler abzuwarten. Natürlich sind unter »ungebräuchlichen Antwortzügen« keine *schwachen* oder gar fehlerhaften Züge zu verstehen, sondern solche, die das Spiel komplizieren und möglichst geschlossen halten.

Wenn Sie sich so einstellen, dann werden Sie ebenso wie der Verfasser in der folgenden Partie gegen manchen Großmeister im Simultanspiel dadurch gewinnen können, daß Sie durch ungewohnte Züge, ja selbst durch eine ungewohnte Reihenfolge gewohnter Züge den Großmeister aus dem Routinegleis bringen und ihn zu Sicherungszügen veranlassen, die den Grund zu seinem Untergang legen.

Umgekehrt bestätigt Ihnen die soeben durchgeführte Analyse eine von Richard Réti formulierte Schachregel, die lautet: »Je offener die Stellung ist, desto wichtiger ist ein Entwicklungsvorsprung.«

Ein Großmeister, der so viel mehr praktische Schacherfahrung hat als ein weniger fortgeschrittener Schachspieler, wird also selbst Bauern oder Figuren opfern, wenn er dadurch eine offene Stellung und zugleich einen deutlichen Entwicklungsvorsprung erreichen kann.

In der folgenden Partie wird Großmeister Bogoljubow selbst das Opfer dieser Schachregel, weil sein Partner den Spieß gewissermaßen umdreht.

50. Trainingsabschnitt

Wie Großmeister zu schlagen sind

Ist es Ihnen einmal gelungen, auf diese Weise eine ungewöhnliche Stellung zu schaffen, deren korrekte Behandlung eine sorgfältige Analyse voraussetzt, dann wird der Großmeister bald auch zu übereilten Zügen greifen, wie das Ewfim Bogoljubow in der nachfolgenden Simultanpartie passierte.

> *10. Partie*
> Erlangen 1935
> Weiß: E. Bogoljubow   Schwarz: H.C. Opfermann
> 1. d2—d4   e7—e6

Der übliche 1. Zug von Schwarz ist Sg8—f6. Der Zug e7—e6 sieht wie eine ängstliche Antwort aus und kann den Eindruck erwecken, daß Weiß sich kräftig entwickeln kann, ohne besonders aufpassen zu müssen.

> 2. c2—c4   Sg8—f6

Jetzt ist durch Zugumstellung die sogenannte »indische Partie« entstanden, zu der Dr. Tarrasch schreibt: »Die indische Partie ist jetzt sehr beliebt (1931 d.A.). Sie hat die Tendenz, das gefürchtete Damengambit zu vermeiden. Dadurch aber, daß Schwarz auf die Besetzung des Zentrums verzichtet, bekommt Weiß leicht größere Terrainfreiheit. Außerdem muß Schwarz fast immer seinen Königsläufer (d.i. der Lf8, d.A.) gegen den feindlichen Damenspringer (d.i. der Sb1, d.A.) tauschen. So ist eigentlich Weiß von vorneherein im Vorteil.«
Diese Auffassung von Dr. Tarrasch hat sich nicht durchgesetzt. Die »indische Partie« wird in Turnieren nach wie vor gespielt.

> 3. Sb1—c3   Lf8—b4
> 4. a2—a3   Lb4xSc3 +
> 5. b2xLc3   b7—b6

Weiß macht jetzt einen charakteristischen Fehler, der wohl aus der irregulären Behandlung der Eröffnung durch Schwarz zu erklären ist. Der Zug b7—b6, der in der Absicht geschieht, den Lc8 nach b7 zu entwickeln, ist in der indischen Eröffnung durchaus legitim, nur geschieht er nicht in dieser Zugfolge und schon gar nicht, nachdem Schwarz seinen Königsläufer gegen den weißen Springer c3 abgetauscht hat. Diese Vermengung zweier verschiedener Verteidigungssysteme der indischen Partie, die Bogoljubow so gut kannte, daß eine Variante sogar ›Bogoljubow-Variante‹ heißt, war von Schwarz psychologisch angelegt und machte auch den Großmeister, der sich im Vorbeigehen rasch entscheiden mußte, etwas unsicher. Er beschloß, zunächst gegen die Besetzung der langen Diagonalen durch Lb7 mit f2—f3 zu opponieren. Nur so ist die schlechte Felderbilanz von 15 :9 zu rechtfertigen.

6. f2—f3		d7—d6

Sollte er die nachfolgende Opfermöglichkeit von Schwarz überhaupt erwogen haben, was bei einem Meister durchaus möglich ist, so hat er es sicher für ausgeschlossen gehalten, daß ein anscheinend ängstlich auf seine Verteidigung bedachter Provinz-Schachspieler gegen ihn es wagen würde, eine Figur für nur zwei Bauern zu opfern.

Seinen nächsten Zug glaubte er deshalb ohne Bedenken wagen zu dürfen, um dann hinter dem Bauernwall seine Figuren für den Angriff formieren zu können.

7. e2—e4		. . . . . .

Die Felderbilanz sieht mit 15:8 bei 22:16 Wirkungsgewichten für Weiß geradezu prachtvoll aus, und Schwarz müßte auch verlieren, wenn Weiß sich nicht in eine positionelle Kombination hineinmanövriert hätte.

Der Verfasser sah, daß ihm ein Springeropfer nicht nur zwei Bauern einbringen, sondern auch die Rochade von Weiß zerstören würde, wodurch Weiß Tempo- und Entwicklungsverluste haben würde. Er trotzte dem Großmeister mit einem Opfer, das ihm für einen geringen materiellen Verlust einen bedeutenden strategisch-positionellen Vorteil einbrachte. Sie sollten die folgenden Züge gründlich analysieren. Daraus ersehen Sie, daß auch Schachmeister dazu veranlaßt werden können, gelegentlich schwache Züge zu machen.

7.	Sf6xe4
8. f3xSe4	Dd8—h4 +
9. Ke1—d2	Dh4xe4
10. Sg1—f3	Sb8—d7

Der Angriff auf die Dame durch Lf1—d3 ging wegen Dxg2 nicht. Schwarz entwickelt seinen b-Springer nach d7, um ihn nach f6 zu ziehen.

Wie durch Zauberei hat sich auch die Felderbilanz mit 7:12 für Schwarz umgekehrt.

11. Lf1—d3	De4—c6

Jezt macht Schwarz einen charakteristischen schwachen Zug, der sich für ihn aber wegen der bereits erreichten starken Stellungsüberlegenheit nicht nachteilig auswirkt. Die Dame hätte gleich nach b7 zurückgezogen werden sollen. Aber die ursprüngliche Absicht, Lc8—b7 zu ziehen, wirkte psychologisch in dem Führer der schwarzen Steine nach.

12. Th1—e1	Dc6—b7

Weiß hat allen Grund, seine Figurenentwicklung vorwärtszutreiben. Schwarz hat inzwischen erkannt, daß seine Dame auf c6 gefährdet steht, weil Lb7 nutzlos ist.

Es ist im allgemeinen nicht ratsam (es sei denn, es stünde ein direkter Königsangriff bevor), die Dame vor einem Läufer zu plazieren, solange noch viele Figuren und vor allem Läufer gleicher Farbe auf dem Brett sind, wenn die Dame nicht gegen Läuferangriffe durch Bauernzüge geschützt werden kann.

13. Kd2—c2	Sd7—f6

Um seinen c-Läufer ins Spiel zu bringen, mußte Weiß einen Königszug machen und schenkte so Schwarz das Tempo zurück, das dieser durch seinen unüberlegten Damezug verloren hatte.

14. a3—a4	a7—a5

Weiß macht bereits einen abwartenden Zug, durch den möglicherweise der Dameflügel über die b-Linie erschüttert werden kann. Schwarz opponiert dem vorgehenden a-Bauern sofort, weil er vermutet, daß er genug damit zu tun haben wird, den Angriff in der Mitte durchzustehen.

15. Dd1—e2	h7—h6

Dem Sf3 soll das Feld g5 genommen werden, von wo aus er den zu erwartenden Angriff auf der e-Linie unterstützen könnte. Der Vorstoß d4—d5 ist trotz des noch auf e8 stehenden schwarzen Königs nicht gefährlich, weil Schwarz es Weiß überlassen kann, den Bauern abzutauschen, den er mit Lc8xe6 zurücknehmen würde.

16. d4—d5	o—o
17. Ld3—e4	......

Nun droht Bauerngewinn von Weiß, aber Schwarz kann es sich jetzt leisten, den weißen d-Bauern zu schlagen

17.	e6xd5
18. c4xd5	Sf6xd5

Damit zieht Schwarz in eine gefährlich aussehende Fesselung seines Springers vor der Dame hinein. So etwas ist nur möglich, wenn eine Kombination oder eine sichere Deckung dahintersteckt. Falls Weiß diesen Springer durch c3—c4 zu erobern versucht, kann Schwarz zunächst mit Sd5—b4 + ausweichen, um anschließend c7—c6 zu ziehen.

Weiß stellt daher zur Fortsetzung seines Angriffs seinen Sf3 auf einen günstigeren Platz, den Schwarz nicht durch c7—c5 zu vertreiben versuchen darf.

Der Zug von Weiß gibt Schwarz Gelegenheit zu einer weitberechneten Kombination, die mit einem Zuge beginnt, der »wie ein Versehen« aussieht. Der simultan-geplagte Großmeister fällt auf dieses »Versehen« prompt herein.

19. Sf3—d4		Tf8—e8?!
20. Le4—h7 +		Kg8xLh7
21. De2xTe8		Lc8—f5 +
22. Sd4xLf5		Ta8xDe8
23. Te1xTe8		. . . . . .

Es ist selbstverständlich, daß Großmeister Bogoljubow gesehen hat, daß er seine Dame gegen zwei Türme eintauschen mußte. Er hat das sicher als einen Vorteil empfunden.

Auch Schwarz wußte, daß er seine bisherige Überlegenheit einbüßen würde, wenn er nicht mehr erreichte als das nach dem 23. Zuge wiederhergestellte materielle Gleichgewicht. Da Schwarz aber erheblich mehr Zeit zum Durchdenken der Zugfolgen hatte als Weiß, entdeckte er, daß er in der Stellung des 23. Zuges noch weitere zwei Bauern gewinnen konnte. Da dieser Gewinn mit einem weiteren Opferangebot einer ganzen Figur durch Schwarz eingeleitet werden mußte, ist es dem simultan spielenden Großmeister nicht zu verdenken, daß er diese positionelle Kombination nicht entdeckte.

23.	Sd5xc3

Der weiße König darf den Sc3 nicht schlagen, weil Weiß anschließend den Te8 durch Dc6 + verliert.

24. Te8—e7	Sc3xa4

Wieder darf der Ta1 den Sa4 nicht schlagen, weil er durch Dc6 + verlorengeht.

25. Te7xf7	Db7—c6 +

Wieder darf der weiße König nicht nach b1 oder b3 ziehen, weil er entweder in 3 Zügen matt gesetzt wird oder den Tf7 verliert.

26. Kc2—d2	Dc6—d5 +
27. Kd2—c2	Dd5xTf7

Weiß gab auf.

51. Trainingsabschnitt

Die sizilianische Partie, die Alechin-Verteidigung und die Nimzowitsch-Verteidigung

Die sizilianische Partie oder ›sizilianische Verteidigung‹ ist die Modeverteidigung der letzten zwanzig Jahre. Sie ist gekennzeichnet durch die Antwort. 1. . . . c7—c5 auf 1. e2—e4. Sie wird von allen internationalen Schachmeistern gespielt, mit besonderer Vorliebe auch von Exweltmeister Michael Tal und dem Weltmeister Bobby Fisher.

Es scheint, daß diese Verteidigung, die heute auf 1. e2—e4 weit häufiger gewählt wird als e7—e5, in der Praxis die gleiche Bedeutung bekommt wie die Spanische Partie vor etwa hundert Jahren. Sie wurde im Weltmeisterschaftskampf Fisher-Spasski in Reykjavik allein achtmal gespielt.

Die Antwort 1. . . . c7—c5 vermeidet alle Nachteile der Antwort 1. . . . e7—e5, vor allem, weil sie keine Angriffsmarke schafft. Es ist aber ein Zug, der Schwarz die Beherrschung von weniger freien Feldern verschafft als 1. . . . e7—e5. Das muß ausgeglichen werden. Die Bilanz der freien Felder beträgt nach 1. . . . c7—c5 12:6 zugunsten von Weiß. Schwarz hat auch keinen Entwicklungsvorsprung und wirkt durch seinen Bauernzug nur auf ein Zentrumsfeld, während Weiß auf zwei wirkt.

Mit Recht beurteilt Dr. Tarrasch diese Eröffnung im ganzen negativ: »Streng korrekt ist der Zug gewiß nicht, denn er leistet nichts für die Entwicklung, sondern sucht nur dem Anziehenden die Zentrumsbildung zu erschweren. Aber dies mit Erfolg. Zum Ersatz dafür hat Weiß allerdings das erheblich freiere Spiel und Tempovorteile. Aber auf die Dauer hat doch Schwarz einen Bauern im Zentrum mehr, und gerade hierin liegen seine Chancen. Weiß hat das bessere Figurenspiel, Schwarz das bessere Bauernspiel, und wer nun stärker spielt, wird die Vorteile seines Spiels betonen und die Nachteile weniger hervortreten lassen.«

Daß ein Übergewicht von einem Bauern in der Mitte noch nicht dazu ausreicht, im Endspiel den Sieg zu sichern, das können Sie nach den üblichen ersten Zügen leicht erkennen.

1. e2—e4	c7—c5
2. Sg1—f3	Sb8—c6
3. d2—d4	c5xd4
4. Sf3xd4	. . . . . .

Entfernen Sie nun alle Figuren außer den beiden Königen vom Brett. Sie erkennen sofort, daß Schwarz trotz seines Mehrbauern in der Mitte keinen Durchbruch erzwingen kann. Bei korrektem, d.h. vorsichtigem Spiel muß die Partie unentschieden bleiben. Wenn beide Gegner sehr stark spielen, ist es wahrscheinlicher, daß Schwarz einen schwächeren Zug macht, den Weiß zum Sieg ausnutzen kann. Ein schwächerer Zug von Weiß wird höchstens bewirken, daß die Initiative an Schwarz übergeht, was noch nicht den Sieg verbürgt. Dagegen wird ein gleichwertig schwächerer Zug von Schwarz zusammen mit der Initiative, die Weiß hat, bei der überlegenen Felderbilanz von 17:7 bei 27:9 Wirkungsgewichten für den Endsieg ausreichen. Als Führer der schwarzen Steine sollte man stets vorrangig auf Ausgleich, Sicherung und Verteidigung spielen, bis ein Zug von Weiß erlaubt, die Initiative zu übernehmen oder gar einen Vorteil positioneller oder kombinatorischer Art anzustreben. Schwarz muß nun nach einem Zug suchen, der möglichst nicht nur die Verteidigung stärkt, wie etwa der von Meister Paulsen stammende 4. . . . a7–a6, sondern durch einen angreifenden Verteidigungszug, der das weiße Spiel in eine vorauskalkubare Bahn zwingt. Das leistet 4. . . . Sg8–f6. Im übrigen macht Ihnen diese Analyse zugleich einen für die Spielpraxis bedeutsamen Grundsatz klar, den Sie, wenn Sie ein Schachmeister werden wollen, nicht genug beherzigen können:

Gegen gleichstarke Spieler sind die geringen Vorteile das einzige, was Sie stets ernsthaft anstreben dürfen

Jeder Versuch, größere oder ganz große Vorteile anzustreben, wirkt sich stets dann zu Ihrem Nachteil aus, wenn Ihr Gegner nicht bereits erkennbar mehrere schwache Züge gemacht hat. In der sizilianischen Partie steht Weiß vor einem weit schwierigeren Problem als in der Spanischen Partie. Denn er kann einen positionellen Vorteil nicht wie dort durch mehr oder weniger zwangsläufige Zugfolgen anstreben, da ihm die Angriffsmarke Be5 fehlt.

Weiß muß seine Entwicklung strategisch-positionell fortsetzen, ohne klar voraussehen zu können, wie Schwarz auf seine Züge antworten wird. Deshalb wird die sizilianische Verteidigung von Anfängern und fortgeschritteneren Schachspielern nur ungern gespielt. Sie hat etwas Ungewisses und damit Unheimliches an sich. Man »weiß nicht recht, wie man fortsetzen soll«.

Klar ist nur, daß Schwarz keinesfalls aggressiv fortsetzen darf, sondern sich auf den Aufbau einer festen Verteidigung beschränken muß, wenn er dem freieren Figurenspiel von Weiß nicht bald zum Opfer fallen will.

Aber auch diese Aufgabe ist bei der etwas gedrückten Stellung von Schwarz, die sich nach dem dritten Zuge von Weiß ergibt, keinesfalls angenehm. Auch darf Schwarz nicht hoffen, bald zu einem freieren Spiel zu kommen oder es sogar erzwingen wollen, weil er dann zwangsläufig in Nachteil kommt.

Aus diesem Grunde ist die sizilianische Verteidigung bei fast allen Schachspielern unbeliebt. Es bedurfte des plötzlichen Interesses der modernen großen Kombinationsspieler, die in ganz gleicher Weise das positionelle wie materielle Kombinationsspiel zu handhaben wissen, um die sizilianische Partie, die so außerordentlich viele Möglichkeiten bietet, zur Modeeröffnung der modernen Schachmeister zu machen. Setzt Schwarz mit

4. . . . . . .   Sg8—f6

fort, dann muß Weiß nun seinen Be4 verteidigen, was sinnvoll nur durch Sb1—c3 geschehen kann. Damit aber begibt sich Weiß des strategischen Vorteils, den c-Bauern aufziehen zu können, was für die Verstärkung seiner Zentrumsbeherrschung von Vorteil sein könnte. Statt dessen könnte Weiß den Plan fassen, seine Stellung durch einen Bauernangriff auf den Sf6 zu verbessern, was grundsätzlich möglich ist, nachdem er den Sc6 abgetauscht hat. Dieser Angriff aber scheitert an Dd8—a5 +, was wieder einmal zeigt, wie vorsichtig beide Parteien spielen müssen und wie kombinationsgeladen die Stellungen der sizilianischen Verteidigung trotz ihres strategisch-positionellen Charakters sind (SdxSc, bxSc, e4—e5, Dd—a5 + !).

5. Sb1—c3   d7—d6

Das verhindert den Abtausch der Springer mit nachfolgendem e4—e5, der nach dem an dieser Stelle auch gespielten Zug 5. . . . e7—e6 möglich ist und Schwarz in Nachteil bringt.

6. Lf1—e2   g7—g6

Weiß bereitet die Rochade vor. Wenn er die schwarze Bauernstellung nicht noch einmal stark verbessern will (SdxSc, bxSc), darf er den aussichtsreicheren Zug Lf1—d3 (schaut nach h7) nicht machen, wohl aber Bobby Fishers Zug 6. Lc4, auf den 6. . . . e7—e6 folgt. Sie sehen, wie eingeschränkt Weiß durch die sizilianische Verteidigung in seiner Entwicklung sein kann.

Schwarz stellt sich seinerseits ganz auf den Aufbau einer zwar gedrückten, aber festen Verteidigungsstellung ein, an der Weiß erst beweisen muß, ob er fähig ist, sie erfolgreich zu zerstören. Deshalb zieht Schwarz auch keinen seiner Läufer heraus, sondern plant entgegen der klassischen Spielweise 6. ... Lf8—e7, diesen Läufer aussichtsreicher auf g7 zu postieren. Diese Spielweise hat den Namen ›Drachenvariante‹ bekommen. Diese Variante wird in allerneuester Zeit als widerlegt angesehen.

7. Lc1—e3	Lf8—g7

Weiß kann sich nun entscheiden, ob er es für günstiger hält, seinen Angriff auf die schwarze Königsstellung mit allen Bauern seines Königsflügels zu planen und deshalb lieber die lange Rochade zu machen, oder ob er den Vorstoß seines f-Bauern mit gelegentlicher Unterstützung durch den g-Bauern dazu für ausreichend hält. Dann kann er kurz rochieren und kommt rascher zu seinem Angriff. Auf jeden Fall empfiehlt sich der Zug Dd1—d2, weil Weiß nach der Rochade von Schwarz den Abtausch des schwarzen Lg7 erzwingen kann.

Es ist wichtig, sich klarzumachen, daß Schwarz die Fianchettierung seines Lf8 nach g7 erst dann vorbereiten darf, wenn Weiß bereits Sb1—c3 gezogen hat. Andernfalls wird er durch den Vorstoß des weißen c-Bauern bald in eine schlechte Stellung kommen.

Verfolgt man diese analytische Betrachtung weiter, so geht das bereits über die Erarbeitung allgemeiner strategisch-positioneller Eröffnungsgrundsätze für die erfolgreiche Behandlung der sizilianischen Verteidigung hinaus. Das gehört nicht mehr in ein Lehrbuch für Anfänger.

Die Alechin- und die Nimzowitsch-Verteidigung

Es bleiben nur noch Grundsätze für die beiden letzten sinnvollen Verteidigungszüge gegen 1. e2—e4 zu erarbeiten, nämlich Alechin-Verteidigung 1. . . . Sg8—f6 und Nimzowitsch Versuch 1. . . . Sb8—c6.

Die Alechin-Verteidigung ist öfter gespielt worden, wenn sie auch, wie wir gleich erkennen werden, kaum befriedigt. Bobby Fisher hat mit dieser Verteidigung im Weltmeisterschaftskampf gegen Boris Spasski zwar einen spektakulären Sieg errungen, die Alechin-Verteidigung dadurch aber nicht voll rehabilitieren können.

Von allen sachverständigen Beurteilern der Alechin-Verteidigung hat nur der Internationale Schachmeister Ludwig Rellstab den Sinn dieser Eröffnung einer umfassenden, sachlich zutreffenden und nach keiner Seite hin übertreibenden Analyse unterworfen.

Schachmeister Rellstab schreibt: »Mit dem Springerzuge, der einen direkten Angriff gegen den Bauern e4 enthält, nimmt Schwarz den Umstand in Kauf, daß Weiß unter Tempogewinn mit einem oder mehreren Bauern vorrücken und das Zentrum besetzen kann. Weiß erzielt auf diese Weise einen Raumgewinn und meistens auch eine schnellere Entwicklung. Die vorgeschobenen Bauern sind jedoch allerlei Angriffen ausgesetzt, so daß Weiß zu sorgfältigem Spiel gezwungen ist. Im Gegensatz zu den meisten anderen geschlossenen Eröffnungen kommt es hier verhältnismäßig frühzeitig zu Verwicklungen, die einer eingehenden Untersuchung zugänglich sind.«

Da solche untersuchungsfähigen Entwicklungen stets mit Zwangszugfolgen zusammenhängen und damit kombinatorischen Charakter tragen, stellt die Alechin-Verteidigung eine Spielweise von Schwarz dar, die gerade uns als eifrigen Anfängern hochwillkommen sein muß. Denn auf dem Gebiet der materiellen wie strategisch-positionellen Kombination haben wir Erfahrungen gemacht und Erkenntnisse gesammelt, die sich an dieser Eröffnung bewähren können.

Die Alechin-Verteidigung führt zu Stellungen, in denen unser Stellungsgefühl so angesprochen wird, daß eine Nachprüfung durch leicht überschaubare Analysen möglich ist. Wenn Sie die weißen Steine führen, werden Sie es begrüßen, wenn Ihr Gegner auf 1. e2—e4 mit Sg8—f6 antwortet.

1. e2—e4	Sg8—f6
2. e4—e5	. . . . . .

Es ist klar, daß für uns kein anderer Zug in Frage kommt als der Vorstoß des e-Bauern mit allen Konsequenzen. Andere Züge sind zwar möglich- aber uns geht es um das neue Abenteuer und seine schachliche Bewältigung.

2.	Sf6—d5
3. c2—c4	Sd5—b6

Der Springer muß angegriffen und so weit wie möglich zurückgedrängt werden. Nun ist mit einem Angriff auf den Be5 und dem Versuch zu rechnen, den Aufbau einer weißen Bauernkette zu zerstören. Deshalb:

4. d2—d4	d7—d6
5. f2—f4	. . . . . .

Dazu sagt Ludwig Rellstab: »Dies ist die einzige konsequente Fortsetzung. — Mit e5xd6, e7xd6 ist nichts Besonderes zu erreichen, es entsteht dann bald eine symmetrische Bauernstellung mit beiderseits offener e-Linie, ähnlich wie in der Abtauschvariante der Französischen Partie.«

Dr. Tarrasch dagegen versieht den Zug f2—f4 lediglich mit einem Fragezeichen und merkt an: »Das ist des Guten zuviel! Fünf Bauernzüge hintereinander in der Eröffnung!«, ohne eine weitere Begründung für diese ausschließlich seinem Schachgefühl entsprungene Meinung zu geben. Man kann immerhin fragen, warum fünf Bauernzüge in der Eröffnung zuviel sein sollen, wenn mindestens zwei dieser Züge einen Tempogewinn bedeuten und drei den auf der Grundlinie stehenden Figuren die Beherrschung zahlreicher freier Felder, darunter wichtiger Zentrumsfelder verschaffen und die Felderbilanz 14:6 bei 20:9 Wirkungsgewichten zugunsten von Weiß beträgt, ohne daß Schwarz die weiße Dame angreifen oder entscheidenden Entwicklungsvorsprung erreichen kann.

Natürlich bleibt die Hauptfrage, ob Schwarz die so gebildete vorgeschobene Bauernkette wirksam angreifen und zerstören kann. Damit das nicht ohne weiteres möglich ist, muß sich Weiß zu 5. f2—f4 entschließen. Insoweit ist die Eröffnungsbehandlung geradezu zwangsläufig.

5.	d6xe5
6. f4xe5	Sb8—c6
7. Lc1—e3	. . . . . .

Auch dieser Deckungszug geschieht zwangsläufig, weil Sg1—f3 mit Lc8—g4 beantwortet wird, der Springer damit gefesselt wäre und Weiß größere Anstrengungen machen müßte, seine Bauernkette aufrechtzuerhalten. Nach Lc1—e3 muß sich Schwarz zu einem Zug mit dem Lc8 entschließen, denn er darf diesen Läufer nicht durch e7—e6 einsperren. Der Zug e7—e6 muß aber bald geschehen, damit der Lf8 herausgezogen und der Königsflügel aktionsfähig gemacht werden kann. Weiß darf damit rechnen, daß Schwarz, weil sein Lc8 nicht nach g4 kann, diesen Läufer nach f5 stellen wird, von wo aus er bedrohlich auf die Felder e4, d3, c2 blickt. Wenn Weiß sich klarmacht, daß dem schwarzen Sc6 das Feld b4 ungedeckt zur Verfügung steht, dann wird er sich die eventuellen Folgen, die damit für ein Sb4—c2 entstehen könnten, wohl überlegen müssen. Doch bedeutet diese Ungleichheit keine Gefahr, solange noch Tc1 möglich ist.

7.	Lc8—f5
8. Sb1—c3	e7—e6

Beide Seiten machen den natürlichen Zug zur Verbesserung ihrer Stellungen. Zieht Schwarz nun Sc6—b4, dann kann das Eindringen des Springers nach c2 durch Ta1—c1 unterbunden werden.
Allerdings kann der Zug Sc6—b4 auch noch den Sinn haben, Weiß zu Ta1—c1 gewissermaßen zu zwingen, um anschließend mit c7—c5

die weiße Bauernkette erneut anzugreifen und zum Einsturz zu bringen. Sie sehen, wie vorsichtig und weit vorausplanend Weiß hier ziehen muß. Die Möglichkeit des Zuges c7—c5 und dessen Folgen werden wir gleich an Hand eines Stellungsbildes untersuchen.

Hier genügt es darauf hinzuweisen, daß Weiß den Zug Sc6—b4 nicht durch a2—a3 zu verhindern und damit ein Entwicklungstempo zu verlieren braucht.

Warum das so ist, das werden Sie durch die Analyse selbst erkennen. Der Hauptgrund besteht in einer durch den Zug Sc6—b4 möglichen Opferkombination. Weiß setzt seine Entwicklung fort:

9. Sg1—f3 ......

Sowohl Dr. Tarrasch als auch Richard Réti empfehlen hier Lf1—e2, ein Zug, den Ludwig Rellstab mit Recht für weniger stark hält: »Einige Meister spielen hier vorsichtigerweise zuerst Lf1—e2; dies ist jedoch unnötig, denn den Fesselungszug Lf5—g4 braucht Weiß wegen Dd1—d2 jetzt wirklich nicht mehr zu fürchten. Schwarz hätte in diesem Falle ja *ein wichtiges Tempo verloren.* — Hält Weiß den Lf1 vorläufig noch zurück, so kann er in manchen Fällen auch auf andere Felder gebracht werden, z.B. nach b5.« Der Zug 9. Sg1—f3 ist also nicht nur ungefährlich für Weiß, sondern kann sogar als Lockzug angesehen werden, der Schwarz verlocken soll, durch Lf5—g4 ein Tempo zu verlieren.

Stellungsbild 134
Schwarz zieht
Felderbilanz 6 : 9
Wirkungsgewicht 17 : 18

Schwarz hat nun zwei grundsätzlich verschiedene Möglichkeiten, die weiße Bauernkette anzugreifen. Die eine besteht in Sc6—b4 mit nachfolgendem c7—c5. Die zweite besteht in dem Zug f7—f6, der natürlich vorbereitet werden muß und der nach der großen Rochade von Schwarz am leichtesten möglich ist.

Weiß muß gleichfalls vor allem seinen König durch die Rochade sicherstellen. Die Verteilung der Wirkungsgewichte macht deutlich, daß kombinative Überlegungen den Vorrang vor rein positionellen haben, und zwar sowohl für Schwarz wie für Weiß. Beide sollten Angriffsfortsetzungen suchen.

Ihr Schachgefühl sollte Ihnen bei der aufmerksamen Betrachtung der Stellung 134 schon ahnungsvoll gesagt haben, daß die Chancen für Weiß in einem Angriff auf den schwarzen Dameflügel liegen.

Deshalb paßt es Weiß, wenn Schwarz die große Rochade macht. Diese Spielweise, die auf die Sprengung der weißen Bauernkette durch f7—f6 abgestellt ist, wird in den Lehrbüchern als die ›moderne‹ bezeichnet, obwohl sie die für Schwarz gefährlichere ist, wie Ludwig Rellstab ausführlich dargestellt hat: »Die andere Möglichkeit wäre f7—f6 nach genügender Vorbereitung, zum Beispiel

9.	Dd8—d7
10. Lf1—e2	o—o—o
11. o—o	f7—f6

Weiß hat aber darauf eine starke Fortsetzung in

12. e5xf6	g7xf6
13. d4—d5	Sc6—e5
14. Le3xSb6	Se5xSf3 +

(Sonst spielt Weiß anschließend mit Vorteil Sf3—d4)

15. Le2xf3!	. . . . . .

Und nicht, wie Dr. Tarrasch empfiehlt, Tf1xSf3, was zeigt, daß er die Möglichkeiten von Weiß auf dem Dameflügel offenbar nicht entdeckt hat. Auch der schon empfohlene nächste Zug a7xLb6, der auch nach Tf1xSf3 mit Sc3—b5, Da4 mit eventuellem Sa7 und Ta3 zu einem tödlichen Angriff führt, läßt vermuten, daß er sich nur oberflächlich mit der Alechin-Verteidigung befaßt hat.

15.	c7xLb6
16. a2—a3	Lf8—c5 +
17. Kg1—h1	e6—e5
18. b2—b4	Lc5—d4
19. Sc3—b5!	. . . . . .

Mit diesem Zug schrumpfen die freien Felder in der schwarzen Königsstellung samt ihren Wirkungsgewichten schlagartig zusammen. Schwarz ist nur noch auf seinem alten Königsflügel ausreichend beweglich.

Weiß bietet mit diesem Zuge ein Qualitätsopfer an, zu dessen Annahme Schwarz halb und halb gezwungen ist, weil der Zug Sc3—b5 mit einem Angriff auf Ld4 verbunden ist. Nimmt Schwarz das Opfer mit Ld4xTa1 an, dann folgt Sb5xa7+, Sa7—b5 und Dd1—a4 mit tödlichem Angriff.

Versucht Schwarz seinen Dameflügel durch a7—a6 oder Kc8—b8 zu retten, dann kann Weiß durch Sb5xLd4 und Dd1xd4 einen Materialgewinn und seine Stellungsüberlegenheit klarstellen.

Einige moderne Varianten, durch die Schwarz Ausgleich erzielt, ersparen wir uns.

Nun ist noch die zweite, als altmodisch geltende Möglichkeit des Angriffs auf die weiße Bauernkette durch c7—c5 zu untersuchen, die mit dem folgenden Zug von Schwarz beginnt (Stellung 134):

9.	Sc6—b4
10. Ta1—c1	c7—c5

Dieser Angriff sieht bedrohlich aus und kann nur durch eine strategisch-positionelle Idee entschärft werden, die von v. Hennig gefaßt wurde.

Statt den angebotenen Bauern c5 zu schlagen und damit durch Dd8xDd1, Ke1xDd1, Ta8—d8+, Le3—d2, Lf8xc5 seine Stellung zu ruinieren und die schwarze Stellung siegreich zu entwickeln, entschließt sich Weiß, seinen angegriffenen d-Bauern durch einen Vorstoß zu opfern:

11. d4—d5	e6xd5
12. c4xd5	Sb4xd5

Er kommt dann zu einem hübschen Angriff, der selbst bei stärkstem Spiel von Schwarz mit einer überlegenen weißen Stellung und Rückgewinnung des geopferten Bauern endet.

13. Le3—g5	Lf8—e7

Nicht f7—f6 wegen e5xf6, g7xf6 und Sf3—e5! Analysieren Sie die Folgen selbst.

14. Lf1—b5+	Lf5—d7

Sollte Schwarz hier Ke8—f8 vorziehen, dann folgt Sc3xSd5, Sb6x Sd5, Tc1xc5. Der Turm darf von Le7 nicht geschlagen werden, schlägt aber seinerseits nach Le7xLg5 den Sd5, womit Weiß einen Bauern gewonnen und die weit überlegene Stellung erhalten hat.

15. Sc3xSd5	Sb6xSd5
16. Dd1xSd5	Ld7xLb5
17. Dd5xb7	. . . . . .

Damit hat Weiß den geopferten Bauern zurückgewonnen und steht überlegen. Seine Dame greift den Lb5 an, der mit Schach geschlagen werden kann. Sein Turm greift den Bc5 an, und Schwarz muß sowohl seinen weißen Läufer als auch den Bc5 zu retten versuchen, was über seine Kräfte geht, weil er keine Hoffnung hat, auf d2 mit seiner Dame zu einem Angriff auf den weißen König zu kommen. Das Feld d2 ist vom Sf3 gedeckt.

Sollte Schwarz versuchen, seine Probleme durch Ta8—b8 zu lösen, dann kann Weiß durch Db7xLe7+, Dd8xDe7, Lg5xDe7, Ke8x Le7, Tc1xc5 einen Bauern gewinnen und so ein für ihn gewonnenes Endspiel herbeiführen, das freilich wegen der nun verbundenen schwarzen Türme sehr sorgfältig geplant werden muß. Die Alechin-Verteidigung werden wir also als Führer der weißen Steine immer mit Vergnügen spielen.

52. Trainingsabschnitt

1. e2—e4	Sb8—c6
2. d2—d4	d7—d5

Der Verteidigungszug des Großmeisters Aron Nimzowitsch beruht auf der Idee, dem schwarzen Spiel auf jeden Fall den Zug d7—d5 zu ermöglichen, der für die Stellungsgleichheit, wie wir schon wissen, große Bedeutung hat.

Schwarz kann diesen Zug auch in allen aggressiv gespielten Fortsetzungen von Weiß durchsetzen. Entwickelt sich Weiß dagegen zurückhaltend, etwa mit 2. Sg1—f3, dann kann Schwarz z.B mit e7—e5 in altgewohnte Bahnen einlenken. Will Weiß den ungewöhnlichen Verteidigungszug von Schwarz ausnützen, dann kommt er um das sofortige 2. d2—d4 nicht herum. Wenn Ihnen diese Verteidigung begegnet, können Sie sich überlegen, ob Sie Ihrem Gegner durch 2. Sg1—f3 nicht eine goldene Brücke bauen wollen, e7—e5 zu ziehen und dann mit der Spanischen Eröffnung fortzufahren. Reizt Sie dagegen das Abenteuer, eine ungewöhnliche Eröffnung zu erproben, dann ziehen Sie auf jeden Fall nach

(3.) e4xd5	Dd8xd5
(4.) Sg1—f3	e7—e5

Nun ist 3. e4xd5 für Weiß nicht gerade nachteilig, er ist auch sinnvoll und führt zum Bauerngewinn für Weiß, doch ist dieser Materialgewinn durchaus problematisch, wie wir schon früher erkannt haben. Schwarz hatte nach Dd8xd5 den Zug Sb1—c3 nicht zu fürchten; doch führt diese Spielweise zu einer raschen Vereinfachung durch mehrfachen Abtausch, der durchgeführt werden muß, wenn Weiß nicht in die schwächere Stellung geraten will.

Weiß kann einen Bauern gewinnen durch (5.) d4xe5, Dd5xDd1+, Ke1xDd1, Lf8—c5, Kd1—e1, Lc8—f5, steht dann aber wegen der Zwangszugfolgen schlechter als Schwarz, der zu o—o—o kommt.

(5.) Sb1—c3	Lf8—b4
(6.) Lc1—d2	Lb4xSc3
(7.) Ld2xLc3	e5—e4
(8.) Sf3—e5	Sc6xSe5
(9.) d4xSe5	Dd5xDd1+
(10.) Ta1xDd1	. . . . . .

Nach dieser Abwicklung bleibt Weiß mit der etwas stärkeren Stellung übrig, weil sein Be5 gedeckt und nicht sofort wirksam angreifbar ist, während der schwarze Be4 ungedeckt steht und angegriffen werden kann. Auch die Felderbilanz ist mit 11:7 ungünstig für Schwarz. Zieht Weiß statt dessen seinen e-Bauern vor

$$3. \text{ e4—e5} \qquad \ldots\ldots$$

dann kommt Schwarz zur Entwicklung seines Lc8 nach f5, wo dieser Läufer wirksam steht, und kann durch e7—e6 seinen Lf8 zur Entwicklung bringen. Nimzowitsch selbst pflegte an dieser Stelle sogar 3. . . . . . . f7—f6 zu ziehen, um die weiße Bauernkette sofort anzugreifen. Den weißen Angriffszug Lf1—d3, der dem Lc8 den Ausweg versperrt, hielt er für ungefährlich. Mit dieser Meinung stand er aber unter Schachmeistern allein. Auch wir werden, wenn wir nach

$$(4.) \text{ Lf1—d3}$$

eine Zwischenbilanz der beherrschten freien Felder machen, gegen die Auffassung von Großmeister Nimzowitsch großes Mißtrauen haben. Die Bilanz beträgt bereits 10 : 6 zu Ungunsten von Schwarz!

$$3. . . . . . . \qquad\qquad \text{Lc8—f5}$$

Nach Lc8—f5 verbessert sie sich sofort auf 10:8.

$$4. \text{ Sg1—e2} \qquad \ldots\ldots$$

Jetzt sollte möglichst nicht mehr Lf1—d3 erfolgen, weil Schwarz diesen Läufer sofort abtauscht und Weiß sich damit eine dauernde Unterlegenheit auf den weißen Feldern einhandeln würde (d5 und e6!). Aber auch Sg1—f3 wäre ungünstig, weil der Bf2 zur Stützung der Bauernkette, die bald durch f7—f6 angegriffen wird, dringend benötigt wird. Der Zug Se2 soll den Lf5 demnächst von g3 aus angreifen.

4.	f7—f6
5. f2—f4	f6xe5
6. f4xe5	e7—e6
7 Se2—g3	Lf5—g6

Es gibt zwar eine Spielweise, die den Lf5 dem Abtausch preisgibt. Das bedeutet aber, wie Sie selbst erkennen werden — jedenfalls für unsere Anfängerspielstärke —, ein äußerst schweres Spiel für

Schwarz, da Weiß entweder einen Freibauern bekommt oder einen entblößten Königsflügel. Er kann auch nach c2—c3 und Lf1—d3 und o—o einen starken Angriff gegen den Punkt f5 und den schwarzen Königsflügel aufbauen, ohne daß Schwarz dafür einen strategischen Ersatz hätte.

Auch nach Lf5—g6 entwickelt sich die für Weiß günstigste Fortsetzung nach den gleichen positionellen Merkmalen. Der Zug

8. c2—c3 ......

schränkt die Bewegung des Lf8 ein, dem nur noch das Feld e7 zur Verfügung steht, auf das sich auch der Sg8 entwickeln müßte.

Die Felderbilanz ergibt 11:6 für Weiß. Schwarz wird also Tempo verlieren, während Weiß mit Ld3 und o—o einen kräftigen Angriff gegen den schwarzen Königsflügel unter Ausnutzung der freien f-Linie aufzubauen beginnen kann.

Und was ist mit 1 .... d7—d6?

Diese sehr seltene Verteidigung brauchen wir nicht zu analysieren. Sie führt bei sorgfältigem Spiel von Weiß entweder zur Zerstörung der schwarzen Rochademöglichkeit durch Damenabtausch oder aber zu Bauernstellungen d6 gegen e4, deren erfolgreiche Behandlung uns schon aus der Spanischen Eröffnung hinreichend bekannt ist.

Was tut Schwarz, wenn Weiß den Be5 anders angreift?

Nach 1. e2—e4, e7—e5 kann Weiß den Be5 statt durch Sg1—f3 nur noch durch 2. d2—d4 sinnvoll angreifen. Die Spielweise, die dann entsteht, haben wir — mit vertauschten Farben — bereits kennengelernt (1. e2—e4, d7—d5). Weiß darf nach e5xd4 den Bd4 nicht mit Dd1 zurückschlagen, weil er durch Sb8—c6 ein Tempo verliert. Weiß muß also, wenn er den Bd4 ohne Nachteile wiederbekommen will, durch Sg1—f3 einen Angriff auf diesen Bauern starten, den er durch 2. Sg1—f3 einfacher hätte haben können.

Weiß spielt aber 2. d2—d4 aus Gambitgründen und bietet Schwarz mit 3. c2—c3 einen weiteren Bauern an. Diese Spielweise wird ›nordisches‹ oder ›dänisches‹ Gambit genannt. Sie ist für Weiß nachteilig. Richard Réti schreibt dazu:

»Einerseits ist die Korrektheit der angebotenen Bauernopfer fraglich, andererseits ist es kraftlos, wenn Schwarz sich um das Bauernopferangebot nicht kümmert und einfach positionell spielt. Was beabsichtigt denn der Zug 2. c2—c3? Offenbar nichts anderes, als mit c3xd4 ein Bauernzentrum zu bilden. Dies kann Schwarz aber auf bequemste Art mit Fortsetzung seiner Entwicklung verhindern, indem er 3. . . . . . d7—d5! antwortet. Nach 4. e4xd5, Dd8xd5, 5. c3xd4 hat Weiß an Stelle des beabsichtigten Bauernzentrums einen isolierten Damebauern und somit zumindest keinen Eröffnungsvorteil, worauf der Anziehende doch eigentlich hoffen durfte. Dabei kann Schwarz noch besser statt 4. . . . . . Dd8xd5, 4. . . . . . Sg8—f6 spielen, um die Angriffe zu vermeiden, denen die Dame auf d5 ausgesetzt ist.«

Die nach 4. . . . Sg8—f6 entstehenden Stellungsbilder sind uns bereits vertraut. Und so werden wir die weiße Eröffnung in aller Ruhe so behandeln, wie Richard Réti vorschlägt. Nun braucht Weiß natürlich nicht so plump zu verfahren und gleich im zweiten Zuge durch d2—d4 auf den Be5 loszugehen. Er kann zunächst erwartungsgemäß 2. Sg1—f3 ziehen, um dann nach Sb8—c6 mit d2—d4 fortzufahren. Dann entsteht das sogenannte ›Schottische Gambit‹, eine vor hundert Jahren unter Schachmeistern sehr beliebte Eröffnung. Aus dieser Eröffnung sind z.B. die Stellungsbilder 61—62 hervorgegangen.

Sie erinnern sich an die Lehre, die wir daraus ziehen konnten, daß wir nämlich keinen materiellen Gewinn auf Kosten positioneller Stellungsvorteile anstreben sollten. Diese Regel ist uns längst in Fleisch und Blut übergegangen. Die Schottische Partie wird gekennzeichnet durch die Züge:

1. e2—e4	e7—e5
2. Sg1—f3	Sb8—c6
3. d2—d4	. . . . . .

Sie widerspricht der von Richard Réti aufgestellten Eröffnungsregel, daß man in der Königsbauerneröffnung (e4, e5) den Zug d2—d4 erst dann machen sollte, wenn Schwarz freiwillig oder gezwungen bereits den Zug d7—d6 gemacht hat. Andernfalls kann Schwarz den befreienden Zug d7—d5 durchsetzen. So auch in der Schottischen Partie. Schwarz hat keinen besseren Zug als

3.	e5xd4

und nun muß sich Weiß entscheiden, ob er den Bauern mit Sf3xd4 sofort zurücknehmen oder im Interesse eines Entwicklungsvorsprungs (etwa 4. Lf1—c4 mit Blick nach f7) den Bauern vorläufig aufgeben soll. Im letzteren Falle geht die Schottische Partie in das Schottische Gambit über. Das Schottische Gambit entspricht mehr dem Sinn dieser auf Biegen oder Brechen ausgerichteten Eröffnung. Nimmt Weiß dagegen durch

4. Sf3xd4 ......

den Bauern zurück, dann entsteht eine Stellung, in der Schwarz sofort die Initiative durch einen Gegenangriff im Zentrum an sich reißen kann. Weiß muß nun vom Angriff zu einer Verteidigung übergehen, die mühsam ist und für die kein Äquivalent in Aussicht steht. Das kann Schwarz nur recht sein.

4. ...... Sg8—f6

Schwarz greift sofort den Be4 an

5. Sb1—c3 Lf8—b4

Das setzt den Angriff auf Be4 bei gleichzeitiger Entwicklung fort.

6. Sd4xc6 b7xc6

Ein Bauer mehr in der Mitte ist, wenn man ihn sich leisten kann — was nicht immer der Fall ist (siehe Spanische Eröffnung nach 4.Lb5 oder 5. La4xSc6) —, eine erhebliche Verstärkung für den Kampf um das Zentrum.

7. Lf1—d3 d7—d5

Weiß muß den Be4 weiter decken, und nun kommt Schwarz zu dem befreienden Zug d7—d5, der hier durch den Bc6 sehr günstig gedeckt wird. Schlägt Weiß, was einzig sinnvoll ist, dann löst Schwarz seinen Doppelbauern auf und hat nun einen soliden Bauern im Zentrum mehr. Nach beiderseitiger kurzer Rochade und c7—c6 kann Schwarz allen möglichen Fortsetzungen von Weiß gefaßt ins Auge sehen. Weiß darf froh sein, wenn er Ausgleich erreichen kann.

53. Trainingsabschnitt

Spielt Gambit, und ihr werdet kombinieren lernen

Der Zug 3. d2—d4 (nach e4, e5, Sf3, Sc6) hat nur Sinn, wenn
Weiß die Absicht hat, das Schottische Gambit zu spielen, das wohl
nach 3. . . . e5xd4 am stärksten durch den Zug 4. Lf1—c4 fortgesetzt wird, obwohl viele moderne Meister meinen, 4. c2—c3 sei noch
stärker.
Wir erinnern uns aber bei 4. c2—c3 der Ausführungen über das
nordische Gambit vor wenigen Seiten und ignorieren diesen Zug.
Wir ziehen einfach 4. . . . . d7—d5 und erreichen, wie Großmeister
Ludék Pachmann in seinem Werk »Offene Spiele« sorgfältig aus-
analysiert hat, in jedem Falle eine ausgeglichene Stellung.

4. Lf1—c4	Sg8—f6

Wenn Weiß Mut hat und kombinatorische Entwicklungen liebt,
kommt es nun zu höchst rasanten kombinativen Abspielen. Wenn
nicht, dann geht mit dem Angriff auf Be4 die Initiative wieder an
Schwarz über. Das macht sich bemerkbar, wenn Weiß 5. e4—
e5 zieht. Den angegriffenen Sf6 zieht Schwarz keineswegs aus der
Bedrohung, sondern fährt nach dem Beispiel von Paul Morphy gegen Th. Lichtenstein im Jahre 1857 im New Yorker Turnier mit einem Angriff auf den weißen Lc4 fort.

5. e4—e5	d7—d5

Weiß kann diesen Bauern en passant schlagen, was wenig sinnvoll wäre, weil Schwarz mit dem Entwicklungszug Lf8xd5 antwortet und zur Rochade kommt. Er braucht dann Sf3—g5 nicht mehr
zu fürchten. Weiß kann nur noch seinen Läufer wegziehen.

6. Lc4—b5	. . . . . .

Das verhindert, daß Be5 geschlagen wird.

6.	Sf6—e4
7. Sf3xd4	Lc8—d7

Weiß holt sich seinen geopferten Bauern zurück, da er seinen Entwicklungsvorsprung, für den er ihn geopfert hat, verringert und ins

Gegenteil verkehrt sieht. Schwarz ist deutlich besser entwickelt als Weiß, die Bilanz der freien Felder beträgt zwar 9:9, aber bei 19:14 Wirkungsgewichten für Weiß. Schwarz muß also sorgfältig planen.

Ein Abtausch des Sc6, wie das in der Partie geschah, kostet Weiß ein weiteres Entwicklungstempo, andererseits droht Schwarz Sc6x Sd4 mit nachfolgendem erzwungenen Läuferabtausch und großer Rochade was die schwarze Stellungsüberlegenheit klarstellen würde.

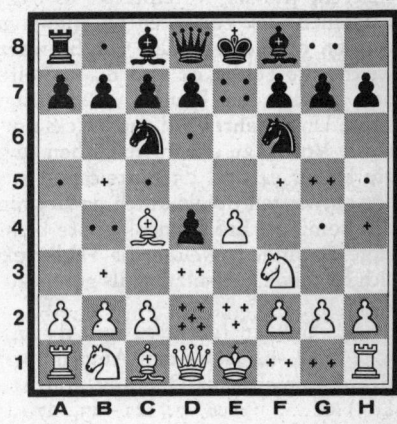

Stellungsbild 135
Weiß zieht
Felderbilanz 9 : 9
Wirkungsgewichte 20 : 14

Mit 5. e4—e5 ist es also nichts. Weiß kann aber hier, wie in einer ähnlichen Stellung, der italienischen Partie, nicht sofort mit Sf3— g5 und Opferabsichten auf f7 fortsetzen, weil er wegen des Bd4 nicht zu Sb1—c3 kommt.

Er wird also zunächst die Rochade machen.

5. o—o   ......

Antwortet Schwarz nun mit 5.... Sf6xe4, dann gewinnt Weiß mit 6. Tf1—e1, d7—d5, Lc4xd5, Dd8xd5, Sb1—c3 die beiden geopferten Bauern bei guter Entwicklung und bester Stellung zurück. Warum Bd4 den Sc3 nicht schlagen darf, das entdecken Sie selbst.

Nach 5. o—o droht Weiß seinen Angriff gegen den Bf7 fortzusetzen, dem Schwarz nun vorteilhaft mit Lf8—c5 und o—o begegnet. Weiß dagegen hat seinerseits die starken Züge c2—c3 oder Lc1—g5 und Tf1—e1 sowie e4—e5, die alle zu interessanten kombinativen Entwicklungen führen, zur Auswahl. Vor allem verspricht 6.e4—e5 interessante Verwicklungen, die ein Kombinationsliebhaber wohl zu spielen versuchen wird — selbst dann, wenn er sich nicht über alle Folgen dieses Zuges bis in die letzte Einzelheit klargeworden ist.

Zum Abschluß der Betrachtung über die allgemeinen Aussichten der Schottischen Partie und des Schottischen Gambits seien die Worte Richard Rétis zitiert, weil sie nicht nur für die Beurteilung dieser Eröffnung, sondern überhaupt für alle Eröffnungen richtungsweisend geblieben sind: »Stellen Sie die ersten vier Züge von Weiß der Schottischen Eröffnung (nicht Gambits) auf.*

»Wir möchten am Beispiel dieser Schottischen Eröffnung demonstrieren, wieviel vorteilhafter es ist, den Geist einer Eröffnung zu verstehen, als Varianten zu studieren. Nach dem Vorhergehenden werden die besten Züge für Schwarz jene Entwicklungszüge sein, welche die Felder e4 und d5 angreifen, da man nur auf diese Art den drückenden Bauern e4 beseitigen, bzw. d7—d5 durchsetzen kann. Umgekehrt wird auch Weiß nur hoffen können, seinen scheinbaren Vorteil zu einem wirklichen zu gestalten, wenn es ihm gelingt, die Felder e4 und d5 hinreichend zu decken und so die Befreiung des schwarzen Spiels durch d7—d5 hintanzuhalten. Beide Teile werden somit im Eröffnungskampfe bemüht sein, solche Entwicklungszüge zu finden, welche die Felder e4 und d5 angreifen. So ergibt sich folgende Fortsetzung als geradezu selbstverständlich:

4. .... Sg8—f6 (greift e4 und d5 an) 5. Sb1—c3 (deckt e4 und d5) 5. ... Lf8—b4 (setzt den Angriff fort) 6. Sd4xSc6 (Weiß hat nichts Besseres mehr zur Deckung von e4 als diese Vorbereitung für 7. Ld3) 6. ... b7xc6, 7. Lf1—d3, d7—d5. Schwarz hat seinen Zweck erreicht, der Bauer e4 wird abgetauscht und die Spiele stehen gleich.

Wie man sieht, ergibt sich so, wenn man den Geist einer Eröffnung versteht, die Spielweise, die man in allen Lehrbüchern als beste findet und die gewiß viele angehende Schachspieler mit Mühe, aber gedankenlos auswendig gelernt haben, gewissermaßen von selbst.«

Auch die Felderbilanz von 11:9 bei 22:20 Wirkungsgewichten zugunsten von Weiß wird durch den starken d-Bauern, der vom c-Bauern gedeckt werden kann, und die offene b-Linie von Schwarz aufgewogen. Beide verfügen über das Läuferpaar.

---

* 1. e4, e5
  2. Sf3, Sc6
  3. d4, exd
  4. Sxd4, Sf6

Das wiedererwachte Königsgambit

Nun haben wir noch eine Spielweise zu behandeln, die uns in der Königsbauerneröffnung (e4, e5) von Weiß im 2. Zuge vorgesetzt werden kann. Es handelt sich um eine der ältesten Eröffnungen, jedenfalls um das älteste Gambitspiel. Es entsteht nach den folgenden Zügen:

1. e2—e4	e7—e5
2. f2—f4	e5xf4

Die Abspielmöglichkeiten, die sich aus diesem Opferangebot von Weiß ergeben, sind theoretisch und praktisch umfassender untersucht und analysiert worden als irgendeine andere Schacheröffnung.

Seit der amerikanische Großmeister Bobby Fisher in die Schacharena trat, ist das Königsgambit für Schwarz wieder in besonderer Weise spielbar geworden. Selbst wenn wir wollten, könnten wir nicht einmal alle wichtigsten Abspiele untersuchen. Es gibt aber eine recht bequeme Antwort von Schwarz, die durch die Untersuchungen von Dr. Tarrasch und Richard Réti sogar eine Zeitlang als Widerlegung des Königsgambits gegolten hat. Diese Erwiderung ist auch heute noch bequem spielbar.

Bevor wir uns mit dieser Erwiderung auf das Königsgambit näher befassen, sollten wir uns zunächst den strategisch-positionellen Sinn des Zuges 2. f2—f4 klarmachen. Sehen wir uns die Stellung nach der Annahme des Bauernopfers einmal genau an:

Stellungsbild 136
Weiß zieht
Felderbilanz 12 : 9
Wirkungsgewichte 16 : 13

Wir entdecken sofort, daß die Annahme des Bauernopfers vor allem die Wirkung des Be5 auf das Feld d4 beseitigt. Wir werden den Sinn des Bauernopfers von Weiß darin sehen, mit (2.) d2—d4 einen starken Bauernaufbau im Zentrum einnehmen zu können. Wenn wir diesen Zug prüfen, dann entdecken wir auch, daß d2—d4 zugleich den ungedeckten schwarzen Bf4 angreift (Lc1). Das ist ein Grund mehr, möglichst sofort d2—d4 zu ziehen. Doch wir entdecken auch, daß ein sofortiges 2. d2—d4 Gefahren birgt, weil Schwarz dann mit 3. . . . . . . D8—h4 + fortsetzen könnte. Dieses Schach kann Weiß nicht mit g2—g3 abdecken, weil Th1 durch f4xg3 verlorengeht, so daß der weiße König auf das Blockierfeld e2 ziehen müßte. Seine Rochademöglichkeit wäre zerstört. Es ist deutlich, daß Weiß zunächst etwas gegen dieses Dameschach unternehmen muß, bevor er an den Aufbau eines starken Zentrums mit d2—d4 gehen kann.

3. Sg1—f3 . . . . . .

Nun kann Schwarz den am meisten zu fürchtenden Zug von Weiß (d2—d4) nur durch die Züge d7—d5 oder c7—c5 verhindern. Der Zug c7—c5 ist niemals in der Geschichte des Schachspiels an dieser Stelle registriert worden. Schwarz könnte sich zwar der Verteidigung des Bf4 durch g7—g5 zuwenden, weil Bc5 durch Lf8 gedeckt ist, würde dann aber wohl erleben, daß Weiß entweder durch c2—c3 sein Bauernzentrum endgültig sichert oder aber durch d4—d5 zu einer vorgeschobenen Bastion ausbaut, die Schwarz durch Bauernzüge nicht mehr erschüttern kann. Dann hätte der Sb8 keine vernünftige Zukunft mehr, da sein natürliches Entwicklungsfeld c6 von Weiß beherrscht wird. Im übrigen macht die schwarze Stellung nach g7—g5 wegen der früher oder später von Weiß besetzten langen Diagonale a1—h8 einen geradezu ruinierten Eindruck.
Es kommt daher nur der folgende Zug in Frage

3. . . . . . .   d7—d5

der von Theoretikern und Praktikern als einer der stärksten Züge in dieser Stellung angesehen wird. Dieser Zug zerstört die strategisch-positionellen Absichten der weißen Gambiteröffnung. Weiß kann nur so antworten:

3. e4 × d5 . . . . . .

worauf Schwarz wegen des Tempoverlustes durch 4.Sb1—c3 natürlich nicht Dd8 × d5, sondern 3. . . . . . . Sg8—f6 mit all den Folgen antwortet, die wir bereits kennengelernt haben.

54. Trainingsabschnitt

Das Falkbeer-Gambit

Schwarz hat es nicht nötig, den Umweg über die Annahme des Königsgambits zu wählen, um Weiß daran zu hindern, den Sinn dieses Gambits zu erfüllen, nämlich zuerst ein starkes Bauernzentrum aufzubauen und anschließend die halboffene f-Linie zur offenen Linie zu machen, um über sie einen Angriff gegen die schwarze Königsstellung zu lancieren. Er kann seinerseits mit

2. . . . . .   d7—d5

ein Gambit spielen, das den Be5 zum Opfer anbietet. Weiß wird nun nicht etwa mit f4xe5 fortfahren (wegen Dh4+), sondern mit e4xd5.

3. e4xd5   e5—e4

Dieses Gambit wird nach dem österreichischen Schachmeister Ernst Falkbeer, der es in die Turnierpraxis seiner Zeit (die fünfziger Jahre des vorigen Jahrhunderts) einführte, Falkbeer-Gambit genannt.

Richard Réti kommentiert die nach 3. . . . e5—e4 entstandene Stellung wie folgt: »Was erreicht Schwarz mit diesem Bauernopfer? Vor allem eine vollständige Vereitelung aller Absichten, die Weiß mit seinem Gambitzuge gehabt hat. Die Öffnung der f-Linie sowohl, als auch der beabsichtigte Aufbau eines Bauernzentrums, sind gründlich verhindert. Man weiß nun nicht mehr, wozu der Bauer auf f4 steht. Außerdem übt der Bauer e4 einen gewissen Druck auf die weiße Stellung aus, so daß Weiß Entwicklungsschwierigkeiten hat. Schwarz hat ein deutliches Übergewicht in der Mitte. Deshalb beginnt man in den letzten Jahren das Falkbeer-Gambit beinahe als Widerlegung des Königsgambits anzusehen.«

Und wir fügen hinzu, daß auch die Felderbilanz mit 7:9 bei 10:17 Wirkungsgewichten für Schwarz wesentlich günstiger ist als nach der Annahme des Gambits durch 2. . . . e5xf4 (s. Stellung 136)

Schwarz drückt mit seinem Be4 auf die weiße Stellung, verhindert zum Beispiel die natürliche Entwicklung Sg1—f3 und zwingt Weiß dazu, so rasch wie möglich diesen drückenden Be4 zu beseitigen.

4. d2—d3	Sg8—f6

Schwarz antwortet, da Weiß nicht so rasch zu Te1 gelangen kann, mit einem Entwicklungszug, der den Be4 sicher deckt. Weiß hat jetzt verschiedene Möglichkeiten, den drückenden Be4 loszuwerden. Alle diese Zugfolgen führen zu lebhaften kombinatorischen Verwicklungen.

Weiß kann es sich aber nicht leisten, trotz des drückenden Be4 auf Entwicklung und Angriff zu spielen und darüber den Beseitigungsversuch c2—c3 einfach zu unterlassen, wie das in einer Partie der Schachmeister Rosanes gegen Anderssen 1862 in Breslau geschah.

11. Partie

Rosanes	Anderssen
1. e2—e4	e7—e5
2. f2—f4	d7—d5
3. e4xd5	e5—e4
4. Lf1—b5 +	c7—c6
5. d5xc6	Sb8xc6
6. Sb1—c3	Sg8—f6
7. Dd1—e2	Lf8—c5

Das ist eine handfeste Spielweise von Weiß, die sich um strategisch-positionelle Merkmale überhaupt nicht kümmert (Steinitz war noch nicht zum Lehrmeister geworden), sondern allein auf klare materielle Vorteile aus ist. Mit dem Zug De2 versucht Weiß, einen zweiten Bauern zu gewinnen, was ihm auch gelingt, weil Schwarz lieber seine Figurenentwicklung fördert und die freie Linie, die mit Verlust von e4 geschaffen wird, zu seinem Vorteil ausnutzen kann.

Auch die Felderbilanz von 6:12 bei 12:26 Wirkungsgewichten rechtfertigt diese Spielweise.

| 8. Sc3xe4 | o—o |
| 9. Lb5xSc6 | b7xLc6 |

Es ist verständlich, daß Weiß das Übergewicht seiner beiden Mehrbauern durch Abtausch immer mehr klarzustellen versucht. Allerdings geht er nicht gleich so weit, jetzt auch noch den Sf6 abzutauschen, weil er sonst seinen König (nach g7xSf6) gefährden und keinesfalls mehr zur Rochade kommen würde. Auch Se4xLc5 ist wegen Tf8—e8 mit unabwendbarem Verlust von De2 nicht möglich.

| 10. d2—d3 | Tf8—e8 |
| 11. Lc1—d2 | Sf6xe4 |

Weiß will die lange Rochade machen, weil ihm die kurze durch den Lc5 vorläufig verwehrt ist. Doch hätte er sich vor den für Schwarz offenen Linien auf dem Dameflügel hüten sollen.

12. d3xSe4	Lc8—f5!
13. e4—e5	Dd8—b6

Schwarz hat den Bc2 nicht geschlagen, weil er nach De2—c4 nicht einen seiner beiden starken Läufer abzutauschen gezwungen sein wollte.

14. o—o—o	Lc5—d4

Nun muß Weiß c2—c3 ziehen!

15. c2—c3	Ta8—b8
16. b2—b3	Te8—d8

Weiß darf den Ld4 selbstverständlich nicht nehmen, weil die Df6 zurückschlagen und auf a1 das undeckbare Matt drohen würde. würde. Das Opfer (18) Ld2—c3 ist nutzlos. Warum? Finden Sie es selbst heraus*.
Weiß versucht nun, eine weitere Figur in den Verteidigungskampf zu werfen und zieht:

17. Sg1—f3	. . . . . .

Dadurch gibt Rosanes dem Meister Anderssen Gelegenheit, eine seiner weltberühmten Kombinationen durchzuführen.

17.	Db6xb3!
18. a2xDb3	Tb8xb3
19. Ld2—e1	Ld4—e3+

Aufgegeben, weil Tb1≠.

---

* DxL+ (droht Matt) De2—c2, DxD≠

55. Trainingsabschnitt

Wer Schachmeister werden will, muß hart arbeiten

Das Falkbeer-Gambit bietet ein gutes Beispiel dafür, daß weder das Schachgefühl noch gute und richtig angewandte allgemeine Schachgrundsätze für die stärkste Behandlung aller Eröffnungsstellungen allein genügen können.

All das ist zwar die unabdingbare Voraussetzung, ist sozusagen das Fundament, auf dem der künftige Schachmeister aufbauen muß, wenn sein Meisterhaus nicht später trotz allen Fleißes unter den Belastungen der Turnierkämpfe zusammenbrechen soll. Ist dieses Fundament einmal umfassend und haltbar gelegt, dann muß gelernt, gearbeitet und viel Schweiß vergossen werden, bis der Meistertitel errungen und erhalten werden kann.

Wie unerläßlich der Fleiß und das Lernen sind, das haben Sie schon erkannt, während wir gemeinsam versuchten, in die Geheimnisse der Bauern-, Turm- und Figuren-Endspielführungen einzudringen. In der feineren Eröffnungsbehandlung aber, wo es bei gleichen Stellungen darauf ankommt, feinste Nuancen zu einem merklichen Stellungsvorteil über viele Züge hinweg auszubauen, da muß — in der Sphäre der Meisterkämpfe jedenfalls — auch vieles auswendig gelernt und im richtigen Augenblick aus dem Gedächtnis reproduziert werden können. Es ist unmöglich, alle die oft geringfügigen positionellen Über- oder Untergewichte, die in den zahllosen Varianten normaler Eröffnungszugfolgen auftauchen und wieder untergehen können, während des Schachkampfes am Brett im Geiste zu analysieren und dann die stärkste davon präzise nachzuspielen.

Das Falkbeer-Gambit ermöglicht solche Einsichten, die bei weitem nicht zu den kompliziertesten gehören, die in Eröffnung anderer Art auftauchen können. Sie sind aber bereits kompliziert genug, um Ihnen klarzumachen, was Sie tun sollten und welchen Weg Sie gehen müssen, wenn Sie am Ende dieses Lehrbuchs die unterste Stufe zur Schachmeisterschaft mit Erfolg erklommen haben. Nach dem dritten Zuge des Falkbeer-Gambits ergibt sich die Stellung, in der Weiß die Überlegenheit von Schwarz zunichte machen und einen Angriff aufbauen muß.

Die Grundsätze, nach denen zu spielen wir uns angewöhnt haben, veranlassen uns selbstverständlich, als Führer der weißen Steine nach einem Entwicklungszug Ausschau zu halten, der gleichzeitig den Be4 angreift. Da bietet sich der Zug Sb1—c3 an, der besonders vorteilhaft zu sein scheint, weil der Angriff auf Be4 wegen des Bd2

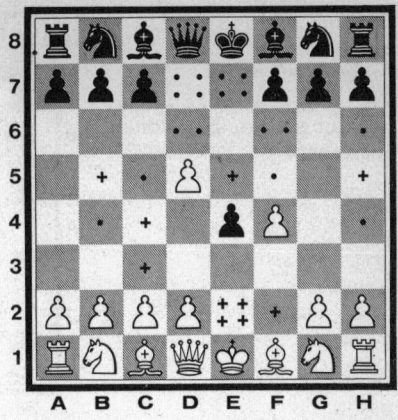

nicht durch Lf8—b4 gestoppt werden kann. Daß dieser Zug auch
zur Verbesserung der Bilanz der freien Felder notwendig ist, ergibt
sich daraus, daß diese Bilanz nach 3. . . . e5—e4 7:9 zugunsten von
Schwarz beträgt. Durch den Zug Sb1—c3 verbessert sich die Bilanz
für Weiß auf 8:9 zugunsten von Schwarz. So spricht also alles für
den Zug:

    4. Sb1—c3   . . . . . .

In der Tat ist dies der Zug, der von den Meistern ein halbes Jahrhundert lang ganz selbstverständlich gespielt wurde und der in alle
zeitgenössischen Schachlehrbücher eingegangen ist. Durch die eingehenden Untersuchungen des sowjetrussischen Großmeisters Paul
Keres hat sich indessen herausgestellt, daß es viel stärker ist, zunächst 4. d2—d3 und nach dem Deckungszug 4. . . . Sg8—f6 den auf
den ersten Blick geradezu widernatürlich aussehenden Zug 5.Sb1—
d2 zu machen. Sehen wir uns die so entstandene Stellung genauer
an (Siehe Stellungsbild 138).
An einen Gewinn des Be4 durch diesen Zug ist nicht zu denken.
Schwarz kann ihn bequem durch den Entwicklungszug Lc8—f5 dek-
ken. Vorher hat Schwarz, wenn er will, auch noch den Zug Lc8—g4
zur Verfügung, der eine weitere Verstopfung des weißen Dameflügels durch Läufer oder Springer e2 bewirkt, weil die Dame wegen des auf d2 stehenden Springers nicht wegziehen kann. Der Lc1
ist durch den Sd2 ebenfalls blockiert. Außerdem kann Schwarz den
Sd2 mit 5. . . . e4—e3 angreifen und ihn etwa nach 6. Sd2—c4 durch
6. . . . Sf6xd5 decken, obwohl er zweimal angegriffen ist. Denn
Weiß darf nun nicht mit 7. Lc1xe3 den Bauern nehmen und damit
zugleich den Bf4 decken, weil er mit 7. . . . b7—b5 eine Figur verliert.

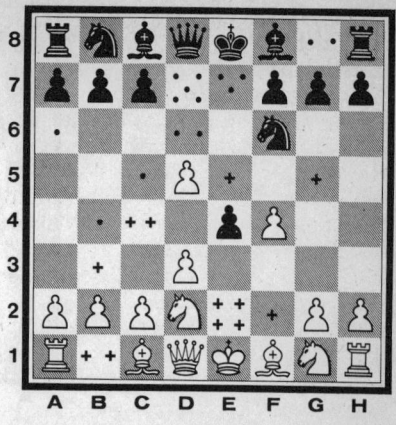

Stellungsbild 138
Schwarz zieht
Felderbilanz 7 : 7
Wirkungsgewicht 12 : 15
Positionelle Kombinationen
anstreben.

Schlägt aber Weiß mit 7. Sc4xe3, dann ist Bf4 ungedeckt und kann durch Sd5xf4 von Schwarz gewonnen werden. Trotzdem hält Großmeister Keres diese Fortsetzung für günstig für Weiß, weil nach vollendeter Entwicklung beider Gegner die weiße Stellung um eine Nuance besser ist. Um diese Nuance aber brauchen wir uns als Anfänger noch nicht zu kümmern. Zieht Weiß, um den Verlust des Bf4 zu vermeiden, nach 6. ... Sf6xd5 zunächst 7. Dd1–f3, dann setzt Schwarz mit 7. ... b7–b5 fort, um nach Sc4xe3 mit Lc8–b7 einen starken potentiellen Angriff auf diese weiße Stellung zur Verfügung zu haben. Nun ist zwar 5. ... e4–e3 nicht gerade der Zug, den wir nach unseren mühsam erworbenen Schachgrundsätzen auf den ersten Blick für den stärksten und sicher nicht für den solidesten halten. Das ist vielmehr der Entwicklungs- und Deckungszug 5. ... Lc8–f5, den wir vielleicht nach dem Zwischenzug Lc8–g4? ins Auge fassen würden. Diese Zugfolge wird auch, obwohl Großmeister Keres festgestellt zu haben glaubt, daß Weiß nach dem 12. Zuge »besser« steht, von anderen Autoritäten durchaus als sicher beurteilt. Ludék Pachman zum Beispiel sagt dazu: »Keres hält diese Fortsetzung für schwächer, eine Ansicht, die bisher noch nicht klar bewiesen ist.«

Für uns geht daraus hervor, daß in diesem Bereich der Großmeister-Eröffnungsanalysen ohne fleißiges Lernen und Aus-dem-Gedächtnis-Reproduzieren nicht auszukommen ist.

Diese Forderung geht aber weit über das hinaus, was dem Anfänger zugemutet werden sollte, wenn er sich zunächst einmal zu einem ordentlichen, sicheren und im Clubbereich geachteten Schachspieler entwickeln will.

Wenn Sie sich die Erkenntnisse, Grundsätze und Lehren, die Ihnen dieses Buch vermittelt, durch viele Übungsbeispiele zu eigen gemacht haben, können Sie das mit Sicherheit erreichen.

Namens- und Sachregister

Bibliographie:

Armin von Oefele »Das Schachspiel der Bataker«, Verl. von Veit u. Comp., Leipzig 1904

Richard Réti »Die Meister des Schachbretts«, Jul. Kittls, Nachf. Keller u. Co., Mährisch-Ostrau 1930

Max Euwe, Walter Meiden »Meister gegen Amateur«, Walter de Gruyter, Berlin 1962

P. R. v. Bilguer »Handbuch des Schachspiels«, Verl. von Veit u. Comp., Leipzig 1864

Emanuel Lasker »Lehrbuch des Schachspiels«, Siedentop u. Co., Berlin 1929

Ludék Pachman »Moderne Schachtaktik«, Sportverlag, 2. Bd., Berlin 1961

Alfred Brinckmann Schachmeister, wie sie kämpfen und siegen«, Hans Hedewigs Nachf., Leipzig 1932

Dr. M. Euwe »Schach von A–Z«, Walter de Gruyter, Berlin 1958

Friedrich Wilhelm Koch »Codex der Schachspielkunst«, bey Wilhelm Heinrichshofen, Magdeburg 1813

P. Keres »Theorie der Schacheröffnungen«, Sportverlag, Berlin 1952

Ludék Pachman »Offene Spiele«, Sportverlag, Berlin 1956, 1963

Richard Réti »Die neuen Ideen im Schachspiel«, Rikola Verlag, Wien 1922

Dr. Tarrasch »Das Schachspiel«, Deutsche Buchgemeinschaft, Berlin 1931

G. Löwenfisch, W. Smyslow »Theorie der Turmendspiele«, Walter de Gruyter u. Co., Berlin 1959

J. Boleslawski »Caro-Kann bis Sizilianisch«, Sportverlag, Berlin 1968

Ludék Pachman »Halboffene Spiele«, Sportverlag, Berlin 1966

A. P. Sokolski »Lehrbuch der Schacheröffnungen«, Sportverlag, Berlin 1965

Harry Golombek »The Middle Years of Paul Keres«, Herbert Jenkins, London 1966

H. Staudte, M. Milescú »Das 1x1 des Endspiels«, Walter de Gruyter u. Co., Berlin 1965

Walter Korn »Moderne Schach-Eröffnungen«, Verlag Das Schacharchiv, Hamburg 1967

Bobby Fisher »Meine 60 denkwürdigen Partien«, Dr. Eduard Wildhagen, Hamburg o.J.

Jószef Hajtun »Schachzauberer Tal«, Walter Rau, Düsseldorf 1960

A. Aljechin »Auf dem Wege zur Weltmeisterschaft 1923–1927«, Walter de Gruyter, Berlin 1963

Larsen »Ich spiele auf Sieg«, Verl. Kühnle-Woods, Zürich 1971